DICTIONNAIRE
HISTORIQUE ET ARCHÉOLOGIQUE
DE LA
PICARDIE

SOCIÉTÉ DES ANTIQUAIRES DE PICARDIE
FONDATION LEDIEU

DICTIONNAIRE
HISTORIQUE ET ARCHÉOLOGIQUE
DE LA
PICARDIE

I

ARRONDISSEMENT D'AMIENS
CANTONS D'AMIENS, BOVES ET CONTY

PARIS
PICARD Fils et Cie Libraires-Editeurs, 82, rue Bonaparte

AMIENS
Imprimerie YVERT & TELLIER, 37, Rue des Jacobins et 52, Rue des Trois-Cailloux

1909

PRÉFACE

En souvenir de M. Jean-Baptiste-Alexandre Ledieu, l'un des fondateurs de la Société des Antiquaires de Picardie, ses enfants ont offert à la Société le capital d'une fondation, dont les revenus devaient être appliqués à un prix annuel de 500 fr., à décerner au meilleur travail d'archéologie sur la Picardie. L'objet de ces études étant moins abondant dans notre contrée que dans beaucoup d'autres, le goût de ces recherches, malgré l'appât de la récompense, ne s'est pas développé d'une manière suffisante ; car, en 1905, le prix n'avait été attribué que trois fois en quarante-trois ans. Suivant l'intention des donateurs, les intérêts, non employés en prix, se capitalisaient chaque année et les sommes accumulées à cette date produisaient un revenu annuel de 1000 francs.

Mais cette situation, qui menaçait de s'éterniser, ne satisfaisait ni la Société, ni la famille des donateurs ; la Société aurait facilement trouvé l'emploi de ces revenus pour ses intéressantes publications et, d'autre part, le résultat, en vue duquel la fondation avait été faite, restait bien médiocre. Aussi une modification à l'état primitif s'imposait et, sur la proposition de la famille, la Société a accepté de publier un Dictionnaire historique et archéologique, en y appliquant le montant des prix annuels non décernés. C'est ainsi qu'est née l'idée de l'ouvrage présenté aujourd'hui aux Membres de la Société et au public.

Le Dictionnaire comprendra d'abord les 836 communes du département de la Somme et près de 400 annexes, qui porteront le chiffre total à un peu plus de 1200 articles. Il ne peut donc être ici question de longs détails, ni de considérations développées, encore moins de monographies, qui feraient sortir l'ouvrage des proportions raisonnables. Il est utile en effet que les volumes soient maniables et susceptibles d'être emportés facilement en excursions d'études ou même en promenades instructives et il importait beaucoup de condenser, dans le plus petit nombre de pages possible, une grande quantité de renseignements. Le style s'en ressentira, pour l'avantage du reste des chercheurs, qui trouveront rapidement, réunis en peu de lignes, les points qui les intéresseront.

Les cantons sont rangés par ordre alphabétique dans leurs arrondissements, et les communes elles-mêmes suivant le même ordre dans leurs cantons ; les hameaux ou annexes se trouvent à la suite des communes dont ils dépendent.

Beaucoup de communes resteront au-dessous de la mesure adoptée par la Commission, parcequ'elles ont laissé bien peu de traces à travers les siècles, et le chapitre, intitulé Histoire, ne comprendra guère que de rares faits historiques sans liens entre eux. Quelques-unes émergeront de ce niveau général ; mais dans presque toutes c'est la seigneurie qui dominera. L'organisation féodale a fourni une telle carrière, a joué un tel rôle, depuis le ix° siècle au moins jusqu'à la Révolution, que partout on la retrouve, plus ou moins développée, plus ou moins accompagnée de mouvances vassales, suivant l'importance qu'elle a acquise dans la paroisse ou dans la contrée sous l'ancien régime, et aussi, il faut le dire, suivant les notions qui en ont été conservées. Elle n'a d'ailleurs disparu qu'à l'époque même où s'arrête le Dictionnaire, c'est-à-dire à la Révolution, et elle remplit, pour ainsi dire, toute la période étudiée dans cet ouvrage.

Pour éviter d'interrompre trop brusquement un fait historique ou une étude archéologique, il faudra bien parfois dépasser un peu la limite de 1789 ; mais ce ne pourra être qu'une exception rare et à la condition d'une brièveté absolue ; la Société a uniquement pour but les choses anciennes et ne veut pas, par un sentiment de prudence raisonnée, pénétrer dans la période moderne.

Les chefs-lieux d'arrondissements comporteraient facilement un article étendu, à cause de leur importance historique et archéologique ; il a fallu se restreindre et limiter les articles qui les concernent, principalement à un historique général, en rapport avec la ville traitée, le surplus ne devant plus contenir que l'énumération des institutions et monuments anciens et une notice bibliographique. C'est le cadre qu'il a fallu maintenir pour les chefs-lieux d'arrondissement et les autres localités importantes, afin d'éviter des développements exagérés pour un dictionnaire et d'établir une différence bien nette avec les monographies.

Les organisations ecclésiastiques et civiles sont en général, et à moins d'indications contraires, celles qui existaient à la fin de l'ancien régime, parce que c'est dans cette période qu'elles ont reçu leur dernière forme et qu'elles sont le mieux connues.

Pour l'archéologie, les réparations plus ou moins importantes, faites à des époques très diverses, et même postérieures à la Révolution, et bien d'autres raisons rendent souvent bien douteuses les dates que l'on peut assigner aux églises, châteaux et autres monuments. La question aura été chaque fois consciencieusement examinée ; mais on ne peut se dissimuler que l'appréciation laisse souvent la porte ouverte à la discussion. Les monuments postérieurs à 1789 ne rentrent plus dans l'archéologie et la date exacte de leur construction n'a plus qu'un intérêt secondaire pour le Dictionnaire ; aussi, faute de renseignements précis, la date certaine est souvent remplacée par le numéro du siècle. Il était néanmoins utile de les mentionner, pour éviter toute hésitation dans un avenir éloigné.

Les noms des lieux-dits ont été souvent transformés par les rédacteurs du cadastre d'une façon malheureuse et il semble par moments qu'ils aient voulu faire de véritables jeux de mots ; sous une apparence tout-à-fait dépourvue de sens, ou même lorsque le sens est seulement tronqué, on peut retrouver parfois le véritable nom d'anciens fiefs ou lieux-dits. Il faut donc prendre telles qu'elles sont les dénominations données par le cadastre, en les acceptant avec la plus grande circonspection.

Pour éviter une profusion inutile, les noms des lieux-dits les plus caractéristiques ont seuls été reproduits, ainsi que les dénominations anciennes les plus significatives des localités.

Enfin les notices concernant les sources et la bibliographie, sont des jalons précieux pour ceux qui désireraient pousser plus loin l'étude spéciale d'une paroisse, d'un doyenné, d'un bailliage, etc. Il a fallu en dresser des listes qui laissent un peu de vague et ne permettent pas, comme dans les ouvrages ordinaires, de faire voir, par un appel de note, le rapport direct entre un fait avancé et la source où il a été puisé ; on tomberait sans cela dans l'inconvénient d'une abondance de notes incompatible avec un dictionnaire, qui doit être plein de faits brièvement exprimés.

Ces considérations ont déterminé la Commission à présenter le Dictionnaire sous la forme qu'il a reçue. Les collaborateurs étant nombreux pour un travail aussi important et s'appliquant à un territoire si étendu et si varié, une régularité absolue ne se retrouvera pas aussi sûrement que dans l'œuvre d'un seul, puisqu'il faut tenir compte des goûts et aptitudes de chacun des auteurs. Mais les divergences, qui pourraient apparaître, ne sont que de pure forme et ne sauraient atteindre le fond, qui restera toujours une somme importante de renseignements, mis à la disposition des amis de l'histoire et de l'archéologie picardes.

La Commission.

Amiens, le 15 février 1908.

ARRONDISSEMENT D'AMIENS

CANTONS D'AMIENS

AMIENS (Ville)

Samarobriva, Ambiani, Amiens.

ORGANISATION ECCLÉSIASTIQUE. — Amiens était le siège d'un évêché, suffragant de l'archevêché de Reims. Le diocèse se divisait en deux archidiaconés : celui d'Amiens et celui de Ponthieu.

L'archidiaconé d'Amiens comprenait, en 1730, 14 doyennés, 435 paroisses, 51 secours, 5 abbayes d'hommes, 2 abbayes de femmes, 6 communautés d'hommes et 5 communautés de femmes, 35 prieurés, 4 prévôtés, 6 chapitres, 10 personnats, 147 chapelles.

Le doyenné d'Amiens se divisait en 15 cures, dont 11 dans la ville, déjà existantes au treizième siècle dans l'enceinte fortifiée ou hors les murs et qui sont : Notre-Dame ou la Cathédrale, Saint-Firmin-le-Confesseur, Saint-Firmin-en-Castillon,

Saint-Germain, Saint-Firmin-à-la-Porte, à-la-Pierre. ou au Val, Saint-Jacques, Saint-Leu, Saint-Martin-au-Bourg ou aux-Waides, Saint-Michel, Saint-Remy et Saint-Sulpice.

Chapitres : de la Cathédrale ou de Notre-Dame, de Saint-Firmin-le-Confesseur, de Saint-Nicolas-au-Cloître. Les chapitres de Saint-Firmin et de Saint-Nicolas ont été réunis, en 1787, dans l'église du couvent supprimé des Célestins, pour former la collégiale de Saint-Martin.

Chapelles : de Fauvel, fondée par Aubert Fauvel, au xve siècle, dans le cimetière Saint-Denis ; de Saint-Jacques-le-Majeur, au cimetière Saint-Denis ; de Lameth, fondée au même lieu par Adrien de Lameth, doyen de la Cathédrale ; de Liénard-le-Sec, rue de Saint-Acheul ; de Saint-Didier, rue Neuve-Saint-Denis ; de Saint-Valery, dans la même rue ; de Saint-Laurent, dans la Grande rue de Beauvais, déjà existante au xiiie siècle ; de Saint-Quentin, fondée par les maïeur et échevins, en 1316, dans la rue Saint-Martin ; de Saint-Vincent, au palais épiscopal ; de Saint-Nicaise, au faubourg de Hem ; de Saint-Montain, hors la porte Montrescu.

Abbayes, prieurés, communautés d'hommes et de femmes : abbaye de Saint-Martin-aux-Jumeaux, d'abord simple prieuré fondé en 1073, par Guy, évêque d'Amiens, sur le lieu où saint Martin partagea son manteau avec un pauvre ; le monastère, occupé alors par des chanoines réguliers de saint

Augustin, fut érigé en abbaye par l'évêque Thierry (1145). Le roi Louis XIII fit don aux religieux Célestins des bâtiments de cette abbaye ; les chanoines réguliers, ainsi dépossédés, s'installèrent, rue de Beauvais, dans la maison qui portait l'enseigne des *Douze pairs de France.*

Abbaye de Saint-Jean, ordre de Prémontré. L'abbaye de Saint-Jean, située hors les murs (cf. *infra* Petit-Saint-Jean), ayant été ruinée et incendiée par les Espagnols, Geoffroy de Billy, qui la gouvernait alors, redoutant de voir se renouveler ces désastres, acheta de Gédéon de Monchy, la maison et le fief des Marconnelles, dans l'intérieur de la ville, pour y transporter le monastère, avec l'autorisation du Roi (26 août 1599). L'église fut achevée en 1618. Le couvent de Saint-Jean devint l'un des plus considérables de la ville. Les lieux réguliers étaient vastes et de belle architecture. La Révolution les affecta à l'usage de l'Ecole centrale, inaugurée le 15 février 1796. Ils ont depuis été occupés par le lycée. (Cf. Janvier et Bréard, *Annales de l'abbaye de Saint-Jean d'Amiens réunies et classées par le R. P. Maurice du Pré*, Amiens 1699.)

Abbaye du Paraclet, abbaye de femmes, ordre de Cîteaux, fondée par Enguerran II, chevalier, seigneur de Boves (1219) au lieu où sainte Ulphe mena une vie érémitique, et dont la première abbesse fut la fille du fondateur. Par sa situation isolée au milieu de la campagne, l'abbaye se trouva sans cesse exposée aux insultes des gens de guerre, pendant le xvi° et le xvii° siècle. Les religieuses obtinrent du Roi l'autorisation de s'établir dans Amiens (1648). L'abbesse, Suzanne des Friches-Brasseuse, fit construire les bâtiments nécessaires à la communauté sur l'emplacement de l'hôtel de Rely, que lui céda Charles du Fresne du Cange, trésorier de France au bureau des finances d'Amiens. L'église fut consacrée le 13 août 1679. La rue Lamarck, à son extrémité nord, l'hôtel du Commerce, la banque Duvette occupent la surface de l'abbaye. (Cf. A. Janvier, *Boves et ses seigneurs*, Amiens 1877 ; l'abbaye du Paraclet pp. 264 et suiv.).

Couvent des Augustins, fondé au faubourg Saint-Michel (1301), par Jean de Nesles, chevalier, seigneur de Falvy. Pendant le siège de la ville par le roi Henri IV, le monastère des Augustins abrita de généreux patriotes qui avaient juré de livrer la place « à leur seigneur et maître ». La conspiration ayant été découverte par la traîtrise d'un frère, qui en donna avis au gouverneur espagnol, les principaux conjurés furent pendus et étranglés.

Couvent des Capucins, fondé, dans la rue des Jardins, par le duc d'Aumale, gouverneur de la province de Picardie, en 1593. Le comte de Saint-Pol posa la première pierre de la chapelle, le 17 août 1606.

Couvent des Carmes, établi sous la protection du duc d'Elbeuf. La chapelle fut consacrée le 17 juillet 1655. Les murs de cette chapelle se voient encore dans le passage Lenoël.

Couvent des Célestins, établi dans l'ancien hôtel de Mailly, situé entre la porte Saint-Pierre et le pont de Mailly, en 1389. L'église a été consacrée par l'évêque Jean de Boissy, le 10 avril 1401. Le roi Henri II y tint le chapitre solennel de l'ordre de Saint-Michel, en 1558. Le monastère était trop voisin des remparts ; les Célestins obtinrent (1634) l'autorisation de se transporter dans l'abbaye de Saint-Martin-aux-Jumeaux et y restèrent jusqu'à leur suppression, en 1781. Le Palais de justice fut installé, après la Révolution, dans les bâtiments occupés par eux précédemment et remplacés maintenant par de nouvelles constructions.

Couvent des Cordeliers, établi au faubourg Saint-Remy, en 1244, peu de temps après la fondation de l'ordre par saint François d'Assise. Dans l'église de ce couvent se voyaient le mausolée monumental, par Nicolas Blasset, de Nicolas de Lannoy, seigneur de Damercaucourt, et de sa femme Madeleine Maturel, et la statue de la Vierge, dite de Condé, offerte par le vainqueur de Rocroy.

Couvent des Feuillants, ordre de Cîteaux. Les Feuillants, qui doivent leur nom à l'abbaye de Notre-Dame-des-Feuillants, dans laquelle Jean de la Barrière opéra une réforme de Cîteaux, achetèrent, des deniers de Charles d'Estourmel, seigneur de Plainville, l'hôtel d'Esclebecq, situé dans la rue des Rabuissons (de la République), et vinrent y demeurer, le 7 mars 1620. François de Jussac de Saint-Preuil, sacrifié par le roi Louis XIII aux rancunes de la Meilleraye et décapité à Amiens (11 novembre 1640), fut inhumé dans la chapelle de ce monastère. Une partie des bâtiments encore existants est affectée au dépôt des archives départementales et aux séances du conseil général.

Couvent des Frères Prêcheurs, dits Dominicains ou Jacobins. Ces religieux furent admis dans le faubourg Saint-Remy d'Amiens, en 1243, moins de trente ans après la constitution de leur ordre par saint Dominique. l'Eglise, bâtie des libéralités de saint Louis, était une des plus remarquables de la ville par ses dimensions et par le luxe de sa décoration. Le portail, situé sur la rue des Jacobins, était d'une belle ordonnance.

Couvent des Minimes, fondé par Louis de Hédouville, chevalier, seigneur de Sandricourt, conseiller et chambellan du roi Loùis XII, et Françoise de Rouvroy Saint-Simon, son épouse, qui achetèrent (14 février 1498) une maison et ses dépendances, connues sous le nom d'hôtel d'Espagny, situées paroisse Saint-Leu, et en firent don (15 avril 1499) au frère Rose, religieux minime envoyé par saint François de Paule, pour créer en France des maisons de l'ordre qu'il venait de fonder en Italie. L'église fut consacrée en 1515.

Couvent des pères de l'Oratoire, appelés par l'évêque Le Febvre de Caumartin, après que l'échevinage eût donné un avis favorable (20 avril 1624) à la requête présentée par le père de Bérulle, supérieur général de la congrégation que celui-ci venait de fonder. Les pères de l'Oratoire achetèrent l'ancien hôtel de Contay, situé rue du Soleil. Leur couvent et la chapelle, bâtie en 1689-90, sont devenus, au début du xix° siècle, la propriété des dames religieuses du Sacré-Cœur de Jésus.

Couvent des Carmélites. Le couvent des Carmélites d'Amiens a été le quatrième établi en France, selon la réforme de sainte Thérèse. La première pierre fut posée par la comtesse de Saint-Pol, en 1606, et bénite par l'évêque Geoffroy de la Marthonie. L'église fut commencée le 25 juin 1608.

Le Béguinage. Des Béguines, pieuses femmes se soumettant, sans prononcer de vœux, aux règles claustrales que Lambert Beggh mit en honneur dans les Flandres, s'installèrent près la porte Saint-Firmin-au-Val. Le béguinage de la Hotoie, *de Hotoia*, « allait du tout à ruine et à désolation » en 1444. Les Béguines étant parties, les maisons furent réunies à l'hôpital Saint-Nicolas-en-Coquerel.

Couvent des religieuses de sainte Claire, fondé par Philippe de Saveuse, chambellan du duc de Bourgogne, en 1442, avec l'agrément de l'échevinage. Sainte Colette, née à Corbie et réformatrice de l'ordre, assista à la bénédiction de la chapelle, qui eut lieu le 25 avril 1445. Les religieuses de sainte Claire participaient annuellement aux aumônes que la municipalité distribuait aux ordres mendiants.

Couvent des religieuses du tiers ordre de Saint François, ou Sœurs Grises. Les guerres continuelles ayant obligé les religieuses du tiers ordre à abandonner leurs monastères d'Hesdin et de Mainneville, en Artois, elles obtinrent de l'échevinage d'Amiens de se retirer dans les bâtiments de l'ancien hôpital de Saint-Nicolas-en-Coquerel, (13 février 1480).

Couvent des religieuses de Moreaucourt, ordre de saint Benoît. La crainte des dangers que couraient, en temps de guerre, les religieuses, qui occupaient le prieuré de Notre-Dame de Moreaucourt, fondé sur le territoire du village de l'Etoile, par Aleaume d'Amiens, chevalier, seigneur de Vignacourt, les engagea à se retirer dans Amiens. L'échevinage y autorisa leur établissement le 3 juillet 1638. La bibliothèque communale et l'école supérieure municipale de filles, succédant à la communauté des frères de la Doctrine chrétienne, ont été bâties sur une partie des terrains des dames de Moreaucourt.

Couvent de la Providence ou des religieuses de sainte Geneviève, fondé par Charles Dufresne, curé de la paroisse de Saint-Remy, en 1690, pour l'éducation des jeunes filles, rue de la Narine (Lavallard).

Couvent des religieuses de la Visitation. Les lettres patentes, autorisant les religieuses de la Visitation à construire un couvent à Amiens, sont du mois de juin 1646. Le duc de Chaulnes leur avait cédé au mois de septembre 1640 son hôtel, situé dans la rue des Rabuissons (de la République).

Couvent des Ursulines. Le 20 février 1614, l'échevinage accueillit favorablement la requête que lui présentaient les demoiselles Marie d'Ainval, Marguerite et Françoise Moucquet, pour former une congrégation sous le titre des « filles de la Vierge », dans l'intention de se vouer à l'instruction des jeunes filles. Elles achetèrent l'hôtel de Crèvecœur. L'évêque Lefebvre de Caumartin posa la première pierre de la chapelle, le 3 mai 1624. Une fille du peintre Quentin Varin, Madeleine Varin, introduisit le goût des arts parmi les religieuses qui se signalèrent par la perfection de leurs broderies à l'aiguille en fil d'or et d'argent, en soie et en laine.

ORGANISATION CIVILE. — Le bailliage d'Amiens doit son existence à la réunion du comté à la couronne par le roi Philippe-Auguste ; sa création paraît avoir suivi de près cet événement. Il se divise en huit prévôtés : Amiens, Beauvaisis, Beauquesne, Doullens, Fouilloy, Montreuil-sur-Mer, Saint-Riquier, Vimeu ou Oisemont.

Le présidial d'Amiens, créé en 1551 et relevant du parlement de Paris, avait alors le même ressort que le bailliage. En 1581, la création du présidial de Beauvais lui fit perdre 40 paroisses.

Prévôté d'Amiens. Philippe IV le Bel donna à ferme perpétuelle aux maïeur et échevins la prévôté royale et tous les droits en dépendant (mars 1292-v. st.). Elle embrassait alors: 1° les droits ayant appartenu à l'ancien domaine comtal, tel que amendes judiciaires, produits des droits de tonlieu, travers forage, kaiage, frocs ; 2° les acquisitions faites en

1274 par Philippe le Hardi de Drieux, chevalier, seigneur de Vignacourt, héritier des anciens châtelains, c'est-à-dire les droits seigneuriaux, cens et rentes, et le fief de la Caruée, à Saint-Maurice ; 3° un fief provenant de Simon de Croy. Cette cession occasionna l'institution du personnel chargé d'administrer la prévôté ; depuis lors, jusqu'en 1597, l'échevinage commettait, chaque année, l'un des échevins à la charge de prévôt. Celui-ci siégeait à l'hôtel de ville, entre le maïeur et le premier échevin. Après la reprise d'Amiens sur les Espagnols (1597), Henri IV réunit la prévôté d'Amiens à la couronne de France et déchargea la ville de la redevance due en vertu du bail de 1292 v. st. En même temps il donna la charge de prévôt royal à Jacques Gargan, prévôt de Doullens.

La généralité de Picardie, créée en 1523, d'un démembrement de la généralité d'outre-Seine, s'étendait originairement aux diocèses d'Amiens et de Noyon. Elle perdit la plus grande partie de ce dernier par la création, en novembre 1595, de la généralité de Soissons. Le bureau des finances, qui se composait des généraux de la généralité et qui était d'abord ambulant, fut rendu sédentaire le 30 juin 1578. (Cf. Comte A. de Louvencourt, *Les Trésoriers de France de la généralité de Picardie ou d'Amiens*, Amiens 1896.)

Les intendants de justice, police et finances, créés par Louis XIII, furent mis à la tête des généralités ; l'intendance se divisait en subdélégations. Le premier titulaire de l'intendance de Picardie fut Isaac de Laffemas, nommé à ce poste le 3 août 1635.

Au xviiie siècle, la généralité d'Amiens comprenait six élections : Abbeville, Amiens, Doullens, Montdidier, Péronne, Saint-Quentin, et quatre gouvernements : Ardres, Boulogne, Calais, Montreuil, auxquels un état de 1710 ajoutait l'Artois.

L'élection d'Amiens paraît avant 1406 ; elle avait un élu particulier à Grandvilliers. L'état des généralités de 1645 la répartit entre les doyennés d'Airaines, Conty, Fouilloy, Gamaches, Lihons, Moreuil, Oisemont, Picquigny, Poix, auxquels il convient d'ajouter ceux d'Albert, Grandvilliers, Saint-Valery, Vignacourt et, depuis 1693, les doyennés nouvellement créés d'Hornoy et de Mons. Ne serait-il pas plus exact de dire que l'élection d'Amiens embrasse les prévôtés de Beauvaisis à Amiens et de Vimeu, et partie de celles de Beauvaisis à Grandvilliers, de Beauquesne et de Fouilloy ? Il faut cependant excepter de la prévôté de Vimeu quelques localités attribuées à l'élection d'Eu, lors de sa création en 1596. Pour le partage de la prévôté de Beauvaisis à Grandvilliers entre les élections d'Amiens et de Beauvais, il fut tenu compte des limites des deux diocèses. La même raison n'existait pas pour la prévôté de Fouilloy, mais le cours de la Somme était une limite toute naturelle ; les localités, situées au nord du fleuve, entraient donc dans l'élection de Doullens, et celles situées au sud, relevaient d'Amiens. Quant à la prévôté de Beauquesne, elle n'a donné qu'une paroisse, La Chaussée-Tirancourt, et la portion septentrionale de la ville et de sa banlieue jusqu'au quatrième bras de la Somme.

La direction des gabelles d'Amiens embrassait le Vimeu, le Ponthieu, l'Amiénois et quelques portions des frontières du pays de Santerre, du Beauvaisis et de la Normandie. Ainsi elle était située à l'extrémité occidentale et septentrionale du pays des grandes gabelles. Le Boulonnais et l'Artois, au nord étaient exempts de l'impôt du sel ; à l'est se trouvait la direction de Saint-Quentin ; au sud, celles de Paris et de Normandie. L'édit du mois de mars 1725 établit onze greniers à sel, dans la direction : Abbeville, Albert, Amiens, Ault, Aumale, Breteuil, Corbie, Doullens, Grandvilliers, Nampont-Saint-Martin, Saint-Valery-sur-Somme.

Le grenier à sel d'Amiens comprenait, après l'édit de 1725, 107 localités de vente volontaire et 41 localités d'impôt, toutes situées au nord de la Somme.

La direction des aides s'étendait à la généralité de Picardie.

La direction des traites et droits y joints.

La direction des domaines de la couronne, amortissements et francs fiefs.

La direction pour le contrôle des actes, insinuations et le 100° denier.

Le bureau des tailles, divisé par élections.

Le bureau ou magasin général des tabacs fournissait cinq entrepôts : Grandvilliers, Montdidier, Péronne, Roye, Saint-Quentin.

Le bureau des postes.

La maîtrise des eaux et forêts.

La monnaie, établie par ordonnance du 28 septembre 1577, supprimée en 1758.

ÉTABLISSEMENTS HOSPITALIERS ET INSTITUTIONS DE BIENFAISANCE. — L'Hôtel-Dieu, ou hôpital Saint-Jean, était d'abord situé sur les bords de la rivière du Hocquet et comprenait le terrain que l'église Saint-Firmin-le-Confesseur occupa ensuite. Au nombre de ses premiers bienfaiteurs figure Pierre d'Amiens, seigneur de Flixecourt et de Vignacourt, qui lui donna, en 1184, le fief de Regnauval, situé entre Vaux et Flesselles. « L'hospitalerie », devenue insuffisante et très insalubre, fut transférée, dans les premières années de l'épiscopat d'Arnould, près le Grand pont, sur la paroisse Saint-Leu, là où l'Hôtel-Dieu subsiste depuis bientôt sept siècles. Le règlement, donné par Geoffroy d'Eu, en 1233, au maître et aux frères et sœurs, a été appliqué ou imité dans beaucoup d'établissements au moyen-âge. Un plan, conservé aux archives des hospices, dessiné à la plume et enluminé à l'aquarelle dans les dernières années du XVIIe siècle, fait connaître les constructions existant alors et qui ne subirent guère de changement avant le XIXe siècle. Les salles réservées aux malades ne renfermaient que 63 lits, en 1784. Le registre de 1620, *libellus obituum missarum*, et les riches archives de l'administration hospitalière relèvent par centaines les fondations faites en faveur de l'Hôtel-Dieu par toutes les classes de la société, par tous les généreux citoyens, dont une liste complète a été publiée dans le compte rendu moral de 1891.

Pendant la période révolutionnaire, l'Hôtel-Dieu devint l'hospice d'Humanité. Les quarante-deux sœurs de l'ordre de saint Augustin, chargées des différents services, quittèrent l'hospice le 14 mars 1794. Emprisonnées pendant sept mois, elles recouvrèrent la liberté à la chute de Robespierre.

L'hôpital Liénard le Secq, ainsi désigné du nom de son fondateur, qui a été six fois maïeur, de 1296 à 1311, fut administré, sous le contrôle de l'échevinage, par des membres de sa famille, jusqu'au jour où il tomba entre les mains du Roi par la forfaiture et la confiscation des biens de Jacques de Saint-Fuscien. Il fut attribué alors (1358) aux religieux Augustins. La ville réclama. Le Parlement lui donna raison (1365) et le bailli dut rechercher s'il existait des héritiers de Liénard le Secq. Un siècle après, l'administration leur appartenait encore.

L'hôpital Saint-Nicolas-en-Coquerel, dû à la libéralité testamentaire de dame Colaye le Monnier, veuve de sire Gilles Ravin, ancien maïeur, (1382), subsista, non sans se transformer, jusqu'en 1789 ; véritable asile de nuit pour les pauvres de passage, il était situé dans la rue Saint-Germain. L'admission en 1481 de religieuses du tiers ordre de saint François (les sœurs grises), chassées par la guerre du pays de Montreuil, modifia le régime de la maison. Elles devaient « soigner les malades étrangers passans et repassans... sans mendier ».

L'hôpital Saint-Julien, situé en face de l'église Saint-Leu, déjà mentionné en 1295, dans le testament de Drieu Malherbe, et cité dans le dénombrement du temporel de l'évêché en 1301, était spécialement réservé aux pèlerins et aux voyageurs dénués de ressources. En 1555, l'échevinage y introduisit aussi les sœurs du tiers ordre de saint François chassées d'Hesdin, afin de régénérer la maison « qui était venue à ruyne et à désolation. »

L'hôpital Saint-Pierre avait été fondé au xive siècle par Guérard de Warloy, dans une maison lui appartenant hors les portes, au faubourg Saint-Pierre. Il a disparu lors de la dévastation des faubourgs par les Navarrais (1357), comme vraisemblablement aussi l'hôpital Saint-Mauvis devant la porte Saint-Michel et l'hôpital Saint-Firmin, devant la porte Saint-Denis, cités par M. Maugis.

La maison Saint-Ladre ou de Saint-Lazare, fondée dans la première moitié du xiie siècle pour servir d'asile aux lépreux et connue sous le nom de la Maladrerie de la Madeleine, relevait directement de l'échevinage. Grâce au régime d'isolement rigoureux, la lèpre était déjà en décroissance à la fin du xive siècle, à l'époque où commencent les très curieux comptes de saint Ladre (1393).

L'hôpital Saint-Quentin, adossé à la chapelle de Saint-Quentin, bâtie en 1316 au lieu-dit « la Waute

Saint-Quentin », proche Saint-Martin-au-Bourg, était spécialement réservé aux malades qui venaient chercher leur guérison en buvant l'eau de la fontaine ou plutôt du puits situé à l'emplacement de la prison où ce généreux martyr fut enfermé, suivant la tradition. Lors de l'institution du bureau des pauvres, l'hôpital Saint-Quentin lui fut attribué avec ses dotations.

L'hôpital Saint-Charles et Sainte-Anne. Antoine Louvel, curé de la paroisse Saint-Remy, acheta, le 16 mai 1640, près de la porte de Beauvais, deux maisons, sur l'emplacement desquelles furent édifiés les bâtiments de l'hospice doté par lui pour recevoir un certain nombre de pauvres. Cet établissement fut confirmé par lettres patentes du mois de décembre 1644.

En 1667, le bureau des pauvres, dont il est parlé ci-après, fut réuni à l'hôpital Saint-Charles et Sainte-Anne, qui s'appela dès lors l'*hôpital général*, mais plus communément l'hospice Saint-Charles. Le nombre des pensionnaires s'accrut considérablement. Les filles de Saint-Vincent-de-Paul en reçurent la direction. Le service des enfants assistés y fut annexé. En 1787, l'architecte Rousseau construisit, selon les règles de l'art hospitalier le plus avancé, les salles larges et spacieuses dans lesquelles se trouvent actuellement 400 lits : 200 pour les vieillards âgés de plus de soixante-dix ans ; 200 pour les enfants âgés de moins de quinze ans.

Le Bureau des pauvres, institué au mois de mai

1573, avait eu une première ébauche en 1533. Il eut pour but de centraliser les aumônes par le moyen de commissaires chargés de recevoir les cotisations des habitants et de taxer ceux qui ne feraient pas offre suffisante. Le 7 janvier 1668 fut rendu un arrêt du Conseil d'Etat qui autorisa la réunion du Bureau des pauvres à l'hôpital Saint-Charles. Sans compter l'évêque qui en était le président né, il y avait 15 commissaires pour la régie de cet hôpital général.

Etablissements d'instruction. — Les grandes écoles. Les premières mentions authentiques des écoles d'Amiens ne remontent pas au delà du xiiie siècle. La chapelle Saint-Nicolas et les grandes écoles y attenant s'élevaient alors au faubourg Saint-Michel, là où elles devaient subsister sous différentes transformations jusqu'à la Révolution. Détruite par les Navarrais (1358), la grande école Saint-Nicolas fut rebâtie du tiers des biens du chanoine Guillaume le Barbier. L'écolâtre, chanoine délégué du chapitre, en avait la surveillance. Destinée d'abord aux clercs qui se préparaient à entrer dans les ordres, elle reçut ensuite des élèves externes et des boursiers, (les Capettes). Il semble que l'échevinage se soit presque complètement désintéressé de sa direction, jusqu'au milieu du xve siècle. La grande école, devenue le collège du xvie siècle, était alors en pleine décadence et les tentatives faites pour régénérer les études, ne réussirent pas. Le collège végéta pendant de longues années et sa prospérité ne fut grande qu'après que les Jésuites y eurent été introduits, au mois d'octobre 1608.

A part quelques conflits d'ordre pécuniaire, l'entente entre la ville et les Jésuites a été complète et continuelle. Lorsque l'enseignement leur eut été interdit (6 août 1761), le collège subsista, réorganisé avec des éléments divers. Il y eut des professeurs de talent, mais l'administration laissa souvent à désirer et le nombre des élèves allait en diminuant. La Révolution acheva de le ruiner par la confiscation de ses rentes et par le trouble que l'obligation du serment civique apporta dans le personnel enseignant. Les bâtiments furent convertis en prison pour les suspects. — Cf. Lenel. *Histoire du collège d'Amiens* (1219-1795).

L'école centrale, installée dans l'ancienne abbaye de Saint-Jean, fut inaugurée en 1796 et le lycée, qui lui succéda, en 1806.

Les petites écoles — écoles primaires ou élémentaires — existaient fort anciennement. La rue « de le Viese escole » est citée dès la seconde moitié du xiii° siècle. Au xv° siècle, il y a lutte entre l'écolâtre, délégué du chapitre à la surveillance de tous les établissements d'instruction, et l'échevinage relativement aux autorisations à accorder aux « maîtres escrivains de tenir école publique », et à la surveillance de ces écoles « qui touchent à la ville et au bien publique d'icelle, pour les petits enfans, fils et filles. »

Les conflits se reproduisent à toutes les époques. Un arrêt du Parlement, du 23 mai 1678, fait défense aux premier et échevins de la ville de prendre connaissance du fait des petites écoles. Sur appel, un arrêt du 23 janvier 1680 maintient l'écolâtre dans le droit d'institution et de juridiction sur les maîtres d'école, ce qui n'empêche pas cette juridiction d'être constamment battue en brèche par des particuliers qui s'ingèrent d'ouvrir des classes sans prendre la permission de l'écolâtre, et qui toujours sont soutenus par la municipalité.

Les écoles de charité, instituées au commencement du xviiie siècle pour l'instruction gratuite et l'éducation chrétienne des enfants pauvres, eurent pour fondateurs le père Barré, minime, originaire d'Amiens, et Jean-Baptiste de la Salle. Celui-ci institua l'ordre des frères des Ecoles chrétiennes, introduits à Amiens (1748-1750) par le chanoine Villeman, dans la maison dite depuis la *maison des grands chapeaux*. Il y avait sept écoles de charité pour les garçons, lors des confiscations opérées par la Révolution. Les religieuses de Sainte-Geneviève, dites de la Providence, remplissaient le même office pour les filles indigentes.

L'école des orphelins, ou des Enfants bleus, a été fondée par le chanoine Guilain Lucas pour l'éducation de douze orphelins pauvres, par testaments de 1627 et 1628. Le nom donné à ces orphelins venait de la couleur de leurs vêtements. Elle subsistait encore en 1793. Le conseil général de la commune pourvoit à la nomination d'un instituteur pour « cet hôpital ».

Le Séminaire, communauté ecclésiastique établie

pour instruire les clercs aux devoirs sacerdotaux, en 1655, par l'évêque François Faure, qui en confia la direction aux prêtres de Saint-Lazare, fut installé d'abord rue Saint-Michel. Mgr de la Motte le transféra hors de l'enceinte de la ville, dans le vaste édifice dont la première pierre a été posée le 16 février 1736.

HISTOIRE. — Du jour où la Gaule fut habitée, c'est-à-dire à une époque fort reculée et qui se perd dans la nuit des temps, des relations de voisinage et de commerce se sont tout naturellement établies entre les peuplades fixées en deçà et au delà de la Somme. Elles ont amené la construction, à l'endroit reconnu le plus propice pour la traversée de la vallée et du fleuve, d'une chaussée et de ponts auxquels *Samarobriva* — ville primitive et berceau de la ville d'Amiens — emprunta son nom : Pont sur Somme. Autour de ce passage, point de jonction d'un réseau de voies venant de toutes les directions, des habitations se sont élevées et l'*oppidum* de *Samarobriva* empruntait déjà une importance considérable de sa situation stratégique non éloignée de la mer à l'époque de l'invasion des Romains, qui marque un notable changement dans les mœurs et dans les habitudes de la Gaule. C'était la ville principale de la *civitas* des *Ambiani*, l'une des tribus les plus peuplées du *Belgium*. L'ancien diocèse d'Amiens, n'ayant pas éprouvé de notables variations au cours des siècles, représentait assez exactement la circonscription du territoire des *Ambiani*.

César parle plusieurs fois de *Samarobriva*. Il y séjourna au retour de la seconde expédition en Bretagne et il y convoqua les états de la Gaule. Les Romains ont dû prendre alors position sur les pentes qui dominaient la ville gauloise, dans un quadrilatère qui correspond vraisemblablement aux limites de la paroisse Saint-Firmin-en-Castillon et dont le centre pourrait avoir été le milieu de la place actuelle de l'Hôtel de ville.

C'était l'usage de désigner la cité gallo-romaine dans son ensemble. On disait le sénat des *Ambiani*, les *duumvirs* des *Ambiani*. Peu à peu *Samarobriva*, vieille toponymie gauloise, s'effaça devant *Ambiani* et, à la suite de changements conformes aux lois qui présidèrent à la formation de notre langue, *Ambiani*, ou plutôt *Ambianos* (*apud Ambianos*), a donné *Amiens*, par la chute du B médial.

La substitution était complète à la fin du quatrième siècle, époque des invasions qui ruinèrent les importantes cités de la Gaule.

Située sur la grande voie militaire mettant Rome en communication avec la Bretagne, Amiens apprit vraisemblablement de bonne heure à connaître le vrai Dieu ; mais le grand élan chrétien, qui marque les débuts de l'histoire ecclésiastique de notre pays, date seulement de l'apostolat de saint Firmin, l'évêque missionnaire, né à Pampelune, qui subit ici le martyre au temps des empereurs Maximien et Dioclétien (284-305). Le diocèse d'Amiens l'a proclamé son premier pontife. Après lui, vinrent saint

Quentin, saint Fuscien, saint Victoric, enfin saint Martin, que le trait charitable, accompli aux portes de la ville, a rendu célèbre entre tous. L'image du bienheureux, partageant son manteau avec un mendiant, est universellement répandue.

Le premier oratoire chrétien s'éleva sur le tombeau de saint Firmin. Cette église, appelée Sainte-Marie-aux-Martyrs, deviendra plus tard l'église de Saint-Acheul. Les chrétiens se multiplient au cours du IVe siècle et du Ve ; à leur tête, nommé par le suffrage populaire sous la réserve de l'institution canonique, apparaît l'évêque, dont l'autorité s'étend à tout le diocèse, qui n'est autre que l'ancienne *civitas*, démembrée celle-ci au point de vue administratif en trois *pagi* : le *pagus ambianensis* (l'Amiénois), le *pagus pontivensis* (le Ponthieu), le *pagus vimacensis* (le Vimeu).

D'épaisses ténèbres enveloppent alors l'histoire de la ville d'Amiens. Sur la fin du IVe siècle, les Francs occupaient les territoires situés entre le Rhin et l'Escaut. Un de leurs rois, qui est généralement connu sous le nom de Chlodion, étend ses excursions jusqu'à la Somme. La défaite de Syagrius et des Romains à Soissons (486) ne livra pas à Clovis tout le nord de la Gaule. Il fallut plusieurs années pour qu'il s'en rendît maître. Lors du partage de ses états entre ses quatre fils (511), la ville d'Amiens fut comprise dans le royaume de Soissons, attribué à Clotaire I. A la mort de Clotaire I (561), qui réunit les royaumes de Soissons et de Paris, Amiens passa à son fils, Caribert, et, après lui, à Chilpéric, roi de Neustrie.

Le *pagus ambianensis*, correspondant à l'ancien archidiaconé d'Amiens, comprenait les anciens doyennés d'Amiens, Albert, Conty, Davenescourt, Doullens, Fouilloy, Grandvilliers, Lihons, Mailly, Montdidier, Moreuil, Picquigny, Poix, Rouvroy, Vignacourt.

Ce *pagus* n'est autre que le comté d'Amiens. Aux temps mérovingiens et jusqu'à la fin du règne de Charles le Chauve, le titre de comte ne procédait pas du droit de naissance. Le comte, délégué du Roi, nommé par lui, exerçait tous les droits que celui-ci exercerait s'il résidait dans le comté : jugement des crimes et des délits, perception de l'impôt, levée des troupes. Son rival, c'était l'évêque ; le seul magistrat de la *civitas* qui subsistât à côté de lui, c'était le *defensor*, personnage également considérable qui joignait à une certaine compétence judiciaire quelques attributions administratives purement civiles dans la ville d'Amiens et qui ne tarderont point à passer aux subordonnés du comte.

L'histoire des premiers titulaires du comté offre un ensemble très informe d'inductions et de rapprochements à l'aide desquels on essaierait vainement d'établir un récit authentique et suivi ; ainsi apparaissent au IXe siècle un Leodegarius, un Bérenger, un Angilvin, un Hechiardus, un Hermanfroid.

Les Normands parurent quatre fois sur les bords de la Somme et à Amiens, en 859-860, 881, 883,

890. Que faisaient les comtes chargés de la garde de l'Amiénois ? Nulle part il n'en est fait mention. On pourrait se demander si les rois, de qui ils tenaient leur dignité, n'avaient pas laissé le poste momentanément vacant.

Du jour où les Normands ont occupé la meilleure portion de la Neustrie, Amiens et le comté d'Amiens empruntent à leur position frontière de la Normandie une importance considérable. Herbert II, comte de Vermandois, apparaît dès lors en la qualité de comte d'Amiens (902-943) et nous lui attribuerions, avec une certaine vraisemblance, la restauration, sinon la construction, de la forteresse féodale (*castrum*), que les événements qui précédèrent l'émancipation communale ont rendue célèbre sous le nom de Castillon.

Pour Herbert II, le comté constitue une propriété ; telle est la conséquence du développement de la féodalité. La lignée seigneuriale se substitue à l'Etat. Eudes de Vermandois, son fils, hérita donc du comté d'Amiens et se vit obligé de le défendre contre les revendications du roi de France. A la mort d'Arnould, comte de Flandre, et gendre d'Herbert II (964), le roi Lothaire se saisit de tous ses domaines et en investit la puissante maison des comtes du Vexin et de Pontoise.

La biographie de Gaultier I, comte de Pontoise et comte d'Amiens (966-987), offre assez peu d'intérêt, en dehors de quelques libéralités aux monastères de la contrée ; de même celle de Gaultier II (987-

1027) ; de même celle de Drieux (1027-1035) ; de même celle de Gaultier III (1035-1063).

Le comté échut ensuite à Raoul, comte de Crépy, puis après eux à Simon, qui finit ses jours dans le cloître.

Ses successeurs, Guy et Yves, consentirent à réformer la procédure judiciaire dans ce que celle-ci avait de trop excessif ; toutefois leur existence à la tête du comté, de 1085 à 1095, cadre mal avec la charte de fondation de l'abbaye de Saint-Acheul, qui l'attribue, dès 1085, à Enguerran de Boves.

Les comtes déléguaient leur autorité dans Amiens au châtelain, gouverneur en leur nom du Castillon. L'association jurée sous le nom de commune par les bourgeois d'Amiens n'est pas autre chose que la conjuration organisée contre la seigneurie devenue intolérable du comte Enguerran et de son châtelain, Aleaume ou Adam. Les principaux acteurs de l'épopée communale, qui remplit les premières années du xiie siècle, furent : le roi Louis VI, l'évêque Geoffroy, le comte Enguerran et son fils, Thomas de Marles, le châtelain Adam et son fils, Aleaume. Le principal objectif de la lutte fut la destruction de la tour du Castillon, vraisemblablement située entre les rues Delambre, des Jeunes-Mâtins et des Vergeaux ; les fossés et les retranchements occupaient le périmètre dans lequel la paroisse St-Firmin-en-Castillon sera ultérieurement circonscrite.

Encouragés par l'évêque, secourus par Louis VI en personne, les Amiénois investirent le Castillon. Le blocus dura près de deux années et se termina par la capitulation des assiégés dans les derniers mois de 1116 (janvier ou février 1117, n. st.).

Le roi ordonna de raser la forteresse et enleva le comté d'Amiens à la maison de Boves, pour le restituer à celle de Vermandois, ne laissant aux châtelains que la propriété du sol du Castillon, avec la jouissance de certains droits utiles.

Au donjon féodal, la commune triomphante substitue le beffroi, sorte de donjon municipal, et les nouveaux titulaires du comté ratifient la charte jurée par les bourgeois. En vertu de cette charte, qui consacre l'autonomie de la ville d'Amiens, voici qu'une seigneurie collective populaire s'organise, représentée par les échevins et le maïeur.

L'histoire des derniers titulaires du comté d'Amiens offre peu d'intérêt jusqu'à la mort d'Elisabeth de Vermandois, en 1182. Philippe-Auguste envahit alors l'Amiénois. Le principal épisode de cette campagne, entreprise par le roi de France contre le comte de Flandre, a été le siège du château de Boves. Le traité d'Amiens, qui la termina, réunit définitivement la ville et le comté à la couronne et les bourgeois s'empressèrent de solliciter du nouveau maître, sous la domination de qui ils passaient, la reconnaissance et la confirmation de leurs franchises communales ; double objet de la charte octroyée par Philippe-Auguste (1185).

Trente années après, la milice amiénoise prêtait généreusement son concours pour repousser l'étranger envahisseur et figurait dans les rangs des troupes réunies autour de l'étendard royal, dans la glorieuse journée de Bouvines.

Amiens, poste avancé de la France, présentait de grands avantages pour l'offensive et la défensive de la ligne de la Somme. On en fit une place de premier ordre. Le règne de Philippe-Auguste vit commencer l'enceinte fortifiée à laquelle il nous a paru juste d'attribuer le nom de ce prince et qui a marqué une notable extension de la ville au Nord et au Sud.

La paix a régné en Picardie au cours du XIIIe siècle. Les Amiénois travaillent sans relâche à l'achèvement de la nouvelle enceinte et à la construction du plus beau temple de l'univers chrétien. Ils n'ont pas d'histoire durant cette période et jusqu'aux débuts de la guerre de cent ans. En cela ils ressemblent aux peuples heureux. La cathédrale, commencée en 1220, sous l'épiscopat d'Evrard de Fouilloy et d'après les plans de Robert de Luzarches, témoigne à la fois de la piété de nos pères et de la prospérité matérielle. La religion florissait alors. On compte déjà treize églises paroissiales et plusieurs chapelles dans la ville et les faubourgs. Le chapitre de la cathédrale devient une puissance autour de laquelle gravitent les chanoines réguliers de Saint Augustin des abbayes de Saint-Acheul et de Saint-Martin-aux-Jumeaux, les Prémontrés de

Saint-Jean, les frères prêcheurs et les frères mineurs ou Cordeliers. Alors « l'hospitalerie » de Saint-Jean, transformée, déplacée et agrandie, reçoit l'admirable réglementation signée de l'évêque Geoffroy d'Eu (1233) ; alors la léproserie de Saint-Ladre (Saint Lazare) prend naissance ainsi que les hôpitaux moins importants de Saint-Pierre et de Saint-Julien.

Deux industries ont contribué à la fortune d'Amiens : la fabrication des draps et la préparation de la guède. L'une et l'autre s'étaient développées à la faveur des avantages que les nombreux cours d'eau offraient pour l'installation des moulins à fouler les draps, et des moulins à broyer la matière colorante, extraite de l'*isatis tinctoria*, plante qui produisait les beaux bleus dont la renommée fut très grande, tant qu'on ne connut pas l'indigo. Aucune génération, celle de 1740 à 1775 exceptée, n'a été témoin d'une transformation égale à celle dont notre ville profita au temps de Philippe-Auguste, de Saint Louis et de Philippe le Hardi.

La guerre de cent ans vint entraver cet essor. Philippe VI exigea d'Edouard III l'hommage dû par le roi d'Angleterre au roi de France, pour ses possessions de la Guyenne et du comté de Ponthieu. La cérémonie qui eut lieu dans la cathédrale d'Amiens, le 6 juin 1329, humilia profondément le monarque anglais ; il se promit de tirer vengeance du prince qui le traitait avec tant de hauteur. La douloureuse défaite de Crécy ramena Philippe VI à

Amiens. Dans un conseil de guerre, tenu sous le coup de la panique occasionnée par ce désastre, il fut décidé « de faire fossés et forteresches nouvelles entour des faurbours ». Le tracé de la nouvelle enceinte du Sud devait contourner l'extrême limite des faubourgs Saint-Michel, Saint-Remi et Saint-Jacques, en suivant les boulevards actuels d'Alsace-Lorraine, de Belfort, du Mail, Saint-Charles, Carnot et Faidherbe. Cinq portes devaient correspondre aux cinq voies d'accès : la porte de Noyon, la porte de Paris, la porte des Rabuissons, la porte de Beauvais et la porte de la Hotoie. Les travaux immédiatement entrepris, mais souvent interrompus par le malheur des temps, ne devaient être complètement achevés qu'au temps de Louis XI.

C'est entre la « neufve forteresche » et la « vieille forteresche » que se livra la bataille nocturne du 16 septembre 1358, entre les troupes navarraises et les bourgeois partisans du Dauphin, fils de Jean le Bon. Charles le Mauvais, roi de Navarre, conspirait alors contre la monarchie. Il s'était ménagé des intelligences dans la place. Ses partisans essayèrent d'y pénétrer ; mais leurs adversaires, réveillés par le tumulte, parvinrent à les repousser. Il y eut « grant fuison d'occis ». Les Navarrais incendièrent les faubourgs en se retirant. Le connétable de Fiennes voulut un châtiment exemplaire. Le maïeur Firmin de Coquerel et dix-sept bourgeois payèrent de la vie leur participation au complot ourdi par les Navarrais.

L'action réparatrice du gouvernement de Charles V n'effaça pas les tristes conséquences de la guerre. Les charges publiques augmentaient. Des révoltes éclatèrent. A Amiens, l'hostilité des maïeurs de bannières à l'égard de l'aristocratie bourgeoise, qui détenait le pouvoir municipal, entraîna la suppression de leur privilège électoral. L'élection de l'échevinage fut attribuée dès lors aux bourgeois, chefs de famille sans distinction, sous le contrôle de l'autorité royale représentée par le bailli. L'institution des maïeurs de bannières, chefs élus des corporations de métiers, disparut pour toujours.

La nouvelle constitution municipale, inaugurée par les élections de 1383, n'apporta pas de changement dans la composition de l'échevinage. Après comme avant, les fonctions municipales demeurent l'apanage en quelque sorte héréditaire d'un petit nombre de familles occupant une situation prépondérante dans le commerce local.

Le mariage de Charles VI et d'Isabeau de Bavière eut lieu à Amiens, le 17 juillet 1385. Ce prince s'y rencontra quelques années après (mars 1392) avec le duc de Lancastre, envoyé de Richard II, roi d'Angleterre. On espérait conclure une paix durable ; on n'obtint qu'une courte trêve. Pendant les dernières années de Charles VI, la guerre se continua, rendue plus acharnée par la funeste querelle des Armagnacs et des Bourguignons. L'échevinage d'Amiens, très hésitant d'abord entre les deux partis ennemis, accepta finalement la domination du duc de Bourgogne, Jean sans peur, après que celui-ci se fût posé en champion de la patrie déshonorée par le désastre d'Azincourt, dans le but apparent d'affranchir le Roi du joug des Armagnacs, auxquels on imputait cette sanglante défaite. Jean sans peur tomba assassiné au pont de Montereau, le 10 septembre 1419. Son fils, Philippe le Bon, se vengea des meurtriers de son père en signant le traité de Troyes, qui fit de lui l'allié des Anglais. Amiens, gouverné par la faction bourguignonne, passa dès lors sous la domination des Anglais. Le bailli Robert le Josne ne réussit qu'à la rendre odieuse.

L'occupation anglo-bourguignonne a duré quinze ans (1420-1435). Les partisans du Dauphin, devenu le roi Charles VII, détenaient en Picardie des postes importants. Jacques d'Harcourt défend héroïquement Le Crotoy ; Jean de Blanchefort, retranché dans le château de Breteuil, harcèle les Amiénois, qui sont contraints d'acheter au prix de mille saluts d'or le droit de moissonner et de vendanger aux environs de la ville, et qui se voient dans la dure nécessité de fournir des troupes et de l'argent pour réduire les plus vaillants défenseurs de la couronne de France en l'obéissance du roi d'Angleterre.

En réconciliant le roi de France et le duc de Bourgogne, le premier traité d'Arras mit un terme à cette situation. Amiens fut attribué à Philippe le

Bon, ainsi que le comté de Ponthieu, Doullens, Roye, Montdidier et les villes de la Somme, avec faculté de rachat par la couronne de France, moyennant quatre cent mille écus d'or. Les Amiénois n'eurent point à se louer de leur nouveau maître. « Réduits à l'impotence et à la pauvreté », ils étaient surchargés d'impôts, à ce point que, tant que dura l'occupation bourguignonne, il n'est guère d'assemblées de bourgeois ou de séances de l'échevinage qui ne se préoccupent de l'état déplorable des finances municipales. La colère du peuple éclata. Est-ce donc pour être traité de la sorte que l'on a échappé au joug des Anglais ? « Le bon roi Charles ne voulait point que ses sujets fussent ainsi chargiés de tailles. » L'opposition au gouvernement du duc de Bourgogne se manifeste alors de différentes manières. Une révolte ouverte, qui se produit au mois d'octobre 1435, amène le supplice d'Honoré Cokin et de sept de ses complices. Le peuple se retournait visiblement vers le dauphin de France. La conquête de la Normandie, suivie d'une trêve de deux ans (mai 1444), suspendit enfin les misères de la guerre et fut accueillie avec bonheur. Depuis trente ans Amiens n'avait pas eu un jour de sécurité. Le sire de Humbercourt était alors bailli et le sire de Saveuse capitaine de la ville.

Conformément aux stipulations du traité d'Arras, les villes engagées au duc de Bourgogne furent rachetées par le roi Louis XI, au mois d'août 1463. Amiens célébra cet événement. Le 3 novembre,

Juvénal des Ursins, seigneur de Trainel, prit possession, au nom du roi de France. Le maïeur Jean de May prononça le serment d'usage, après que l'ex-chancelier, qui venait de recevoir les clefs de la ville des mains du représentant du duc de Bourgogne, les lui eut solennellement remises. Le peuple criait Noël ! Noël ! ! et la cérémonie s'acheva à la cathédrale par le chant du *Te Deum*, suivi d'une messe « à orgues et à chant de musique tellement que c'estoit plaisir de y estre et de le vyr. »

Louis XI témoigna peu d'empressement à visiter la capitale de la Picardie. Il ne vint que le 9 juin de l'année suivante. On ne s'explique pas la destitution du capitaine de Saveuse, que vingt neuf années de bons services rendaient très populaire, puisqu'il fut remplacé par un Lannoy notoirement ami des Bourguignons. Le roi prit soin de désigner un maïeur qui lui fût tout dévoué, Philippe de Morvilliers. Les bourgeois, de leur côté, saluaient le retour à la domination française par l'exclusion des échevins attachés à Philippe le Bon.

Louis XI avait beaucoup d'ennemis que la Ligue du Bien public ne tarda point à grouper sous l'autorité du duc de Berry. La ligne de la Somme fut encore disputée par les armes. Les Amiénois, ne demandant qu'à rester fidèles, s'efforçaient « de rendre bon et léal compte au Roy de sa ville ; ils la garderoient tous jusqu'à la mort ». Le traité de Conflans les ramena sous le joug du duc de Bourgogne (octobre 1465). Charles le Téméraire, successeur de Philippe le Bon, imposa, sur ces entrefaites, le traité de Péronne, qui ratifiait l'abandon définitif, à son profit, des villes de la Somme. C'est alors que le comte de Dammartin, lieutenant général du Roi en Picardie, reçut l'ordre de se saisir des domaines de Bourgogne, les plus voisins des marches de France et qu'à l'improviste il arriva, un jour du mois de janvier 1471, aux portes d'Amiens. Sa volonté manifeste de réduire la ville « en l'obéissance de son souverain, naturel seigneur, » lui fit accepter et signer un traité délibéré en l'assemblée des bourgeois et qui était tout à leur avantage. Dammartin prit possession de notre cité le 2 février. L'effort tenté, le mois suivant, par Charles le Téméraire, demeura stérile. Un investissement de trente jours (10 mars-10 avril 1471), un bombardement furieux ne purent triompher de la résistance de la place, dans laquelle Dammartin avait jeté douze mille hommes de troupes royales, auxquelles la milice urbaine prêtait un concours efficace sous les ordres du bailli de Longueval et du capitaine de Rivery. Louis XI arriva à Amiens peu de jours après la retraite de l'armée bourguignonne et il remit au maïeur des lettres patentes qui contenaient la réunion de la ville à la couronne de France (avril 1471).

Les principaux chefs du parti bourguignon quittèrent Amiens, l'évêque Ferry de Beauvoir, entre autres. Les sires de Lohéac et de Torcy reçurent successivement le commandement des troupes de la garnison. Cette garnison, imposée aux bourgeois, au mépris de leurs privilèges, fut maintenue jusqu'à la trêve intervenue le 13 septembre 1475. Prenant alors l'initiative d'une mesure destinée à marquer un progrès considérable dans l'essor de la cité, Louis XI prescrivit, le 24 janvier 1476, la démolition de l'ancienne forteresse, qui entravait, depuis plus d'un siècle, la réunion de la ville et des faubourgs. La mort de Charles le Téméraire (5 janvier 1477), bientôt suivie de la mort de sa fille Marie, épouse de Maximilien d'Autriche (27 mars 1482), faisant disparaître les obstacles que Louis XI rencontrait encore pour établir sa domination sur la Picardie toute entière, le traité d'Arras ouvrit une ère de paix pour la ville d'Amiens. Antoine Clabaut, dix-sept fois maïeur, l'un des plus riches bourgeois, et Jean le Normand représentèrent leurs concitoyens aux fêtes des fiançailles du Dauphin et de la fille de Maximilien d'Autriche. Quelques mois après cette solennité, qui eut lieu à Amboise, Louis XI mourut et, dès le lendemain, le roi Charles VIII donnait l'assurance que le changement de souverain ne modifiait en aucune façon les stipulations du traité d'Arras. Cela ne l'empêcha pas de répudier la princesse qui résidait en France depuis huit ans, avec le titre de dauphine. Le 7 août 1492, l'échevinage d'Amiens recevait avis du passage de la royale enfant, reconduite à Hesdin, en compagnie de l'archevêque de Sens et du comte de Montpensier. Il n'y eut ni réception officielle, ni

cortège d'apparat. Pour se venger de l'injure faite
à sa fille, Maximilien s'empare d'Arras. Les Impériaux, c'est-à-dire les Bourguignons et les Allemands coalisés, menacent Amiens devenu poste
d'avant-garde du royaume. Toutefois, les hostilités, qui ont ensanglanté les règnes de Charles VIII
et de Louis XII, n'y eurent aucun contre-coup fâcheux. Tandis que la manie des conquêtes entraînait ces princes en des expéditions lointaines, la
population amiénoise jouissait d'une sécurité parfaite. Les délibérations de l'échevinage en font foi.
Charles VIII et Anne de Bretagne visitèrent la ville
au mois de juin 1493 ; Louis XII y séjourna au mois
de septembre 1513 ; François Ier y vint au mois de
juin 1517. Ce jeune prince, justement alarmé du
péril résultant pour la Picardie du voisinage des
Impériaux, ordonne de renforcer la partie Nord des
fortifications. De grands travaux sont exécutés de
1520 à 1524. Le ravelin construit sur le front de la
porte Montrescu, véritable arc de triomphe en
l'honneur du Roi, et dont la façade subsiste encore
dans la muraille de la citadelle, date de cette époque. Une première invasion fut victorieusement repoussée par le duc de Vendôme, puissamment secondé par le comte de Saint-Pol, le comte de Guise
et Créquy-Pontdormy, ses lieutenants. Pendant
cette invasion (1521-1529), bientôt suivie d'une seconde (1536-1544), puis d'une troisième (1547-1559),
non moins terribles, Amiens travaille sans relâche
aux remparts et, dans l'organisation de la résistan-

ce, toujours sur le qui-vive, la population affirme un patriotisme tel que l'on chercherait vainement ailleurs plus de dévouement à la personne du Roi, plus de courage, plus d'énergie dans la lutte sanglante que la France soutient contre les Impériaux et les Anglais coalisés. Aux préoccupations incessantes du péril de guerre s'ajoute la misère qui résulte du chômage et de l'excessive cherté des vivres. La police des auberges redouble de sévérité. Les seules récréations permises sont « les jeux de guerre », c'est-à-dire l'arquebuse, l'arc, l'arbalète et l'épée.

La prise et la ruine de Thérouanne et d'Hesdin causent une désolation générale (juin, juillet 1553). Amiens se croit à tout instant menacé des horreurs d'un siège et c'est la grande préoccupation du second duc de Vendôme, gouverneur de la Picardie, de mettre les habitants en garde contre cette éventualité. Les hostilités se continuaient avec des alternatives de revers et de succès, lorsque l'amiral de Coligny succéda à Vendôme (27 juin 1555). Le désastre de Saint-Quentin (10 août 1557) lui donna une triste notoriété. L'armée française était anéantie par les troupes plus nombreuses du duc Philibert Emmanuel de Savoie. L'archevêque d'Arles, chargé par le Roi d'informer aussitôt les Amiénois de la fatale issue du combat, arrive le surlendemain dans la matinée et remet au maïeur d'Ainval les lettres notifiant, mais en des termes un peu atténués, la défaite essuyée par Coligny. La consternation devient générale. Qu'il entre dans les plans du vainqueur de descendre le cours de la Somme, deux journées de marche l'amèneront aux portes de la ville. La muraille présente encore plus d'un point vulnérable, et, par ordre du Roi, les pièces d'artillerie ont été dispersées, pour les besoins de la défense nationale, à Péronne, à Corbie, à Doullens, à Saint-Pol, à Thérouanne, à Hesdin et ailleurs.

L'échevinage, effrayé de la responsabilité de la situation, s'adjoint un certain nombre de membres du clergé et de gentilshommes. On sollicite l'envoi d'une armée de secours et le connétable de Montmorency est nommé commandant en chef de la place. Par bonheur, Philippe II ne sut point tirer parti de l'affolement des vaincus et s'obstina au siège de Saint-Quentin.

La campagne de 1558 avait brillamment débuté par la reprise de Calais ; la défaite de Gravelines obligea le duc de Guise à se replier, après cet heureux événement, vers la frontière de Picardie. Son armée occupa, pendant un peu plus de deux mois, en avant d'Amiens, un vaste camp, situé entre la porte Montrescu et le village de Pont-Remy. Henri II le visita dans les derniers jours du mois d'août. Le traité du Cateau-Cambrésis, signé le 3 avril 1559, mit fin aux hostilités. Les Amiénois l'ont accueilli avec de grandes démonstrations de joie.

Trente années après les premières manifestations de la religion réformée, notre ville comptait un certain nombre de partisans des doctrines de Luther et de Calvin. L'élection municipale de 1558 donna la mesure des progrès de l'hérésie, en introduisant plusieurs « huguenots » dans l'échevinage ; ils se nommaient François de Biencourt, Raoul Forestier, Firmin Le Cat, Adrien Vilain. Leur influence, bien que combattue par Antoine Louvel, Antoine d'Ardres, Jean Dippre, François de Canteleu et autres catholiques fervents, ne tarda point à devenir prépondérante. La mairie tomba en leur pouvoir ; la nomination du prince de Condé au gouvernement de la province accrut encore leur audace. La population se divisa en deux camps très tranchés et de graves conflits se produisirent, qui souvent dégénérèrent en des rixes sanglantes. Les journées des 7 et 8 décembre 1561 furent marquées par de regrettables scènes de désordre. L'église réformée d'Amiens, qui rassemblait ses adeptes dans la maison du baron de Dompmartin, tendait à prendre une existence régulière.

La guerre civile devenait imminente. D'Orléans, dont il a fait une capitale calviniste, Condé lance un manifeste annonçant sa résolution d'entrer en campagne pour assurer l'exécution des édits accordés aux protestants. Aussitôt, dans la crainte que les échevins ne livrent la place au prince rebelle, les catholiques amiénois signent une pétition pour obtenir de la Reine que la garde des clefs soit enlevée au maïeur Firmin le Cat. Apprenant que l'on conspire contre lui et contre l'échevinage, celui-ci obtient une audience de Catherine de Médicis. A ses tentatives de justification, le gouvernement royal répond en le destituant et en le remplaçant dans ses fonctions par un homme dévoué à la cause catholique : François de Canteleu. Ensuite, et afin de rendre l'administration possible au nouveau maïeur, la Reine pratiqua un véritable coup d'état municipal. Ils étaient dit-sept huguenots et huit catholiques. Elle institue d'office dix échevins investis des mêmes droits que les élus des bourgeois. Désormais ils seront dix-huit catholiques et dix-sept huguenots.

La majorité ainsi obtenue inaugura la politique réactionnaire et le régime de fermeté qui empêcha la ville d'Amiens de passer au protestantisme et qui devait assurer le triomphe du parti catholique aux élections du mois d'octobre 1562. Antoine d'Ardres fut nommé maïeur. La réaction catholique correspond à cette période de succès pour les armées royales, qui aboutit à la sanglante bataille de Dreux, laquelle marque la victoire des Guise et l'effondrement momentané de la puissance de Condé (décembre 1562). Condé est provisoirement remplacé dans sa charge de gouverneur de Picardie par le cardinal de Bourbon et presque en même temps Morvilliers, devenu l'un des plus ardents partisans du prince, se voit relever des fonctions de capitaine de la ville, attribuées dès lors à Antoine d'Estourmel. L'entrée dans Amiens de l'évêque Antoine de Créquy fournit l'occasion d'une grande manifestation catholique.

Mettant à profit les dispositions de l'édit d'Amboise, les protestants construisent un temple au faubourg de Hem et encore une fois les allées et venues de ceux qui fréquentent le prêche donnent lieu à des disputes et à des mêlées quotidiennes. Après quelque temps de calme apparent, Condé lève de nouveau l'étendard de la révolte ; ses lieutenants, de Genlis et de Cocqueville, désolent la province à la tête de bandes de pillards indisciplinés. Les plus factieux des huguenots sont impitoyablement chassés d'Amiens. Il ne leur est pas permis d'habiter même la banlieue, tant la municipalité redoute une trahison et il en est ainsi jusqu'à la paix de Saint-Germain, qui met un terme à la troisième guerre de religion (1570).

Le duc de Longueville venait de succéder au duc de Nevers dans le gouvernement de la province et les Etats généraux du royaume siégeaient au château de Blois, quand l'indignation, causée par le lâche attentat dirigé contre la personne du duc de Guise, entraîna tout à coup la ville d'Amiens dans une révolte ouverte vis-à-vis de Henri III. Un certain nombre de notables décident, de concert avec l'échevinage, la création d'une Chambre du conseil composée de vingt membres (31 décembre 1588). Celle-ci se fond, deux jours après, dans la chambre des Etats de Picardie, qui substitue audacieusement son autorité à l'autorité du Roi et invite les villes picardes à se confédérer pour déclarer la guerre au gouvernement royal. La duchesse de Longueville, venue à Amiens pour les fêtes de Noël, est arrêtée et mise au secret, ainsi que la duchesse d'Estouteville, sa mère, et le comte de Saint-Pol, son beau-frère. Leur présence devait mettre les Amiénois à l'abri d'un retour offensif, puisque la moindre hostilité risquerait de devenir funeste à ces otages illustres, qu'attendait une longue et douloureuse captivité.

La chambre des Etats déploie une activité fiévreuse dès le premier jour de son existence. N'acceptant d'autre direction que celle du duc d'Aumale ou du duc de Mayenne, elle confisque, à son profit, les revenus du domaine et les biens de ses adversaires, institue une chambre des finances, organise une armée, pourvoit à la défense des villes et des châteaux forts. La terreur règne. La police recherche activement les « partisans du tyran » — c'est ainsi que l'on désigne maintenant le Roi, — incarcère les uns, bannit les autres et la guerre civile se poursuit sans merci jusqu'au jour — 2 août 1589 — où le malheureux prince tombe mortellement atteint sous les coups de Jacques Clément. De temps à autre, l'élargissement de la duchesse de Longueville servait de base aux négociations entamées entre les chefs du parti royaliste et les chefs de « l'Union », mais l'exaltation des passions rendait les pourparlers très difficiles et la captivité, devenue plus étroite, après une tentative d'évasion, se prolongea pendant trois années et quatre semaines. Elle ne prit fin que le 21 janvier 1592, sur l'injonction de Mayenne.

La France avait à opter entre l'héritier direct du trône, Henri, roi de Navarre, et le cardinal de Bourbon, proclamé roi de la Ligue, sous le nom de Charles X. Amiens, qui acclame Charles X, s'abandonne de plus en plus à la direction de Mayenne. Sa domination correspond à l'une des périodes tristes de nos annales. La masse ouvrière se trouvait réduite à la misère et, malgré les avantages obtenus par Henri de Navarre en Normandie, malgré la défaite d'Ivry, qui produisit une véritable stupeur, notre bourgeoisie ligueuse ne désarmait pas. Egalement éloignée de Philippe II d'Espagne, que le conseil des Seize voudrait imposer au pays, et de la soumission au prince huguenot, elle persistait à suivre la fortune de Mayenne. Le duc d'Aumale en personne organisa la résistance. Le plan de défense consistait à entretenir, autour d'Amiens, une ceinture de forteresses prêtes à tout événement. L'échevinage décrète les mesures destinées à conjurer le danger d'une attaque des remparts par les troupes de Longueville et de d'Humières, après que celui-ci se fût rendu maître de Corbie, au mois de décembre 1591.

Cependant, les populations ont soif de repos. Les Abbevillois prennent l'initiative d'une série de conférences, auxquelles Amiens adhère non sans difficultés et qui tendent à obtenir aussi bien de d'Aumale que de Longueville un arrangement capable de ramener la sécurité dans les villes et dans les campagnes. Les pourparlers, entamés à

Beauquesne, se continuent à Corbie. Touchant le respect dû aux gens d'Eglise, touchant la protection à accorder aux laboureurs, touchant la perception des impôts, on tombe facilement d'accord ; mais l'abrogation des édits de confiscations, que chacun des partis pratiquait avec un cynisme brutal, se compliquant d'exigences réciproques, les négociations n'aboutissent pas.

Sur ces entrefaites s'ouvrent, à Paris, les Etats généraux — Janvier 1593. La députation du bailliage d'Amiens se composait de l'évêque Geoffroy de la Marthonie (clergé), de François de Paillart, seigneur de Chocqueuse (noblesse), de M° François Castelet (tiers état). Si ridiculisée qu'elle ait pu être par la satire Ménippée, cette assemblée eut du moins le mérite de préparer la solution réellement pratique : l'abjuration de Henri IV, suivie de la trêve conclue dans les premiers jours d'août. La Marthonie et Chocqueuse avaient contribué à ce résultat.

Après la soumission de la ville de Paris au roi de Navarre, Amiens devient l'un des derniers boulevards de l'Union. D'Aumale en fit son quartier général ; plus les ligueurs se sentent affaiblis et plus ils affectent de braver leurs adversaires. Le maïeur de Berny n'épargne aucun effort pour retenir l'influence qui tend à lui échapper. L'arrivée de Mayenne, à la fin du mois de juin, donne lieu à de graves désordres. A la nouvelle de son approche, le peuple se mutine. « Vive l'Espagnol ! »

crient les ligueurs ; « à bas l'Espagnol ! » répondent les royalistes, qui ne pardonnent point « au lieutenant général de l'Etat et Couronne de France » d'avoir sollicité l'appui de Philippe II. La ville se couvre de barricades. Les habitants sont prêts à en venir aux mains. Une impatience manifeste se produit même parmi les échevins que l'attitude provocatrice et hautaine de Mayenne indispose contre lui. La nouvelle de la conquête de Laon par Henri IV achève de ruiner son crédit (27 juillet). Pour la forme, il se prête à l'examen d'un plan de défense arrêté en vue du siège que Berny s'apprêtait à soutenir. Ne se croyant plus en sûreté, Mayenne quitte furtivement la ville. Pour endiguer le courant favorable qui entraîne le peuple à la suite de Henri IV, le duc d'Aumale et Berny se reconnaissent impuissants.

Les sayeteurs sans travail donnent le signal du mouvement royaliste dans la matinée du lundi 8 août 1594. Cette journée du 8 août devait être décisive. Vers six heures, les manifestants, qui s'étaient jusque là bornés à des démonstrations pacifiques, se rendent dans une attitude menaçante sous les fenêtres de l'Hôtel-de-Ville et parcourent les rues en armes, réclamant « la paix avec le Roi », tandis que d'Aumale se voit abandonné de ses amis les plus dévoués. Berny comprend qu'il n'a plus qu'à se soumettre et proclame solennellement la royauté de Henri IV. Le prince fait son entrée dans Amiens quelques jours après (18 août), salué par les acclamations d'une populace en délire.

Le duc d'Aumale, l'allié des Espagnols, quitta la place la rage dans le cœur, résolu à favoriser les entreprises de Philippe II contre la France. Il attira le comte de Fuentès sur les marches de Picardie, au printemps suivant. Doullens tomba au pouvoir des Espagnols le 31 juillet 1595. Amiens se trouvait de nouveau très menacé. La peste, qui éclata quelque temps après, causa de terribles ravages et Henri IV, justement inquiet du danger qui menaçait la ville, insistait auprès d'Augustin de Louvencourt, député à l'assemblée des notables réunie à Rouen, au mois de novembre, sur la nécessité de suppléer, par le secours d'une garnison étrangère, aux vides que la mortalité et l'émigration occasionnaient dans les rangs de la milice urbaine. Les bourgeois s'y opposaient. C'eût été violer les antiques privilèges de la cité et ce fut précisément à l'heure de « l'éminent péril », dont l'échevinage s'était toujours préoccupé depuis des siècles, que la vigilance des magistrats municipaux se trouva en défaut.

Le gouvernement de Doullens avait été octroyé à Hernand Tello Porto Carrero. Ce capitaine résolut de s'emparer d'Amiens par surprise. Recourant à un stratagème vulgaire, il parvint à introduire dans la place, par la porte Montrescu, et à la faveur de déguisements campagnards, une petite troupe qui fit main basse sur les soldats du poste. La surprise à l'aide des noix répandues devant « les pauvres gagne deniers », qui se précipitent pour les ramasser et qui bientôt sont assommés par les Espagnols, est connue de tous. L'arrivée inopinée de détachements wallons, irlandais, allemands, francomtois, achève de mettre en déroute les bourgeois du voisinage, accourus pour défendre l'entrée de la ville. Quelques-uns tentent un effort désespéré à l'endroit, relativement avantageux, de la montée du Bloc. Ils sont écrasés par le nombre. Quatre-vingts Amiénois périssent les armes à la main ou des suites de leurs blessures. Porto Carrero fit occuper sur-le-champ les remparts et s'assura de toutes les portes. L'attaque avait été tellement soudaine, l'invasion si habilement conduite, que chacun perdit la tête dans la journée du 11 mars 1597, à commencer par le comte de Saint-Pol, qui se retira sans coup férir, sous le prétexte d'aller chercher du secours à Corbie.

Demeuré maître de la place, le chef espagnol désarma les habitants, fit nommer un maïeur à sa dévotion et accorda trois journées de pillage à ses soldats. Henri IV, informé le soir même de la perte d'Amiens, s'en montra fort affligé et résolut de tenter un grand effort pour réparer le désastre. Le siège étant imédiatement décidé, il va reconnaître en personne les villages environnants, donne le commandement de l'armée chargée d'opérer devant la place au maréchal de Biron et l'investissement commence aussitôt. « Le portrait de la ville d'Amiens assiégée par le roy Henri IV, très chrétien, roy de France et de Navarre » par Claude Chastillon, très inexact, en ce qui concerne la planimétrie du sol, donne un tracé rationnel des tranchées exécutées dans le secteur du front d'attaque ; il indique les cantonnements des corps de troupes placés sous le commandement en chef du maréchal de Biron. L'ingénieur français Errard et l'ingénieur espagnol Pacciotto rivalisent de zèle et de talent, le siège d'Amiens est cité parmi les plus remarquables de l'époque, parmi les plus intéressants au point de vue stratégique. Il a duré six mois et vingt jours. Henri IV arriva au camp le 3 juin et établit son quartier général à La Madeleine. Témoin du mouvement national qui se produisit à l'appel du Roi, Villeroy constatait non sans fierté le puissant effort réalisé par la France pour recouvrer Amiens. Il y eut de part et d'autre des actions d'éclat. Les principaux épisodes ont été le combat inutilement livré pour barrer le passage aux renforts que Jean de Guzman introduisit dans la place ; la tentative dirigée sur Doullens par le maréchal de Biron, les sorties des 30 et 31 mars ; celles plus meurtrières du 24 mai, du 29 juin, du 17 juillet ; le complot organisé par Sireuilh et quelques bourgeois dévoués pour faire ouvrir les portes aux Français ; la fin tragique de Porto Carrero, mortellement atteint sur le rempart et que le marquis de Montenegro remplaça ; les furieux assauts des derniers jours de siège ; enfin l'arrivée, puis la retraite précipitée de l'armée de secours amenée par le cardinal archiduc d'Autriche.

Cette retraite inexplicable d'une armée impatiemment attendue, d'une armée nombreuse, renforcée d'une puissante artillerie et commandée par les généraux les plus distingués de l'empire, acheva de décourager les Espagnols. Arrivé en vue du camp français le 15 septembre, l'archiduc pouvait l'envahir et opérer sa jonction avec Montenegro ; il se borna à quelques escarmouches du côté de Longpré et rebroussa chemin le lendemain, avant le jour, sans même vouloir tenter le sort d'une bataille, quand Henri IV brûlait de se mesurer avec lui. Les assiégés n'avaient plus de munitions, plus de vivres et les Français, maîtres du fossé, occupaient le ravelin de la porte Montrescu. Au capitaine envoyé par le roi de France pour proposer une capitulation honorable Montenegro répondit qu'il se conformerait à la volonté du cardinal archiduc, auquel il demandait l'autorisation de dépêcher un courrier. Pacciotto obtint sur-le-champ un laissez-passer et alla trouver le cardinal au camp d'Orville. Il revint quarante-huit heures après, rapportant, avec les félicitations du prince pour les héroïques défenseurs de la place, les pleins pouvoirs en vue de la capitulation qui fut signée.

Montenegro sortit d'Amiens le 25 septembre dans la matinée ; son armée défila devant Henri IV et, le défilé terminé, le vainqueur retourna dîner au camp et entra triomphalement dans la ville conquise à quatre heures.

Après le *Te Deum* chanté à la cathédrale, Sa Majesté visite les remparts, prenant les mesures les plus urgentes et se retire, laissant le gouvernement de la place à Dominique deVicq, avec Pierre de Prouville, en qualité de sergent-major.

La légèreté des Amiénois avait été grande; leur incurie avait entraîné de funestes conséquences. L'édit du 18 novembre 1597 fut leur châtiment. Par cet édit, Henri IV brisait l'antique constitution municipale, ses franchises, ses privilèges, et organisait l'administration communale sur de nouvelles bases. Le nombre des échevins était réduit de vingt-quatre à sept et le maïeur remplacé par un premier échevin, que le roi choisissait sur la liste des élus. Quatre conseillers de ville, nommés par lui, complétaient la municipalité, qui avait mission de défendre et de faire prévaloir, au besoin, les intérêts du pouvoir royal. Le principe de l'élection, maintenu et fixé au 25 septembre, jour anniversaire de la soumission de la ville, s'exercerait désormais par les échevins et les conseillers en charge, par les capitaines et les chefs de portes. Le commandement militaire échappait à l'échevinage obligé d'obéir, en tout ce qui concernait la défense ou la sûreté de la place, au gouverneur de la province et au gouverneur nouvellement institué de la ville. La prévôté, avec tous les droits et revenus, se trouvait réunie au domaine, la justice civile et criminelle, au bailliage. L'effondrement des franchises municipales était complet. Par un singulier caprice du hasard, le vieil hôtel des Cloquiers, qui depuis longtemps menaçait ruine, ne survécut par à l'antique constitution mutilée et la personnalité plusieurs fois séculaire du maïeur disparut à l'heure même où disparaissait le palais qu'elle avait rempli de son incomparable prestige.

Concini, le ministre qui exerça une influence funeste dans les conseils de Marie de Médicis, avait déjà pris pied en Picardie par l'acquisition du marquisat d'Ancre, lorsqu'il se fit attribuer le gouvernement des villes de Péronne, Montdidier et Roye, bientôt échangé contre celui des ville et citadelle d'Amiens (23 juin 1411). C'était un dangereux rival pour le gouverneur de la province. Le jeune duc de Longueville, qui succéda deux ans plus tard, en cette qualité, au comte de Saint-Pol, ne tarda point à encourir les effets de sa jalousie. Dans la lutte engagée entre Concini et la ligue des mécontents, à laquelle Longueville adhéra des premiers, l'échevinage d'Amiens prit nettement parti pour le gouvernement de la Reine contre les princes rebelles. Non seulement les tentatives de Longueville, pour négocier avec les magistrats municipaux, demeuraient infructueuses, mais Concini se fortifiait ouvertement derrière les murailles de la citadelle, en vue d'une surprise possible de ses adversaires, et ne craignait pas de faire raser les maisons qui gênaient la défense. Amiens tremblait de voir la guerre civile se rallumer. Longueville, lui-même, n'était pas sans inquiétude touchant le sort qui l'attendait dans la ville capitale de la province et, si le traité de Sainte-Menehould n'avait heureusement rétabli la paix et dissipé ces terreurs, il eut indéfiniment attendu pour s'y rendre. Il vint le 9 août 1614, quinze mois après avoir pris possession de son gouvernement de Picardie. La vue de ce jeune prince « sy courtois et sy débonnaire » lui concilia de nombreuses sympathies. Entre lui et l'ambitieux étranger, retranché dans la citadelle, la population ne pouvait hésiter. De mesquines tracasseries, suscitées contre sa personne ou contre ses amis, n'avaient eu d'autre effet que de grandir sa popularité ; le meurtre tragique de Prouville, le sergent-major de la place, mit le comble à l'irritation et l'impunité de l'assassin faillit amener de graves désordres. On ne parlait de rien moins que d'emporter la citadelle de vive force, d'en expulser le gouverneur et ses Italiens, que les Amiénois rendaient responsables de la mort de Prouville. L'année 1615 s'écoula en de perpétuelles alarmes, en de continuelles intrigues de cour, auxquelles étaient mêlés le duc de Longueville et Concini, plus connu en Picardie sous le nom de maréchal d'Ancre. Leur rivalité est un épisode curieux — non des moindres — de la guerre survenue entre Louis XIII et les princes du sang rangés sous la bannière de Condé.

Au mois de février 1616 s'ouvrirent, à Loudun, des conférences, au cours desquelles le duc de Nevers remplit le rôle de médiateur. On examina les griefs et les prétentions de chacun. Sur toutes choses, Longueville réclamait « le razement » de la citadelle d'Amiens ; il l'avait promis à la population et le Roi, qui n'en voulait entendre parler, lui offrait en compensation le gouvernement de Normandie. Les négociations traînaient en longueur, lorsque le maréchal d'Ancre, dont la situation devenait très difficile, offrit spontanément de résilier ses fonctions. La paix s'en suivit. Longueville, débarrassé de ce rival dangereux, que remplaça le duc de Montbazon, visita notre ville aussitôt après son départ et y fut accueilli avec de grandes marques d'honneur. Il faut lire les éloges hyperboliques que le chanoine de La Morlière prodiguait au jeune prince, enfant d'Amiens « en qui les cieux amis ont mis les qualités d'un demi-dieu » !

L'étoile de Concini pâlissait. Non seulement, il n'avait obtenu aucune compensation sérieuse en quittant son commandement, mais Louis XIII, fatigué de subir la domination de l'étranger, que le royaume entier chargeait maintenant de malédictions, ordonna au capitaine de ses gardes de le faire disparaître ; il fut obéi le 24 avril 1617... Les Amiénois connurent, le soir même, la nouvelle de la mort du maréchal d'Ancre ; leur satisfaction se traduisit par des réjouissances publiques et presque aussitôt Charles d'Albert de Luynes éleva sa fortune sur les ruines de celle de l'infortuné dont la disgrâce était si complète et si rapide. En 1619, le duc de Luynes succéda donc à Montbazon et lorsque, en exécution du traité de Loudun, Longueville eut échangé le gouvernement de Picardie pour celui de

Normandie, le Roi attribua la Picardie au maréchal de Cadenet, frère cadet de son nouveau favori. La famille se partageait l'autorité dans Amiens et dans la province.

Louis XIII séjourna une semaine entière à Amiens, au mois de mars 1620. La reine Henriette d'Angleterre y fut reçue, le 7 juin 1625, avec le faste digne d'une fille de France devenue l'épouse d'un grand roi. La reine mère, qui l'accompagnait, accepta de présenter à son auguste fils la supplique dans laquelle l'échevinage implorait de la clémence royale ne fût-ce que la restauration du vieux titre de maïeur et la radiation des termes, flétrissants pour la bourgeoisie amiénoise, de l'édit de 1597. L'heure du pardon n'avait point encore sonné. Louis XIII ne se laissa pas toucher. Aussi bien Richelieu ne voulait-il plus de privilèges. Loin d'adoucir les rigueurs de l'édit fatal, il soumettait les grands, comme les bonnes villes du royaume, au pouvoir discrétionnaire d'un rouage administratif nouvellement créé : l'intendance de justice, police et finance pour l'exécution des ordres du Roi. Le premier intendant envoyé à Amiens à titre définitif est Isaac de Laffemas. L'hôtel, occupé par lui et par ses successeurs, était situé à l'angle des rues actuelles Dupuis et des Augustins. Le gouverneur de la province et le gouverneur des ville et citadelle d'une part, l'intendant d'autre part, exercent une autorité souveraine aux dépens de la municipalité et leur hostilité mal dissimulée engendre trop souvent d'inextricables conflits de nature à compromettre les intérêts même de la défense, à une époque où le voisinage de l'ennemi rend l'union plus nécessaire que jamais.

La campagne de 1636 ramena l'invasion en Picardie et la panique gagna la France entière après la capitulation de Corbie. Par bonheur, les Impériaux s'arrêtèrent dans leur marche victorieuse, donnant aux lieutenants de Lous XIII le temps d'organiser la résistance. Le Roi se mit à la tête d'une armée qui rentra en possession de Corbie. L'événement capital du séjour que Richelieu fit alors à Amiens, a été le complot ourdi contre la toute puissance et la vie du cardinal par Gaston d'Orléans. La conquête de l'Artois, qui devait affranchir notre pays des alarmes sans cesse renaissantes, tel est le principal objectif de la politique des dernières années du règne de Louis XIII et de celle de Mazarin jusqu'au traité des Pyrénées (1659), qui devait apporter à la Picardie une sécurité depuis longtemps inconnue. Nous rappellerons la fin tragique du brave Saint-Preuil, exécuté sur la place de l'Hôtel de ville à Amiens, le 11 novembre 1641, victime de la justice implacable de Richelieu, pour avoir violé le droit des gens, alors qu'il était gouverneur de la ville d'Arras.

La Fronde, qui mit aux prises la Cour et le Parlement, laissa les Amiénois assez indifférents. Ils gémissaient surtout du malheur des temps. Un séjour d'Anne d'Autriche, momentanément obligée de quitter Paris, où elle se voyait réduite à une attitude par trop humiliée, leur fournit l'occasion de formuler des doléances demeurées sans effet. Eux-mêmes se trouvaient divisés par des querelles politiques. Incapables de soustraire la municipalité à l'influence croissante du pouvoir royal par l'envahissement progressif de l'échevinage au profit des gens de robe longue, quelques zélés champions des franchises communales, à jamais disparues, essayèrent vainement d'entrer en lutte avec le duc d'Elbeuf. La campagne menée par eux a été la dernière tentative de résistance (1651). La nomination de Guy de Bar au poste de gouverneur des ville et citadelle consomme l'asservissement du pouvoir municipal (1653) : « Messieurs le premier et les échevins » n'osent plus rien décider sans la permission du maître, et, condamnée au rôle de chambre d'enregistrement des décisions souveraines, la chambre du conseil échevinal sera réduite à un rôle passif, surtout après l'arrivée de Colbert, parce que Colbert, hanté des souvenirs de la Fronde et des abus du règne de Louis XIII, centralisa à outrance. Les registres municipaux n'ont plus d'intérêt. Aux procès-verbaux si détaillés, si vivants, aux discussions d'autrefois, succèdent de roides nomenclatures d'arrêtés de police ou de pièces administratives transcrites d'office. Le long murmure des libertés municipales refoulées, qui n'avait cessé de se faire entendre depuis Henri IV, se perd peu à peu dans le lointain.

Le théâtre des guerres s'était éloigné d'Amiens, mais, les plus fameux traités ne donnant que de courtes trêves, les souffrances du royaume s'aggravaient dans une rapide proportion. Le peuple se voit à bout de ressources et le fisc réduit aux expédients. L'édit du 27 mai 1692 institua dans toutes les villes, Lyon et Paris exceptés, des offices de maires perpétuels. La mairie, avec les honneurs, les prérogatives du temps passé, devenait charge vénale adjugée au plus offrant et propriété à vie de qui s'en rendait acquéreur. Les Amiénois, toujours à l'affût de ce qui pouvait restaurer l'ancien droit municipal, sollicitent aussitôt l'exécution de l'édit à leur profit et obtiennent, moyennant quatre vingt seize mille huit cents livres, un corps de ville, composé d'un maire et de six échevins assistés de quatre conseillers librement élus sous la présidence du lieutenant général au bailliage par les députés de certains corps et communautés, les membres de l'échevinage et les anciens maires. François d'Amiens, seigneur de Longueval, fut le premier maire nommé en vertu de la constitution nouvelle ; constitution bien éphémère, puisque la liquidation des dettes de l'Etat obligeait le Roi à recourir à tout propos aux ressources extraordinaires de la vénalité des charges publiques au cours du dix-huitième siècle. Toutefois, que la liberté de l'élection soit maintenue en principe comme en 1692 et en 1771 ; que cette liberté soit supprimée comme en 1734 et en 1739 ; que le Roi impose, comme en 1726, le recrutement des échevins parmi les gens de robe longue, ou que les responsabilités du pouvoir se répartissent entre un corps de ville, des officiers municipaux, des notables, ainsi que le stipulaient les édits de 1744-1745, cette instabilité administrative, ruineuse pour le budget de l'Etat, n'apporte aucune entrave au progrès qui se manifeste en toutes choses, pendant le règne de Louis XV. Amiens se laisse vivre sous l'égide de la monarchie, que secondent des intendants de grand mérite ; Amiens travaille énergiquement à accroître son importance industrielle et commerciale, en dépit de crises économiques périodiques qui menacent parfois l'ouvrier jusque dans son existence. Avec les règlements signés de Colbert, « grâce à l'aptitude des Amiénois pour inventer et perfectionner suivant les caprices de la mode », la sayeterie, comprenant divers genres de tissus manufacturés, prend une merveilleuse extension. Les premières années de l'administration de l'intendant Maynon d'Invau (1754-1760) marquent l'apogée de cette prospérité, un instant compromise, le jour où les habitants des campagnes, admis à fabriquer au même titre que les citadins, profitèrent de l'absence de surveillance, rendue plus difficile, pour frauder sur la qualité des produits. On chercha des compensations dans l'importation des nouvelles industries des toiles de coton, des velours de coton, des velours façon d'Utrecht. Les capitaux affluent de toutes parts ; il se fait des fortunes considérables.

Le vieil Amiens, l'Amiens que les guerres civiles, le voisinage de l'ennemi et l'obligation de pourvoir à l'entretien des remparts, au prix de lourds sacrifices, ont en quelque sorte immobilisé pendant des centaines d'années, cet Amiens s'épanouit. Parmi les hommes ayant droit à la reconnaissance de la postérité, artisans trop ignorés de la grandeur et de la fortune de notre cité, figurent, en première ligne, l'évêque Louis-François-Gabriel d'Orléans de la Motte, l'un des prélats les plus distingués qui aient gouverné le diocèse, le duc de Chaulnes, qui aspirait à devenir le Mécène picard, les intendants Chauvelin, d'Aligre, Mayon d'Invau, Dupleix, d'Agay ; ensuite les maires qui se sont succédé, sous Louis XV et sous Louis XVI : Pierre Damiens, François Galand, Alexandre du Fresne, Gilbert Morel, Antoine du Crocquet de Guyencourt, Pierre d'Incourt, Florent de Sachy, Jean-Baptiste Jourdain de Thieulloy, Antoine-Petyst, Jean-Baptiste Morgan, Florimond Leroux, Nicolas de la Haye, François le Caron de Chocqueuse. Beaucoup d'embellissements, d'utiles créations datent de ce siècle : le port de la grève, le château d'eau, les fontaines publiques, l'éclairage mieux réparti de la ville, la reconstruction du dôme et de la lanterne du beffroi, la transformation de la Hotoie, l'hôtel de l'intendance de la rue des Rabuissons, la halle marchande, la caserne de Cerisy, la halle aux grains, la salle de comédie de la rue des Verts-Aulnois remplacée par le théâtre inauguré en 1780, etc., etc.

Le plus connu des architectes qui contribuèrent à embellir Amiens est Jacques-Pierre-Jean Rousseau. On lui doit les plans de la halle aux grains, le projet, demeuré inachevé, destiné à donner un aspect monumental à la place d'armes, appelée la place Périgord en l'honneur du dernier gouverneur de la province. Le théâtre est son chef-d'œuvre.

A mesure que se développent les arts de la paix, la population augmente, sans que la zone des terrains habitables s'étende en proportion et l'on songe à déclasser la place de guerre, qui était d'ailleurs condamnée à disparaître depuis que Vauban n'avait point jugé utile d'y apporter les perfectionnements de la fortification moderne.

Considérable par le renom et la prospérité de ses manufactures, la ville d'Amiens le devient également par le développement des lettres, des sciences et des arts. Succédant à divers essais de sociétés littéraires, l'Académie des lettres, des sciences et des arts, fondée en 1750, encourage les travailleurs, et longue serait la liste des mémoires couronnés annuellement dans la séance publique du jour de la Saint-Louis. Les prix distribués aux lauréats des concours entretiennent une noble et féconde émulation parmi les savants de la région. L'Académie ouvre ses portes à tous les talents.

En dépit des progrès réalisés, Amiens n'a point encore trouvé le secret de remédier aux misères sociales. Les siècles précédents avaient légué des institutions bienfaisantes qui ne répondent plus aux besoins de l'heure présente. Pour soulager cinq mille ouvriers indigents et leurs familles, ce n'est pas assez de l'Hôtel-Dieu et de l'Hôpital général, de l'orphelinat des dames de la Providence et de l'hôpital des Enfants bleus, du bureau des pauvres réorganisé, de l'œuvre des prêts sur gages, de la réorganisation du service des enfants trouvés et de la médecine gratuite, du dépôt de mendicité. Bien que l'esprit charitable se manifeste sous toutes les formes, la crise industrielle, qui sévit pendant le rigoureux hiver de 1784 et surtout après le désastreux traité de commerce de 1786, augmente le nombre des mécontents, tandis que l'évolution générale, qui porte les esprits vers l'étude de la philosophie, à la suite de Voltaire et de J-J. Rousseau, détermine une tendance marquée à l'émancipation et à la négation des croyances religieuses. L'ébranlement du principe de l'autorité royale en devait être la conséquence. Un premier symptôme inquiétant de l'esprit frondeur qui travaille les Amiénois, apparaît dans la lettre que les échevins adressent à Necker, afin de solliciter de sa bienveillance un exemplaire du fameux compte rendu au Roi.

Le Caron de Chocqueuse représente notre ville à l'assemblée des Notables, réunie à Versailles au mois de janvier 1787. Le résultat pratique de cette solennelle consultation nationale ayant été d'étendre à toutes les provinces du royaume l'institution des assemblées provinciales, composées de représentants des trois ordres, qui fonctionnaient depuis plusieurs années en Berry, l'assemblée provinciale de Picardie inaugura sa première session à Amiens le 14 août 1787, dans la grande salle de l'Hôtel de Ville, sous la présidence du duc d'Havré.

Louis XVI décrétait, quelques temps après, la convocation des Etats Généraux. C'est dans les poignantes conjonctures d'une situation politique difficile, compliquée de la misère résultant du rigoureux hiver de 1789, que le tiers état de la ville d'Amiens se réunit, le 18 février, pour procéder à la rédaction du cahier de ses doléances et, le 20 mars, pour élire les députés à l'assemblée du bailliage. Celle-ci s'ouvrit le 30 mars dans l'église des Cordeliers. Amiens n'avait encore jamais vu assemblée délibérante aussi nombreuse : plus de 500 ecclésiastiques, 270 membres de la noblesse, 260 députés du tiers comparaissaient en personne ou par procuration. L'élection des députés du bailliage à l'assemblée des Etats généraux du royaume donne les résultats suivants : pour le clergé : Mgr de Machault, évêque d'Amiens, M. Charles Fournier, curé d'Heilly ; pour la noblesse : M. le duc de Croy et d'Havré, M. de Noailles, prince de Poix ; pour le tiers état : M. Florimond le Roux, ancien maire d'Amiens, M. Laurendeau, avocat au bailliage, M. Pierre Douchet, cultivateur au Hamel, M. Charles Lenglier, négociant à Feuquières en Beauvoisis. Leur élection émanait d'un suffrage à quatre degrés.

A l'heure solennelle qui marqua l'ouverture des Etats généraux, la famine sévissait terrible. Cent cinquante notables fondent une association civique dans le but d'acheter les grains nécessaires à la subsistance de la ville pendant deux mois, mais le peuple, insensible à la sollicitude du conseil de ville, qui se multiplie, comme aux sacrifices que les riches s'imposent, se révolte quand même le 14 juillet, à l'heure où l'insurrection s'emparait de la Bastille. Les troupes de la garnison, aidées de la milice citoyenne réorganisée d'urgence, parvinrent, non sans difficultés, à calmer l'émeute. Il y eut des scènes de pillage et le maire, Galand de Longuerue, faillit être victime de la fureur populaire.

Dans l'espoir que de l'union du conseil de ville et des représentants des trois ordres naîtrait un calme durable, le maire voulut la création d'un conseil permanent, auquel seraient admis, avec les magistrats municipaux en exercice, les trente-six élus de la journée du 20 mars, dix-huit membres du clergé et autant de la noblesse. Le Conseil permanent inaugura son administration le 6 août 1789 et demeura en fonction, constamment en butte à l'hostilité du parti que dirigeait un avocat ambitieux, nommé Saladin, jusqu'à l'installation de la municipalité élue au mois de janvier 1790. Celle-ci se composait d'un maire (Degand), d'un procureur de la commune (Saladin), de quatorze officiers municipaux et de trente notables. Le maire et les officiers municipaux formaient le conseil municipal ; réunis aux notables, ils formaient le conseil général. Exécuteur des décrets de l'Assemblée nationale, le conseil général de la commune dut refondre, pendant les années 1790, 1791 et 1792, les rouages divers des institutions ecclésiastiques, administratives, judiciaires de la ville d'Amiens devenue, en même temps, le chef-lieu du département de la Somme et le siège du tribunal civil, du tribunal criminel, du tribunal de commerce, des justices de paix, destinés à remplacer les juridictions qui se partageaient autrefois la connaissance des contestations de toute nature et des délits, sous les noms de bailliage, de bureau des finances, de bureau des traites, d'élection, de grenier à sel, de prévôté des maréchaux. Le conseil général eut encore à remanier les circonscriptions de cinq paroisses conservées sur douze qui existaient, à inventorier et à faire vendre les richesses mobilières et les biens des couvents, à dresser l'état des religieux et des religieuses qui peuplaient ces couvents condamnés à disparaître, à provoquer le serment des prêtres à la constitution civile du clergé. Il eut encore à maintenir l'ordre au moyen d'une garde nationale puissamment organisée, à pourvoir à la subsistance des habitants, à l'approvisionnement des marchés, malgré la disette, malgré l'insécurité des routes et le mauvais vouloir des cultivateurs.

Le club des Jacobins de Paris avait ici une succursale : le club des Amis de la constitution, où siégeaient des exaltés, presque tous étrangers, dont l'audace dominait le conseil général. Ces factieux ne tardèrent point à introduire, au sein de l'assemblée municipale, une minorité turbulente qui entreprit de dicter ses volontés aux monarchistes constitutionnels, aux Laurendeau, aux Florimond Leroux et autres modérés, incapables désormais d'enrayer la marche en avant de la Révolution. Encore un peu de temps et les Amis de la constitution se verront eux-mêmes distancés par la société du Bonnet rouge, qui tient ses assises à l'église Saint-Leu et dont l'arrogance devint telle qu'entre la municipalité, qui se flattait d'assurer la tranquillité publique, et ces fauteurs de désordre la ville dut opter. Le vote des sections et des compagnies de la garde nationale, au mois de septembre 1792, fut le triomphe du parti de l'ordre. Le patriotisme s'affirmait alors. Huit cents volontaires, sous la conduite de Boury-Crépin, volaient au secours de Lille, assiégé par les troupes autrichiennes, et toutes les classes de la société amiénoise rivalisaient de zèle pour améliorer, par des offrandes et des souscriptions généreuses, le sort des familles des soldats mobilisés au service de la patrie.

L'élection des députés à la Convention eut lieu le 2 septembre 1792. Asselin, Delescloy, Devérité, Dufestel, Dumont, Gantois, Hourier Eloy, Louvet, Martin-Saint-Prix, Rivery, Roland, Saladin et Sillery furent nommés. Les quatre suppléants étaient

François; Scellier, Dequen et Vasseur. Asselin et Saladin représentaient le district d'Amiens.

La Convention proclame la République et, le flot révolutionnaire montant graduellement, l'élection municipale du 30 décembre amène à l'Hôtel de Ville, avec le citoyen Lescouvé pour maire, les citoyens réputés les plus fougueux et les plus exagérés. Ces Jacobins, maîtres de la ville pendant vingt et un mois et huit jours (18 janvier 1793-26 octobre 1794), sourds aux appels de l'assassinat, insensibles aux menaces, se montrèrent tellement modérés dans maintes circonstances qu'ils encoururent le blâme de la Convention. Ils n'hésitèrent point à désapprouver les ardeurs souvent intempestives de leurs amis politiques. Amiens ne connut ni les excès de la commune de Paris, ni la dictature sanguinaire d'Arras.

Le supplice de Louis XVI détermina la seconde coalition des gouvernements de l'Europe contre la Révolution française. Afin de mettre la République en état de soutenir le choc des alliés, la Convention décrète des levées d'hommes, des réquisitions de grains et, pour organiser ces levées et ces réquisitions, elle délègue plusieurs de ses membres qui parcourent les départements. Pocholle et Saladin, chargés d'opérer dans la Somme et dans la Seine-Inférieure, séjournent à Amiens du 20 mars au 4 avril 1793. Les meilleures ressources du pays disparaissaient ; la disette se faisait cruellement sentir. Prenant occasion de la misère publique, la société populaire ameutait le peuple contre les *Corps réunis* ; on désignait ainsi les administrations du département, du district et de la commune. Le mois de juillet est particulièrement troublé. La journée du 22 s'était achevée au milieu d'une effervescence telle que le conseil général redoutait les pires excès. L'arrivée des conventionnels, André Dumont et François Chabot, munis de pleins pouvoirs, calme les émeutiers. Le peuple se prend à espérer en leur toute puissante intervention. Toutefois l'attitude extravagante de Chabot à l'égard de Morgan de Frucourt, le chef respecté de la garde nationale, faillit engendrer de nouvelles difficultés. La fermeté de la milice citoyenne obligea ce méprisable personnage à s'esquiver et cette attitude a tenu également éloigné un autre proconsul farouche, Lebon, envoyé de la Convention pour remplacer Chabot et qui ne passa que quelques semaines à Amiens. André Dumont resta seul chargé du département de la Somme.

La mission d'André Dumont dura huit mois : du 4 septembre 1793 au 3 mai 1794. Il ne laissa ni prêtres, ni nobles à arrêter, ni églises à fermer, ni croix à abattre. Il parlait à tout propos du glaive de la loi, de la mort de tous les traîtres, mais si longue et si terrible que fût sa corespondance, si menaçants que fussent ses discours, il se montra moins sanguinaire que la plupart de ses collègues.

Une commission révolutionnaire départementale,

un comité de surveillance de district, un comité révolutionnaire municipal de surveillance, des comités d'arrondissement, un comité permanent siégeant à l'Hôtel de Ville enveloppent les habitants comme d'un vaste réseau de suspicion. Les membres de la société populaire régénérée, des amis de la liberté et de l'égalité deviennent les arbitres de la situation. A la Conciergerie, dans les bâtiments transformés en maisons de détention, des carmélites, des ursulines, des filles pénitentes, des frères des écoles chrétiennes, des dames de la Providence, plus de deux mille suspects s'entassent pêle-mêle, arrêtés individuellement ou en masse, sur des dénonciations particulières ou en vertu des lois de sûreté générale.

Des prêtres constitutionnels exerçaient encore le ministère dans les cinq églises paroissiales de Notre-Dame, de Saint-Jacques, de Saint-Remy, de Saint-Germain et de Saint-Leu. La Convention ayant décrété, le 10 novembre 1793, l'abolition du culte, « qui rappelait le fanatisme religieux », et établi le culte de la déesse Raison et de la Vérité, l'inauguration de celui-ci eut lieu le 20 novembre dans la cathédrale, transformée en Temple de la Raison.

La réaction thermidorienne fut accueillie avec satisfaction à Amiens. Les commissaires spéciaux, Blaux et Sautereau, épurèrent les administrations, dans lesquelles nous avons dit qu'une certaine modération avait toujours prévalu. Le citoyen

Devisme-Grenier succéda à Lescouvé. Une terrible famine — la famine de l'an III — sévit pendant les premiers mois de son administration.

Au moment de se séparer, la Convention adopta la loi organique connue sous le nom de Constitution de l'an III qui régit la République du 27 octobre 1795 au 11 novembre 1799 et dont le pouvoir exécutif s'appela le Directoire. Pendant cette période, notre administration municipale subit des phases diverses, passant des hommes modérés aux hommes de 93, de Laurendeau à Rigollot ; à certains jours, l'anxiété et la terreur planèrent de nouveau sur Amiens, en dépit des fêtes civiques, que le Directoire multipliait à dessein et qui entretenaient une gaieté trompeuse. Le commerce était aux abois et la manufacture menacée d'une ruine prochaine. La loi sur le recrutement de l'armée rencontrait dans tout le département de la Somme une hostilité qui se traduisait par les révoltes des conscrits, et Gay-Vernon, agent déconsidéré du gouvernement près l'administration départementale, voyant son autorité méconnue, mit Amiens en état de siège (12 août 1799).

On connaît l'histoire du 18 brumaire. Le surlendemain, toutes les troupes de la garnison se trouvaient réunies en armes à la Hotoie pour la prestation du serment d'Alexandre Debray-Valfresne, nouvellement élu chef de brigade de la garde nationale. La cérémonie venait de se terminer quand arriva la nouvelle des graves événements accomplis à Paris. La révolution de Brumaire fut accueillie avec satisfaction dans notre ville et l'avènement de Bonaparte au pouvoir fut considéré comme une garantie de salut. Florimond Le Roux accepta provisoirement la mairie.

Personnages notables nés à Amiens

Baron (Jean), lettré, premier conservateur de la Bibliothèque communale, 1761-1822.
Berville (Pierre-Joseph), homme politique, 1751-1832.
Bizet (Jean-Baptiste), savant naturaliste, 1728-1808.
Blasset (Nicolas), architecte et sculpteur, 1600-1659.
Boistel d'Welles (Jean-Baptiste-Robert), poète, ami de Crébillon et de Voltaire, 1717-1778.
Bouquet (dom Martin), savant bénédictin, 1685-1754.
Bourgeois (Jean-Baptiste-Henri), graveur, 1770-1817.
Choquet (Louis), poète, xvie siècle.
Cornet (Nicolas), docteur en théologie, grand maître du collège de Navarre 1592-1663.
Cressent (François), sculpteur, 1663-1735.
Cressent (Charles), ébéniste du Régent, xviiie siècle.
Daire (Louis-François), religieux célestin, historien de la ville d'Amiens, 1713-1792.
Decourt (Jean-Joseph), historien, xviiie siècle.
Delambre (Jean-Baptiste-Joseph), astronome, 1729-1822.
Desprez (François-Alexandre), général des armées de l'Empire et de la Restauration, 1780-1833.
Dewailly (Noël-François), grammairien, 1724-1801.
Dubois (Jacques), *Sylvius*, naturaliste et médecin, 1478-1555.
Du Fresne du Cange (Charles), linguiste et historien, 1610-1688.
Duméril (André-Marie-Constant), naturaliste, 1774-1861.
Dupuis (Jean-Baptiste-Michel), sculpteur, 1698-1780.
Eustache d'Amiens, auteur satyrique, xiiie siècle.
François (Claude) (le frère Luc), peintre, 1614-1685.
Girardin d'Amiens, poète épique, xiiie siècle.

Gresset (Jean-Baptiste-Louis), poète, fondateur de l'Académie des lettres, sciences et arts d'Amiens, 1709-1777.
Guillaume d'Amiens, poète, xiii⁰ siècle.
Jacques d'Amiens, poète, xiii⁰ siècle.
Le Grand Daussy (Jean-Baptiste), membre de l'Institut, historien, 1737-1800.
Maressal (Raoul), peintre, xvi⁰ siècle.
Marmion (Simon), peintre, xv⁰ siècle.
Masclef (François), hébraïsant, 1663-1728.
Mons, sgr d'Hédicourt (Claude de), littérateur, 1591-1677.
Mons, sgr d'Hédicourt (Jean de), littérateur, père de Claude, xvi⁰ siècle.
Nicolas d'Amiens, auteur d'une chronique universelle, xiii⁰ siècle.
Pagès (Jean-Baptiste), annaliste amiénois, 1635-1723.
Pierre l'Ermite, promoteur des croisades, xi⁰ siècle.
Rioland (Jean), docteur en médecine, 1539-1605.
Reynard (Antoine-Joseph), mathématicien et chimiste, 1740-1818.
Rohaut (Jacques), philosophe, xvii⁰ siècle.
Vaquette de Gribeauval (Jean-Baptiste), général et réformateur de l'artillerie, 1715-1789.
Varin (Madeleine), religieuse ursuline, peintre, xvii⁰ siècle.
Vascosan (Michel), imprimeur, xvi⁰ siècle.
Viseur (Robert), docteur en théologie, polémiste, 1555-1618.
Voiture (Vincent), littérateur, 1597-1648.

A. DE CALONNE.

Archéologie. — Les restes de l'Amiens gallo-romain sont extrêmement rares. Pas un seul monument de cette époque n'est debout ; on n'a même jamais pu préciser l'emplacement d'aucun d'eux. Quelques stèles, quelques fragments de mosaïques, quelques pans de murs informes, quelques membres d'architecture, chapiteaux, entablements mascarons, etc., à l'état de débris, trouvés çà et là dans les fouilles, et c'est tout. Si infimes qu'ils soient, ces débris d'architecture suffisent à prouver que la capitale des Ambiani dut posséder des monuments d'une certaine ampleur et d'une certaine valeur artistique.

Le nombre très considérable de sépultures des époques gallo-romaine et franque trouvées dans ces derniers temps autour de la ville, n'a d'ordinaire mis au jour que des objets mobiliers de valeur secondaire : armes, bijoux, poteries, quelques petits bronzes, etc. Il n'y a guère d'exception que pour quelques verreries vraiment remarquables. On ne saurait dire si cela provient de ce que la population amiénoise était alors peu opulente, ou bien de ce que ces sépultures avaient déjà été violées dans le cours des âges.

Malgré la grande importance qu'eut la ville d'Amiens au moyen âge, elle ne renferme plus aucun monument antérieur au xiiie siècle ; on peut même dire, son incomparable cathédrale mise à part, qu'elle est étonnamment pauvre eu égard à la grande importance qu'elle n'a jamais cessé d'avoir. Et pourtant les renseignements historiques que l'on possède et quelques débris retrouvés çà et là prouvent qu'elle a dû posséder de forts beaux édifices, dont plusieurs remontaient au xiie siècle. La plupart de ces débris ont été recueillis au *Musée de Picardie*.

Il semble que sa cathédrale, dédiée à Notre-Dame, suffise à l'illustrer. C'est un des plus vastes et des plus splendides monuments de l'architecture gothique ; sa célébrité est universelle. Elle mesure 143 m. de longueur totale, et couvre, avec ses dépendances, une superficie de près de 8000 m. Ses voûtes s'élèvent à 42 m. 30 de hauteur sous clef.

L'ancienne cathédrale ayant été détruite par un incendie, la construction de l'édifice actuel fut entreprise en 1220 par l'évêque Evrard de Fouilloy, sur des plans beaucoup plus vastes et beaucoup plus magnifiques. La nef construite la première, et très rapidement, en même temps que la façade occidentale, jusqu'à la hauteur de la grande voûte, dut être livrée au culte au plus tard en 1236 sous l'épiscopat de Geoffroy d'Eu, successeur d'Evrard : la construction des parties basses du chœur dut commencer aussitôt après, puis les travaux subirent un temps d'arrêt. Ils furent repris à la suite d'un incendie survenu en 1258, qui avait endommagé les parties inachevées. En 1269, date inscrite sur le vitrail de la fenêtre haute qui occupe le fond du chevet, l'édifice pouvait être considéré comme presque complet : il ne restait plus à terminer que quelques parties accessoires qui le furent par la suite, telles que le dallage (posé en 1288), les roses du transept (xiv° siècle) et le haut des tours (la tour sud, vers 1366, et celle du nord, vers 1400). A partir de 1292, environ, jusqu'en 1375, on éleva le long des bas côtés de la nef des chapelles que le plan primitif ne comportait pas.

De 1220 à 1288, les travaux furent successivement dirigés par trois maîtres de l'œuvre : Robert de Luzarches, Thomas de Cormont et Renaud, fils de ce dernier ; mais on n'en sait pas davantage : on ignore notamment combien de temps chacun d'eux a été à la tête du chantier, et à quelle époque l'un a remplacé l'autre.

Le plan, dont on peut sans témérité faire honneur à Robert de Luzarches, est admirablement conçu : nef de six travées et transept accompagnés de bas côtés simples ; chœur avec double collatéral et chevet heptagonal avec déambulatoire entouré de sept chapelles rayonnantes. Celle du milieu, dédiée à la Vierge, est plus longue que les autres. Ces chapelles sont d'une rare élégance. Les grandes arcades retombent sur de sveltes piliers cylindriques flanqués de quatre demi colonnes ; au-dessus, un triforium s'ouvre sur une galerie étroite ; enfin les fenêtres hautes largement ouvertes, garnies de remplages d'un dessin très pur, occupent toute la largeur des travées, versant dans l'intérieur de la nef une lumière que la disparition des vitraux peints rend peut-être trop éclatante.

Les principales qualités de la cathédrale d'Amiens sont la pureté, l'unité et l'ampleur de son style. Sa nef peut être considérée comme l'apogée de l'architecture gothique. Dans le chœur, dont les parties hautes n'ont été élevées qu'une trentaine d'années après celle-ci, les lignes générales du projet primitif ont été respectées, mais l'art de bâtir évoluait tellement vite à cette époque, qu'on y découvre dans le détail de la construction aussi bien que de l'ornementation, de notables différences qu'il serait trop long de mentionner.

La statuaire du portail occidental compte parmi les plus grands chefs-d'œuvre de la sculpture française de la première moitié du xiiie siècle. Un monde de figures d'une incomparable beauté peuple les trois portes : sur le trumeau de la porte centrale, la célèbre statue du Sauveur dite le *Beau Dieu d'Amiens* ; dans le tympan, le glorieux avènement du Christ au jour du Jugement ; sur les piédroits, les apôtres et les prophètes ; dans la voussure, les anges, les martyrs, les confesseurs, les vierges, les vieillards de l'Apocalypse, l'arbre de Jessé. Sur le trumeau de la porte sud, une fort belle statue de la Vierge est accompagnée des principales scènes de sa vie. Sur celui de la porte nord, saint Firmin, entouré des saints dont la cathédrale possédait les corps. Dans tout le soubassement, des bas-reliefs représentent les Vertus et les Vices, les Prophéties, le Zodiaque. Au-dessus des trois portes, règne une galerie renfermant vingt-deux statues colossales des rois de France.

La porte du croisillon sud du transept est vulgairement nommée porte de la *Vierge dorée*, à cause de la gracieuse statue de la Vierge qui orne son trumeau, et qui, jadis, était peinte et dorée. Cette Vierge et les douze statues d'apôtres qui ornent le linteau au-dessus d'elle sont célèbres dans la statuaire de la fin du xiiie siècle, statuaire d'une extrême aisance, d'une grande perfection d'exécution, mais d'une grâce un peu mièvre. Les figurines de la même époque qui garnissent le tympan et la voussure de ce portail ont les mêmes caractères.

A l'extérieur des chapelles de la nef, un certain nombre de statues intéressantes s'échelonnent de la fin du xiii° siècle au troisième quart du xiv°. On doit mentionner surtout celles des deux chapelles les plus voisines de la tour nord élevées de 1373 à 1375 aux frais de Jean de la Grange, évêque d'Amiens, puis cardinal, surintendant des finances sous Charles V et précepteur des enfants de ce prince. Ces statues, parmi lesquelles on reconnaît le Roi, ses deux fils, le dauphin Charles et Louis, le cardinal de la Grange, Bureau de la Rivière, sont un des plus beaux spécimens du remarquable épanouissement artistique qui signala le règne de Charles V.

Sur la croisée du transept s'élève une élégante flèche de charpente couverte de plomb, construite à la suite d'un incendie allumé par la foudre le 15 juillet 1528, qui avait détruit l'ancienne.

Remarquable par son architecture, la cathédrale d'Amiens ne l'est pas moins par les nombreux objets d'art de toutes les époques qu'elle renferme et dont nous ne pouvons donner qu'une énumération succincte : Cuve baptismale du xii° siècle ; magnifiques clôtures du chœur et des chapelles, de la fin du xv° siècle et du commencement du xvi°, où sont sculptées en pierre les histoires de saint Jean-Baptiste, de saint Jacques le Majeur, de saint Firmin, les Vendeurs du Temple ; stalles, chef-d'œuvre de menuiserie, exécuté de 1508 à 1522 par Alexandre Huet et Ernoul Boulin, maîtres menuisiers et par Antoine Avernier, ou plutôt Antoine Ancquier, tailleur d'images, tous d'Amiens, et autres ; tribune de l'orgue du xve siècle, et buffet du xvie ; nombreux autels, dont plusieurs sont l'œuvre de Nicolas Blasset, sculpteur à Amiens sous Louis XIII; nombreux tombeaux, notamment les deux tombes en bronze d'Evrard de Fouilloy, évêque d'Amiens, fondateur de la cathédrale, mort en 1222, et de son successeur Geoffroy d'Eu, mort en 1236, et plusieurs monuments exécutés par le même Nicolas Blasset, parmi lesquels celui du chanoine Guillain Lucas, orné d'un *enfant pleureur* qui, aux yeux des gens du peuple, fait encore toute la gloire de la cathédrale d'Amiens, etc., etc.

On ne peut parler de la cathédrale d'Amiens sans dire un mot de la confrérie du Puy Notre-Dame qui, depuis la fin du xive siècle, avait enrichi cette église d'une énorme quantité de tableaux et d'autres objets d'art ; de ceux-ci il ne subsiste que des épaves dont le plus grand nombre est conservé dans la cathédrale même et au *Musée de Picardie.*

Après la cathédrale, la ville d'Amiens ne présente plus que des monuments d'un intérêt très secondaire qui, dans d'autres villes, passeraient presque inaperçus.

Le plus remarquable est l'église Saint-Germain, élégant édifice de style gothique flamboyant, des xve et xvie siècles. L'église Saint-Leu (xvie siècle) et ce qui subsiste encore de l'ancienne église des Cordeliers (xvie siècle et portail du xiiie), méritent à peine une mention. On peut presque en dire autant du Beffroi, dont les parties basses semblent remonter aux xive et xve siècles, mais dont l'intérêt réside surtout dans les souvenirs qu'il évoque pour l'histoire de la commune. L'ancien bailliage présente un joli reste de façade de la Renaissance (1541) malheureusement fort détérioré et presque inaccessible aux regards. Une façade de maison du xiiie siècle (rue St-Martin) fort mutilée, quelques beaux débris du xvie siècle à l'Hôtel-Dieu, les restes sordides de l'habitation princière du *Logis du Roi*, ce qui subsiste de la porte du boulevard Montrécu, en style de la Renaissance et aujourd'hui renfermé dans l'enclos de la citadelle (daté de 1501), la façade sculptée de la maison dite du *Sagittaire*, rue des Vergeaux (1593), quelques maisons à pans de bois, tels sont à peu près les seuls témoins de l'antique splendeur d'une ville qui fut toujours une des plus importantes de France.

La citadelle, aujourd'hui déclassée, qui défendait la partie nord de la ville, a été commencée en 1598, aussitôt après la reprise d'Amiens par Henri IV. Elle occupe une partie du territoire des anciennes paroisses Saint-Pierre et Saint-Sulpice, qui fut alors rasé pour lui faire place.

Parmi les édifices appartenant aux derniers siècles, nous ne pouvons guère citer que la façade nord de l'hôtel-de-ville d'un style assez banal (1757); la caserne de Cerisy, construite en 1768 pour les gardes du corps en garnison à Amiens, par l'architecte Maclaurin, de Paris, et dont la façade est ornée de trophées par Cressent ; le théâtre (1778-1783) par Bralle et Manessier, de Paris, avec sa façade, charmant et rare spécimen d'architecture dans le style dit Louis XVI, dessiné par Jacques-Pierre-Jean Rousseau, architecte à Amiens, et orné de deux groupes de muses par Jean-Baptiste Carpentier et son fils, sculpteurs à Amiens ; la halle aux grains (1782-an IV), aussi par Rousseau ; et enfin quelques maisons particulières dont plusieurs sont dues à ce dernier architecte.

Georges Durand.

Sources manuscrites. — Peu de villes possèdent des archives aussi complètes et aussi riches que la ville d'Amiens. Le Conseil municipal a confié à M. Georges Durand, archiviste du département de la Somme, la très importante mission d'inventorier la multitude de registres et le nombre incalculable de pièces qu'elles renferment. M. Georges Durand s'en acquitte avec la sûreté d'érudition et avec toute l'activité dont il est capable. Cinq volumes de l'*Inventaire sommaire des archives communales antérieures à 1790* ont déjà paru. Ils contiennent les séries AA (Tome I), BB (Tomes II et III), CC (Tome IV et partie du Tome V), DD et EE (Tome V). Ces volumes, qui constituent un ensemble de documents dont la variété est infinie, facilitent les recherches dans l'immense dédale des archives actuellement conservées à la bibliothèque communale.

Les archives correspondant à la période révolutionnaire (1789 — 18 brumaire an VIII) sont à l'Hôtel de Ville. Le

Conseil municipal a entrepris la publication des registres aux délibérations de l'administration municipale. Les années 1789, 1790, 1791, 1792, 1793, ont paru, faisant suite à un premier volume qui comprend les documents se rapportant aux élections pour les Etats-Généraux et à la rédaction des Cahiers de 1789.

Les archives départementales de la Somme contiennent aussi un très grand nombre de documents intéressant la ville d'Amiens.

BIBLIOGRAPHIE. — Voir HENRI MACQUERON, *Bibliographie du département de la Somme*. Amiens. Yvert et Tellier, 1904 ; numéros 2677 à 5192, auxquels il faut ajouter EDOUARD MAUGIS, *Essai sur le régime financier de la ville d'Amiens*. Amiens 1898. — *Recherches sur les transformations du régime politique et social de la Ville d'Amiens*. Paris 1906.

SECTIONS RURALES

Boutillerie

Buticularia, 1238 ; Bouteillerie, 1458.

Organisation ecclésiastique. — Paroisse de Cagny, doyenné de Moreuil, archidiaconé et diocèse d'Amiens. Décimateur, l'abbaye de Saint-Acheul, mense abbatiale, qui affermait la dîme 240 l. en 1761, et 460 l. en 1779. — Au xviii° siècle, une chapelle de l'église de Saint-Acheul, desservie par un religieux de l'abbaye, servait de paroisse pour Boutillerie et la Neuville.

Organisation civile. — Prévôté de Beauvaisis, à Amiens, bailliage d'Amiens, jusqu'en 1748, puis bailliage et siège présidial d'Amiens ; élection d'Amiens ; dépendance d'Amiens au civil. 112 habitants en 1772 ; de la banlieue d'Amiens en 1458.

Seigneurie. — Elle était tenue de la châtellenie de Vignacourt, 1785. Parmi les seigneurs, on trouve : Gilles Ranny, 1351 ; Robert de Saint-Fuscien, 1404 ; Guy de Miraumont, mari et bail de Marie de Saint-Fuscien, 1416, 1433, 1446 ; les deux frères de Baillon, 1618 ; François Vaillant, 1687 ; la dame Vaillant, dame de Boutillerie, épouse de Nicolas Gorguette, 1730.

Fiefs. — Fief noble de la Cave, relevant en arrière-fief de la seigneurie de Boutillerie, tenant au marais de Longueau, au sieur de Saint-Aurin, et autres, vendu aux Jésuites du collège d'Amiens, en 1619, par les héritiers Degrez, comprenant 180 journaux ; l'habitation servait de maison de campagne aux Jésuites, en 1730. — Fief du Grand Camp, donné à l'abbaye de Saint-Acheul, en 1154. — Fief sans nom à Jacques de Beauvais, (XVII° siècle).

Archéologie. — Château de l'époque de Louis XIV, en briques et pierres, avec ailes peu saillantes, un étage d'un côté, deux étages de l'autre, le tout sur rez-de-chaussée ; toit en brisis, avec lucarnes en pierres. A l'intérieur, escalier à balustres en bois. Il appartient actuellement à M. de la Villeguérif. — De l'ancienne maison de campagne du séminaire, il ne reste qu'une cave voûtée ; la construction actuelle, qui est du milieu du XIX° siècle, appartient à M. Searle.

Lieux-dits. — Les Crignons, la Croix rompue, le Mailly, les Vignes, le Quartier du séminaire.

Sources et Bibliographie. — Archives de la Somme, B 79, 175, 183 ; C 1559 ; D 32. 99. 120 f°s 55 et 235 ; E 144 f° 339 ; G 116, 703. — Archives de la ville d'Amiens, BB 7, f° 253. — Daire, *Histoire des doyennés du diocèse d'Amiens*, Bibliothèque d'Amiens, Mss. 507, Tome Ier, 143.

D. Grenier, *Introduction à l'histoire générale de la province de Picardie*, publiée par Ch. Dufour et J. Garnier, dans les *Mémoires de la Soc. des Antiq. de Pic.* in-4°, III, 194, 490. — J. Roux, *Histoire de l'abbaye de S-Acheul, ibid.*, XII, 341.

L. Ledieu.

Hem

Ham, 1125 ; Hamus, 1301.

Organisation ecclésiastique. — Paroisse de Montières, doyenné de Conty, archidiaconé et diocèse d'Amiens. Décimateurs : l'évêque d'Amiens avait les grosses et menues dîmes en 1730 ; la Communauté des curés d'Amiens avait possédé une part des dîmes, acquise, en 1210, de Bernard de Tronville, écuyer ; c'est peut être en compensation que l'évêché lui payait, en 1730, une redevance annuelle ; en 1671, le prieur de Notre-Dame-de-Grâce avait cédé à l'évêque d'Amiens la portion de dîmes qu'il avait sur Hem et les villages voisins, contre une redevance en blé. — Chapelle Saint-Nicaise, dite aussi l'hôpital de Hem ; collateur de plein droit, l'évêque d'Amiens ; revenu net, 42 livres, en 1730 ; elle était située à 60 mètres au-delà du pont de l'usine dite des Anglais, avec pignon sur la rue du faubourg de Hem. La chapelle était dans le terrain appartenant actuellement à cette usine.

Organisation civile. — Prévôté de Beauvaisis à Amiens, bailliage d'Amiens, jusqu'en 1748, puis bailliage et siège présidial d'Amiens ; élection d'Amiens, intendance de Picardie. 377 habitants en 1724, avec le faubourg de la Hotoie ; 460 en 1726.

Le village de Hem a été incorporé à la banlieue d'Amiens en 1655.

HISTOIRE. — Un temple protestant fut construit en 1563, puis démoli en 1569; il était sur le fief de la Tuilerie ou Panneterie, que l'on retrouvera plus loin.

SEIGNEURIE. — La terre et seigneurie de Hem relevait primitivement de Picquigny, et c'est avec l'assentiment d'Enguerran, vidame d'Amiens, qu'elle fut vendue à l'évêque d'Amiens, Thibault, en 1193, par Robert de Riencourt et Hugues de Saisseval. La terre et seigneurie fit dès lors partie du domaine de l'évêché. Robert de Riencourt et Hugues de Saisseval avaient cédé, suivant la formule prudente et d'usage, tout ce qu'ils possédaient à Hem, par l'acte de 1193 ; on en conclut généralement que c'est la terre et seigneurie ; toutefois trois maisons, sises près de l'hôpital, n'y étaient pas comprises en 1390.

FIEFS. — Fief du Marais de la Couarde, relevant de l'évêché, à cause de sa seigneurie de Hem; il est situé dans le marais actuel de Renancourt, aux environs de l'usine de M. Esnaut-Peltrie ; il avait été inféodé par l'évêque, en 1363, à Jean, sire de Friencourt, chevalier, et à sa femme, Marguerite de Blangy. — Fief de la Panneterie, dit aussi de la Tirelire et de la Tuilerie, du domaine de l'évêché. La seigneurie était divisée en quatre fiefs et on trouve parmi les seigneurs : François Creton, acquéreur, en 1644, de Jacques de Berny ; en 1647, un quart appartenait au sieur Lamy et un quart à Charles Mocquet; en 1655, un quart était à Charles

Moreau, un quart à Nicolas Choquet, et un quart à Marie Lamy ; en 1687, Charles Moreau, écuyer, sieur du petit Serton, Nicolas Lesot et Magdeleine Deschamps étaient propriétaires de la moitié du total des fiefs et seigneuries de la Panneterie ; on trouve encore, comme seigneur de la Panneterie, Vincent Le Gillon, seigneur du Grostison, en 1702 ; demoiselle Le Gillon du Grostison, épouse de Jacques de la Folie de Vorne, seigneur de Harponlieu, Raincheval, en 1742 ; puis Martin Thuillier et Marie-Françoise Jovelet, sa femme, en 1755. Ce fief longeait au sud la rue du Faubourg de Hem en face de Saint-Nicaise, c'est-à-dire, après le pont de l'usine des Anglais, jusqu'à la rue dite aujourd'hui Robert Lecoq et autrefois rue des Meuniers.
— Fief de la Mairie, du domaine de l'évêché. Seigneurs : Pierre, maire de Montières et Hem, doit plein service de « ronchi » et tient son manoir de l'évêque, en 1301 ; Jean Le Gillon, écuyer, sieur du Grostison, par achat, en 1629 ; Pierre Le Gillon, sieur du Grostison, en 1666. Ce fief était séparé du fief de la Panneterie par la rue dite aujourd'hui Robert Lecoq.

Archéologie. — L'église, dédiée à saint Firmin, est de 1843 ; à l'intérieur, maître-autel, avec tabernacle en chêne sculpté, de style dit Louis XV ; grille du chœur de la même époque ; stalles, chaire en chêne sculpté du xviie siècle ; le tout provenant de l'ancienne église Saint-Jacques d'Amiens, démolie en 1839. — Le pont de Mioirre, cité souvent dans les titres, est celui qui se trouve à l'entrée du faubourg, à l'usine de M. David.

Lieu-dit. — La Hotoie.

Sources et Bibliographie. — Archives de la Somme, B 206, 803, 876, 879 ; G 94, 107, 108, 115, 116, 134, 650 ; *Invent. de l'év. d'Am.*, p. 25. — *Etat des fiefs de Picardie*, xviie siècle, Bibliothèque de la Soc. des Antiq. de Pic. Mss. T. I, 9, p. 64.

J. Garnier, *Dénombrement du temporel de l'évêché d'Amiens en 1301*, pp. 63, 72, 170. — Ch. Pinsard, d'Amiens, extraits de ses notes.

L. Ledieu.

Longpré-lès-Amiens

Longum pratum, 1066 ; Lompré, 1579, 1707.

Organisation ecclésiastique. — Paroisse du doyenné de Vignacourt, archidiaconé et diocèse d'Amiens. Vocable, Saint-Léger. Présentateur, l'abbé de St-Fuscien. Prieuré-cure de l'ordre de Saint-Benoît. L'autel fut confirmé, en 1125, à l'abbé de Saint-Fuscien par l'évêque Enguerran ; l'abbaye faisait desservir la paroisse par un de ses religieux. Décimateurs : le chapitre de Notre-Dame et Saint-Firmin et les Célestins d'Amiens. Revenus de la cure : 368 livres 4 sols 6 deniers, charges déduites, en 1728. En 1791, l'église devint succursale de Saint-Germain d'Amiens.

Organisation civile. — Prévôté de Beauquesne, bailliage d'Amiens, jusqu'en 1748, puis bailliage et siège présidial d'Amiens ; élection d'Amiens, intendance de Picardie ; grenier à sel d'Amiens, 256 habitants en 1724, 508 en l'an iii.

HISTOIRE. — En 1597, Henri IV construisit un pont sur la Somme en face de Longpré et établit dans ce village son quartier général, pour résister aux troupes que l'archiduc amenait au secours d'Amiens, occupé alors par les Espagnols. Un combat d'artillerie eut lieu près de Longpré et arrêta les Espagnols; la retraite de l'archiduc, effectuée le lendemain, amena la reddition d'Amiens à Henri IV.

SEIGNEURIE. — La seigneurie était tenue du fief du Travers de Longueau, appartenant aux Célestins d'Amiens, en fief noble pour 203 journaux de domaine et en coterie pour maison, masures et terres contenant 242 journaux, en 1521, et, suivant dénombrement de 1661, pour 185 journaux du domaine et 274 en coterie. Le siège de la seigneurie était la maison prieurale et elle portait le nom, dès le XIVe siècle, de seigneurie de Saint-Léger-sur-Somme, à cause du patron de l'église. — Seigneurs : les du Gard, dont quelques-uns ont habité la maison prieurale, auraient porté le titre de seigneurs de Longpré dès le XIIIe siècle. Après eux : Jacques d'Aoust, par sa femme, Marie Lenormant, en 1521 ; demoiselle d'Aoust, en 1556. En 1585, Adrien du Souich vendit la terre et seigneurie à Martin de Louvencourt ; en 1655, Antoine du Gard, sieur de Longpré, époux de demoiselle Marie de Louvencourt en fit retrait lignager, puis dénombrement en 1661 ; en 1731 François du Gard, chevalier, seigneur de Longpré, la vendit à Adrien Creton, seigneur de Vuillameville.

Fiefs. — Fief Vigier ou Vigery, tenu de Pierre de Fransures, chevalier, 1245. — Fief de Fontenelle, mouvant du Roi, appartenant à Marthe Boullet, veuve de Pierre Grébert, seigneur de Merville, en 1622. — Fief Vetus, vendu par Marie d'Ainval à Martin de Louvencourt, seigneur de Longpré, 1617. — Fief tenu d'Etouvy, donné par Grisel aux Célestins d'Amiens, consistant notamment en une part de dîme, 1441. — Fief et seigneurie de Longpré, tenu du Bois d'Estrées, donné par Pierre du Gard à sa nièce Marie d'Ainval, en 1588.

Archéologie. — Eglise construite à la fin du xixe siècle sur l'emplacement de l'ancienne, dont il est resté une cuve baptismale du xvie siècle, aujourd'hui au musée d'Amiens. — Il y avait à Longpré un couvent de Templiers, devenu ensuite l'habitation du prieur ; ce n'est pas le presbytère actuel, mais peut-être la maison située au nord du chœur de la nouvelle église ; cette maison porte quelque ornementation et elle était voisine de la porte principale de l'ancienne église, qui était en sens inverse de l'église actuelle. Une autre opinion placerait le couvent des Templiers dans la côte qui monte de la station au village et où se voient encore des substructions en pierres. — Tout le sol du village est miné de souterrains à peu près impraticables. — Une borne de la limite de la banlieue d'Amiens se voit au lieu dit les Prés Saint-Jean, qui appartenaient à l'abbaye de Saint-Jean d'Amiens : la famille Fauvel les a possédés et la borne porte d'un côté ses armes et de l'autre celles d'Amiens. Elle a les caractères du xvie siècle.

Lieux-dits. — Les Artichamps, les Demi-dîmes, le Grand fief, le Petit fief, les Prés Saint-Jean, le Riez de l'abbaye, la Vasselerie.

Sources et Bibliographie. — Archives de la Somme, B 18, 69 ; C 1559 ; G 99 ; *Inventaire du chapitre de la cathédrale d'Amiens.* Arm. IV, l. 84.

Ch. Bréard, *Les vieux papiers du château de Prouzel,* dans le *Bulletin de la Soc. des Antiq. de Pic.* XVI, 104. — Daire, *Histoire civile et ecclésiastique du doyenné de Conty,* publiée par J. Garnier, p. 48. — I. Darsy, *Les bénéfices de l'église d'Amiens en 1730,* dans les *Mémoires de la Soc. des Antiq. de Pic.* in 4°, VII, 498. — R. de Guyencourt, *Note sur une borne,* dans le *Bulletin de la Soc. des Antiq. de Pic.* XIX, pp. 58 à 61. F. Pouy, *Longpré et les du Gard.*

Hameau. — **Bertricourt.** — Villa Bertrici curtis et Bertricurtis villa, 1121 ; Villula Bertincuria, 1137 ; Bertrincourt, 1141.

Histoire. — L'abbé de Saint-Jean d'Amiens, Foulques de Montdidier, y transféra, en 1148, une partie de la communauté de femmes, résidant jusque là dans les bâtiments contigus au monastère d'hommes au Petit-Saint-Jean ; il y construisit pour elles une église et une maison et elles y vécurent, sous la juridiction de l'abbé de Saint-Jean, un temps très court ; puis elles allèrent se joindre à une autre partie de la communauté déjà installée au **Valvion.**

Seigneurie. — La seigneurie, comprenant haute, moyenne et basse justice, consistant en 167 journaux de terres, en censives, etc., appartenait à la mense conventuelle de l'abbaye de Saint-Jean d'Amiens. La terre et seigneurie lui avait été donnée, en 1170, par Aleaume de Flixecourt et les dîmes antérieurement par ses parents, Guy et Mathilde.

Archéologie. — Il ne reste du couvent qu'un souterrain muré et les substructions de l'église qui était dédiée à saint Etienne.

Sources et Bibliographie. — Archives de la Somme, *Cartulaire de l'abb. de St Jean*, f°s 28 à 32, 182.

Gallia christiana, IX, 1354. — Olive, *La principauté de Poix*, Bibliothèque de la Soc. des Antiq. de Pic., Ms. — Roze, Roux et Soyez, *Cartulaire du chapitre de la cathédrale d'Amiens*, dans les *Mémoires de la Soc. des Antiq. de Pic.* in-4°, XIV, 18.

L. Lepieu.

Montières

Monasteria, 1120, 1301 ; Monstiers, 1125 ; Monsteriae, 1185 ; Monasterium, 1335 ; Monstières, 1390.

Organisation ecclésiastique. — Paroisse du doyenné de Conty, archidiaconé et diocèse d'Amiens. Vocable, Saint-Pierre. Par concession de de l'évêque Enguerran à Raoul, abbé de Saint-Fuscien, en 1125, l'église dépendait du prieuré de Saint-Remy-au-Bois, dit aujourd'hui Notre-Dame-de-Grâce, appartenant à l'abbaye de Saint-Fuscien :

l'abbé, qui était présentateur, céda en 1667 son droit de présentation à l'évêque, qui resta le patron de la cure et décimateur. En 1730, l'évêque payait 300 l. de portion congrue et le revenu de la cure était de 450 l. ; elle payait 16 l. pour 4 décimes, en 1522. Revenu de la fabrique au xviiie siècle, 300 l. — Chapelle Saint-Claude, au château, fondée à la fin du xve siècle, du patronage de l'évêque ; revenu 130 l. en 1730, 216 l. en 1789. — En 1791, l'église de Montières devint succursale de Saint-Jacques d'Amiens, pour Montières, le faubourg de Hem et la Hotoie. — La place au midi de l'église est l'ancien cimetière.

ORGANISATION CIVILE. — Prévôté de Beauvaisis à Amiens, bailliage d'Amiens jusqu'en 1748, puis bailliage et siège présidial d'Amiens ; élection d'Amiens, intendance de Picardie ; grenier à sel d'Amiens. 138 habitants en 1724, 250 en 1772, 466 à Montières et Etouvy en 1791. Le village, qui faisait partie de la mense épiscopale, fut enclavé dans la banlieue d'Amiens, en 1654, sur la demande de l'évêque François Faure.

HISTOIRE. — Les troupes, placées par Henri IV à Montières, Etouvy et Notre-Dame-de-Grâce, décidèrent l'archiduc à la retraite, ce qui sauva l'armée française et amena la reprise d'Amiens par Henri IV (1597). — Malgré sa dénomination, Montières n'a jamais eu de monastère connu ; au moyen âge, *Monasterium*, Moutiers ou Montiers, comme *Munster*, en allemand, signifient aussi église et c'est là qu'il faut chercher l'origine du nom de ce village.

SEIGNEURIE. — Il ressort des documents anciens que la seigneurie relevait primitivement de Picquigny, puis du Roi, à cause de l'acquisition par l'évêché d'Amiens ; car les actes de 1193 déclarent que Thibault d'Heilly, évêque d'Amiens, acheta de Robert de Riencourt et de Hugues de Saisseval, avec le consentement d'Enguerran de Picquigny, vidame d'Amiens, de qui elles relevaient, les terres et seigneuries de Montières et de Hem. C'est pour cela que l'évêque était, en 1390, déclaré seigneur de Montières, qui était tenu en amortissement sous le Roi, à cause du bailliage d'Amiens, sauf quelques terres relevant d'Etouvy. L'évêque y possédait, outre la seigneurie, 80 journaux de bois, 80 journaux de terres et 24 journaux de prés. L'évêque étant resté seigneur de Montières jusqu'à la Révolution, on ne trouve d'autres seigneurs laïques que ses vendeurs, Robert de Riencourt et Hugues de Saisseval, en 1193.

FIEFS. — Fief de la Mairie, tenu de l'évêché (1772). Pierre est maire féodal en 1301 ; en 1629, Jacques Demachy vend à Jean Le Gillon, seigneur du Grostison. — La seigneurie sur la Somme, de la borne de Camon à Montières, appartenait au chapitre de la cathédrale, sauf la pêcherie, qui appartenait à l'évêque, au moins à la borne de Camon, et sauf la justice *intra muros*, qui était à la ville.

ARCHÉOLOGIE. — Eglise en pierres, sauf un bas-côté en briques, ajouté à la fin du xix° siècle et qui paraît se trouver sur l'emplacement d'un autre démoli anciennement ; car on a retrouvé les bases des piliers des arcades qui le réunissaient à la nef et on les a rétablies. Tour carrée à la façade de l'église ; nef du xiv° siècle, porche latéral sud du xvi° siècle, dont l'ornementation assez élégante est un peu détériorée ; on y remarque encore deux salamandres. A l'intérieur, une Assomption, tableau sur toile aux armes des familles du Molin et de Sachy, peut-être par Gontier (xviii° siècle), qui avait épousé une demoiselle du Molin.

Un château, ou maison de plaisance, existait sans doute à l'époque de l'acquisition par l'évêque Thibault d'Heilly, en 1193 ; il a été agrandi, en 1297, par l'évêque Guillaume de Mâcon ; vers 1645, l'évêque François Faure y fit d'importants travaux. Le château actuel, en pierres, est une masse carrée, à peine décorée, portant la date de 1710 ; les deux faces antérieure et postérieure sont ornées d'écussons. Les dépendances, en briques, sont modernes. Le parc s'étendait, par une langue de terre étroite, jusqu'à la rue appelée aujourd'hui Maberly, sur laquelle existait une porte d'entrée ; mais l'avenue principale se dirigeait vers la route d'Abbeville à l'endroit où se trouve actuellement le pont du chemin de fer d'Amiens à Doullens. Une pièce de terre, démembrée du parc, sur la rive gauche de la Selle, était acensée à M. Morgan de Frucourt, qui y avait établi des moulins (1655 e¹

1766) ; c'est aujourd'hui l'usine de M. Cosserat. Château et parc ont été vendus en 1791, comme biens nationaux ; le château est devenu, en 1854, la maison de campagne de l'école libre de la Providence à Amiens.

Lieux-dits. — Le Bois de Hem, le Bois de Montières, le Bois d'Etouvy, la Grande Armoirie, le Pré de l'Evêque, la Vierge, le Vivaret.

Sources et Bibliographie. — Archives de la Somme, C 1559 G 94, 98, 99, 106, 107, 108, 115, 116, 448, 450, 650 ; *Invent. de l'év. d'Am.*, pp. 13, 16. — Bignon, *Rapport sur vérifications de noblesse*, Bibliothèque de l'Arsenal, Mss. 4048. — *Etat des fiefs de Picardie*, xviie siècle, Bibliothèque de la Soc. des Antiq. de Pic., Mss. T. I. 9, p. 83. — *Mémoire pour Benoist contre Godart frères* et réponse, Bibliothèque d'Amiens, Jurisprudence 953, Tome Ier, nos 3 et 4.

Daire, *Histoire civile et ecclésiastique du doyenné de Conty*, publiée par J. Garnier, p. 43. — I. Darsy, *Les bénéfices de l'église d'Amiens en 1730*, dans les *Mémoires de la Soc. des Antiq. de Pic.* in-4° VII, 179.

L. Ledieu.

Hameaux. — 1° **Etouvy**. — Estous, 1161 et 1185 ; Estoui, 1214 ; Estovyes, 1507.

Organisation ecclésiastique. — Paroisse de Montières, doyenné de Conty, archidiaconé et diocèse d'Amiens. — Chapelle Saint-Servais ; collateur de plein droit, l'évêque d'Amiens ; revenus 140 l. en 1730 et 366 l. en 1789. — Chapelle Saint-Nicaise ; collateur de plein droit, l'évêque d'Amiens.

ORGANISATION CIVILE. — Dépendance de Montières, prévôté de Beauvaisis à Amiens, bailliage d'Amiens jusqu'en 1748, puis bailliage et siège présidial d'Amiens ; élection d'Amiens, intendance de Picardie ; grenier à sel d'Amiens. 35 habitants en 1772.

HISTOIRE. — Etouvy a été occupé, en 1597, par les troupes d'Henri IV, dont la résistance détermina la retraite de l'archiduc et la reprise d'Amiens.

SEIGNEURIE. — La seigneurie était tenue de Picquigny, à cause du vidamé. Seigneurs : Colard de Caumesnil, 1416 ; Salomon de Villers, qui la vendit à Claude de Raincheval en 1542 ; son fils, Imbert de Raincheval, 1585, (sans doute pour les quatre quints) ; Pierre de Famechon, pour les quatre quints ; la famille de Famechon resta propriétaire des quatre quints jusqu'à la Révolution. L'autre quint fut porté par Jeanne, fille de Charles de Raincheval, au sieur Judas, seigneur du Souich, en 1559 ; la famille Judas du Souich en resta propriétaire jusqu'au-delà de la Révolution.

FIEFS. — Le fief particulier d'Etouvy en deux fiefs à plein hommage, tenu de Picquigny, appartenait à Pierre de Famechon, cité plus haut. Il est probable que c'est le même qu'un fief noble et seigneurie, en deux fiefs à plein hommage, tenus de Picquigny, qui est donné en 1724 par le sieur Morgan, seigneur d'Offémont, à Jean François Morgan de Warvillers, son neveu. — Deux fiefs sans nom, tenus de Picquigny ; seigneurs : Claude Le Sellier, en 1584 ; Robert de Gaudechart, son gendre, en 1585. — Fief sans nom tenu de Picquigny ; seigneurs : Raoul de Benastre (dénombrement sans date et non signé) ; Colart de Caumesnil, mari et bail d'Isabelle de Benastre, en 1456 ; Jean Morgan, en 1687.— Un fief appartenant à Jean-Baptiste Dragon de Gommicourt, chevalier, seigneur d'Etouvy, époux de Marie-Sophie Cannet, en 1782. — Fief de la Mairie, tenu de Picquigny ; seigneurs : Jean de l'Abbaye, seigneur de Taisnil et de la Mairie en Etouvy, en 1435 ; Claude Le Sellier, en 1584 ; Robert de Gaudechart, son gendre, en 1585 ; Morgan, seigneur d'Offémont, qui le donne, en 1724, à Jean Baptiste Morgan de Warvillers. — Deux fiefs d'Ipres, tenus de Picquigny, 1501, 1686. — Fief noble de 18 journaux de bois, tenu de même, 1688. — L'évêque d'Amiens avait le champart sur Etouvy.

Archéologie. — La chapelle Saint-Servais a été rasée quelques années après la Révolution ; il n'en reste rien.

Sources et Bibliographie. — Archives de la Somme, B 68, 101 ; C 1559 ; E 120, f° 83 ; E 143, 144 f° 232. — *Carte de la route de Flandre,* Archives nationales, Somme Atlas 17°,12. — *Etat des paroisses de l'archidiaconé d'Amiens,* xviiie siècle, Bibliothèque d'Amiens, Mss. 513.

Daire, *Histoire civile et ecclésiastique du doyenné de Conty.* publiée par J. Garnier, p. 45. — De Villers Rousseville, *Nobiliaire de Picardie,* pp. 155 et 348.

L. Ledieu.

2° Notre-Dame-de-Grâce

S. Remigius in nemore, 1105, 1199 ; Saint-Remy-au-Bois, 1698.

Organisation ecclésiastique. — Prieuré du doyenné de Conty, archidiaconé et diocèse d'Amiens. Vocable, Notre Dame de Grâce. Présentateur, l'abbé de Saint-Fuscien. Chapelle et maison prieurale avec ferme. Revenus : 403 l. 19 s. 3 d. en 1751. En 1105, l'évêque Saint-Geoffroy donna à l'abbaye de Saint-Fuscien une église Saint-Remy « *in suburbio hujus civitatis* (ambianensis) », pour y établir des religieux. Cette église devint un prieuré sous le nom de Saint-Remy-au-bois. En 1125, par suite de transaction entre l'évêque Enguerran et les bénédictins de Saint-Fuscien, la paroisse de Montières fut réunie à celle de Saint-Remy-au-Bois, ainsi que celle de Longpré-lès-Amiens. Par la suite cette église fut plus connue sous le nom de Notre-Dame-de-Grâce. On ne sait quand et comment le changement de vocable s'est produit ; aujourd'hui Notre-Dame-de-Grâce dépend de Montières. — L'ermite Ringuet habitait entre Notre-Dame-de-Grâce et Montières, dans la seconde moitié du XV° siècle ; c'est de ce voisinage qu'est venue la confusion chez quelques auteurs entre Notre-Dame-de-Grâce et l'ermitage Ringuet.

Organisation civile. — Prévôté de Beauvaisis à Amiens, bailliage d'Amiens jusqu'en 1748, puis bailliage et siège présidial d'Amiens ; élection et grenier à sel d'Amiens. 2 habitants en 1724.

Histoire. — Occupée en 1597 par Henri IV, avec Montières et Etouvy ; c'est la résistance des troupes placées sur ces points qui amena la retraite de l'archiduc et la reprise d'Amiens par Henri IV.

Seigneurie. — Elle appartenait au prieur, qui avait toutes justices, et s'étendait sur près de 100 journaux.

Archéologie. — La chapelle actuelle a été construite au XIX° siècle, sur l'emplacement du prieuré, détruit en 1791. Elle a été restaurée en 1902. Trois statues du XVIII° siècle y sont conservées : Ecce Homo, Notre-Dame-de-Grâce et Sainte Marie-Magdeleine ; elles ne sont pas de grande valeur. — A la ferme, il reste quelques parties de bâtiments du XVIII° siècle et des souterrains (ou carrières) en partie voûtés.

Sources et Bibliographie. — Archives de la Somme, G 99. — *Etat des fiefs de Picardie,* XVII° siècle, Bibliothèque de la Soc. des Antiq. de Pic. Mss. T. I. 9, p. 107.

Daire, *Histoire civile et ecclésiastique du doyenné de Conty,* publiée par J. Garnier, p. 45. — I. Darsy, *Les bénéfices de l'église d'Amiens en 1730,* dans les *Mémoires de la Soc. des Antiq. de Pic.* in-4°, VII, 171. - J. Pagès, *Notes sur Amiens et la Picardie,* publiées par L. Douchet, III, 399.

L. Ledieu.

La Neuville-lès-Amiens

La Neufville, 1589.

ORGANISATION ECCLÉSIASTIQUE. — Hameau de la paroisse de Saint-Acheul avant la Révolution, doyenné de Fouilloy, archidiaconé et diocèse d'Amiens. Une chapelle de l'église de Saint-Acheul, desservie par un religieux de l'abbaye, servait de paroisse pour la Neuville, au xviiie siècle. Décimateur, l'abbaye de Saint-Acheul, qui affermait les dîmes en 1553. Sur la réclamation des habitants de la Neuville en 1791, l'église et le cimetière de Saint-Acheul furent distraits de l'adjudication des propriétés de l'abbaye, mises en vente comme biens nationaux, et conservés pour le service de ces habitants.

ORGANISATION CIVILE. — Le territoire était divisé en deux parties : 1° Prévôté de Beauvaisis à Amiens, bailliage d'Amiens jusqu'en 1748, puis bailliage et siège présidial d'Amiens et 2° prévôté de Fouilloy, bailliage d'Amiens ; élection d'Amiens, intendance de Picardie. 122 habitants en 1724 ; 74 en 1772. Devint banlieue d'Amiens sous Louis XII.

HISTOIRE. — En 1643, le duc d'Elbeuf y campa.

SEIGNEURIE. — Elle appartenait à l'abbaye de Saint-Acheul, qui y avait domaine et justice.

FIEFS. — Fief noble du Royon ou du Rozel, tenu du Roi, à cause de son bailliage d'Amiens, consistant en 4 journaux un quart d'aires à l'Agrappin, censives, etc. Seigneurs : Jean Leblond, seigneur de Wamin, qui vend, en 1561, à Françoise de Saisseval, veuve d'Antoine Le Sellier ; Guillaume Le Sellier, seigneur de Frieules, 1596 ; Robert Le Sellier, seigneur de Frieules, 1600 ; vente par adjudication à Jean Lucas, seigneur de Démuin et Anne Le Royer, sa femme, 1638 ; leur fille, Elisabeth, épouse de François Brunel, 1654; la famille Brunel, 1691, 1702, 1712. — Fief du Rozel, en partie ; seigneurs : Jacques Fournier ; ses enfants, **Marguerite** Fournier et la dame Antoine Evrard, qui vendirent, en 1635, le tiers du quint ; Jean Lucas, seigneur de Démuin, qui acheta ce tiers et le réunit au reste du fief, 1638. — Fief du Rozel, éclipsement consistant en un quartier de jardin planté ; seigneurs : Jacques Fournier et Marie Deslavier, qui le vendirent à Jérôme Briscul et Laurence Lortie, sa femme, en 1621 ; leur fils, Antoine, releva la moitié du fief en 1624. — La cense d'Huy, située sur le territoire, fut donnée, en 1085, à l'abbaye de Saint-Acheul par l'évêque Roricon ; la seigneurie en fut concédée à l'abbaye, en 1215, par Thomas le Monnoyer et Guy de la Croix. L'abbé du Chemin démolit la ferme au xvi° siècle et réunit l'exploitation à celle de l'abbaye ; c'est le lieu de la Solitude Gresset. — Le fief de l'Agrappin, situé sur le territoire, relevait du chapitre de la cathédrale, à cause de sa seigneurie de Camon, 1692 ; l'abbaye de Saint-Acheul l'acheta, en 1703, pour en faire une maison de campagne, suivant la règle imposée à cette époque aux établissements ecclésiastiques séculiers ou réguliers. — Le fief du Pré Porus, situé aussi sur le territoire, relevait de même du chapitre de la Cathédrale, à cause de sa seigneurie de Camon en 1692.

Archéologie. — La borne de Camon, qui servait de limite de la banlieue d'Amiens, était formée d'un fût de colonne antique. Elle se trouvait sur la rive gauche de la Somme, à l'endroit même où a été posée la culée du premier pont de Camon vers Amiens ; c'est pour cela qu'elle a été enlevée de cet endroit et déposée au musée d'Amiens en 1856. — Il existe une autre borne à l'extrémité de l'Agrappin vers Amiens (Place de l'Agrappin), portant sur la face qui regarde Camon les armes du chapitre de la cathédrale, surmontées des lettres CH, avec la date de 1609 ; c'était la limite du domaine du chapitre vers Camon et de la seigneurie de l'évêque vers Amiens. Il en existait déjà une en 1159. — Au musée d'Amiens, se trouve une lampe romaine en bronze, trouvée à l'Agrappin.

Lieux-dits. — L'Agrappin, Champigny, les Etoiles, le Larrey, le Lavoir aux dames, le Moulin, Périgord, la Terrière, le Tournel.

Sources et Bibliographie. — Archives de la Somme, B 15, f° 33 ; B 25, f° 227 ; C 1559 ; G 703, 1218. — Daire, *Histoire civile et ecclésiastique des doyennés du diocèse d'Amiens*, Bibliothèque d'Amiens, Mss. 507, Tome Ier, p. 82. — *Le Domaine d'Amiens*, Bibliothèque du Vte de Calonne, d'Amiens, Ms. — *Etat des fiefs de Picardie*, XVIIe siècle, Bibliothèque de la Soc. des Antiq. de Pic. Mss. T. I. 9, p. 87.

A. et L. Duthoit, *Le Vieil Amiens*, II, 102.

L. Ledieu.

Hameau. — **Saint-Acheul-lès-Amiens**. — Abladana, Abladène ; S. Acceolus, 1146 ; S. Acheolus, 1147.

Organisation ecclésiastique. — Abbaye de chanoines réguliers de Saint-Augustin, dépendant de l'évêché d'Amiens, qui finit par s'affilier aux Victoriens, puis aux Génovéfains, à la fin de l'ancien régime. Une chapelle de l'église, desservie par un religieux de l'abbaye, servait de paroisse, au XVIIIe siècle, aux habitants de Boutillerie et de la Neuville. L'église devint paroisse de la Neuville, en 1791, et servit dès lors au culte de ce village.

Organisation civile. — Prévôté de Beauvaisis à Amiens, bailliage d'Amiens, jusqu'en 1748, puis bailliage et siège présidial d'Amiens ; élection d'Amiens, intendance de Picardie. La cense de Saint-Acheul faisait partie de la banlieue en 1654. — Coutumes pour le temporel, en 5 articles, sans date.

Histoire. — Suivant les actes de saint Firmin, le sénateur Faustinien, converti par saint Firmin, inhuma celui-ci dans son cimetière nommé Abladène, (Abladana) ; saint Firmin, évêque et confesseur, éleva sur ce tombeau une église sous le vocable de Sainte Marie aux Martyrs. Plus tard, les corps de saint Ache et de saint Acheul y auraient aussi été enterrés, et le nom de Saint-Acheul resta définitivement acquis à l'antique Abladène, vers le commencement du XIIIe siècle. Saint Sauve, au VIIe siècle, transféra le siège de l'évêché d'Abladène à

Amiens, après y avoir transporté les reliques de saint Firmin le Martyr, miraculeusement retrouvées, celles de saint Firmin le Confesseur, de saint Ache et de saint Acheul. En 1085, l'évêque Roricon établit à Saint-Acheul une communauté de clercs, suivant la règle de saint Augustin. En 1145, l'évêque Thierry l'érigea en abbaye et Eudes fut le premier des 225 abbés qui la gouvernèrent jusqu'au jour où elle tomba en commende, au XVIe siècle. Ses biens furent confisqués en 1791 et vendus, sauf l'église et le cimetière, comme il a été expliqué plus haut, à l'article de la Neuville.

En 1471, Charles le Téméraire établit son camp à Saint-Acheul pour assiéger Amiens.

Seigneurie. — Elle appartenait à l'abbaye, avec toutes justices. L'abbaye possédait un grand nombre de fiefs ; on pourra consulter à ce sujet, et pour plus de détails en général, l'*Histoire de l'abbaye de Saint-Acheul*, par M. J. Roux.

Archéologie. — Eglise en pierres, à une seule nef, construite au XVIIIe siècle, avec porche surmonté d'un fronton ; un clocher en ardoises s'élève sur la toiture. Les bâtiments qui restent de l'abbaye sont de la même époque. Le cimetière était contigu à l'église et situé au nord ; il a été désaffecté au milieu du XIXe siècle.

Sources et Bibliographie. — Archives de la Somme, C 1559, G 116, 703. — Daire, *Histoire civile et ecclésiastique des doyennés du diocèse d'Amiens*, Bibliothèque d'Amiens, Mss. 507 Tome Ier, p. 143. — *Epitaphes... dans les églises... de Picardie*

Bibliothèque de la Soc. des Antiq. de Pic., Mss. T. I. 10, pp. 301 et s. — *Etat des fiefs de Picardie*, xviie siècle, *ibid.* Mss. T. I. 9, p. 104.

Anonyme, *Lettres à un curieux sur les anciens tombeaux*.. — V. de Beauvillé, *Recueil de documents inédits concernant la Picardie*, I. 341 et s. — A. Bouthors, *Coutumes locales du bailliage d'Amiens,* dans les *Mémoires de la Soc. des Antiq. de Pic.* in 4°, II, 194. — A. de Calonne, *Histoire de la ville d'Amiens*, I, 27, 49. — J. Corblet, *Recherches historiques sur St Ache et St Acheul*, dans *La Picardie, revue historique, archéologique et littéraire*, XIV, 106. — I. Darsy, *Les bénéfices de l'église d'Amiens en 1730*, dans les *Mémoires de la Soc. des Antiq. de Pic.*, in 4°, VII, 93. — D. Grenier, *Introduction à l'histoire générale de la province de Picardie, ibid.* III, 171, 461. — A. Janvier, *Petite histoire de Picardie. dictionnaire historique et archéologique,* p. 8. — A. de La Morlière, *Les antiquités... d'Amiens,* p. 91. — J. Pagès, *Notes sur Amiens et la Picardie,* publiées par L. Douchet, I, 19. — F. Pouy, *Les bas-reliefs relatifs à St Firmin le martyr à Amiens et à St Acheul.* — J. Roux, *Histoire de l'abbaye de St Acheul,* dans les *Mémoires de la Soc. des Antiq. de Pic.* in 4°, XII. — Roze, Roux et Soyez, *Le Cartulaire du chapitre de la cathédrale d'Amiens, ibid.* XIV, 28, 88. — Ch. Salmon, *L'église de Notre-Dame de St Acheul, le tombeau de St Firmin.* — Ch. Salmon, *Histoire de St Firmin.* — E. Soyez, *Notices sur les évêques d'Amiens,* 5, 15, 16.

L. Ledieu.

Le Petit-Saint-Jean

S. Joannes super Sella, 1180 ; S. Joannes juxta Ambianum, 1361 ; Petit-Saint-Jean, 1384.

Organisation ecclésiastique. — Cure, parmi les paroisses d'Amiens, doyenné de Conty, archidiaconé et diocèse d'Amiens. Ce fut d'abord une chapelle, fondée en 1638, par demoiselle Catherine Le Caron, en l'honneur de Jésus-Christ, de la sainte

Vierge et de sainte Catherine, et elle fut érigée en cure en 1718, sous le vocable de saint **Jean-Baptiste**, avec présentation à l'abbé de Saint-Jean d'Amiens. La cure était desservie par un religieux de l'abbaye de Saint-Jean. Une partie du village dépendait, au xviii° siècle, de la paroisse de Saint-Remy d'Amiens ; le document qui le laisse croire toutefois reste douteux.

ORGANISATION CIVILE. — Prévôté de Beauvaisis à Amiens, bailliage d'Amiens jusqu'en 1748, puis bailliage et siège présidial d'Amiens ; élection d'Amiens, intendance de Picardie ; **grenier à sel** d'Amiens. 108 habitants en 1724.

HISTOIRE. — Les religieux Prémontrés, étant, par suite de leur développement, trop à l'étroit dans leurs prieurés de Saint-Firmin-au-Val et de Saint-Germain, allèrent s'établir hors les murs, dans un domaine, qui leur avait été donné, en 1124, par Raoul *Qui ne rit*, et s'était accru d'un second domaine donné par Gérard de Picquigny, vidame d'Amiens, vers 1136 ; ces domaines s'étendaient sur une grande partie du quartier Saint-Roch actuel et sur le Petit-Saint-Jean ; c'est principalement sur Saint-Roch, et plutôt un peu à l'Ouest de la gare de voyageurs actuelle, que furent élevés les bâtiments de l'abbaye, sous le vocable de Saint-Jean ; le surplus du Petit-Saint-Jean, vers le Pont-de-Metz, était la métairie. Telle est l'origine de l'abbaye de Saint-Jean d'Amiens. Dans des bâtiments contigus, suivant un usage alors répandu, s'était installée **une** abbaye de religieuses, sous la même règle, que l'abbé transporta bientôt à Bertricourt, (voir Bertricourt, à l'article de Longpré-les-Amiens).

Les religieux quittèrent les bâtiments, ruinés plusieurs fois par les guerres et brûlés enfin par Hernand Tello, en 1597, et ils s'établirent en ville, au fief des Marconnelles (le lycée actuel), en 1559. Ils vendirent, en 1627, le terrain où s'étaient élevée l'abbaye, à la ville, qui y installa, en 1631, des pestiférés. Depuis longtemps déjà ces logettes destinées au même usage existaient sous le nom de Saint-Roch dans un terrain avoisinant l'abbaye. Il y avait une chapelle Saint-Roch, « où on souloit inhumer les pestiférés », (1582).

Les religieux rachetèrent leur terrain, en 1675, à la ville, qui avait transféré la maison de santé à la Madeleine, trouvant l'établissement de Saint-Roch trop voisin des habitations. — Antérieurement à 1197, Vermond, vidame d'Amiens, avait donné à l'abbaye le droit de pêche sur la Selle, du pont de Metz au pont de Mioirre ; ce dernier est le premier pont du faubourg de Hem, à l'usine de M. David.

Seigneurie.— La terre et seigneurie du village du Petit-Saint-Jean appartenait aux menses abbatiale et conventuelle de l'abbaye de Saint-Jean, qui la tenait amortie sous le Roi, avec toutes justices ; elle s'étendait sur 191 journaux. Le vidame d'Amiens, baron de Picquigny, en avait la garde et l'avouerie, en 1302.

ARCHÉOLOGIE. — L'église paroissiale est de la fin du xix⁰ siècle et elle est sur l'emplacement de l'ancienne, dont il ne reste rien. — De longs murs, qui bordent la rue principale, seraient ceux de l'ancienne ferme de l'abbaye. A côté de la porte d'entrée de la propriété fermée par ces murs, se trouve une petite construction en pierres de la fin du xviii⁰ siècle, attribuée à l'architecte Rousseau, et composée d'un corps de logis et de deux petites ailes en contre-bas ; c'est ce qu'on appelait une Folie. La façade sur le jardin est ornée de guirlandes de feuillages sculptées et de quatre bustes ; à l'intérieur il y a de belles boiseries sculptées de style Louis XVI. —Au musée d'Amiens se trouve une Vierge provenant de l'église de l'abbaye.

LIEUX-DITS. — Le Bout du monde, la Croix du Pont-de-Metz, les Terres l'abbé, les Terres des mesureurs, la Tirelire.

SOURCES ET BIBLIOGRAPHIE. — Archives de la Somme, C 1559 ; *Cartulaire de St Jean*, 28, 45 ; *Plan roulé n° 16 de l'abbaye de St Jean.* — Archives d'Amiens, BB 77, f° 231 ; CC 33, f° 85 ; CC 271, f°^{s} 75, 76, 78 ; DD 318, 325. — *Etat des fiefs de Picardie*, xvii⁰ siècle, Bibliothèque de la Soc. des Antiq. de Pic. Mss. T. I 9, p. 105. — *Mémoire pour L. A. d'Albert d'Ailly contre N. de Paris, abbé de St Jean*, 1736, Bibliothèque d'Amiens, Histoire 3596, n° 33. — *Mémoire pour les religieux de St Jean contre Z. Juge, et réponse*, 1755, ibid n°^{s} 35 et 36.

Annales de l'abbaye de St Jean d'Amiens, publiées par A. Janvier et Ch. Bréard. — V. DE BEAUVILLÉ, *Recueil de documents inédits concernant la Picardie*, II. 5. — DAIRE, *Histoire civile et ecclésiastique du doyenné de Conty*, publiée par J. Garnier, p. 50. — 1. DARSY, *Les bénéfices de l'église* *d'Amiens en 1730,* dans les *Mémoires de la Soc. des Antiq. de Pic.* in 4° VII, 99. — *Gallia christiana,* IX, 1354. — A. Janvier, *Petite histoire de Picardie, dictionnaire historique et archéologique,* p. 230. — A. de la Morlière, *Les Antiquités... d'Amiens,* pp. 93, 106. — J. Pagès, *Notes sur Amiens et la Picardie,* publiées par L. Douchet, I, 187.

L. Ledieu.

Renancourt

Hernencurt, 1163 ; Ernencurt, 1184, 1199 ; Ernencourt, 1404.

Organisation ecclésiastique. — Longtemps Renancourt fut un hameau de la paroisse de Montières, dépendant du doyenné de Conty. Au xviii° siècle, on songea à y créer une paroisse, à la suite de donations pour l'entretien d'un curé ; mais il fallait lutter contre l'opposition du chapitre de la cathédrale, des seigneurs laïques et du curé de Montières. Enfin les habitants obtinrent gain de cause : en 1728, le Parlement autorisa l'acquisition d'un presbytère et, en 1752, l'évêque érigea la nouvelle paroisse sous le vocable de Sainte Marie-Madeleine, au doyenné de Conty, archidiaconé et diocèse d'Amiens. Présentateur, l'évêque d'Amiens.

Antérieurement Renancourt possédait déjà une chapelle. Devenue insuffisante, elle fut reconstruite sur un terrain donné par la marquise de Louvencourt, vers 1775, et l'évêque prit à sa charge la dépense du clocher.

Revenu de la cure, 500 l., de la fabrique 200 l.

en 1782. Décimateurs : la congrégation des curés d'Amiens, le prieur de Notre-Dame-de-Grâce, le chapelain de Saint-Servais et celui de la messe du jour dans la Cathédrale. Taux de la dîme, 7 pour cent des récoltes.

ORGANISATION CIVILE. — Prévôté de Beauvaisis à Amiens, bailliage d'Amiens, jusqu'en 1748, puis bailliage et siège présidial d'Amiens ; élection d'Amiens, intendance de Picardie ; grenier à sel d'Amiens. Compris dans la banlieue d'Amiens en 1654. 147 habitants en 1724, 433 en 1791.

HISTOIRE. — En 1590, les troupes d'Henri IV menaçant Amiens, alors aux mains des ligueurs, poussent leurs reconnaissances jusqu'à Renancourt. Au commencement de 1710, M. de Mézières, sur l'ordre du gouverneur d'Amiens, établit, dans le marais, un camp où se réunirent les troupes qui devaient combattre en Artois et en Flandre; ce camp dura une quinzaine de jours. — En 1746, une partie du marais fut prise pour former le « miroir d'eau » qui existe encore au bout de la Hotoie.

SEIGNEURIE. — La seigneurie relevait de la principauté de Poix, mouvant du bailliage d'Amiens. Ses premiers possesseurs portent son nom : Enguerran d'Ernencourt, en 1246, Pierre, en 1261. Dans les dernières années du xive siècle, le domaine était divisé ; il appartenait en partie à la famille de Blangy. Marguerite de Blangy, dernière du nom, épousa successivement Robert d'Encre et Jean de Friencourt, chevalier. Ce dernier, trouvant les marais de

Renancourt insuffisants pour ses bestiaux et ceux de ses sujets, les envoya dans le marais de la Couarde, sis entre Hem et Renancourt, sur le territoire de Hem et relevant de l'évêque, à cause de sa seigneurie de Hem. Par transaction de 1363, Jean de Friencourt se reconnut vassal de l'évêché pour le droit de pâturage de ce marais.

Jeanne de Friencourt porta Renancourt et Villers-sur-Authie à Pierre du Bos, dit Morelet, chevalier, seigneur de Raincheval et du Quesnel. Très mêlé aux affaires de son temps, Pierre du Bos obéra sa fortune et dut emprunter au chapitre de la cathédrale d'Amiens 800 florins d'or, sous la garantie d'une rente de 50 florins (18 mai 1421). Les arrérages étant impayés, le chapitre fit saisir et vendre les seigneuries de Raincheval et de Renancourt (4 octobre 1424). L'adjudication de Renancourt suffit à couvrir la dette ; elle eut lieu le 18 septembre 1430, moyennant 400 saluts d'or, au profit du chapitre lui-même. Jean de Soissons, prince de Poix, en donna les lettres d'amortissement le 4 juillet 1484.

La seigneurie du chapitre s'accrut encore au XVIe siècle. Un chapelain de la cathédrale, clerc cellerier du chapitre, Pierre Waliet, lui laissa, le 13 mai 1541, une rente de 54 livres, au principal de 1080 livres, pour la fondation des 9e et 10e enfants de chœur, qu'on appelait alors les petits vicaires enfants de chœur, et y ajouta, le 2 juin, ses terres de Renancourt.

Jusqu'à la Révolution, la division des biens du

chapitre en grand marché (acquisition de Morelet du Bos) et en petit marché (donation de Pierre Wallet) en rappelle la double origine.

L'histoire de la seconde seigneurie, qu'on pourrait appeler seigneurie laïque, commence avec Marcel de Villepoix, écuyer, vivant en 1407, auquel succéda Jean de Glisy, dit Despert, écuyer, qui donna saisine de terres à Renancourt, en 1423. Puis vint, un siècle plus tard, Maître Pierre Le Caron. Ses fils, Ferry et Nicolas, écuyers, se partagèrent l'héritage paternel et en donnèrent aveu à Charles de Créquy, prince de Poix, le 24 juin 1583.

Dès 1606, Ferry Le Caron a vendu sa part de la seigneurie de Renancourt à Jean Le Couvreur, écuyer, seigneur de Goullain et de la mairie de Fourdrinoy, conseiller du roi et son avocat au présidial d'Amiens, échevin de la ville.

Nicolas Le Caron n'eut qu'un fils, François, mort jeune, et sa femme, Gabrielle d'Ailly, propriétaire de Renancourt, en vertu de son contrat de mariage, en fit don à Adrien Cozette, issu de sa seconde union avec Claude Cozette, écuyer, seigneur de la Viéville (10 mars 1642). Adrien Cozette mourut sans héritier et Renancourt passa à Nicolas Cozette, écuyer, seigneur du Cambos (1643), qui le vendit peu après à Jacques Le Couvreur, fils de Jean.

La seigneurie entière se retrouvait donc dans la même main, mais pour bien peu de temps. Adrien Le Couvreur, écuyer, conseiller du Roi, trésorier de France au bureau des finances d'Amiens, la légua à ses cousins du côté paternel, Vincent Le Gillon, écuyer, seigneur du Grostison, conseiller du roi au présidial d'Amiens, et Agnès du Gard.

Cette dernière fit donation, le 6 octobre 1725, à François Pingré, sieur de Villers, dont les enfants servirent dénombrement en 1759. Vincent Le Gillon partagea entre ses enfants, le 27 février 1730 ; mais, à la suite d'arrangements de famille, toute la seigneurie échut à Marie-Françoise-Joséphine de Wignacourt, fille de Charles François, seigneur de Humbercourt et de Marie-Françoise Le Gillon. Elle avait épousé Jean-Baptiste François, marquis de Louvencourt, seigneur de Bettencourt - Rivière (1770). Le fils du marquis ayant émigré, la terre fut saisie et vendue en 1793.

Fiefs. — Fief tenu de Picquigny, 1676. — Fief de Beaufeuil, xvii° siècle. — L'abbaye de Saint-Jean d'Amiens possédait à Renancourt un moulin à « moulre taillans », affermé 4 l. p. en 1384 et sur lequel elle devait, chaque année à la Saint-Remi, à l'abbaye de Saint-Fuscien trois muids de blé, mesure d'Amiens. Jean de Sainte-Beuve tenait en fief du vidame d'Amiens, en 1615, deux moulins à eau, l'un à blé, l'autre à l'huile. Le champart de Renancourt appartenait au chapitre de la cathédrale en 1730.

Archéologie. — Le sol de Renancourt a fourni en 1881, 1883 et 1892, de nombreux débris des âges préhistorique et gallo-romain : silex taillés, vases en terre, en verre, plaques en os travaillées à jour, etc. — Eglise sans caractère et sans style défini pouvant remonter à la seconde moitié du xviii° siècle ; nef en pierres, avec gresserie à la base, chœur refait récemment en briques, clocher sur le porche en charpente et ardoises ; rien à noter à l'intérieur.

Lieux-dits. — Le Beaufeuille, le Bois brûlé, la Caillevaux, le Chemin des morts, le Long gué, la Rosière, le Tivoli, la Trouée.

Sources et Bibliographie. — Archives de la Somme, B 88, f° 80 ; B 153, 877 ; C 1539 ; E 559, 793 ; *Cartulaire de l'abb de St Jean,* 5, 30, 64, 150, 159, 161, 581 ; *Inventaire du chapitre de la cathédrale d'Amiens,* Arm. IV, l. 42, 43, 44 ; Arm. V, l. 24 ; *Inventaire de l'évêché d'Amiens,* p. 16. — Archives de la ville d'Amiens. BB 83, f° 15. — *Déclarations pour francs-fiefs et nouveaux acquêts,* xvii° siècle, Archives nationales, P 773, 15. — *Etat des fiefs de Picardie,* xvii° siècle, Bibliothèque de la Soc. des Antiq. de Pic. Mss. T. I, 9, p. 98. — *Registre d'aveux du bailliage d'Amiens,* xiv° siècle, Archives nationales, P 137.

Daire, *Histoire civile et ecclésiastique du doyenné de Conty,* publiée par J. Garnier, p. 44. — Delambre, *Note sur un édifice gallo-romain,* dans le *Bulletin de la Soc. des Antiq. de Pic.,* XX, 557. — Olive, *La principauté de Poix,* Bibliothèque de la Soc. des Antiq. de Pic. Mss. — Ch. Pinsard, *Trouvaille de silex taillés,* dans le *Bulletin de la Soc. des Antiq. de Pic.,* XIV, 214.

G. de Witasse.

Saint Maurice

Sanctus Mauricius, 1058 ; S. Mauricus, 1147 ; Villa S. Mauricii, 1177 ; St-Muerisse, 1324.

Organisation ecclésiastique. — Paroisse comprise dans celles de la ville. Vocable, Saint-Maurice. Présentateur, l'un des prébendés du chapitre de la cathédrale ; collateur de plein droit, le même chapitre. Décimateur, le même chapitre, qui possédait les dîmes et champarts probablement par suite de la donation de Guy et Yves, comtes d'Amiens, à la fin du xi° siècle, dont il est parlé plus loin. Revenus de la cure, 1008 livres en 1789. L'église de Saint-Maurice avait été déchargée de toutes impositions par l'évêque Guy (1058-1076) ; elle avait été taxée à 4 livres pour 4 décimes en 1522 ; mais il n'est pas établi positivement qu'elle les ait payées. — Chapelle de Saint-Montain, ou de l'Ecce Homo ; elle existait en 1244. — La Madeleine dépendait du village de Saint-Maurice jusqu'en 1673, date à laquelle elle devint cure parmi les paroisses de la ville.

Organisation civile. — Prévôté de Beauquesne, bailliage d'Amiens, jusqu'en 1748, puis bailliage et siège présidial d'Amiens ; élection d'Amiens, intendance de Picardie ; grenier à sel d'Amiens. Ce village était de la banlieue d'Amiens avant le xv° siècle. 387 habitants en 1725, 432 en 1772.

Histoire. — Le maréchal de Biron avait établi son quartier général à la chapelle Saint-Montain, en 1597, pour la reprise d'Amiens, tandis que Henri IV avait le sien à la Madeleine, sur la route de Flesselles.

Seigneurie. — La seigneurie appartenait au chapitre de la cathédrale d'Amiens, à qui elle avait été donnée par Guy et Yves, comtes d'Amiens, (1091-

1094), et qui la tenait amortie sous le Roi ; Thibault, évêque d'Amiens, confirma plus tard cette donation et expliqua que toute la justice séculière de la villa de Saint-Maurice était de la juridiction du chapitre (1197). Un accord fut passé entre la ville et le chapitre, en 1378, pour fixer les limites de leurs justices respectives.

Fiefs. — Fief de la Caruée, tenu du Roi. Philippe Auguste l'avait repris aux châtelains d'Amiens et Philippe le Bel le donna à Jean Doutard de Symoncourt et à sa femme, qui le vendirent à la ville en 1317-18. — Le fief de la Mairie relevait de la seigneurie de Saint-Maurice (1383-1579). — Un fief adité en relevait aussi. — Le fief Daguegny relevait de l'évêché ; il était situé sur la paroisse Saint-Sulpice, hors la porte Saint-Pierre, sur le territoire de Saint-Maurice. Il était possédé par Pierre Vuignet, bourgeois d'Amiens, qui en fit dénombrement en 1377. Plus tard on trouve Jean Ducange, chevalier, seigneur de Longuessart, puis son fils, Rolland, qui vend à Hue Demay, en 1482 ; on trouve en même temps que le chapitre en fait l'acquisition en 1482 ; il faut supposer qu'il s'agit de retrait féodal. — Fief abrégé, créé par le chapitre en faveur de Colart Tettard (1460).— Autre fief abrégé, créé aussi par le chapitre en faveur de Jean Delveuse (1482) ; c'est l'hôtel seigneurial de Saint-Ladre-lès-Amiens, avec jardins, terres, etc. ; Jean Delveuse le vendit à Jean de Bertangles, seigneur dudit lieu (1485).— La maison du grand Saint-Maurice, vendue, en 1627, par Augustin de Louvencourt à l'abbaye de Saint-Jean d'Amiens, pour lui servir de maison de campagne, fut abandonnée à la ville, en 1675, par les religieux, lorsqu'ils reprirent possession du terrain de leur ancien monastère. Elle était tenue en roture du chapitre de la cathédrale.

ARCHÉOLOGIE. — L'église actuelle a été construite en 1844. — Rue Bonvallet, on voit encore un pavillon, ou folie, construit par l'architecte Rousseau, à la fin du xviiie siècle, avec façade en pierres, ornée d'un portique à quatre colonnes.

LIEUX-DITS. — Le Vieux gouge, le Champ pillard, les Ponnettes, la Justice, les Chapelains, la Vallée Saint-Ladre, la Madeleine, les Carniers (très probablement la Caruée, les positions sur les deux routes de Vignacourt et de Flesselles paraissant identiques), les Ruinettes, le Vignoble, les Cinq montants (c'est Saint-Montain, que l'on prononçait et écrivait aussi Saint-Montan), la Citadelle, le Pavé.

SOURCES ET BIBLIOGRAPHIE. — Archives de la Somme, G 1175 ; Fonds des Célestins. — Archives de la ville d'Amiens, DD 287. — *Pouillé de l'ancien diocèse d'Amiens,* xviiie siècle, Bibliothèque de la Soc. des Antiq. de Pic. Mss. T. I, 11, f° 1.

Ch. PINSARD, d'Amiens, Extraits de ses notes. — ROZE, ROUX et SOYEZ, *Le Cartulaire du chapitre de la cathédrale d'Amiens,* dans les *Mémoires de la Soc. des Antiq. de Pic.* in 4° XIV, pp 8, 127, 286, 488.

L. LEDIEU.

Hameau. — **La Madeleine.** — La Magdalaine, 1305 ; Saint-Ladre, 1570 ; la Malladrerie de la Magdalenne, 1588 ; la Santé, 1733.

Par suite de circonstances expliquées plus loin, le domaine de la Madeleine, ancienne maladrerie, s'est trouvé divisé en deux parties : l'une, dite la Madeleine au lait, est maintenant une ferme sur la route de Flesselles ; l'autre, dite simplement la Madeleine, est le cimetière actuel.

Organisation ecclésiastique. — Autrefois de la paroisse de Saint-Maurice, alors village ; cure parmi les paroisses de la ville, dès 1673. Vocable, sainte Madeleine. Présentateur, la mairie et échevinage d'Amiens, suivant confirmation donnée par l'évêque, en 1312. Décimateur, le chapitre de la cathédrale, qui a les dîmes et le champart aux xvi° et xvii° siècles.

C'était une léproserie, qui existait dès 1152 ; il lui est fait don de la terre d'Oissonville, à Villers-Bocage, en 1193. Suivant une confirmation donnée par Philippe le Bel, en 1287, la ville était propriétaire et surveillait l'administration intérieure, qui était confiée à des religieux ; elle ordonnait les admissions des malades. L'établissement s'appelait alors Saint-Ladre ; en 1505, on l'appelait aussi la Madeleine. Les lépreux ayant disparu, les revenus du domaine furent donnés par Louis XIV d'abord à l'ordre de Saint-Lazare, puis définitivement, en

1695, à l'Hôtel-Dieu d'Amiens, qui en jouissait encore à la Révolution.

Organisation civile. — Prévôté de Beauquesne, bailliage d'Amiens, jusqu'en 1748, puis bailliage et siège présidial d'Amiens ; élection d'Amiens, intendance de Picardie ; grenier à sel d'Amiens.

Histoire. — En 1597, Hernand Tello cacha sa troupe à la Madeleine, pour surprendre Amiens. La même année Henri IV y logea pour la reprise de la ville, pendant que le maréchal de Biron s'installait à la chapelle de Saint-Montain, ou de l'Ecce Homo. C'est encore à la Madeleine qu'Henri IV vit défiler les troupes espagnoles, quittant la ville après l'avoir rendue. Tout ceci se passait dans les bâtiments qui étaient sur la route de Flesselles. A l'autre extrémité du domaine de la Madeleine se trouvait un hospice annexe ; c'est le logement du conservateur du cimetière actuel, qui s'étend sur une partie des terres de l'ancienne maladrerie. Le premier projet de suppression des cimetières de Saint-Denis et autres et de l'établissement d'un cimetière général situé en dehors de la ville, à la Madeleine, est de 1785 ; d'autres se succédèrent sans obtenir plus de succès que le premier, dans les années suivantes. C'est en août 1817 que fut bénit le nouveau cimetière et que l'on commença à y faire des inhumations.

En 1519, le chanoine Alays avait donné à l'Hôtel-Dieu des terres, qui paraissent situées au nord de la citadelle ; c'est peut-être l'origine de la dénomination de la Madeleine au lait (Alays, à lait) que l'on donne à la ferme située sur la route de Flesselles.

ARCHÉOLOGIE. — La chapelle, qui était sur la route de Flesselles, était en ruines en 1668 ; elle a été reconstruite vers 1761 et elle existe encore avec son campenard ; elle ne sert plus que de grange au fermier. Il reste aussi à cet endroit quelques murs anciens.

On voit au musée d'Amiens l'épitaphe du Père Blasset, frère du sculpteur et qui est mort à la Madeleine, en soignant les pestiférés en 1668 ; cette pierre était primitivement dans la chapelle qui vient d'être citée.

Au cimetière, le bâtiment en pierres, avec une légère saillie au milieu des deux façades, qui subsiste encore, était autrefois un hospice, dépendant de la Madeleine, jusqu'en 1675 ; puis il a été désaffecté, a servi de grange et a été remanié, en 1817, pour le service du cimetière. — Les quatre piliers de la grille d'entrée viennent du cimetière Saint-Denis.

SOURCES ET BIBLIOGRAPHIE. — Archives de la Somme, G 861 ; *Inventaire du chapitre de la cathédrale d'Amiens*, Arm. II, 1. 82, Archives d'Amiens, BB 96, f° 149. — *Etat des fiefs de Picardie*, XVII° siècle, Bibliothèque de la Soc. des Antiq. de Pic. Mss. T. I. 9, p. 73.

ANONYME (Stéphane COMTE), *Promenades au cimetière de la Madeleine*. — G. BOUDON, *Note sur la Fosse au lait*, dans le *Bulletin de la Soc. des Antiq. de Pic.*, XXI, 141.

L. LEDIEU.

Saint-Pierre

S. Petrus ultra pontes, 1067 ; S. Petrus infra calceiam, 1150 ; S. Petrus extra muros, 1232.

Organisation ecclésiastique. — Paroisse comprise dans celles de la ville. Vocable, saint Pierre. Présentateur, le prieur de l'abbaye de Saint-Martin-aux-Jumeaux, d'Amiens, par donation de 1073 au prieuré de Saint-Martin-aux-Jumeaux, qui devint plus tard l'abbaye. Décimateurs : l'évêque d'Amiens avait toute la dîme en 1610 et l'affermait dans les années suivantes ; le curé avait les menues dîmes et novales en 1730. Revenu net de la cure 366 livres en 1730, 700 livres en 1789. Elle payait 10 livres pour 4 décimes en 1522. — Chapelle de Saint-Jean-d'Authie (1378) sur le chemin de Vignacourt ; présentateur, le chapitre de la Cathédrale.

Organisation civile. — Prévôté de Beauquesne, bailliage d'Amiens, jusqu'en 1748, puis bailliage et siège présidial d'Amiens ; élection d'Amiens, intendance de Picardie ; grenier à sel d'Amiens. 380 habitants en 1724 ; 283 en 1726. Il était de la banlieue d'Amiens avant le xve siècle.

Histoire. — En 1636, les Espagnols incendièrent le faubourg Saint-Pierre.

Seigneurie. — La seigneurie relevait du domaine de l'évêché d'Amiens; le chef-lieu était une maison et ferme, avec 194 journaux, situés tant au faubourg Saint-Pierre qu'à Rivery. Louis Vaquette, seigneur du Cardonnoy, était seigneur de Saint-Pierre-lès-Amiens en 1742.

Fiefs. — Fief de Grouchon, xvie siècle ; est-ce l'origine de la rue des Cruchons?. — Fief de Saint-Pierre, dont les Célestins d'Amiens s'intitulaient volontiers seigneurs au xviiie siècle ; c'est sans doute leur ancien couvent du faubourg Saint-Pierre, qu'ils abandonnèrent, lorsqu'ils s'installèrent dans les bâtiments de l'abbaye de Saint-Martin-aux-Jumeaux. — Autre fief de Saint-Pierre, situé au faubourg Saint-Pierre, consistant en une masure, où était autrefois une ferme formant le chef-lieu du fief, et 180 à 184 journaux de terres ; il était tenu du Roi, à cause de son domaine d'Amiens ; les terres étaient situées sur le faubourg Saint-Pierre et sur Rivery. Claude Louis Vaquette, seigneur du Cardonnoy, pressé par ses créanciers, le vendit, en 1766, à Marie-Henriette Vaquette, demoiselle de Fréchencourt.

Archéologie. — Eglise rebâtie en 1863 à côté de l'ancienne, qui fut alors démolie.

Lieux-dits. — La Folie, le Fort de Renneville, le Santerre, les Hautes bornes, la Justice, le Barabant, la Plaine Saint-Jean.

Sources et Bibliographie. — Archives de la Somme, B 41, f° 54 ; Fonds des Célestins ; *Inventaire de l'évêché d'Amiens*, p. 48. — *Pouillé de l'ancien diocèse d'Amiens*, xviiie siècle, Bibliothèque de la Soc. des Antiq. de Pic. Mss. T. I. 11, f° 1.

L. Ledieu.

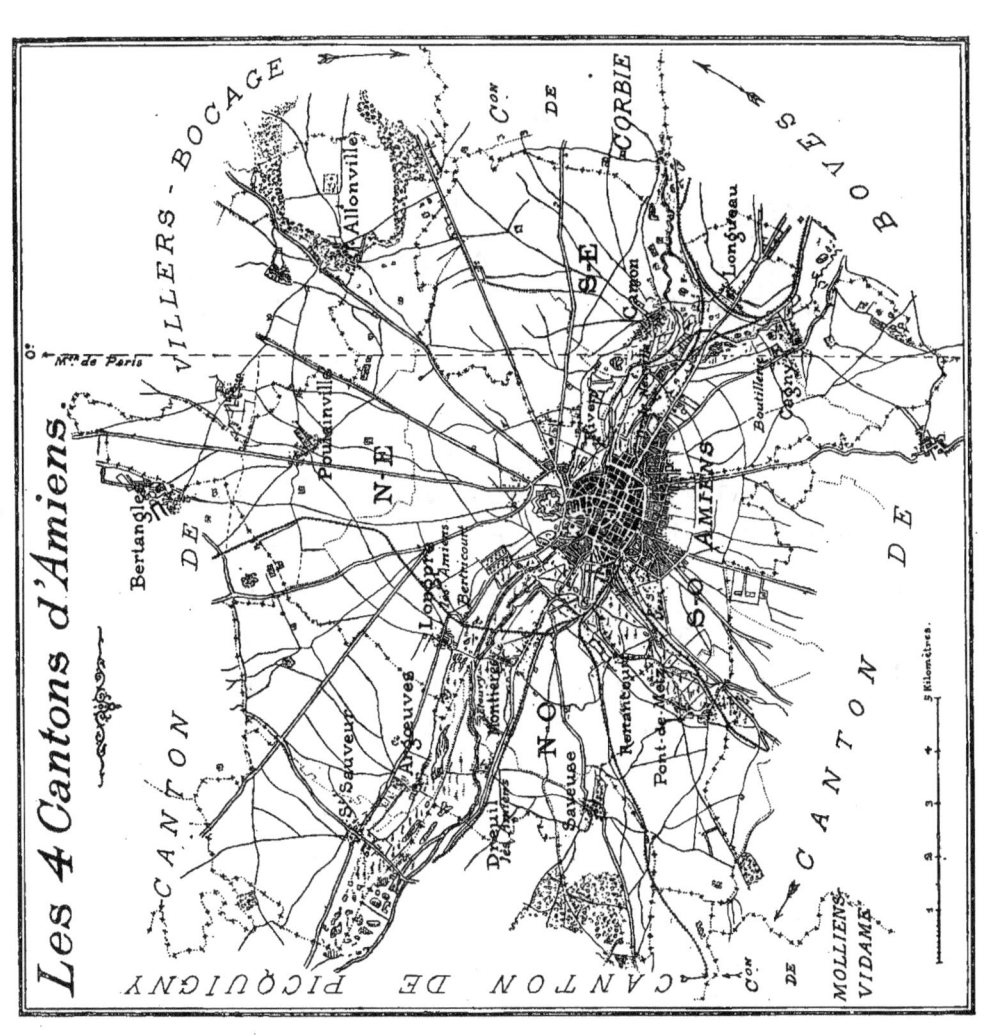

CANTONS D'AMIENS

ALLONVILLE

Alunvilla, 1147 ; Alongeville, 1301.

ORGANISATION ECCLÉSIASTIQUE. — Paroisse du doyenné de Mailly, archidiaconé et diocèse d'Amiens. Vocable : la Décollation de St Jean-Baptiste. Présentateur : le chapitre de Saint-Firmin-le-Confesseur d'Amiens. Décimateur : le même chapitre. Revenu de la cure : 398 l. 15 s. 6 d., charges déduites, en 1728 ; 1820 l. en 1789. La cure payait 20 s., en 1522, pour 4 décimes.

ORGANISATION CIVILE. — Prévôté de Beauquesne, bailliage d'Amiens, jusqu'en 1748, puis bailliage et siège présidial d'Amiens ; prévôté de Fouilloy pour une maison ; bailliage d'Amiens. Election de Doullens, intendance de Picardie. Grenier à sel de Corbie, puis d'Amiens en 1726. 300 habitants en 1698, 375 en 1772. Coutumes de 1507, en 8 articles ; coutumes du fief de Saint-Gratien de la même date, en 3 articles. Canton de Querrieu en 1790. L'abbaye de Saint-Martin-aux-Jumeaux et le prieuré de Saint-Denis y possédaient des terres.

HISTOIRE. — Le duc de Bourgogne y campa, en 1473, en retournant en Flandre, après avoir fait la paix avec Louis XI. — Un prêche y fut établi, en 1581, par Pierre de Saint-Delys.

SEIGNEURIE.— Elle était tenue de la châtellenie de Picquigny, mouvant du comté de Corbie, en 1300 et 1507. Seigneurs : Philippe de Créquy, 1363; dame Philippe de Crévecœur, épouse de Charles d'Ailly, baron de Picquigny, vidame d'Amiens ; l'usufruit à cette époque était aux mains de dame Marguerite de la Trémouille, dame d'Allonville, douairière de Crévecœur, 1507 ; Marie de May, alliée à Antoine de Saint-Delys, seigneur de Haucourt, 1520 ; Joachim de Maillefeu, 1620 ; Jean de Longueval, par achat à la famille d'Ailly, 1662 ; François de Gomer, seigneur d'Hinneville, fils de François de Gomer, seigneur de Quevauvillers, et époux de la fille du précédent, 1682 ; la seigneurie passe ensuite par mariage, en 1726, à la famille Vaysse de Rainneville, qui en est restée propriétaire jusqu'à nos jours.

FIEFS. — Fief du Bois d'Allonville, aux Célestins d'Amiens, par suite d'échange en 1607, et réuni à la fabrique de la cathédrale, en 1781, lors de la suppression des Célestins, tenu comme la seigneurie. — Fief de Saint-Gratien, à Allonville, tenu de la seigneurie d'Argœuves, mouvant de celle d'Equennes. Seigneur : Pierre de May, en 1507. — Fiefs de Beauregard et de la Folie Gauthier ; seigneurs : Louis Lebel, en 1600 ; M. de Rigauville, pour le fief de Beauregard, au XVIIe siècle. — Fief de la Haye Bertin, *alias* fief Hébertin, passé par mariage à la famille Vaysse de Rainneville, en 1726, comme la seigneurie, ainsi que les deux fiefs abrégés, dits Prouzel, tenus de Picquigny, un autre fief abrégé sans nom et le fief de Longueval. — Fief du Cange, relevant du marquisat de Querrieu, en 1769. Seigneur : le marquis de Runes de Warsy, en 1769, par donation de Marie-Louise du Fresne du Cange, veuve de Paul-François Olim de Torcy.

Archéologie. — Eglise reconstruite au xix° siècle sur l'emplacement de l'ancienne. — Château du milieu du xvii° siècle, élevé sur l'emplacement de l'ancien, qui a été brûlé par les Espagnols à cette époque ; on a retrouvé récemment, sous le château actuel, la base d'une ancienne tour calcinée, avec puits et souterrains, conduisant à Cardonnette, où la sortie existe encore, et vers Querrieu. Le château est en briques et pierres, comportant un rez-de-chaussée et un étage en brisis, avec lucarnes en pierres ; un corps de logis principal, avec pavillon carré à chaque extrémité, et deux corps de logis en retour, avec même disposition, de sorte que les bâtiments forment les trois côtés d'un carré, flanqué de quatre pavillons. Le bois, qui a appartenu aux Célestins (fief du bois d'Allonville), est compris dans l'enclos du château. — Le château de Beauregard, (fief de Beauregard), est une construction simple en pierres.

Archives communales : registres de catholicité de 1663 à 1792.

Lieux-dits. — Le Bosquet, les Auges, le Bois des

Célestins, la Vallée du Cange, le Longuet, le Bois de la Gorgue, le Beurin, la Belaude, l'Angliette, les Auchers, les Vignes.

Sources et Bibliographie. — Archives de la Somme, B 33, 44, 152, 340 ; C 1559 : E 120, 143 ; E supplément ; Fonds des Célestins. — *Aveux et titres de Picquigny*, xiiie à xviiie siècles, Archives nationales R ^{1} 34. — *Etat des fiefs de Picardie*, xviie siècle, Bibliothèque de la Soc. des Antiq. de Pic. Mss. T. I. 9, p. 3.

A. Bouthors, *Coutumes locales du bailliage d'Amiens*, dans les *Mémoires de la Soc. des Antiq. de Pic.*, in 4°, II, 201. — I. Darsy, *Les bénéfices de l'église d'Amiens en 1730*, ibid., VII, 322. — M. Rigollot, *Notice sur une trouvaille de monnaies*, dans les *Mémoires de la Soc. des Antiq. de Pic.*, in 8°, I, 259.

L. Ledieu.

ARGŒUVES

Argobium et Argova, 891 ; Argueve, 1223 ; Argœuve, 1445.

Organisation ecclésiastique. — Paroisse du doyenné de Vignacourt, archidiaconé et diocèse d'Amiens. Vocable, St-Martin. Présentateur, l'abbé de Saint-Acheul ; la cure lui fut donnée, en 1163, par l'évêque Thierry, avec une partie de la dîme ; une autre partie de dîme inféodée lui fut donnée, en 1243, par Thibault, seigneur d'Hédicourt ; l'abbaye prit ensuite, en 1303, à bail perpétuel la partie de dîmes qui appartenait à l'abbaye de Saint-Jean d'Amiens. L'abbaye de Saint-Acheul possédait la cure et le domaine qui y était attaché ; elle affermait, en 1303, les dîmes au curé et, en 1552, à des laboureurs. A la fin du xviiie siècle, elle payait au curé 500 l. de portion congrue. Revenu de la cure : 506 l. 15 s., charges déduites, en 1730.

Organisation civile. — Prévôté de Beauquesne, bailliage d'Amiens, jusqu'en 1748, puis bailliage et siège présidial d'Amiens ; élection de Doullens, intendance de Picardie ; grenier à sel de Doullens, puis d'Amiens en 1726. Population : 71 feux en 1760. Coutumes de 1507, en 3 articles. Canton de Picquigny en 1790. — Les deux tiers de la culture d'Argœuves appartenaient au chapitre de la cathédrale, par transaction de 1173.

Histoire. — En 890, les Normands, sous la conduite de Hastings, campèrent à Argœuves.

Seigneurie. — Les quatre personnes qui suivent prenaient la qualité de seigneurs d'Argœuves ; mais nous n'avons pu déterminer quelles parties de la seigneurie elles possédaient : Enguerran Pilars, écuyer, 1315, qui a reconnu devoir au vidame un mois de stage à Ailly (sur Somme) pour ce qu'il avait à Tozillon (?) et pour sa terre d'Argœuves ; Firmin, chevalier, sire de Maucreux et Argœuves en partie, 1348 ; Henri de Cambron, chevalier, 1350, et Colart de Tramecourt, 1431.

La seigneurie d'Argœuves se divisait en deux seigneuries principales : la première, tenue de Conty, autrefois en deux fiefs et hommages du commandeur de Sommereux, à cause de sa seigneurie de Graville (à Sommereux, Oise), échangés, en

1551, par le commandeur avec Charles de Roye et Madeleine de Mailly, dame de Conty, son épouse, pour être tenus à l'avenir de Conty.

L'un de ces deux fiefs a eu pour seigneurs : Jacques de Rambures, xiv° siècle, Eustache de Brimeu, seigneur d'Humbercourt, xv° siècle; la famille Le Séneschal, 1513, 1552, 1580 ; Antoine Le Séneschal et son fils, Jean, vendent à Aubert Vilain, seigneur de Cuiry, en 1583; adjudication par décret, en 1622, sur le fils d'Aubert Vilain à Claude du Gard ; vente, en 1633, par Charles du Gard, fils de Claude, à Antoine Le Caron ; adjudication, en 1651, par décret sur Adrien Le Caron, fils d'Antoine, au père de la dame Eudel ; François Eudel, 1679. Le chef-lieu de ce fief était contigu à l'église.

L'autre de ces deux fiefs a eu pour seigneurs : Antoine Le Séneschal, 1550 ; son fils, Jean, vendit, en 1586, à Antoine de Louvencourt ; Courvoisin Viéville et sa femme, fille d'Antoine de Louvencourt, vendirent, en 1625, à Jean de Belloy, sieur du Pont-de-Metz, lequel vendit, en 1639, à Adrien Le Caron, fils d'Antoine Le Caron, déjà propriétaire de l'autre fief ; adjudication en 1642, par décret sur Belloy Pont-de-Metz audit Adrien Le Caron ; adjudication, en 1651, par décret sur Adrien Le Caron au père de Louis Roussel ; adjudication par décret sur les héritiers de Louis Roussel à la famille de Gorguettes, que l'on retrouve comme propriétaire en 1653, 1720, 1757.

La deuxième seigneurie était tenue d'Equennes,

mouvant de la principauté de Poix, en deux fiefs aussi, paraissant en général confondus en un seul; on l'appelle souvent fief de Morvillers ou de Fauvel, à cause de deux de ses propriétaires successifs ; elle contenait 810 journaux de terres, prés et marais, plus la Sommette, ancien bras de la Somme, comblé avant 1690. Parmi les seigneurs, on trouve : Simon Piédeleu, 1402 ; les familles Morvillers et Clabault au xve siècle ; Nicolas Fauvel, écuyer, en 1507 ; Marie Fauvel, 1550 ; Aubert Vilain, seigneur de Cuiry, au xvie siècle ; Charles du Gard, sieur de Berny, acquéreur en 1622 ; Nicolas Hallée, acquéreur, 1631 ; Jean Le Caron, 1637 ; Adrien Le Caron, 1646 ; François Eudel, 1652 ; sa fille, Françoise, épouse du sieur Gorguettes, 1653; veuve en 1680; François Gorguettes, son fils, 1712 ; François Pantaléon Gorguettes, 1743.

Fiefs. — Un fief sans nom, tenu de Fluy ; seigneurs : Jeanne de Drucat, veuve de Pierre de Picquigny, 1496 ; Jean Le Sénéschal vend, en 1586 à Antoine de Louvencourt et le fief suit les mêmes péripéties que le deuxième fief de la seigneurie tenue de Conty, jusqu'à Louis Roussel. — Fief de la Mairie, tenu de la seigneurie d'Argœuves mouvant d'Equennes ; mêmes propriétaires et mêmes circonstances que le précédent. — Fief de la Rue ; Antoine Le Sénéschal et son fils, Jean, le vendent à Aubert Vilain, en 1583. — Le fief du Plat d'étain, sur Argœuves et Saint-Sauveur, acquis par l'abbaye de Saint-Acheul, en 1211, de Pierre de Bertangles, dit de Sailly, et d'Agnès de Rivery, sa femme ; il avait pour chef-lieu le presbytère d'Hédicourt. — Un fief sans nom de 15 journaux de terre, un fief restreint de 48 journaux de bois, appelé Hanges, le fief Cuérin, situés tous à Argœuves, le fief du Val des loups, sur Allonville, et le fief de Lentilli, sur Fresnoy-au-Val, tous tenus de la seigneurie d'Argœuves, mouvant d'Equennes. — Le fief des Prés de Rambures, sis à Argœuves et tenu d'Argœuves, vendu aux Jésuites d'Amiens, en 1757, par les héritiers Penillon. — Le fief du Fondel, appartenant au XVIIe siècle à Mademoiselle Roussel d'Argœuves, d'Amiens. — Un fief sans nom, à M. Dubus, d'Amiens, au XVIIe siècle. — Les fiefs de Saint-Gratien, à Allonville, et de Boismont, à Vers, relevaient d'Argœuves.

ARCHÉOLOGIE. — Eglise en pierres à une seule nef; porte et fenêtres du XVe siècle, clocher carré, couvert en ardoises, sur la façade ; chevet polygonal à quatre pans, se terminant par suite en pointe. A l'intérieur, autel et crédences Louis XV. — Château construit au début du XIXe siècle, sur les plans du général Dejean.

Archives communales : dénombrements de la seigneurie en 1456 et 1534 ; registres de catholicité de 1681 à 1792.

LIEUX-DITS. — La Vallée Franquint, la Chapelle, le Chemin des malades, le Moulin d'Argœuves (c'est le moulin seigneurial, en pierres, qui a été démoli vers 1860), la Carrière, l'Erchiquant, les Prés Monsieur.

Sources et Bibliographie. — Archives de la Somme, B 66 ; C 1559 ; D 43, 106 ; E 444, f° 76 ; E supplément. — Bibliothèque nationale, imprimés, Factums F° F³ Gorel 164, n° 6897, et Thoisy 136, f° 67. — *Cartulaire de Picquigny*, Archives nationales, R¹ 35, charte 196. — *Etat des fiefs de Picardie*, xvii° siècle, Bibliothèque de la Soc. des Antiq. de Pic., Mss., T. I. 9, p. 4. — *Mémoire pour les chanoines de S¹-Acheul contre le curé d'Argœuves*, 1739, Bibliothèque d'Amiens, Histoire 3823, n°⁸ 19 et 20.

A. Bouthors, *Coutumes locales du bailliage d'Amiens*, dans les *Mémoires de la Soc. des Antiq. de Pic.*, in 4°, II, 202. — I. Darsy, *Les bénéfices de l'église d'Amiens en 1730, ibid.*, VII, 488. — Olive, *La principauté de Poix*, Ms de la Bibliothèque de la Soc. des Antiq. de Pic. — J. Roux, *Histoire de l'abbaye de S¹ Acheul*, dans les *Mémoires de la Soc. des Antiq. de Pic.*, in 4°, XII, 318. — Roze, Roux et Soyez, *Le cartulaire du chapitre de la cathédrale d'Amiens, ibid.*, XIV, 71, 158.

L. Ledieu.

CAGNY

Canniacum, 1146 ; Cagneium, 1159 ; Vadiniacum, Caignyacum, Kagniacum, 1210 ; Canni, 1176; Caisni, 1195 ; Kaigny, 1301 ; Quengni, 1435.

Organisation ecclésiastique. — Paroisse du doyenné de Moreuil, archidiaconé et diocèse d'Amiens. Vocable, Saint-Honoré. Présentateur, l'abbé de Saint-Fuscien. Décimateurs : les abbayes de Saint-Acheul et de Saint-Fuscien, l'Hôtel-Dieu d'Amiens et le curé. En 1202, l'évêque Thierry donne sa part de dîmes à l'Hôtel-Dieu d'Amiens. Symon, chanoine de Picquigny, donne aussi au même Hôtel-Dieu une part de la dîme de Cagny en aumône (sans date). L'abbaye de Saint-Acheul affermait sa part en 1557, payait 40 écus de portion congrue au curé en 1593 ; les abbayes de Saint-Acheul et de Saint-Fuscien lui abandonnent leurs dîmes en 1686, pour se libérer de la portion congrue de 300 livres. Revenus de la cure : 317 l. 10 s., charges déduites, en 1730 ; 2000 l. en 1789. Elle payait 4 livres pour 4 décimes, en 1522. Il y avait une léproserie en 1245.

ORGANISATION CIVILE. — Prévôté de Beauvaisis à Amiens, bailliage d'Amiens, jusqu'en 1748, puis bailliage et siège présidial d'Amiens ; élection d'Amiens, intendance de Picardie ; grenier à sel d'Amiens. 170 habitants, en 1698 ; 62 feux en 1789. Canton de Boves en 1790.

HISTOIRE. — Suivant le P. Daire, un camp, dit camp de César, existait à Cagny et, en 1379, il y avait un moulin à waides.

SEIGNEURIE. — La seigneurie est une pairie de la châtellenie de Boves, mouvant du comté de Corbie ; la justice de Cagny s'étendait sur une partie des terres de Saint-Acheul. Parmi les seigneurs, on trouve : Guillaume, chevalier, Guillin ou Willin, en 1237, et son fils, Robert ; Ferry, chevalier, en 1311 ; Marie de Bullecourt, dame de Cagny, veuve de Gallehaut d'Occoches, en 1379 ; Jean de Bernyeules, en 1458 ; Antoine de Créquy, chevalier, en 1517. Martin du Bailay, seigneur de Bouchet, acheta la seigneurie de Charles de Créquy, seigneur de Moreuil, et la revendit à Magdalenne de Coussy, veuve d'Antoine de Hames, qui en fut saisie en 1553 ; puis la seigneurie passa aux mains de son fils, Charles de Belleforière et de ses descendants, Ponthus (1579) et Maximilien (1592) de Belleforière. Au milieu du xviie siècle, la seigneurie appartenait à la famille Thierry de Genonville (fief à Moreuil) et la dernière héritière la transmit par mariage, en 1790, à Nicolas de Herte, seigneur d'Hailles. En 1669, le sieur de Candalle, fils de défunte demoiselle Thierry, dame de Cagny, s'intitulait aussi seigneur de Cagny.

Fiefs. — Les fiefs suivants étaient tenus de la seigneurie de Cagny, en 1406 : un fief à Cagny, un fief au Quesnel, la seigneurie et un fief à Coisy, un fief à Méharicourt et Vrély, la seigneurie en partie, appelée le fief Hévis, à Villers-Bocage, une seigneurie en pairie de Boves, aux chapelains d'Amiens, une autre dite le Quint de Cagny. — En 1418, un fief à Méharicourt et Rosières fut donné aux Caritables de Corbie, tenu de la dame de Daours, à cause de sa terre de Cagny. — En 1610, le fief de Brunvillers, à Chirmont, dans le comté de Mailly, était tenu de Cagny. — En 1249, Pierre était maire féodal.

Archéologie. — Eglise en pierres de 1614, sauf une grande partie vers le portail, qui fut reconstruite en briques en 1869. Sur la paroi extérieure du chœur, une pierre relate un obit de 1789, qui était encore exécuté dans ces derniers temps. — Château en briques et pierres du milieu du xviiie siècle, sur l'emplacement du précédent ; corniche à modillons ; ailes en forme de tours rondes ; une tour polygonale à l'une des extrémités du corps de logis ; un étage sur rez-de-chaussée ; toit en brisis sur le corps de logis et en terrasses, avec balustres, sur les tours. Vendu par Mme de Herte d'Hailles à Léopold Jourdain de l'Eloge, il est parvenu par succession à M. de la Chaize, colonel de cavalerie, propriétaire actuel. — La fontaine, située à l'entrée du village vers Boutillerie et appelée dans les titres fontaine Hardin ou l'eau du Trouel, est aujourd'hui desséchée. — Au xviiie siècle, on voyait encore trois pierres posées en triangle, qui avaient servi de bases aux piliers de la justice. — Archives communales : registres de catholicité de 1630 à 1792.

Lieux-dits. — Les Vignes, le Logis, le Chemin de la Croix, la Garenne, le Courval, les Etoupes, le Bois.

Sources et Bibliographie. — Archives de la Somme, B 92, 95, 183 ; C 1559 ; E supplément ; G 1128. — Archives de la ville d'Amiens, AA 1, f° 159 ; BB 8, f° 109 ; CC 94, f° 113 ; DD 317, 327. — Daire, *Histoire civile et ecclésiastique des doyennés du diocèse d'Amiens,* Bibliothèque d'Amiens, Mss 507, Tome Ier, f° 142 v°. — *Etat des fiefs de Picardie,* xviie siècle, Bibliothèque de la Soc. des Antiq. de Pic., Mss. T. I. 9, p. 26. — *Mémoire pour les chanoines de St Martin-aux-Jumeaux contre Thierry de Genonville, seigneur de Cagny, 1750,* Bibliothèque d'Amiens, Histoire 3822, p. 24.

V. de Beauvillé, *Recueil de documents inédits concernant la Picardie*, II, 90. — I. Darsy, *Les bénéfices de l'église d'Amiens en 1730*, dans les *Mémoires de la Soc. des Antiq. de Pic.*, in 4°, VII, 380. — D. Grenier, *Introduction à l'histoire générale de la province de Picardie*, publiée par Ch. Dufour et J. Garnier, *ibid.*, III, 141. — J. Roux, *Histoire de l'abbaye de St Achéul*, *ibid.*, XII, 342.

L. Ledieu.

Hameau. — **Boutillerie.** — C'est une annexe au point de vue spirituel seulement ; voir Boutillerie.

L. Ledieu.

CAMON

Camons, 1153.

Organisation ecclésiastique. — Paroisse du doyenné de Mailly, archidiaconé et diocèse d'Amiens. Vocable : Saint-Vast. Collateur de plein droit : le chapitre de la cathédrale. Décimateurs : le chapitre de Saint-Firmin d'Amiens, pour 2 gerbes sur 6, les religieuses de l'Hôtel-Dieu pour une gerbe et le curé pour 3. En 1730, le doyenné du chapitre de la cathédrale possédait un cinquième des dîmes, à charge du cinquième de la portion congrue du curé. Le chapitre de la cathédrale possédait les quatre autres cinquièmes. Les prés étaient exempts de la dîme ; la dîme du blé se prélevait à raison de huit pour cent. Revenus de la cure : 401 l. 10 s., charges déduites, en 1730. Le domaine du chapitre de la cathédrale à Camon était de 400 journaux. — Secours : Lamotte-Brebière.

Organisation civile. — Prévôté de Fouilloy, bailliage d'Amiens ; élection de Doullens, intendance de Picardie ; grenier à sel d'Amiens. 415 habitants en 1698, 88 feux en 1760. Il y avait mairie et échevinage au xiiie siècle. Coutumes de 1507, en 4 articles. La communauté nommait trois échevins, qui répartissaient les impositions. Les habitants jouissaient de 400 journaux de marais communaux, pour lesquels ils ne devaient au chapitre que 4 l. de redevance annuelle. Le 16 mars 1650, ils obtinrent du seigneur l'autorisation de vendre une parcelle du marais à Pierre du Fresne, bourgeois d'Amiens, moyennant un cens annuel d'un chapon envers le chapitre. — Canton de Querrieu, en 1790.

Histoire. — Suivant D. Grenier, un camp, dit camp de César, y aurait existé. — En 1597, au siège d'Amiens par Henri IV, l'extrême gauche de son armée s'appuyait sur Camon. — Brûlé par les Espagnols, en 1636.

Seigneurie. — Elle appartenait au chapitre de la cathédrale par don d'Elinand, seigneur de Conty, avant 1152, et était tenue du Roi, à cause de son bailliage d'Amiens. La seigneurie appartenant au chapitre s'étendait en outre sur la partie de la Voirie située entre Camon et l'Agrappin, jusqu'à la borne qui servait de limite entre la seigneurie du chapitre à Camon et celle de l'évêque vers Amiens. — On trouve, parmi les seigneurs, Pierre de Camon, en 1159 et son fils, Aleaume. Au commencement du xviiie siècle, Claude Boulanger, seigneur de Rivery et de la Motte Creuse, ayant acquis les droits d'échange de la seigneurie de Camon, émit la prétention de se dire co-seigneur de Camon ; le présidial de Beauvais le lui interdit et l'autorisa seulement à se dire seigneur en partie de Camon (1708) ; Claude Boulanger par transaction renonça d'ailleurs à ses prétentions (1712).

Fiefs. — Le fief de la Mairie de Camon relevait de la seigneurie du chapitre ; il fut acquis, en 1407, de Vincent de Mantes par Simon le Bourguignon bourgeois d'Amiens, puis vendu, en 1426/7, par Jean de Miraumont, écuyer, Jean, Thierry et Péronne de Miraumont, enfants de Guy, chevalier, à Jean Dubos, bourgeois d'Amiens ; en 1454, Hugues Dubois en était propriétaire et le fief fut adjugé par décret sur lui à Jean Froment, en 1455 ; mais le chapitre exerça immédiatement le retrait féodal. — Le fief Accard, qui était dans le domaine de la seigneurie du chapitre, rentra dans ses mains, en 1685, par suite de transaction avec Clément Vasseur. — Le pré Porus, situé actuellement sur la Neuville et où nos ancêtres aimaient à se promener les jours de fêtes, était en 1692 un fief de la seigneurie de Camon. — Le fief de la Viéville était une maison appartenant à l'Université des chapelains d'Amiens ; il était tenu en fief abrégé et fut déguerpi par les chapelains, en 1603, parce que le cens était trop élevé ; le chapitre le donna à bail et, en 1610, Pierre Accard était le preneur. — Le fief d'Alençon ou des Allençons (164 journaux),

dit aussi fief du Rapport, appartenait au chapitre.
— En 1268, Wales, chevalier, sire de Bertangles, amortit la vente faite au chapitre par Bernard de Querrieu, chevalier, de cens et journées de harnais, le tout tenu en arrière-fief de la châtellenie de Vignacourt.

Du domaine de la seigneurie dépendait la maison de la Herde, que le chapitre dut vendre pour faire face aux impositions nécessitées par les guerres de religion ; Antoine Pièce l'acquit en 1591 et sa famille la conserva jusqu'à la fin du xviie siècle ; en 1699, Jean Paillard, bourgeois d'Amiens et Alexandre de Lattre, sieur d'Obigny, la possédaient ; puis le chapitre en redevint propriétaire, par des circonstances restées inconnues.

Avant la construction du pont, le passage de la Somme se faisait par un bac, qui était une dépendance de la seigneurie, et le chapitre affermait le « bastel à passer l'eau et les marécages ».

Enfin, à titre de seigneur de Camon, le chapitre avait droit à la chasse aux cygnes sur la Somme, qui se faisait une fois par an et réunissait tous les seigneurs riverains en amont d'Amiens. La chasse tomba en désuétude au xviiie siècle, parce que le braconnage avait détruit les cygnes.

Archéologie. — Une statuette, représentant un jeune satyre, trouvée à Camon, est au musée du Louvre. — Une inscription de l'époque chrétienne, trouvée au lieu dit le Fort, sur Camon, est au musée d'Amiens, sous le numéro 113 du nouveau catalogue. — Egalement au même musée, un timbre de potier (URIS), trouvé à Camon. — L'église, de la fin du XVIe siècle, est en pierres et divisée en trois nefs par des colonnes prismatiques, qui soutiennent des arcs en tiers point ; l'un des bas-côtés, en briques, est de 1836. Au bout de l'autre, s'élève une tour carrée en pierres, un peu plus ancienne que la nef ; le chevet se termine carrément. La nef était anciennement voûtée en carène de navire, suivant les vestiges qui restent. Sur la porte latérale, une inscription de 1635 relate une crue importante de la Somme. A l'intérieur, deux crédences Louis XV ; tableaux : Jésus servi par les Anges, par Lemoine, toile provenant des Cordeliers d'Amiens, du début du XVIIIe siècle ; la Trinité, par le même, avec armes de France, de Chaulnes et d'arbalétriers. — Bénitier en pierre, du XVIe siècle, portant sur une face la figure de saint Sébastien. — Statue en pierre du XVe siècle, représentant un évêque bénissant, assis sur un fauteuil en X. — Saint-Hubert, haut relief en pierre du XVIe siècle. — Borne du méridien de Paris, sur la route de Camon à Rivery.

Sur la route de Daours, la croix du Landit, dont il ne reste que le socle, fut renversée à la Révolution et relevée en 1818 ; elle marquait le lieu où se rencontraient, le mardi de la Pentecôte, les processions d'Amiens et de Corbie, présidées par l'évêque d'Amiens et l'abbé de Corbie, pour demander à Dieu la fin de la peste, qui ravageait ces deux villes, et de la misère qui s'en était suivie ; la première procession eut lieu en 1022. A côté de la croix, se trouve le champ du Landit, où avaient lieu, à l'occasion de ces processions, de grandes fêtes, qui dégénérèrent à la longue, et la procession fut supprimée en 1248. La croix est aujourd'hui dans la chapelle des catéchismes de la cathédrale.

Lieux-dits. — L'Eguillon Saint-Vast, le Fort Nival, les Allensons, la Vallée du moutier, la Croix du landit, le Fort (sur l'emplacement d'un bastion, construit par Henri IV, au siège d'Amiens, en 1597, suivant la carte de Châtillon, jointe aux notes du P. Daire), la Grapinière, le Fond de Creuse, le Pré du gouverneur, l'Eau des prévôts, la Herde, la Danse des fées, le Calvaire, les Vignettes.

Sources et Bibliographie. — Archives de la Somme, C 1559 ; E supplément ; G 861,893 ; *Cartulaire du chapitre de la cathédrale d'Amiens,* I, 7 ; II, III ; *Inventaire du même chapitre,* Arm. III, l. 44, 45, 46, 49 à 53, 56 ; Arm. V, l. 3 ; *Inventaire de l'évêché d'Amiens,* p. 90. — Daire, *Histoire civile et ecclésiastique des doyennés du diocèse d'Amiens,* Bibliothèque d'Amiens, Mss. 507, Tome Ier, p. 162. — *Etat des fiefs de Picardie,* xviie siècle, Bibliothèque de la Soc. des Antiq. de Pic. Mss. T. I. 9, p. 27.

A. Bouthors, *Coutumes locales du bailliage d'Amiens,* dans les *Mémoires de la Soc. des Antiq. de Pic.,* in 4°, II, 279. — A. de Calonne, *Histoire de la ville d'Amiens,* I, 44. — J. Darsy, *Les bénéfices de l'église d'Amiens en 1730,* dans les *Mémoires de la Soc. des Antiq. de Pic.,* in 4°, VII, 326. — A. et L. Duthoit, *Le vieil Amiens,* II, 102. — D. Grenier, *Introduction à l'histoire générale de la province de Picardie,* publiée par Ch. Dufour et J. Garnier, dans les *Mémoires de la Soc. des Antiq. de Pic.,* in 4°, III, 141. — A. Janvier, *Petite histoire de Picardie, dictionnaire historique et archéologique,* p. 102. — J. Pagès, *Notes sur Amiens et la Picardie,* publiées par L. Douchet, IV, 393. — Roze, Roux et Soyez, *Le cartulaire du chapitre de la cathédrale d'Amiens,* dans les *Mémoires de la Soc. des Antiq. de Picardie,* in 4°, XIV, 263, 392.

G. de Witasse.

DREUIL-LÈS-AMIENS

Droilum, 1120 ; Druolium, 1198 ; Druœul, 1384 ; Drueuil, 1710.

Organisation ecclésiastique. — Paroisse du doyenné de Picquigny, archidiaconé et diocèse d'Amiens. Vocable, St-Riquier. Collateur de plein droit, l'évêque d'Amiens, comme abbé de Saint-Martin-aux-Jumeaux. Autrefois secours d'Ailly-sur-Somme, érigé en cure en 1245 par l'évêque Arnoul. La dîme était abandonnée au curé à la fin du xviiie siècle. Revenus de la cure : 446 l., charges déduites, en 1729 ; 1040 l .en 1789.

Organisation civile. — Prévôté de Beauquesne, pour la partie située sur la rive droite de la Somme, et de Beauvaisis à Amiens, pour la rive gauche, bailliage d'Amiens, jusqu'en 1748, puis bailliage et siège présidial d'Amiens ; élection d'Amiens, intendance de Picardie ; grenier à sel d'Amiens. 150 habitants au xviiie siècle. Canton de Picquigny en 1790.

Seigneurie. — La seigneurie était tenue en pairie d'Ailly-sur-Somme, mouvant de la châtellenie de Picquigny, mouvant elle-même de l'évêché d'Amiens, à cause du vidamé. Le domaine consistait en une maison seigneuriale, avec ferme, colombier, 246 journaux de prés et un champart sur 17 journaux. Les noms des seigneurs sont peu certains jusqu'à la famille Trudaine, que l'on trouve en 1688 et 1700 ; Philippe de Fay, à cause de sa femme, Magdeleine Trudaine, héritière de son frère, Jean Trudaine, seigneur de Dreuil, relevait la seigneurie, en deux fiefs, tenus l'un de Picquigny et l'autre d'Ailly, mouvant de Picquigny, en 1730 ; Marie-Magdeleine-Françoise Le Boucher Dumesnil, demoiselle, dame de Dreuil-lès-Amiens, 1754, héritière de la précédente, son aïeule.

Fiefs. — Fief Cinq-Sault, sur Ailly-sur-Somme et sur Dreuil, tenu de Picquigny, à cause du vidamé ; seigneurs : Estienne Bernard, légataire de Marie Bernard, sa tante, veuve de Jean Pingré, pour une partie du fief, en 1731 ; Dufour et Pingré, seigneur de Fricamps, en parties, en 1771. — Fief abrégé de Hangard, tenu de même, en 1676 ; seigneurs : demoiselle Marie de Fontaines, veuve de Jean de Ribeaucourt, fille et héritière de Pierre de Fontaines, Ducroquet et autres, tous propriétaires par parties, en 1771. — La seigneurie de Saint-Elier, maison et chapelle, tenue de même, en 1666. — Fief du Courant, tenu en deux fiefs d'Ailly-sur-Somme, mouvant de Picquigny, 1771 ; seigneurs : Philippe de Fay, à cause de sa femme, Magdelaine Trudaine, comme ci-dessus pour la seigneurie, en 1730 ; Marie-Magdeleine-Françoise Le Boucher Dumesnil, demoiselle, dame de Dreuil, héritière de la précédente, son aïeule, pour le fief du Courant, en 1771. — Fief particulier de Dreuil, confondu dans le chef-lieu de la seigneurie, tenu de Picquigny, à cause du vidamé ; seigneurs : comme pour le fief du Courant ci-dessus. — Fief du Petit Palais, éclipsé de la seigneurie, tenu de même que le précédent ; demoiselle Marie Baron de Noirsin, qui vend à Jeanne Vaugeois, veuve de Jean-Baptiste Boucher, puis de Pierre de Saint-Riquier, et à Riquier Boucher, seigneurs indivis du fief du Petit Palais, en 1771. — Fief de Méricourt, tenu de même, 1666. — Fief de Romont. — Fief non dénommé à Andrieu de Vausselles, 1525 (probablement celui qui était à Antoine de Vauchelles en 1425) ; le même à Catherine Leclerc, veuve de Guy de Talmas ; puis à Jacques de Boël, mari de Catherine de Talmas, 1545.

ARCHÉOLOGIE. — Eglise construite en 1850, à côté de l'emplacement de l'ancienne, dont il ne reste rien. — Archives comunales : registres de catholicité de 1649 à 1792.

LIEUX-DITS. — Les Prés des corvées, le Pré du Gard, le Bois défriché.

SOURCES ET BIBLIOGRAPHIE. — Archives de la Somme, B 39, f° 26 ; B 94, f° 23 ; C 1559 ; E 120, f°s 219, 271, 273, 334 ; E 143, 144 f°s 227 et 419 ; E supplément. — DAIRE, *Histoire civile et ecclésiastique des doyennés du diocèse d'Amiens*, Bibliothèque d'Amiens, Mss. 507, Tome Ier, 121 v°. — *Etat des fiefs de Picardie*, XVIIe siècle, Bibliothèque de la Soc. des Antiq. de Pic. Mss. T. I. 9, p. 41.

I. DARSY, *Les bénéfices de l'église d'Amiens en 1730*, dans les *Mémoires de la Soc. des Antiq. de Pic.*, in 4°, VII, 415.

L. LEDIEU.

LONGUEAU

Longa aqua, 1101 ; Longue yeaue, 1323 ; Londeau, Longliau, 1754.

ORGANISATION ECCLÉSIASTIQUE. — Paroisse du doyenné de Fouilloy, archidiaconé et diocèse d'Amiens. Vocable, saint Médard. Collateur de plein droit, le chapitre de la cathédrale, par donation. Décimateurs : le même chapitre pour deux tiers et le curé pour un tiers en 1572. Revenus de la cure, 388 l., charges déduites, en 1730 ; 700 l. en 1789. Elle payait 7 l. 10 s., pour 4 décimes, en 1522. Maladrerie en 1243.

ORGANISATION CIVILE. — Prévôté de Fouilloy, bailliage d'Amiens ; élection d'Amiens, intendance de Picardie ; grenier à sel d'Amiens. 250 habitants en 1698 ; 184 en 1724 ; 245 en 1772. Il y avait mairie et échevinage en 1252.

HISTOIRE. — En 1590, les ligueurs poussent des reconnaissances jusqu'au village. Brûlé par les Espagnols en 1635. L'armée royale campa auprès de Longueau en 1642 et 1644. Il y a eu des vignes jusqu'en 1625.

SEIGNEURIE. — La seigneurie était tenue de Boves et appartenait au chapitre de la cathédrale, qui la tenait amortie sous le Roi.

FIEFS. — Le fief du travers de Longueau était tenu de la châtellenie de Vignacourt, mouvant de la baronnie de Picquigny, mouvant elle-même de l'évêché d'Amiens. D'après les titres des Célestins, la partie du travers qui leur appartenait, était tenue, en 1768, d'Antoine-Adolphe de Belleforière, à cause de sa châtellenie de Morcourt. En 1271, Jean de Croy, bourgeois d'Amiens, avait un fief sur le travers. Guillaume de le Planque, doyen du chapitre de la cathédrale, acquit, en 1325, les droits de Jean de Longueau sur le travers et les donna au chapitre, en 1333. En 1476, le chapitre en acquit une autre partie d'Isabelle d'Ailly, veuve d'Allard de Rabodenghes, puis d'autres parties à des époques diverses et réunit ainsi la moitié du travers en 1663, l'autre moitié appartenant aux Célestins d'Amiens ; cette situation fut confirmée, par arrêt du Conseil, en 1751. Lors de la suppression des Célestins, en 1781, la moitié qui leur appartenait fut réunie à la fabrique de la cathédrale. — Le fief abrégé, appelé la Cour de Longueau, appartenait au chapitre de la cathédrale, qui le donna en fief à cens à Pierre Poullain, en 1498, et en exerça la reprise sur la dame d'Hangard, en 1737. Il le donna sans doute en fief de nouveau, car Nicolas de la Haye, écuyer, était seigneur de la Cour de Longueau, en 1786. — Le fief de la Mairie relevait de la seigneurie de Longueau au xive siècle. — Fief Bayart. — Fief de Heilly. — Fief de Bouves. — Un fief non dénommé à demoiselle Françoise de Villers, veuve du sieur de Sachy, au xviie siècle. — Le chapitre de la cathédrale possédait la moitié du champart de Longueau.

Archéologie. — Les voies romaines d'Amiens à Reims et à Saint-Quentin traversaient l'Avre à Longueau ; des pierres tumulaires de l'époque gallo-romaine, avec inscriptions militaires, ont été exhumées au premier pont de Longueau, en 1848, par suite de travaux exécutés sur ces routes.

Eglise construite en 1852 sur l'emplacement des granges du presbytère, qui est le même qu'avant la Révolution. L'ancienne église a été démolie et sa disparition a donné naissance à une petite place dans le bout du village, vers Camon ; un Christ a été élevé sur son emplacement ; le cimetière était auprès. Dans l'église, on remarque : un bénitier aux armes des familles de Sachy et de Villers-Rousseville, une Assomption, tableau sur toile par Frère Luc (xviie siècle), venant des Jacobins d'Amiens, un reliquaire en bois sculpté du xviiie siècle.

Château construit au début du xixe siècle par Michel Cornet.

Archives communales : registres de catholicité de 1692 à 1792.

Lieux-dits. — La Cense, la Croix de fer, les Vignes, la Coignée, la Folie, le Venterre, la Warenne, la Terre au prévôt.

Sources et Bibliographie. — Archives de la Somme, C 1559 ; E supplément; G 861 ; Fonds des Célestins ; *Inventaire du chapitre de la cathédrale d'Amiens*, Arm. III, l. 44 ; Arm. IV, l. 85, 88, 89, 91 ; Arm. V, l. 23. — *Arrêt du Conseil sur le péage par terre à Longueau*, 1751, Bibliothèque d'Amiens, Histoire 3815, p. 22. — Daire, *Histoire civile et ecclésiastique des doyennés du diocèse d'Amiens*, Bibliothèque d'Amiens,

Mss. 507, Tome Ier, 81 v°. — *Etat des fiefs de Picardie*, xviie siècle, Bibliothèque de la Soc. des Antiq. de Pic., Mss. T. I. 9, p. 72.

I. Darsy, *Les bénéfices de l'église d'Amiens en 1730*, dans les *Mémoires de la Soc. des Antiq. de Pic.*, in 4°, VII, 273. — Ch. Dufour, *Découverte d'une chaussée romaine*, dans le *Bulletin de la Soc. des Antiq. de Pic.*, III, 226. — D. Grenier, *Introduction à l'histoire générale de la province de Picardie*, dans les *Mémoires de la Soc. des Antiq. de Pic.*, in 4° III, 453, 461. — J. Roux, *Histoire de l'abbaye de St Acheul*, ibid., XII, 400. — Roze, Roux et Soyez, *Le cartulaire du chapitre de la cathédrale d'Amiens*, ibid., XIV, 393.

L. Ledieu.

LE PONT-DE-METZ

Mes, 1131, 1165 ; Metium, 1236 ; Metz, 1246.

Organisation ecclésiastique. — Paroisse du doyenné de Conty, archidiaconé et diocèse d'Amiens. Vocable : saint Cyr et sainte Julitte. Collateur : le chapitre de la cathédrale. Présentateur : un des prébendés du chapitre. Décimateurs : le chapitre de la cathédrale pour deux tiers et le curé pour un tiers, en 1652. Au commencement du xviiie siècle, une partie du territoire dépendait de la paroisse Saint-Remy d'Amiens, suivant un document qui n'offre pas toutes garanties. Revenus de la cure : 450 l., en 1730, puis 640 l., 1012 l. en 1789 ; elle payait 4 l. pour 4 décimes en 1522. Revenus de la fabrique : 200 l. en 1730, puis 150 l.

Organisation civile. — Prévôté de Beauvaisis à Amiens, bailliage d'Amiens jusqu'en 1748, puis bailliage et siège présidial d'Amiens; élection d'Amiens, intendance de Picardie ; grenier à sel d'Amiens. 15 habitants en 1698 (probablement au voisinage du pont seulement), 279 en 1725, 303 en 1772. La dénomination de Pont-de-Metz commence à s'établir au xvii° siècle pour la paroisse entière ; précédemment l'expression « pont de Mes » s'appliquait au pont seul, auquel on ajoutait le qualificatif de Mes, à cause du voisinage du village de Mes ou Metz. — Coutumes de 1507 pour Metz et coutumes de la même date pour le Hamel de Metz, en 9 articles.

Histoire. — En 1415, Henri V d'Angleterre y campa, en allant de Honfleur à Calais. En 1470, le duc de Bourgogne plaça son armée à Metz, pour assiéger Amiens, l'année suivante. En 1597, au siège d'Amiens, Henri IV logea au château, où il retrouvait, dit la légende, Gabrielle d'Estrées. Un prêche protestant fut installé au Pont de Metz ; il fut supprimé peu de temps après, par arrêt du Conseil de 1665.

Seigneurie. — La vicomté de Vers, Saleux et Mes relevait du fief d'Aleaume d'Amiens, suivant le cartulaire du chapitre de la cathédrale (1165); or, Aleaume d'Amiens était seigneur de Vignacourt, qui relevait de Picquigny, à cause du vidamé. Une version la fait relever de Vignacourt, tenu de Picquigny, mouvant du comté de Corbie ; mais le pouillé de l'évêché d'Amiens de 1301 déclare que l'hommage du seigneur de Salouël pour Metz était tenu de l'évêché à cause du vidamé. Ce dernier système semble plus probable, parce que, en général, les seigneuries situées sur la rive gauche de la Somme étaient de la mouvance de l'évêché, à cause du vidamé, le comté de Corbie s'étendant seulement sur la rive droite. Ces deux contrées se réunissaient d'ailleurs dans les mains du baron de Picquigny, qui était en même temps vidame d'Amiens et avoué de l'abbaye de Corbie, donataire du comté de Corbie. La seigneurie relèverait ainsi de Vignacourt, tenu de Picquigny, mouvant de l'évêché, à cause du vidamé.

Le Père Daire cite comme le plus ancien seigneur connu, Gilbert du Pont, dont la fille vivait en 926 ; on trouve plus tard Hugues de Salouël, écuyer, seigneur de Saleux, en 1144 ; il était propriétaire de toute la vicomté de Vers, Saleux et Metz, et en avait engagé la moitié au chapitre de la cathédrale, en garantie d'un prêt de 35 livres ; il remit au chapitre, en 1165, cette moitié, moyennant un supplément de 25 livres ; c'est ainsi que le chapitre entra en possession de la moitié de la seigneurie de Metz, qui était dans le haut du village, autour de l'église, et on le retrouve avec le titre de seigneur temporel et spirituel de Metz, en 1449, 1472, 1521, 1582, 1698 ; il ne paraît pas douteux qu'il ait conservé cette seigneurie jusqu'à la Révolution.

L'autre moitié était restée aux mains de seigneurs laïques, parmi lesquels on retrouve les suivants : la famille de Béry au xve siècle ; puis la famille de

Saint-Souplis, dont une fille épousa, en 1519, Louis de Belloy, écuyer, seigneur de Beauvoir ; en 1654, Nicolas Le Bon, écuyer, seigneur de Béthencourt, époux de Marguerite Pingré ; leur fille épousait, à cette date, Jean Berthe, écuyer, seigneur de Courtebonne, et lui apportait le Pont-de-Metz ; enfin Bernard de Cléri, marié à Thérèse Berthe, dame du Pont-de-Metz, 1742, 1781.

Fiefs. — Fief du Hamel de Metz, tenu de Vignacourt ; seigneurs : Lanseloins, seigneur de Villers ; sa fille, Marguerite, dame de Villers, et son mari, Jean, seigneur de Bailens et de Peully, vendirent, en 1320, à Milon dit Ravin, citoyen d'Amiens ; Gilles Ravin, en 1375 ; Raoul de Béry, à cause de sa femme, Marguerite la Ravine, mort avant 1408 ; Marguerite de Béry, dame du Hamel de Metz, veuve de Jean de Thorigny, 1507 ; N. de Béry, sieur du Hamel de Metz, mort en 1553, probablement sans postérité, ne laissant que deux sœurs, l'une religieuse et l'autre, dame du Hamel de Metz, mariée à Antoine de Boislau, sieur de Martimont ; on trouve en même temps Louis de Belloy, sieur de Beauvoir et du Hamel de Metz et dame Magdeleine de Saint-Souplis, son épouse, en 1547 ; Jean de Belloy, 1604 et 1625, qui a aussi le fief de Quevalet (voir plus loin) ; Jean Berthe, mari et bail de dame Marie Le Bon, qui a reçu le fief, par contrat de mariage, de Nicolas Le Bon et dame Pingré, ses père et mère, 1683.

Fief de Quevalet. La maison de Jean de Belloy,

seigneur du Hamel de Metz, avec terres, est dite fief de Quevalet, et elle est près de l'église, 1604. Ce fief donne la préséance à l'église en faveur de Jean de Belloy sur le chapitre, 1626.

Fief du travers de Metz. Fief noble qui se perçoit au passage du pont de Metz, tenu de Picquigny, en 1355 et 1771, et de Fluy, en 1599, suivant peut-être une version primitive. Un fief du quart du travers était tenu du Roi à cause de son bailliage d'Amiens. Seigneurs : Isabelle d'Ailly, veuve d'Allard de Rabodenghes, vendit au chapitre de la cathédrale, en 1746, sa part dans le travers de Metz, tenue en fief à plein hommage du vidame d'Amiens, à cause de sa terre de Picquigny. Il y a quatre copropriétaires du travers de Metz en 1513, 1541, 1553, 1565, 1577, 1580. En 1583, ce sont le chapitre, M. Dudracq, M. de Haucourt et M. de Belloy, et, en 1746, le chapitre, MM. Bernard, Jourdin et Gorguette, écuyer, seigneur du Bus et de Moufflers. Le chapitre avait un quart, plus le quart d'un autre quart.

Fief de la Mairie. Tenu de l'évêché d'Amiens, à cause du vidamé, en 1301 ; réuni à la manse capitulaire du chapitre de la cathédrale vers 1300. Jean Nivart, comme propriétaire, en fait déclaration au chapitre, en 1428 ; Bernard Nivart, 1446 ; bail à cens par le chapitre à Jean le Fournier, dit Herbault, après la mort de Bernard Nivart, en 1459. Alexis Mathon est seigneur du fief de la Mairie, tenu du chapitre, en 1754. Il relèverait ainsi de la seigneurie du chapitre et par suite de l'évêché, à cause du vidamé.

Fief d'Erquery ; il appartenait au chapitre, qui le donnait à bail en 1665. — Fief et seigneurie de Sotteville, en partie sur le territoire du Pont-de-Metz (XIIe siècle) ; appelé aujourd'hui vulgairement Ferme à mouches. Seigneurs : Jean d'Occoch, 1528 ; Pierre de Famechon, XVIIe siècle, 1747, 1786. — Fief des Marissons (XIVe siècle), à la veuve Hénin, au XVIIe siècle. — Fief de Coulonvillers. — Fief à Metz, tenu de la seigneurie de Ferrières, qui relevait de Picquigny, 1280. — Fief de Mes, tenu des « Marés » de l'Etoile, tenus de Vignacourt, mouvant de Picquigny, à cause du vidamé ; seigneur Jehan de Lausson, 1301. — Fief de la Fosse au prêtre, à Paturon, en 1610, et à Louis Ragel, d'Amiens, au XVIIe siècle.

Archéologie. — Eglise en pierres, à tour carrée, avec porte de la renaissance et campenard sur la façade ; nef sans caractère ; chœur de 1764, plus élevé que la nef ; porte latérale de 1608. Une croix, adossée à l'église et détruite vers 1895, portait les noms de Lesieurre de Croissy et dame Hucar de Bacquencourt, son épouse, 1804. — Un château moderne remplace l'ancien, dont il restait la base d'une vieille tour, démolie vers 1875. — L'habitation de M. Bralant paraît avoir été la ferme du château. — La maçonnerie, établie sur la fontaine Saint-Cyr, est moderne ; cette fontaine donne rarement un peu d'eau actuellement à cet endroit.— Archives communales : registres de catholicité de 1688 à 1792.

Lieux-dits. — Le Pré du chapitre, le Bailli, le Pré de la cour, le Grès qui tourne, les Preux, le Descry, le Pilori, Hérival, la Coignée, le Petit bois, la Ferme à mouches.

Sources et Bibliographie. — Archives de la Somme, C 1559 ; E 144, f° 389 ; E supplément ; G. 861 ; *Inventaire du chapitre de la cathédrale d'Amiens,* Arm. IV, l. 44 ; Arm. V, l. 22 à 25. — Bignon, *Rapports sur vérifications de noblesse,* 1698, Bibliothèque de l'Arsenal, Mss. 4048.— Archives de la ville d'Amiens, BB 1, f° 50 ; BB 46, f° 54 ; BB 47, f° 46. — *Déclarations pour francs fiefs et nouveaux acquêts,* Archives nationales, P 773,15. *Etat des fiefs de Picardie,* xviie siècle, Bibliothèque de la Soc. des Antiq. de Pic. Mss. T. I. 9, p. 95. — *Registre d'aveux du bailliage d'Amiens,* xive siècle, Archives nationales, P 137. — A. Bouthors, *Coutumes locales du bailliage d'Amiens,* dans les *Mémoires de la Soc. des Antiq. de Pic.,* in 4°, II, 180. — Daire, *Histoire civile et ecclésiastique du doyenné de Conty,* publiée par J. Garnier, p. 50. — I. Darsy, *Les bénéfices de l'église d'Amiens en 1730,* dans les *Mémoires de la Soc. des Antiq. de Pic.,* in 4° VII, 180. — I. Darsy, *A propos du nom d'un village en Amiénois,* dans le *Bulletin de la Soc. des Antiq. de Pic.,* XIX, 735. — J. Garnier, *Dénombrement du temporel de l'évêché d'Amiens en 1301,* pp. 185, 190, 191, 192.— R. de Guyencourt, *Note sur une inscription gallo-romaine sur bronze,* dans le *Bulletin de la Soc. des Antiq. de Pic.,* XXI, 815. — A. Ledru, *Histoire de la maison de Béry,* pp. 7 et s. — Ch. Pinsard, *Trouvaille d'une hache en pierre,* dans le *Bulletin de la Soc. des Antiq. de Pic.,* XIV, 172. — Roze, Roux et Soyez, *Le cartulaire du chapitre de la cathédrale d'Amiens,* dans les *Mémoires de la Soc des Antiq. de Pic.,* in 4°, XIV, 64, 169.

L. Ledieu.

POULAINVILLE

Polivilla, 1150 ; Polanvilla, 1150 ; Polainvilla, 1153.

Organisation ecclésiastique. — Paroisse du doyenné de Vignacourt, archidiaconé et diocèse d'Amiens. Vocable : Saint-Pierre. Présentateur : le chapitre de la cathédrale. Evrard, évêque d'Amiens, acheta la dîme de Poulainville à Firmin Rabuisson, en 1219, pour le chapitre de la cathédrale. Le chapitre avait un tiers des grosses et menues dîmes, en 1674, et le curé deux tiers. Revenus de la cure : 552 l. 3 s., charges déduites, en 1729, et 2136 l., en 1789. Elle payait 40 s. t. pour 4 décimes en 1522 et 30 s. en 1561.

Organisation civile. — Prévôté de Beauquesne, bailliage d'Amiens jusqu'en 1748, puis bailliage et siège présidial d'Amiens; élection de Doullens, intendance de Picardie ; grenier à sel d'Amiens. 175 habitants en 1698, 157 en 1726. Coutumes en 3 articles, sans date.

Seigneurie. — La seigneurie se divisait en deux parties : pour la première, Robert de Riencourt, sire de Bovelle, vendit à Jean de Nouvion, seigneur de Tieve, en 1297, ses terres, cens, rentes, etc., de Poulainville, tenus en fief de Jean de Belloy, qui relevait de Marguerite, dame de Fieffes, relevant elle-même de Picquigny, à cause du vidamé. En 1300, Colaye, femme de Jean, seigneur de Nouvion, vendit la seigneurie en partie au chapitre de la cathédrale, qui possédait ainsi la seigneurie en partie, avec domaine et champart, et paraît l'avoir conservée jusqu'à la Révolution.

La deuxième seigneurie relevait de l'évêché. Le

seigneur était maréchal féodal de l'évêque ; il avait justice sur son fief, un droit de fauchelage sur les marchands de faucilles à Amiens et banlieue, il avait les peaux des chevaux de la suite de l'évêque ; enfin, il avait un manoir et 600 journaux de terres. Seigneurs : Gilon et Jean, chevaliers, frères, 1273 ; Beaudouin de Glisy, chevalier, 1384 ; Arnoul Frérot, citoyen d'Amiens, 1440 ; Jean de la Motte, 1507 ; Jean le Flameng, 1567 ; Josse de Saveuse, seigneur de Coisy, baron de Poulainville, 1607 ; son fils, Antoine, 1622; son petit-fils, François, 1652; François, prince de Montmorency, d'Arras, en 1694, par mariage avec Louise-Charlotte de Saveuse, fille de François de Saveuse et de Françoise d'Estourmel ; la baronne de Wasnaire, demeurant à Gand, douairière de Louis-Ernest-Gabriel, prince de Montmorency, seigneur de Poulainville, comme mère et tutrice de Louise-Auguste-Elisabeth-Marie-Colette, princesse de Montmorency, unique héritière dudit prince, qui avait reçu la seigneurie de son oncle, Philippe-François, chevalier de Montmorency, 1771 ; le prince de Vaudémont, époux de la princesse de Montmorency, 1779.

Fiefs. — Fief noble d'Abbeville, sis à Poulainville, tenu du Grenier, fief situé à La Chaussée-Tirancourt et relevant de Picquigny ; suivant d'autres titres, le fief était tenu directement de Picquigny ; 95 ou 100 journaux suivant les titres. Donné par Le Prévost à la communauté des chapelains de Notre-Dame d'Amiens. Seigneurs : Nicolas Le

Caron, 1398 ; Nicolas de Croquoison, 1574 ; Marguerite Eudel, veuve de Foubert, 1687 ; François Lefèvre et son fils, Antoine, bourgeois d'Amiens, 1708 ; Le Caron de l'Esperon pour les quatre quints et Nicolas de Saisseval pour le cinquième, en 1730.

Fief des Bonnes terres du champ de ville, tenu de l'évêché. Jean-Baptiste Demoiencourt avait acquis, en 1727, de la famille de Montmorency, 78 journaux faisant partie de ce fief ; la fille de Demoiencourt porta cette partie par mariage à Jacques-Robert-Vulfran Sanson, seigneur d'Hercourt, Monchel, en 1778.

Fief de Ville, situé sur Poulainville et Talmas ; une transaction de 1788 attribua la seigneurie aux seigneurs de ces deux villages, pour les parties respectivement sises sur leurs territoires.

Fief d'Amour, au territoire d'Estumbli, à l'abbaye de Saint-Martin-au-Jumeaux. — Fief du Haut-pré, sur Poulainville et Bertangles.

ARCHÉOLOGIE. — La voie militaire d'Amiens à Thérouanne passait à Poulainville, où était une pierre levée.

Eglise du milieu du xix° siècle, construite à côté de l'emplacement de l'ancienne, dont il ne reste rien, sauf un retable d'autel de style Louis XV, dont les principales parties sont à la sacristie et au presbytère.

Archives communales : registres de catholicité, de 1667 à 1792.

LIEUX-DITS. — Les Grandes rentes, les Grouchys,

le Montjoye, les Momons, les Aubivets, les Mottelettes. — Lieux dits anciens : Normincourt, XIIe siècle ; Pierre lavée, cense au XVIIIe siècle.

Sources et Bibliographie. — Archives de la Somme, B 76, 863, 873, 907 ; C 1559 ; E 120, f°s 19 et 275 ; E 143, f° 311 ; E 144, *in fine* ; E 400, 402, 405 f° 91 ; E supplément ; G. 151, 861 ; *Inventaire du chapitre de la cathédrale d'Amiens*, Arm. V, l. 41. — D. Villevieille, *Trésor généalogique*, extraits du cartulaire de l'évêché d'Amiens, 1384 et 1390, Bibliothèque nationale, Mss. fr. 31926, f° 132. — *Etat des fiefs de Picardie*, XVIIe siècle, Bibliothèque de la Soc. des Antiq. de Pic., Mss. T. I. 9, p. 96.
A. Bouthors, *Coutumes locales du bailliage d'Amiens*, dans les *Mémoires de la Soc. des Antiq. de Pic.*, in 4°, II, 221. — I. Darsy, *Les bénéfices de l'église d'Amiens en 1730*, *ibid.*, VII, 502. — D. Grenier, *Introduction à l'histoire générale de la province de Picardie*, publiée par Ch. Dufour et J. Garnier, *ibid.*, III, 194, 489. — Roze, Roux et Soyez, *Le cartulaire du chapitre de la cathédrale d'Amiens*, *ibid.*, XIV, 69, 202.

L. Ledieu.

RIVERY

Rivery, 1105.

Organisation ecclésiastique. — Hameau de la paroisse Saint-Pierre (faubourg d'Amiens), en 1581, de la paroisse de Camon, en 1730, et de Saint-Pierre (faubourg d'Amiens) en 1789 ; doyenné de Mailly, pendant le temps où Rivery dépendait de Camon ; Saint-Pierre était une cure d'Amiens ; archidiaconé et diocèse d'Amiens. Il y avait une maladrerie en 1453.

ORGANISATION CIVILE. — Prévôté de Fouilloy, bailliage d'Amiens ; élection de Doullens, intendance de Picardie ; grenier à sel d'Amiens. 150 habitants en 1700. N'est pas de la banlieue d'Amiens, en 1787, comme étant de l'élection de Doullens.

HISTOIRE. — Ce village fut incendié en 1636 et ravagé en 1637 par les Espagnols. Le château et le village de Creuse, dépendance de Rivery, ont été incendiés et détruits lors des événements de 1597. On retrouvait encore des vestiges de fondations de ce château du temps de Pagès.

SEIGNEURIE. — Elle était la première et la plus ancienne pairie de la châtellenie de Picquigny, dont elle relevait à cause du vidamé. On y trouve une seule pairie en 1679, deux en 1687 et 1771 ; l'une est dite le fief du Boullanger, l'autre le fief de Rivery. Ce dernier donnait droit au possesseur de conduire la mule de l'évêque, à sa première entrée dans Amiens, et de prendre sa monture avec la principale vaisselle du repas.

Les premiers seigneurs de Rivery en prirent le nom : Bernard reconnut devoir avec sa femme, pour sa terre de Rivery, trois mois de stage au seigneur de Picquigny (1223) ; Gilles, chevalier, était seigneur de Rivery, en 1234 ; Robert de Rivery, chevalier, en 1279, etc... A cette famille appartiennent Antoine de Rivery, chevalier, capitaine d'Amiens en 1465, et son fils, Jean, capitaine de Thérouanne, en 1481. Sur Antoine de Rivery, seigneur de Rivery et de Villers-Bretonneux, ces terres furent décrétées et vendues ; Jean de Rivery, seigneur de Ponthonville, lieutenant pour le Roi en Brouage, racheta Rivery. De sa femme, Claude de Herbelot, il eut deux fils : Jean, qui mourut à 20 ans, et René, chevalier de Malte, commandeur d'Oisemont et lieutenant en Brouage, décédé en 1604. Leur sœur, Antoinette, héritière de Rivery, avait épousé François Le Roy ; viennent ensuite René Le Roy (1633) et André Le Roy, chevalier, époux de Catherine Le Jongleur (1654-1720). Charles de Clermont Tallard était aussi seigneur en même temps (1654), probablement par mariage. La seigneurie fut vendue en deux parties, et, le 22 septembre 1679, Charles de Rigauville, seigneur de Ligny et Beaulieu, en donna aveu à Picquigny. En 1660, le sieur Vaquette de Fréchencourt et Philippe Boulanger avaient acquis chacun une moitié de la terre de Rivery de Jean Lesperon, sieur de Belloy, tuteur, et de sa fille, Marie Lesperon, veuve d'André Le Roy. En 1664, Philippe Boulanger exerçait le retrait pour l'autre moitié sur Philippe Joly. C'est sans doute cette partie dont était seigneur Charles de Clermont, comte de Thoury, en 1654. Philippe Boulanger, procureur du Roi à Amiens, et sa femme, Catherine Vaquette, possédaient ainsi les deux parties, réunies dans leurs mains, et ils en faisaient aveu le 25 juin 1687. Jusqu'à la Révolution, la famille Boulanger a continué à posséder la seigneurie de Rivery.

Fiefs. — Le fief du Bois de Rivery relevait de

la châtellenie de Vignacourt. — Un autre fief de 7 journaux de terres, éclipsé du domaine, était tenu de Picquigny en pairie ; Charles de Rigauville l'acquit de Charles Le Roy, le 19 août 1659, et il a été depuis réuni à la seigneurie. — La mairie de Rivery, citée en 1301 et 1399, était aussi tenue de Picquigny, à cause du vidamé.

La cense de Lamotte-lès-Rivery, Lamotte-lès-Camon, Lamotte-lès-Amiens, Lamotte-Creuse, Creuse, ou Lamottelette, est aujourd'hui sur le territoire de Rivery, à l'extrémité vers Camon. C'était une seigneurie relevant de Picquigny, à cause de sa mouvance du comté de Corbie ; elle comprenait, au xive siècle, un manoir et 156 journaux de terres, prés et eaux.

Jean d'Amiens, sire de Bachimont, avait donné mission à Pierre de Hanencamp, son cousin, de vendre la terre et seigneurie à Vincent de Glisy ou autres. Jean de Bachimont exerça ensuite le retrait lignager et, pour rembourser les acquéreurs, il fit un emprunt à Guillaume de Longueval, doyen du chapitre de la cathédrale, et à son neveu, Pierre de Longueval, en 1380, moyennant une rente leur vie durant. Le chanoine mourut bientôt et son neveu rétrocéda sa part à Enguerran d'Eudin et à Jean Cadel, chanoine de la cathédrale. Jean de Bachimont et sa femme, Jeanne du Quesnoy, aliénèrent enfin la terre et seigneurie à Louis de Boubers et à sa femme, fille d'Enguerran d'Eudin, en 1381. Par son testament, Enguerran d'Eudin laissa Lamotte au chapitre de la cathédrale, en instituant une fondation et en donnant à sa fille des compensations (1390). La donation fut confirmée et amortie par la dame de Picquigny et l'abbé de Corbie (1392). Le chapitre loua le domaine en 1413 et 1460 et l'érigea en fief abrégé, à cens perpétuel en faveur de Robert Le Quien, en 1468. La veuve de Robert Le Quien vendit à Jean Riquet, en 1476. Le fief passa plus tard à Charles Duhamel, puis, par donation, à son frère, Antoine, en 1548, et à la veuve de ce dernier, en 1558, puis à Jean Vaquette, qui vendit à Nicolas Decamp, en 1612. Sur le fils de ce dernier, le fief fut adjugé par décret à Philippe Boulanger, seigneur de Rivery, en 1674.

Le fief comportait, en 1721, deux parties, dont Claude Boulanger était propriétaire : l'une donnée à cens par le chapitre, moyennant 12 l. de cens, aux auteurs de Claude, en 1468, et l'autre, moyennant 24 l. de cens, au père de Claude, en 1674. Par la même transaction de 1674, la terre était érigée par le chapitre en fief noble.

Les terres de la seigneurie de Lamotte Creuse dépendaient de deux seigneuries : celle de Camon et celle de Saint-Pierre (faubourg d'Amiens) ; un règlement de 1712 établit qu'elles devaient être rattachées à l'une ou l'autre, suivant qu'elles payaient la dîme aux gros décimateurs de l'une ou de l'autre. Au faubourg Saint-Pierre, c'était l'évêque qui dîmait en 1610.

Archéologie. — Une statuette en bronze de

Priape, découverte dans un tombeau à Rivery, est conservée au musée d'Amiens. — Le château n'existait déjà plus du temps de Philippe Boulanger, vers 1674 ; il aura sans doute été démoli par les Espagnols, lorsqu'ils ont ravagé le village, en 1636 et 1637 ; on dit dans le pays qu'on en rencontre encore les substructions en fouillant le sol dans le marais ; mais le renseignement reste un peu vague.

Lieux-dits. — Les Hautes bornes, la Croix Brisery, le Petit fort (paraissant se rattacher aux circonvallations de 1597), la Creuse, la Basse Boulogne, l'Aire du prince, la Crosse, le Moulin.

Sources et Bibliographie. — Archives de la Somme, B 16, f° 6 ; B 20, f° 128 ; B 85, f° 63 ; B 123 ; C 1559 ; E 143, f° 319 ; E 144, f°s 294 et 391 ; *Plan d'Amiens de 1542; Inventaire du chapitre de la cathédrale d'Amiens*, Arm. V, l. 2 et 3. — Archives de la ville d'Amiens, AA 1 f° 92 ; 5, f° 51 v° ; 6, f° 132 v° ; DD 336, pp. 4 et 120. — Bibliothèque nationale, Mss., collection de Picardie (Dom Grenier), n° 215, f° 91. — *Cartulaire de Picquigny*, Archives nationales, R¹ 35, charte 189. — Daire, *Histoire civile et ecclésiastique des doyennés du diocèse d'Amiens*, Bibliothèque d'Amiens, Mss. 507, T. I, f°s 157, 163 v°, 164. — *Etat des fiefs de Picardie*, XVIIe siècle, Bibliothèque de la Soc. des Antiq. de Pic., Mss. T. I. 5, p. 101. — *Mémoire sur l'état général des provinces de France*, 1700, Bibliothèque d'Amiens. Mss. 505.

A. de Calonne, *Histoire de la ville d'Amiens*, I, 45. — D. Grenier, *Introduction à l'histoire générale de la province de Picardie*, publiée par Ch. Dufour et J. Garnier, dans les *Mémoires de la Soc. des Antiq. de Pic.*, in 4°, III, 223, 234. — A. de La Morlière, *Recueil de plusieurs nobles et illustres maisons... du diocèse d'Amiens*, p. 94.

L. Lediеu.

SAINT-SAUVEUR

Haidicourt, 1113 ; Haidincurt, 1154 ; Hédicourt *alias* Saint-Sauveur, 1463.

Organisation ecclésiastique. — Paroisse du doyenné de Vignacourt, archidiaconé et diocèse d'Amiens. Vocable, la Trinité. Présentateur, l'abbé de Saint-Acheul, par donation de l'évêque Thierry, qui y avait joint un domaine en 1163. C'était un prieuré-cure. Une partie de la dîme fut donnée, en 1163, par l'évêque Thierry à l'abbaye de Saint-Acheul, qui prit à bail emphytéotique le surplus, appartenant à l'abbaye de Saint-Jean d'Amiens ; celle-ci céda elle-même sa part de dîme à l'abbaye de Saint-Acheul, en 1303. Le prieuré-cure dîmait spécialement sur 47 journaux, en 1243 ; il dîmait seul sur tout le territoire au xviiie siècle. Revenus de la cure en 1729, 609 l. 15 s., charges déduites ; 3108 l. en 1789. Elle payait 100 s. t. pour 4 décimes en 1522 ; 60 s. t. en 1561. — Chapelle régulière de Saint-Antoine, fondée dans l'église, en 1197, par Enguerran d'Hédicourt ; présentateur, l'abbé de Saint-Acheul ; elle payait 5 s. t. pour 4 décimes en 1561. — Chapelle séculière, fondée par Jean d'Hédicourt, en 1260, dans son manoir ; présentateur, l'abbé de Saint-Acheul. — Maladrerie, réunie à l'hôpital de Picquigny en 1695.

Organisation civile. — Prévôté de Beauquesne, bailliage d'Amiens jusqu'en 1748; puis bailliage et siège présidial d'Amiens ; élection de Doullens, intendance de Picardie ; grenier à sel d'Amiens. 240 habitants en 1698, 331 en 1725, 375 en 1772. En 1283, il y avait des échevins. — C'est au xv° siècle que l'on commença à appeler ce village Saint-Sauveur d'Hédicourt et, à la fin du xvi°, simplement Saint-Sauveur ; la première dénomination d'Hédicourt avait dès lors disparu.

Histoire. — En 1597, les vivandiers et goujats français, fuyant devant quelques cavaliers de l'Archiduc, produisirent une panique, qui aurait pu amener de graves conséquences pour l'armée française, si l'Archiduc n'avait commis la faute d'arrêter ses cavaliers.

Seigneurie. — Il y avait trois seigneuries à Saint-Sauveur ; mais il a été impossible de savoir auxquelles se rattachaient les trois personnages suivants, que l'on rencontre avec le titre de seigneurs d'Hédicourt : Enguerran, seigneur d'Hédicourt, en 1197, Jean, sire d'Hédicourt, en 1284, et Regnault, seigneur d'Hédicourt, en 1385.

La première seigneurie, relevant de la châtellenie de Picquigny, mouvant du comté de Corbie, se composait de deux fiefs : 1° fief sur Hédicourt ; seigneurs : Jean de Majencourt (1223) ; Yves, dit Hamon, de Majencourt (1323) ; la famille de Morvillers, au xiv° siècle ; Simon Clabault, chanoine de Roye (1424) ; Pierre Clabault (1436), qui aurait acquis le fief par retrait lignager ; on ne sait si c'est à cause de lui-même, ou à cause de sa femme, Isabelle de Morvillers. — 2° Fief sur Saint-Vast, dit le Bois d'Acon ; seigneurs : Jean de Miraumont (1423) ; Pierre Clabault, le même que ci-dessus et qui, réunissant ainsi les deux fiefs dans ses mains, en 1436, devenait propriétaire seul de cette seigneurie ; la famille Clabault jusqu'au commencement du xvi° siècle ; Jean Le Berquier, au milieu du xvi° siècle ; la nièce de Guillaume Le Mattre, mari de la fille de Jean Le Berquier, au milieu du xvi° siècle ; la nièce de Guillaume Le Mattre passa, en 1555, la seigneurie par mariage à la famille de Mons, qui en est restée propriétaire jusqu'à la Révolution ; ses descendants possèdent encore le château et le domaine.

La deuxième seigneurie relevait de la principauté de Poix ; elle contenait 303 journaux de domaine seigneurial et 206 journaux de biens en roture, en 1688 ; seigneurs : Firmin d'Hédicourt, 1402 ; Pourcel d'Hédicourt, 1545 ; Imbert de Saveuse, 1550 ; sa veuve, Marie de Saint-Fuscien ; leur fils, François de Saveuse, 1583 ; André de Saint-Blimont, époux de Marie de Saveuse, 1625 ; leur fils, André de Saint-Blimont, qui vendit à Catherine Pilon, veuve de Jacques de Mons, en 1679 ; leur fils, Claude François de Mons ; son fils, Claude de Mons, 1721.

La troisième seigneurie relevait de Vignacourt, tenu de Picquigny, mouvant lui-même de Corbie ; seigneurs : Renault Pourchel, qui a vendu, avant 1300, à Raoul d'Ailly, baron de Picquigny, vidame d'Amiens; Jean d'Ailly, son fils, qui vendit à réméré à Antoine Clabault, en 1483 ; Charles d'Ailly, son fils, exerçait le retrait en 1503 ; Antoine d'Ailly, son fils (1526) ; François d'Ailly, son fils, donna à son frère, Charles, en 1559, la terre et seigneurie, qui resta aux mains de cette famille jusqu'à Charlotte d'Ailly, dernière héritière et épouse d'Honoré d'Albert ; leur fils, Louis d'Ailly, duc de Chaulnes, vendit, en 1650, le domaine à Claude de Mons, en se réservant la seigneurie ; Charles d'Ailly, son frère aîné, lui succéda, restant titulaire de la seigneurie tenue de Vignacourt, tandis que le domaine, vendu à Claude de Mons, était érigé en fief sous le nom de Dallyville ou d'Alliville.

Fiefs.— Fief Pollart, tenu de la seigneurie d'Hédicourt, mouvant de Poix ; seigneur : Guillaume Le Maître, en 1550. — Fief Dallyville ou d'Alliville, tenu de la baronnie de Picquigny, créé en 1650, en faveur de Claude de Mons, comme il est dit ci-dessus. — Fief du Plat d'étain, cédé à l'abbaye de Saint-Acheul, en 1211, par Pierre de Bertangles; il s'étendait sur les territoires d'Hédicourt et d'Argœuves, et avait pour chef-lieu le presbytère d'Hédicourt ; en 1640, ce fief, qu'un partage avait attribué précédemment à l'abbé de Saint-Acheul, entra dans la mense conventuelle par échange. — Fief de Cardonnoy, *alias* Cardonnette et Beauvoir l'Abbaye, dépendant d'Hédicourt et sis à Cardonnette et Rainneville ; en 1284, Jehan Poncheau, chevalier, sire d'Hédicourt, vendit au vidame d'Amiens le fief de Beauvoir l'Abbaye, consistant en « rentaiges », dépendant de Saint-Sauveur et sis à Rainneville et Cardonnette, et, en 1288, le fief lui-même, tenu de Picquigny, sis à Cardonnette et Beauvoir-l'Abbaye. — En 1740, Claude-Louis Vaquette, seigneur de Cardonnoy, se dit seigneur de Saint-Sauveur. — Le moulin payait 22 setiers de blé à l'évêché en 1301.

Archéologie. — La voie romaine de Lyon à Boulogne traverse le territoire, au lieu-dit le moulin de pierres, où on a retrouvé des haches néolithiques. — Eglise en pierres, pouvant être de la fin du xv° siècle, autant qu'on peut en juger, malgré de nombreuses réparations ; tour carrée, couverte en ardoises, sur la façade ; la toiture de la nef a été incendiée au xviii° siècle. A l'intérieur, chapiteau d'une ancienne colonne composite, pouvant provenir d'un temple romain, servant de cuve baptismale; il porte une inscription au nom de la famille de Mons et la date de 1624. Porte-cierges et autel en bois sculpté Louis XVI, venant de la chapelle de Saint-Antoine du château ; crédence Louis XVI, sans doute de même origine; Trinité en bois sculpté. Caveau couvert d'une dalle portant une inscription et contenant les ossements de la famille de Mons, rapportés de Saint-Firmin-au-Val d'Amiens, lors de la suppression de cette église.

Château en pierres, sans décoration, avec ailes légèrement saillantes, construit au xviii° siècle, un peu à l'est de l'ancien. La chapelle Saint-Antoine, qui en dépendait, a été démolie au xix° siècle.

Des carrières dites muches, aujourd'hui inconnues, sont signalées dans les anciens titres.

Archives communales : registres de catholicité de 1693 à 1792.

Lieux-dits. — La Justice, le Moulin de pierres, les Poyelles, les Soirons, les Catelets, la Vigne, les Heillys, Famelmont.

Sources et Bibliographie. — Archives de la Somme, B 41, 62 ; C 1559 ; E 143 ; E supplément. — *Aveux de Picquigny*, xiiie à xviiie siècles, Archives nationales, R¹34. — Bibliothèque nationale, imprimés, (factum), Thoisy 136, f° 101. — *Etat des fiefs de Picardie*, xviie siècle, Bibliothèque de la Soc. des Antiq. de Pic. ; Mss. T. I. 9, p. 109. — *Etat des paroisses de l'archidiaconé d'Amiens*, xviiie siècle, Bibliothèque d'Amiens, Mss. 513. — *Mémoire sur les qualités de seigneur d'Hédicourt-St Sauveur*, Bibliothèque d'Amiens, Histoire 3594, p. 24.

Bignon, *Rapports sur vérifications de noblesse*, Bibliothèque de l'Arsenal, Mss 4048. — Ch. Bréard, *Note sur les comptes de Claude Lemattre, seigneur d'Hédicourt*, dans le *Bulletin de la Soc. des Antiq. de Pic.*, XVIII, p. 302 (1893, n° 4). — I. Darsy, *Les bénéfices de l'église d'Amiens en 1730*, dans les *Mémoires de la Soc. des Antiq. de Pic.*, in 4° VII, 504. — R. de Guyencourt, *Claude de Mons, seigneur d'Hédicourt*, pp. 3 à 7. — A. Janvier, *Les Clabault*, 83 et s., 266, 281 et s. — Olive, *La principauté de Poix*, Bibliothèque de la Soc. des Antiq. de Pic., Mss. — J. Roux, *Histoire de l'abbaye de St Acheul*, dans les *Mémoires de la Soc. des Antiq. de Pic.*, in 4°, XII, 322. — Roze, Roux et Soyez, *Le cartulaire du chapitre de la cathédrale d'Amiens*, ibid. XIV, 199 — De Villers Rousseville, *Nobiliaire de Picardie*, p. 291.

L. Ledieu.

SAVEUSE

Saveusii, 1151 ; Saveuses, 1202.

ORGANISATION ECCLÉSIASTIQUE. — Paroisse du doyenné de Conty, archidiaconé et diocèse d'Amiens. Vocable, la Nativité de la Sainte Vierge. Présentateur, l'abbé de Saint-Fuscien. Le curé a les dîmes au xviiie siècle. Produit de la dîme, 50 l. en 1730. Revenus de la cure, 450 l. en 1730, puis 700 l., et 1415 l. en 1789. Elle payait 7 l. 10 s. pour 4 décimes en 1522.

ORGANISATION CIVILE. — Prévôté de Beauvaisis à Amiens, bailliage d'Amiens, jusqu'en 1748, puis bailliage et siège présidial d'Amiens ; élection d'Amiens, intendance de Picardie ; grenier à sel d'Amiens. 175 habitants en 1698 ; 148 en 1725 ; 180 en 1780.

SEIGNEURIE. — Châtellenie pairie tenue de celle de Picquigny, mouvant elle-même de l'évêché, à cause du vidamé. Le seigneur devait le stage à Amiens. Seigneurs : Enguerran, sire de Saveuse, 1102 ; Guillaume ou Willames, sire de Saveuse, 1365, 1368 ; Morlet, seigneur de Saveuse et Flesselles, 1405, 1470 ; Ferry de Saveuse et sa fille, Jeanne, qui porte la seigneurie par mariage à Antoine de Créquy, seigneur de Pont-Remy, au milieu du xvie siècle ; Jeanne de Saveuse est aussi l'aïeule de Charles Tiercelin, seigneur de Brosses, dont la famille possède la seigneurie jusqu'en 1680.

Vendue alors par décret, elle fut achetée par Louis Pingré, dont la famille la conserva jusqu'au commencement du xviii® siècle ; à cette époque elle passa par alliance à Firmin Antoine Ducroquet, seigneur de Guyencourt, et resta dans cette famille jusqu'à nos jours.

Fief. — Fief de Blacourt, au xv® siècle.

Archéologie. — Sur le territoire, passe la voie romaine d'Amiens à Oust-Marais, par la forêt d'Ailly, où elle se voit encore. — Eglise en pierres, nef sans style défini, chœur du xiv® siècle, plus élevé que la nef, avec abside ; sur la façade, clocher carré, couvert en ardoises. A l'intérieur, on remarque quatre têtes en bois sculpté formant blochets. La partie haute du vitrail du chevet semble être de la fin du xvi® siècle ; caveau seigneurial sous la nef, où l'on n'enterre plus depuis 1828. L'ancienne cuve baptismale, du xiii® siècle, est au musée d'Amiens.

Château, reconstruit au xviii® siècle, en pierres, sans ornementation. L'ancien château était entre l'église et le nouveau et comportait, en 1737, un corps de logis, flanqué d'une grosse tour à une extrémité et de deux petites tours à l'autre, enfin un large perron, plus une ferme et un moulin. — Au château se trouvait encore, au début du xx® siècle, un épitaphier, attribué à de Villers Rousseville, portant 1200 inscriptions anciennes jusqu'au milieu du xvii® siècle.

Archives communales : registres de catholicité de 1655 à 1792.

Lieux-dits. — Le Moulin, le Sentier du bois l'évêque, le Domaine, la Vallée de Saint-Fuscien, la Tinière, le Petit bois, le Mont Thézy, la Croix du villé, Vallée normande.

Sources et Bibliographie. — Archives de la Somme, B 39, Tome Ier, p. 14 ; B 41, 63, 97 ; C 1559 ; E 120, f° 56 ; E 138, 143, 144, f° 302 ; E 745 ; E supplément. — *Epitaphes... dans les églises... de Picardie,* xviiie siècle, Bibliothèque de la Soc. des Antiq. de Pic. Mss. T. I. 10, p. 293. — *Etat des fiefs de Picardie,* xviie siècle, *ibid.,* T, I. 9, p. 110. — *Etat des paroisses de l'archidiaconé d'Amiens,* xviiie siècle, Bibliothèque d'Amiens, Mss 513. — *Mémoire sur l'état général des provinces de France, ibid.* 505.

Bignon, *Rapports sur vérifications de noblesse,* Bibliothèque de l'Arsenal, Mss. 4048. — Daire, *Histoire civile et ecclésiastique du doyenné de Conty,* publiée par J. Garnier, p. 64. — I. Darsy, *Note sur un baptistère,* dans le *Bulletin de la Soc. des Antiq. de Pic.,* VIII, 436, 473. — J. Garnier, *Dénombrement du temporel de l'évêché d'Amiens en 1301,* p. 190. — R. de Guyencourt, *Note sur un épitaphier,* dans le *Bulletin de la Soc. des Antiq. de Pic.,* XVI, 95. — A. de La Morlière, *Recueil de... nobles maisons... du diocèse d'Amiens,* pp. 156, 165.

L. Ledieu.

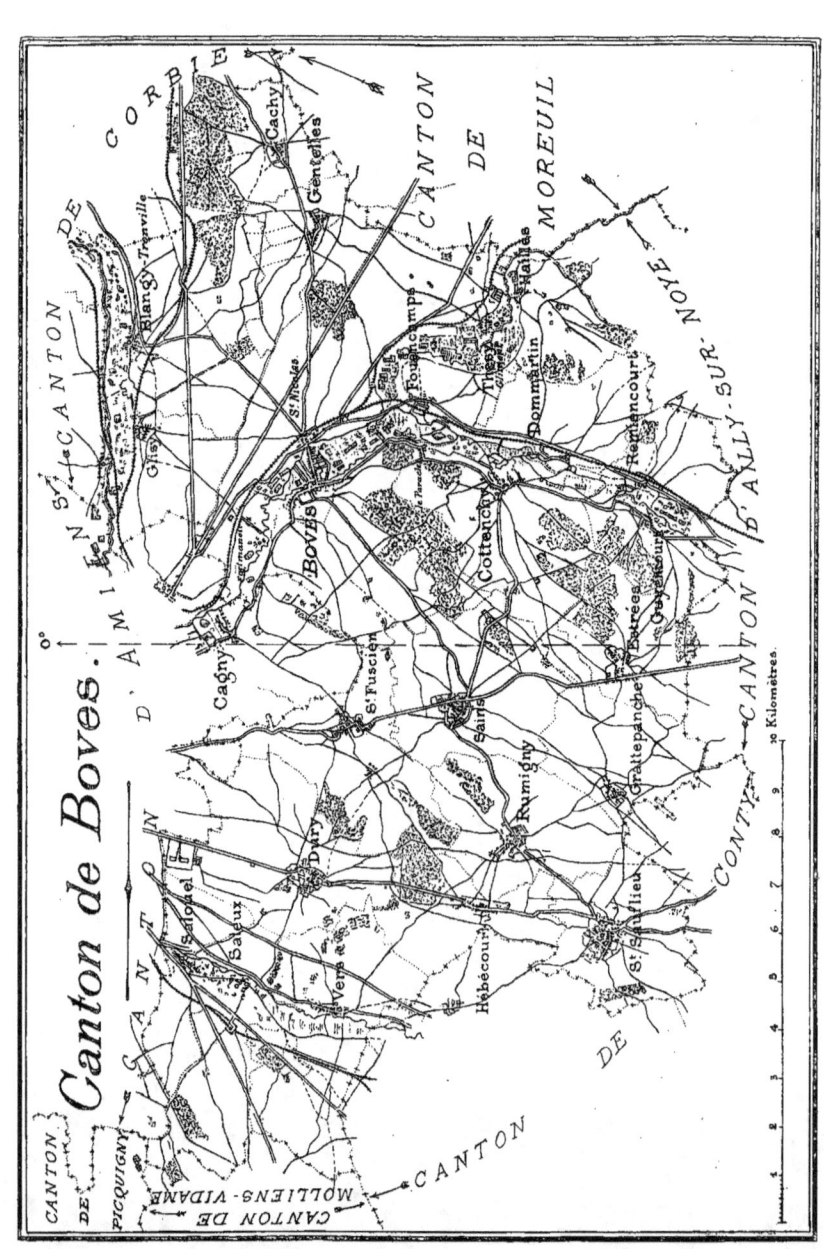

CANTON DE BOVES

Par MM. G. de WITASSE et A. GRAIRE

BOVES

Bova, 1044 ; Botva, 1105 ; Bove, 1212 ; Terra de Bovis, 1255 ; Bouves, 1483.

Organisation ecclésiastique. — Il y avoit deux paroisses : l'une du doyenné de Moreuil, archidiaconé et diocèse d'Amiens. Vocable, la Nativité de Notre-Dame. Prieuré-cure de Notre-Dame-des-Champs ou de Sainte-Marie, dépendant de l'abbaye de Saint-Fuscien et fondé en 1196 par Enguerran II, seigneur de Boves. Décimateurs : le prieur, l'abbé de Saint-Fuscien et l'abbesse du Paraclet. — Chapelles de Saint-Nicolas et de Saint-Vincent. — Prieuré de Saint-Aubert, dépendance du prieuré de Lihons, fondé par les seigneurs de Boves, près du château.

L'autre paroisse, du doyenné de Fouilloy, au même archidiaconé. Vocable, Saint-Nicolas. Présentateur, le prieur de Saint-Aubert. Décimateurs : le curé, le prieur de Saint-Aubert et l'abbaye du Paraclet. — Chapelle de Saint-Vincent.

Maladrerie, vers Fortmanoir, et Hôpital de Saint-

Nicolas, unis à l'Hôtel-Dieu d'Amiens en 1695 et 1697. Chapelle de la léproserie, présentateur, l'abbé de Saint-Fuscien, en 1301.

ORGANISATION CIVILE. — De même que Boves possédait deux paroisses de doyennés différents, son territoire appartenait à deux juridictions, limitées par l'Avre : rive gauche, prévôté de Beauvaisis à Amiens, bailliage d'Amiens, jusqu'en 1748, puis bailliage et siège présidial d'Amiens ; rive droite, prévôté de Fouilloy, bailliage d'Amiens. Election d'Amiens, intendance de Picardie ; grenier à sel d'Amiens. Coutume de la châtellenie, seigneurie et baronnie de Boves, en 32 articles, en 1507. Population : 684 habitants en 1698 ; 599 en 1724 ; 463 en 1725 ; 648 en 1772, avec Fortmanoir et le Cambos ; 198 feux en 1780 ; 122 en 1790.

HISTOIRE. — A la suite de la sanglante journée d'Azincourt, en 1415, le roi d'Angleterre vint loger à Boves, avec une partie de ses troupes. — A l'époque de la Ligue, le château de Boves fut l'arsenal des Ligueurs des environs d'Amiens ; ils y conservaient une grande quantité de munitions de guerre pour assiéger les châteaux des gentilshommes fidèles à Henri IV. — Pendant le siège d'Amiens, en 1597, Gabrielle d'Estrées, pour se rapprocher d'Henri IV, vint s'installer au château. — En 1636, Boves eut à souffrir des ravages des Espagnols ; le 12 août, les soldats de Jean de Werth enlevèrent les cloches. — En 1677 et en 1757, des inondations, causées par les pluies, produisirent de nombreux dégâts ; plusieurs maisons furent emportées par les eaux.

Seigneurie. — Châtellenie baronnie ancienne érigée en marquisat le 1ᵉʳ janvier 1630, en faveur de Nicolas de Moy, marquis de Riberpré.

La division, constatée dans les organisations ecclésiastique et civile, se retrouvait dans l'état féodal, domaine et mouvances. La rive gauche de l'Avre, avec le château et ses dépendances, relevait de la châtellenie de Coucy, tenue du Roi, à cause de sa grosse tour de Laon ; la rive droite relevait de l'abbaye et comté de Corbie.

Seigneurs : Drieux de Boves, xɪᵉ siècle ; son fils, Enguerran de Boves ou de Coucy ; son fils Thomas de Marle ; son fils, Robert ; son fils, Enguerran II de Boves ; son fils, Robert II ; Robert III, mort sans postérité ; sa sœur, Elisabeth ou Ysabeau, épouse Nicolas de Rumigny ; leur fils, Hugues de Rumigny; sa fille Ysabeau de Rumigny, qui épousa Thibault de Lorraine, seigneur de Neufchâtel, puis duc de Lorraine, à la mort de son père, Ferry III, en 1303 ; la maison de Lorraine pendant trois siècles ; le dernier, Charles de Lorraine, duc d'Aumale, qui s'était mis à la tête de la Ligue, fut déclaré criminel de lèse-majesté, par arrêt du parlement de Paris, condamné à mort par contumace et ses biens furent confisqués. La terre et seigneurie de Boves fut adjugée, en 1606, à Bénigne Bernard, conseiller et maître d'hôtel du Roi, puis acquise par Nicolas de Moy, marquis de Riberpré, et érigée en marquisat en sa faveur ; son fils, Charles de Moy, marquis de Riberpré, mourut sans postérité, en 1678. Après la mort de sa veuve, en 1681, et par transaction de famille, la terre de Boves fut acquise, le 19 février 1683, moyennant 150.000 livres, par Jean Leclercq de Grandmaison, seigneur de l'Isle, Beaurepaire et Riberpré. Il la revendit le 21 juillet 1691 à Jean de Turmenies, receveur général des finances en Picardie. Ses deux fils lui succédèrent successivement de 1702 à 1727. Le dernier laissa pour héritières ses deux petites-nièces, dont l'une, Pauline Françoise de La Rochefoucault de Roye, marquise de Sévérac, mariée, en 1764, à Louis Antoine de Gontaut, duc de Biron, eut dans son lot la terre de Boves. Arrêtée sous la Révolution, elle périt sur l'échafaud, le 28 juin 1794.

Fiefs. — Il serait trop long d'énumérer les mouvances de la châtellenie, on pourra les retrouver dans l'historique des communes. Qu'il suffise d'indiquer ici les principaux fiefs situés à Boves même : parmi les arrière-fiefs de Coucy, le fief de Chastillon, situé derrière le château, appartenant à Robert de Louvencourt, puis à Pierre de Louvencourt (1559), à sa fille, Jeanne, épouse de François Castelet (1599) et aux Castelet jusqu'en 1692 au moins. Le fief du bois de Fontimont, aux dames du Paraclet, en 1692. Le fief du Revenu, à Henri Bourin, puis à son fils, Jean, qui le vendit à Mahieu Cardon (1557); Vincent Cardon (1559) ; Julienne de Namps le vend à Jean de Montigny (1601), puis les de Montigny jusqu'en 1692 au moins. Le fief du Val, à Gilles Cossart, dit Floridas (1407), à Gaudefroy Bette, puis à sa fille, épouse d'Antoine de Collencamps (1555), à Simon de Collencamps, leur fils (1599), à N. de Grandmaison, (1688), à Louis Pezé en 1692.

Parmi les arrière-fiefs de Corbie, le fief du Blamont ou Blancmont, à Jacques Loison, à son frère, Pierre (1552), puis à leur sœur, Antoinette (1599); il était situé près de l'église Saint-Nicolas. Le fief du bois du Crocquet, à Pierre de Thalemars (1387), à Jean de Vaulx (1426), à Jean de Vaulx (1482) ; son fils, Antoine de Vaulx, chanoine de Saint-Géry de Cambrai, le vendit à Quentin Tournet, en 1502 ; Michel Judas le vendit à Pierre Maillard, bourgeois de Paris, et à Marie Moreau, sa belle-mère, en 1552, et il fut alors divisé en deux fiefs ; à la mort de Marie Moreau, les deux fiefs se trouvèrent dans les mains de Pierre Maillard (1555) ; puis vient Geoffroy Maillard (1557), dont la mère le baille à cens à Estienne Domont (1569) ; son fils Firmin Domont (1577); le fief fut alors acheté par Pierre de Louvencourt (1577), qui le déguerpit en faveur de Nicolas Godière (1598) ; ce dernier le vendit à Philippe de Sacquespée (1603); son fils, François de Sacquespée (1609). Le fief de Thérouenne, mêmes possesseurs que le fief de Chastillon ci-dessus. Le fief de Grandpré.

Archéologie. — Château féodal, construit vers le ix° siècle, augmenté ensuite à diverses époques, démoli après la confiscation sur Charles de Lorraine, en 1595 ; les pierres servirent notamment aux réparations du prieuré de Saint-Aubert et à l'autre château, qui suit. Il ne reste plus que deux grandes masses de pierres sans caractère, sur le sommet de la colline. — Le marquis de Riberpré fit construire dans la vallée un nouveau château, qui fut sensiblement agrandi par M. de Turmenies, en 1715, et remplacé par une construction moderne, à la fin du XIXe siècle.

L'église paroissiale de Notre-Dame ou Sainte-Marie-des-Champs avait été construite sur la colline, à côté du prieuré de Saint-Aubert, à l'endroit où est le cimetière ; après la Révolution, elle tombait en ruines et fut démolie ; l'église actuelle est du XIXe siècle. — L'église Saint-Nicolas, qui subsiste encore, est du XVIIe siècle ; elle est en pierres, à une seule nef et sans abside ; la façade est surmontée d'un clocheton carré en ardoises. — Un bâtiment en pierres, du XVIIe siècle, de l'ancien prieuré de Saint-Aubert porte encore une belle corniche à modillons d'un côté et de l'autre une corniche moulurée. — A la porte de Mme Joron, se trouve un grès, rapporté d'Amiens vers 1868, sur lequel figurent un chiffre marchand, avec la date de 1595, et un écu parti, que l'on suppose être des familles d'Airaines et Quignon, d'Amiens.

Lieux-dits. — La Vallée aux loups, la Renardière, les Vignes, le Cambos, Fortmanoir, Pavery, l'Affiquet, la Vallée St-Ladre, la Cantereine.

Sources et Bibliographie. — Archives de la Somme, G. 448, f° 41 v° ; *Inventaire des titres de l'abbaye de Corbie,* arm. III, l. 15, l. 16, l. 29, n° 11. — Bibliothèque nationale, Mss. Picardie, collection D. Grenier, vol. 53, f° 342, vol. 1961, f° 34. — Daire, *Histoire civile et ecclésiastique des doyennés du diocèse d'Amiens,* Bibliothèque d'Amiens, Mss. 507, I, 79 v°. — *Etat des fiefs de Picardie,* xvii° siècle, Bibliothèque de la Soc. des Antiq. de Pic., Mss. T. I, 9, p. 18.

Advieille, *La Seigneurie de Boves en Picardie,* aux xvii° et xviii° siècles. — V. de Beauvillé, *Recueil de documents inédits concernant la Picardie,* II, 72, 74, 86, 98, 109, 243, 394 ; III, 2, 16, 553, 555, 582, 592, 604, 606 ; IV, 3, 401, 409, 429, 430, 485. — A. Bouthors, *Coutumes locales du bailliage d'Amiens,* dans les *Mémoires de la Soc. des Antiq. de Pic.,* in 4°, II, 167. — J. Darsy, *Les bénéfices de l'église d'Amiens en 1730, ibid.,* VII, 260. — C. Enlart, *Notice sur Boves,* dans *La Picardie historique et monumentale.* I, 4, p. 263. — D. Grenier, *Introduction à l'histoire... de Picardie,* dans les *Mémoires de la Soc des Antiq. de Pic.,* in 4°, III, 491. — A. Janvier, *Boves et ses seigneurs ; La Légende de Ste Ulphe.* — A. Janvier, *Notice sur Boves,* dans *La Picardie historique et monumentale,* I, 4, p. 251. — A. de La Morlière, *Recueil de plusieurs.... illustres maisons ... du diocèse d'Amiens,* p. 251. — A. Ledieu, *Analyse de l'ouvrage d'Advieille sur la seigneurie de Boves en Picardie aux xvii° et xviii° siècles,* dans *Le Cabinet historique de l'Artois et de la Picardie,* IX, 303. — G. Rembault, *Note sur une trouvaille de monnaies romaines,* dans le *Bulletin de la Soc. des Antiq. de Pic.,* VIII, 243. — Roze, Roux et Soyez, *Cartulaire du chapitre de la cathédrale d'Amiens,* dans les *Mémoires de la Soc. des Antiq. de Pic.,* in 4°, XIV, pp. 57, 115, 239, 407. — Ch. Salmon, *Notice sur les château, seigneurie et village de Boves.*

Hameaux. — 1° Fortmanoir

Organisation ecclésiastique. — Hameau de la paroisse de Saint-Nicolas, de Boves. — Chapelle castrale.

Organisation civile. — Prévôté de Fouilloy, bailliage d'Amiens ; élection d'Amiens, intendance de Picardie.

Histoire. — Au château de Fortmanoir se rattachent les origines de la vulgarisation de la pomme de terre dans la région, (Cf. A. de Calonne, *La vie agricole.... en Picardie....* pp. 84 et s.).

Seigneurie. — La seigneurie relevait de la châtellenie de Boves, mouvant du comté de Corbie.

Jean de Fortmanoir est le premier seigneur connu (1406) ; puis viennent Pierre Cossart, dit Lancelot, écuyer, (1430), Jean Blottefière, écuyer, du chef de sa femme, Marie le Cordier (1484), Jean Verderel l'aîné, procureur à Amiens (1540) ; Marie Verderel, sa petite-fille, épousa Guillaume Mannier. Ils vendirent à Antoine Lefebvre, bourgeois d'Amiens (13 février 1572), qui céda lui-même bientôt à Antoine de Formantel et Pasquette Beste, sa femme, et à Marguerite de Formantel, fille d'un premier mariage d'Antoine avec Barbe Bachelier.

Le 27 octobre 1608, ces nouveaux acquéreurs passèrent un contrat de vente au profit de Jean de Cottereau, seigneur de Cormeilles en Parisis ; celui-ci donna Fortmanoir en mariage à sa fille, Madeleine, qui épousait Nicolas Le Roy, écuyer, seigneur de Jumelles, conseiller du Roi, président au présidial d'Amiens (1er Août 1623). Quelques mois plus tard, 24 janvier 1624, Jean de Gomer, écuyer, seigneur d'Embreville, en devenait propriétaire ; mais son fils, Jean, étant entré chez les pères de l'Oratoire, l'abandonna à Oudart Briet, conseiller et prévôt général des maréchaux de France en Picardie, pour la somme de 8500 livres, le 27 mai 1630. Depuis lors jusqu'à la Révolution, Fortmanoir est resté aux descendants d'Oudart Briet.

Fief. — Le fief de la Chaussée, sur la chaussée d'Amiens à Noyon, était sur le territoire de Fortmanoir.

Archéologie. — Le château actuel est de 1832.

Bibliographie — V. de Beauvillé, *Recueil de documents inédits concernant la Picardie*, IV, 431. — A. de Calonne, *La Vie agricole... en Picardie....*, pp. 84 et s. — D. Grenier, *Introduction à l'histoire... de Picardie*, dans les *Mémoires de la Soc. des Antiq. de Pic.*, in 4°, III, 491.

2· Le Cambos. — La cense du Cambos était une simple ferme, avec terres, un droit de travers sur le pont du Val, à Boves, et un droit de censive sur le moulin, sur la Noye, appartenant aux dames du Paraclet.

Bibliographie. — V. de Beauvillé, *Recueil de documents inédits concernant la Picardie*, III, 585.

BLANGY-TRONVILLE

Blangium, 1149 ; Blangi, 1197 ; Blangiacum, 1200 ; Blangys, 1579.

Organisation ecclésiastique. — Paroisse du doyenné de Fouilloy, archidiaconé et diocèse d'Amiens. Vocable, Saint-Médard. Présentateur, le chapitre de la cathédrale d'Amiens, à qui la possession de l'autel fut confirmée, en 1170, par le pape Alexandre III. Décimateurs : le curé, l'abbaye de Corbie, le chapitre de la cathédrale, par suite de l'acquisition du fief de la dîmerie et de la grange dîmeresse, le 27 janvier 1420, de Jean Picquet, dit Archambault, et de Marie de Saint-Fuscien, sa femme.

ORGANISATION CIVILE. — Prévôté de Fouilloy, bailliage d'Amiens ; élection d'Amiens, intendance de Picardie ; grenier à sel d'Amiens. Population : 230 habitants en 1698 ; 199 en 1724 ; 69 feux en 1760 ; 252 habitants en 1772 ; 83 feux en 1789.

SEIGNEURIE. — La seigneurie relevait de la châtellenie de Boves mouvant du comté de Corbie ; deux tiers appartenaient au seigneur du lieu et un tiers à l'abbaye de Corbie.

Alix de Blangy est dite dame du lieu en 1223 ; puis la seigneurie appartint à Guillaume de Créquy, chevalier, seigneur du Tronquoy (1371). En 1408, elle était à Jean de Mailly, dit Maillet, chevalier, seigneur de Buire, Saint-Ouen, dont les descendants l'ont conservée directement ou par héritage collatéral jusqu'à Isabeau de Mailly, qui épousa, le 23 mai 1506, Georges de Claire, chevalier, seigneur et baron dudit lieu. Leur fils, Jean, vendit Blangy, avant 1577, à Robert de Hamel, conseiller du Roi et secrétaire de ses finances. Celui-ci revendit, en 1579, à François de Moreuil, chevalier, seigneur de Fresnoy-en-Chaussée. Son fils, Louis de Moreuil, chevalier, seigneur de Tencques et de Caumesnil, céda en 1618 à Charles de Louvencourt, chevalier ; Eustache de Louvencourt, chevalier, vicomte de Sorny, chevalier des ordres militaires du Roi, mestre de camp de cavalerie, fit donation de Blangy, le 1er août 1735, à Adrien-Eustache le Mengnier, écuyer, seigneur de la Londe, qui le possédait encore en 1760: M. de la Chevardière paraît en 1789 ; on trouve aussi les du Liège de Beaumont et les de Banastre.

Fiefs. — Fief Maupin, bois et censives, tenu de la seigneurie (1762). Fief noble de la dîmerie ou de la grange dîmeresse, tenu comme la seigneurie ; le chapitre de la cathédrale d'Amiens l'a acquis le 27 janvier 1420, v. st., de Jean Picquet, dit Archambault, et de Marie de Saint-Fuscien, sa femme : il est appelé fief d'Estrées en 1718. Fief de la mairie, (manoir, 2 journaux de terre, 1/3 du four, 3 journaux et 1/2 de prés, partie du bois de Blangy, censives), acheté par l'abbaye de Corbie à Jean, maire de Blangy (mars 1298, v. st.).

Archéologie. — Eglise avec tour en pierres, sans caractère. Le château a été démoli en grande partie en 1830 ; ce qu'il en reste est insignifiant.

Lieux-dits.— Le Pré à Huguenots, les Vignettes, le Champ à l'Argent, le Champ pillard.

Sources et Bibliographie — Archives de la Somme, B. 44, f° 137 v° ; C. 1784 ; E 31, 319 ; *Inventaire des titres du chapitre de la cathédrale d'Amiens*, arm. III, l. 236 ; *Inventaire des titres de l'abbaye de Corbie*, arm. IV, l. 445. —Daire, *Histoire civile et ecclésiastique des doyennés du diocèse d'Amiens,* Bibliothèque d'Amiens Mss. 507, I, 79 v°. — *Etat des fiefs de Picardie,* xvii° siècle, Bibliothèque de la Soc. des Antiq. de Pic., Mss. T. I, 9, p. 16.

V. DE BEAUVILLÉ, *Recueil de documents inédits concernant la Picardie,* III, 179, IV, 443. — I. DARSY, *Les bénéfices de l'église d'Amiens en 1730,* dans les *Mémoires de la Soc. des Antiq. de Pic.,* in 4°, VII, 259. — Ch. PINSARD, *Note sur un javelot de l'époque Rubenhausen,* dans le *Bulletin de la Soc. des Antiq. de Pic.,* XVII, 593. — ROZE, ROUX et SOYEZ, *Le Cartulaire du chapitre de la cathédrale d'Amiens,* dans les *Mémoires de la Soc. des Antiq. de Pic.,* in 4° XIV, 67.

HAMEAU. — **Tronville.** — Trucivilla, 1105 ; Truncivilla, 1183 ; Troonville, 1213 ; Tronville, 1337.

ORGANISATION ECCLÉSIASTIQUE. — Paroisse de Blangy. — Chapelle de Saint-Honoré, fondée par M. de Boisselle, à la fin du xvii° siècle. — Maladrerie, unie à l'Hôtel-Dieu d'Amiens en 1695 et 1697.

ORGANISATION CIVILE. — Comme Blangy.

SEIGNEURIE. — La seigneurie, qui était dite tenue pour deux tiers de Boves et pour un tiers de Fouilloy, en 1667, ne relevait plus que de Boves, en 1691. On la trouve encore mouvant du Roi, à cause de son bailliage d'Amiens, en 1477.

Guillaume de Glisy, dit le Brun, écuyer, était seigneur de Tronville en 1413. Le 16 juillet 1416, il vendit à Jean le Normant, dont les descendants ont conservé la terre pendant plus de deux siècles et ont fini par en prendre le nom. L'un d'eux l'a aliénée, en 1674, à Jacques Becel, écuyer, commissaire ordinaire des guerres. Le 7 décembre 1719, Marie-Honorée Belet, femme de Jean Bony, chevalier, seigneur de Lavergne, l'a de nouveau vendue, 120.000 livres, avec le fief de Pulmont, à Augustin de Bonnardi, banquier à Paris, et Geneviève Quignon, sa femme. En 1783 la terre de Tronville et le susdit fief étaient aux mains de Jean-François-Alexandre Gorin, écuyer, conseiller du Roi, président-trésorier de France à Amiens (nous ne savons depuis quand). A la fin du xviii° siècle, la terre appartenait à Jules Langlois de Septenville, dont les descendants en sont encore propriétaires.

Fiefs.— Le fief du Bois de Pulmont, vers Boves, a toujours suivi le sort de la seigneurie. Fiefs de Tronville et de Pulmont, tenus de l'évêché d'Amiens, (1301 et 1719).

Archéologie. — Château en briques et pierres, de 1677, de construction simple. — Dans la cour, chapelle de Saint-Honoré, construite à la fin du xvii° siècle.

Sources et Bibliographie. — Daire, *Histoire civile et ecclésiastique des doyennés du diocèse d'Amiens,* Bibliothèque d'Amiens, Mss. 507, I, 79 v°. — *Table d'hommages du bailliage d'Amiens,* Archives nationales, PP 2, f° 266 v°.

V. de Beauvillé, *Recueil de documents inédits concernant la Picardie,* IV, 439, 440. — I. Darsy, *Les bénéfices de l'église d'Amiens en 1730,* dans les *Mémoires de la Soc. des Antiq. de Pic.,* in 4°, VII, 259. — J. Garnier, *Le dénombrement du temporel de l'évêché d'Amiens en 1301,* pp. 70 et 161.

CACHY

Cachi, 1158 ; Kachi, 1223 ; Cachiacum. 1243.

ORGANISATION ECCLÉSIASTIQUE. — Paroisse du doyenné de Fouilloy, archidiaconé et diocèse d'Amiens. Vocable, la Nativité de la Sainte Vierge. Présentateur, le chapitre de Fouilloy. Décimateurs: les chapitres de Notre-Dame d'Amiens et de Fouilloy et la communauté des chapelains de la cathédrale. Le chapitre de la cathédrale avait acquis sa part de Guibert de Sains, avec confirmation du suzerain de ce dernier, en 1216.

ORGANISATION CIVILE. — Prévôté de Fouilloy, bailliage d'Amiens ; élection d'Amiens, intendance de Picardie. Grenier à sel d'Amiens, puis de Corbie, en 1726. Population : 175 habitants en 1698 ; 163 en 1724 ; 193 en 1725 ; 237 en 1772 ; 56 feux en 1780.

HISTOIRE. — En 1597, lors de la surprise d'Amiens par les Espagnols, l'armée du Roi était campée à Cachy.

SEIGNEURIE. — La seigneurie est une des plus anciennes possessions de l'abbaye de Corbie ; on n'en connaît pas l'origine ; on sait seulement que le monastère acheta, en avril 1243, de Robert III de Boves et d'Helvide, sa femme, moyennant 660 l. p., l'avouerie de Cachy et de Gentelles et, au mois de décembre suivant, d'Enguerran de Gentelles, chevalier, et de Béatrix, sa femme, la mairie de ces deux paroisses, avec leurs hommes libres et hôtes, les bois, la justice, etc... Le domaine de l'abbaye comptait, au xvIII° siècle, 60 journaux de terre à la sole et le bois l'Abbé de 320 arpents. Le moulin à vent avait été détruit en 1636.

Archéologie. — Eglise en pierres, restaurée en grande partie en briques, sans caractère. Le portail en anse de panier avec quelques moulures serait du xvI° siècle ; le clocher porte la date de 1713. A l'intérieur, fonts baptismaux pédiculés et à cuve octogonale, d'une ornementation presque nulle, qui pourraient être du xIII° siècle ; statue de la Vierge en pierre, du xv° siècle ; maître-autel en bois de style Louis XV. Sur une poutre, entre le chœur et la nef, se trouve un morceau de grille du milieu du xvIII° siècle, qui a dû servir de couronnement à une grille de clôture ; elle porte au centre un cœur et sur les côtés des cordons entrelacés terminés par 3 houppes, posées 1 et 2, ce qui est l'insigne de l'abbé ; mais le chapeau manque.

Lieux-dits. — La Voie aux Fourmies, la Voie des Dames, les Trois haches, le Fief de l'Eperon.

Sources et Bibliographie. — Archives de la Somme, *Inventaire des titres de l'abbaye de Corbie*, arm. II. 1. 299, 300, 321. — Daire, *Histoire civile et ecclésiastique des doyennés du diocèse d'Amiens*, Bibliothèque d'Amiens, Mss. 507, I, 79 v°. — *Etat des fiefs de Picardie*, xvII° siècle, Bibliothèque de la Soc. des Antiq. de Pic., Mss. T. I, 9, p. 26. — *Factum, Mémoires, Ordonnances sur la terre de Cachy*, Bibliothèque d'Amiens, Histoire 3828, 22 et 39 ; 3829, 10.

I. Darsy, *Les bénéfices de l'église d'Amiens en 1730*, dans les *Mémoires de la Soc. des Antiq. de Pic.*, in 4° VII, 261. — G. Rembault et F. Pouy, *Découverte de la tombe de Pascase Radbert,* dans le *Bulletin de la Soc. des Antiq. de Pic.*, XII, 147 ;

XIII, 94. — Roze, Roux et Soyez, *Le Cartulaire du chapitre de la cathédrale d'Amiens,* dans les *Mémoires de la Soc. des Antiq. de Pic.,* in 4°, XIV, 195.

COTTENCHY

Costenceium, 1069 ; Costency, 1105 ; Costenciolum, 1140 ; Costenceul, 1164 ; Costencuel, 1176 ; Contenchy, 1507.

Organisation ecclésiastique. — Paroisse du doyenné de Moreuil, archidiaconé et diocèse d'Amiens. Vocable, Saint-Marcel. Présentateur, le prieur de Saint-Aubert de Boves, par abandon du chapitre de la cathédrale, en 1158 ; le prieur de Lihons, en 1301. — Chapelle de Saint-Druon, dans l'église, but d'un pèlerinage suivi.

Organisation civile. — Prévôté de Beauvaisis à Amiens, bailliage d'Amiens, jusqu'en 1748, puis bailliage et siège présidial d'Amiens ; élection d'Amiens, intendance de Picardie ; grenier à sel d'Amiens. Population : 360 habitants en 1698 ; 240 en 1724 ; 261 en 1725 ; 270 en 1772 ; 106 feux en 1789.

Histoire. — Au xv⁰ siècle, on extrayait des pierres dans le bois Prieur, dit alors bois Périeux. Le chapitre de la cathédrale, à qui il appartenait, autorisa alors les abbayes du Paraclet et de Saint-Fuscien à en extraire ; peut-être en a-t-il été employé dans la construction de la cathédrale ? — C'est à Cottenchy que naquit sans doute Charles Cordon, le constructeur de la flèche actuelle de la cathédrale ; en tout cas, on a retrouvé sa tombe, il y a quelques années, au pied du sanctuaire.

En 1770, institution de rentes pour l'établissement d'une école de filles à Cottenchy.

Seigneurie. — La seigneurie était du domaine de la châtellenie de Boves, mouvant de Coucy ; nous n'avons donc pas à nous occuper ici de ses seigneurs, qui étaient les mêmes que ceux de Boves.

Fiefs. — Plusieurs fiefs relevaient de Boves : 1° le fief Pillon ; Jean Pillon en était possesseur en 1503; il a été adjugé par décret sur Marie de l'Eaue, mère d'un autre Jean Pillon, à Richard Louvel, seigneur de la Batte, en 1583. Une nouvelle adjudication sur Barbe Louvel, en 1599, l'a fait passer aux mains de Jacques Daraynes, procureur au bailliage d'Amiens.

2° Le fief de la Batte est un démembrement du précédent, que Pierre Pillon, prêtre, avait partagé entre ses frères, Laurent et Michel Pillon (1562). Honoré Quignon, avocat au bailliage d'Amiens le tenait vers 1680 ; Jean Quignon, son fils, en 1689.

3° Le fief de l'Isle de Retz appartenait à une famille de L'Isle. La dernière de ce nom, Claude, épousa Jean Vetus, écuyer, vivant en 1634 ; la confiscation de biens de leur fille, Claude de Neufville, le fit passer, pour 17500 livres, entre les mains de Jean du Croquet, bourgeois d'Amiens. Pierre du Croquet, sieur de Bongré, a laissé le fief, en 1685, à sa nièce, Marguerite Boyet, femme de François de Carbonnel, écuyer, sieur d'Armanville.

4° Le fief Rentier, ou Routier, partagé, à la fin du xvi⁰ siècle, en Rentier Gaudissart et Rentier Guedon, du nom de leurs possesseurs, appartenait en 1692 pour moitié à Artus Dubois, pour un quart à Thomas Herlin et pour un quart à demoiselle Catherine Vestu.

5° Le fief de la Croix d'Estrée, fief restreint, à Pierre du Gard en 1580.

6° Un fief, qui fut à Jean de Molincourt en 1375.

L'abbaye de Saint-Fuscien et le chapitre de la cathédrale d'Amiens avaient à Cottenchy des parties de seigneurie ; celle du chapitre lui venait de Drogon de Boves, qui lui a donné, en 1069, l'avouerie et la vicomté.

Le fief de la Mairie était tenu du même chapitre. François de Saisseval, avocat à Amiens, l'a acquis 240 livres, le 21 août 1549, de Jean de la Fosse, bourgeois d'Amiens ; mais le chapitre en a fait le retrait le 26 août suivant et l'a réuni à son domaine.

Archéologie. — Eglise en pierres de la fin du xv⁰ siècle ; une seule fenêtre a conservé son remplage ; un larmier gothique court à la hauteur de l'appui des fenêtres et une corniche à la hauteur des archivoltes des fenêtres, contournant celles-ci. La façade est en pignon ; un clocher carré à flèche octogonale, couvert en ardoises, s'élève sur l'intersection de la nef et du chœur. A l'intérieur, il y a une nef principale et, au nord, un seul bas-côté, séparé de la nef par des arcades en tiers-point portées par trois colonnes cylindriques, dont l'une possède un chapiteau du xii⁰ siècle ; les deux autres en sont dépourvues. A la paroi nord, un bas-relief en pierre représente un ange portant un écusson : *au fer à cheval percé de trous pour les clous et au marteau posé en pal* ; ce sont les armes qui accompagnent souvent la statue de saint Eloi. Dans le prolongement du bas-côté, se trouve la chapelle de Saint-Druon, lieu de pèlerinage autrefois très fréquenté. Dans le chœur, piscine du milieu du xvi⁰ siècle. Cuve baptismale ovale en pierre dure, ayant à chacun de ses angles la partie supérieure des colonnettes qui probablement encadraient la cuve ; mais la seule moulure qui reste ne révèle rien sur l'âge de cette cuve, qui, d'après sa forme, pourrait être du xii⁰ ou du xiii⁰ siècle.

Lieux-dits. — Les Carrières, le Champ du Serf, le Chemin des Vignes, l'Arbalète, le Bois Prieur, l'Angelus, le Paraclet.

Sources et Bibliographie. — Archives de la Somme, *Inventaire des titres du chapitre de la cathédrale d'Amiens*, arm. IV, l. 3 et 37. — Bibliothèque nationale, Mss. Picardie, Collect. D. Grenier, vol. 199, f⁰ˢ 56 et 57. — Daire, *Histoire civile et ecclésiastique des doyennés du diocèse d'Amiens*, Bibliothèque d'Amiens, Mss. 507, I, 143 v⁰. — *Etat des fiefs de Picardie*, xvii⁰ siècle, Bibliothèque de la Soc. des Antiq. de Pic., Mss. T. I, 9, p. 33.

V. de Beauvillé, *Recueil de documents inédits concernant la Picardie*, III, 586, 593 ; IV, 432, 489. — I. Darsy, *Les bénéfices de l'église d'Amiens en 1730*, dans les *Mémoires de la Soc. des Antiq. de Pic.*, in 4⁰, VII, 383. — C. Enlart, *Notice sur Cottenchy*, dans la *Picardie historique et monumentale*, I, 4, p. 265.

— A. de Francqueville, *Note sur une maison du xvie siècle,* dans le *Eulletin de la Soc. des Antiq. de Pic.,* XXI, 28. — Roze, Roux et Soyez, *Le Cartulaire du chapitre de la cathédrale d'Amiens,* dans les *Mémoires de la Soc. des Antiq. de Pic.,* in 4°, XIV, 10.

Hameau. — Le Paraclet

Organisations ecclésiastique et civile. — Dépendance de Cottenchy aux points de vue ecclésiastique et civil. Population : 12 habitants en 1724, 25 et 26 ; 8 en 1772.

Histoire. — Sur l'emplacement de l'ermitage de sainte Ulphe, Enguerran II de Boves fonda, en 1219, un monastère de femmes de l'ordre de Cîteaux, sous l'invocation du Saint-Esprit (*Paraclitus*). L'autel de l'église était sous le vocable de Saint-Ouen. Sans cesse exposée aux insultes des armées en passage, les religieuses obtinrent, en 1648, du maréchal de Biron, seigneur de Boves, de quitter leur monastère et d'aller s'installer dans Amiens, rue des Jacobins. Une chapelle seule était restée de tous les anciens bâtiments ; elle fut démolie en 1756. Les terrains furent vendus en 1797.

Les dames servaient à la châtellenie de Boves dénombrement du fief de Fontimont, au Paraclet, et de celui appelé le Fort, à Fouencamps.

Archéologie. — Près de ce qui subsiste des bâtiments de l'abbaye, un chapiteau du xiiie siècle, sert de pied à une croix en fer forgé moderne. La croix du XIIIe siècle, venant de l'abbaye du Paraclet et qui est conservée au trésor de la cathédrale d'Amiens, est un objet d'orfèvrerie de premier ordre.

Sources et Bibliographie. — Archives de la Somme, *Cartulaire de l'abbaye du Paraclet*, f° 61 ; *Titres de l'abbaye du Paraclet*. — Daire, *Histoire civile et ecclésiastique des doyennés du diocèse d'Amiens*, Bibliothèque d'Amiens, Mss. 507, I, 144. — *Etat des fiefs de Picardie*, XVIIe siècle, Bibliothèque de la Soc. des Antiq. de Pic., Mss. T I, 9, p. 92.
V. de Beauvillé, *Recueil de documents inédits concernant la Picardie*, II, 298, 346, 417 ; III, 592 ; IV, 430. — G. Durand, *Notice sur une croix du Paraclet, conservée à la cathédrale d'Amiens*, dans la *Gazette archéologique*, t. X, 1885, p. 301. — C. Enlart, *Notice sur le Paraclet*, dans *La Picardie historique et monumentale*, I, 4, p. 268. — D. Grenier, *Introduction à l'histoire... de Picardie*, dans les *Mémoires de la Soc. des Antiq. de Pic.*, in 4°, III, 191. — A. Janvier, *Petite histoire de Picardie, Dictionnaire historique et archéologique*, p. 298. — A. de La Morlière, *Les Antiquités... d'Amiens*, pp 38 et 39. — *Notice sur le Paraclet*, dans l'*Album archéologique de la Soc. des Antiq. de Pic.*, fasc. 12. — J. Pagès, *Notes sur Amiens et la Picardie*, publiées par L. Douchet, II, 370, 374, 376 ; III, 398.

DOMMARTIN

Domnus Martinus, 1105 ; Dompmartin, 1567.

Organisation ecclésiastique. — Paroisse du doyenné de Moreuil, archidiaconé et diocèse d'Amiens. Vocable, Saint-Martin. Présentateur, l'abbé de Saint-Acheul, par donation de l'évêque Thierry, en conséquence de l'abandon que lui avait fait de l'autel Jacques de Dommartin, seigneur du lieu (1150). Décimateurs : le curé, les abbayes de Saint-Acheul et de Saint-Fuscien, chacun pour un tiers. Dîmes affermées 28 l. 12 s. t., en 1559, et 500 livres en 1774.

Organisation civile. — Prévôté de Montdidier, bailliage d'Amiens ; élection de Montdidier, intendance de Picardie; grenier à sel d'Amiens. Population : 250 habitants en 1698 ; 137 en 1724 ; 133 en 1772 ; 358 en 1780 ; 45 feux en 1787.

Histoire. — Par son testament du 17 novembre 1409, Jean de Folleville, seigneur de Dommartin et Gollencourt, légua à l'église paroissiale 100 s. p. et un calice d'argent, plus à chaque pauvre et à chaque veuve un setier de blé, mesure du lieu. — Le 8 novembre 1621, la communauté des habitants donnait à bail, pour cent ans et un jour, une pièce de terre, pour payer la décoration de l'église et la réédification du clocher et du comble.

Seigneurie. — La seigneurie relevait de la châtellenie de Boves, mouvant de celle de Coucy.

Ses premiers possesseurs en ont porté le nom; on les trouve comme témoins de chartes de leurs suzerains : Evrard, 1146 ; Jacques, 1150 ; Enguerran et Mathilde, sa femme, 1239. Jean Piédeleu, bourgeois d'Amiens, la possédait en 1371 ; puis, en 1403, apparaît Jean, sire de Folleville, conseiller et chambellan du Roi, maître en sa Chambre des comptes et prévôt de Paris, en 1388. C'est lui sans doute qui aura acquis les terres de Dommartin et de Gollencourt, qui depuis lors n'ont pas cessé d'être réunies dans les mêmes mains. Jeanne de Folleville, sa petite fille, épousa Antoine de Poix, seigneur d'Ignaucourt, et lui porta ses seigneuries en dot. Leur fille, Jeanne de Poix, épousa, en 1478, Raoul de Lannoy, seigneur de Morvillers.

Charles de Lameth, chevalier, seigneur de Bussy, vicomte de Laon et d'Anizy-le-Châtel, bailli, capitaine et gouverneur de Conty, devint seigneur de Dommartin et de Gollencourt par son mariage avec Louise de Lannoy (1594). Son fils (?), Charles de Lameth, chevalier, et Jeanne de Duras, sa femme, baillèrent à Jean Vetus, écuyer, seigneur du Quesnoy en partie, le domaine seigneurial, moyennant un cens foncier et perpétuel de 3 deniers par journal de pré ou de terre et un droit d'entrée de 7.300 l. t., (2 janvier 1629). Le comte de Bussy Lameth la bailla à nouveau à Charles de Boufflers, seigneur de Remiencourt, les 23 août 1643 et 25 juin 1644, au prix principal de 26 100 livres. C'était en somme la vente totale de Dommartin et de Gollencourt, puisque Charles de Boufflers demandait à être reçu au relief par le châtelain de Boves, le 26 octobre 1644.

Charles-Marie-Jean-François Régis, marquis de Boufflers Remiencourt, vendit, le 9 avril 1773, ses trois seigneuries de Remiencourt, Dommartin et Gollencourt à Jean Marie d'Arjuzon, écuyer, conseiller secrétaire du Roi et fermier général. Dans le prix de vente Dommartin et Gollencourt étaient comptés pour 132.903 livres.

Six ans s'étaient à peine écoulés, qu'il était procédé à une nouvelle adjudication ; mais cette fois les domaines furent démembrés : Claude Martin Briet, chevalier, seigneur de Fortmanoir, et Jeanne Jenocq, sa femme, ajoutèrent à la seigneurie de Rémiencourt le moulin à eau de Gollencourt, des terres et prairies en aval du moulin ; Gilbert Nicolas Lucie de Hertes, chevalier, seigneur d'Hailles, et Marie Adrienne Jeanne Thierry, son épouse, prirent le surplus. Les premiers payèrent 190.000 livres, les seconds 120.000 (18 mars 1779).

Fiefs. — Parmi les fiefs situés à Dommartin, nous citerons : 1° le fief Bizet, que possédaient, en 1460, Vincent Guillemer, époux de Jeanne Bizet, et, en 1670, Guy Pingré, écuyer, seigneur de Serville ; 2° le fief de Vausselles, que possédaient Jean Pillon, en 1574, Thibault de Vausselles, par acquisition, en 1601, Antoine de Hutin, par achat sur saisie en 1603; puis son fils, Antoine. Ces deux fiefs relevaient de Boves, mouvant de Coucy.

Archéologie. — Eglise construite en 1867.

Lieux-dits. — La Fosse à Prêtre, le Bois de l'Ermitage, la Vierge, la Jatte, le Champ de cent diables, le Champ sans dîmes, la Pierre laie, la Gressière, la Voie du sautoir.

Sources et Bibliographie. — Archives de la Somme, *Cartulaire de l'abbaye de St Acheul*, fos 10, 38 et 147 — Daire, *Histoire civile et ecclésiastique des doyennés du diocèse d'Amiens*, Bibliothèque d'Amiens, Mss. 507, I, 144 v°.

Bazin, *Description des ruines du château de Folleville*, dan les *Mémoires de la Soc. des Antiq. de Pic.*, in 8°, X, 1, 92. — Bazin, *Description historique de l'église et des ruines du château de Folleville*. — V. de Beauvillé, *Recueil de documents inédits concernant la Picardie*, III, 600 ; IV, 434, 436. — J. Darsy, *Les bénéfices de l'église d'Amiens en 1730*, dans les *Mémoires de la Soc. des Antiq de Pic.*, in 4°, VII, 384. — C. Enlart, *Notice sur Dommartin*, dans *La Picardie historique et monumentale*, I, 4, p. 266. — J. Roux, *Histoire de l'abbaye de St Acheul*, dans les *Mémoires de la Soc. des Antiq. de Pic.*, in 4°, XII, 345.

Hameau. — **Gollencourt.** — Golencourt, 1101 ; Gollencort, 1120 ; Gaullencort, 1191 ; Goulencourt, 1733.

Organisation ecclésiastique. — Annexe de Dommartin ; il paraît avoir été plus important que Dommartin, vers le XIIIe siècle, mais n'est plus mentionné que comme hameau au XVIIIe siècle.

Organisation civile. — Prévôté de Beauvaisis à Amiens, bailliage d'Amiens, jusqu'en 1748, puis bailliage et siège présidial d'Amiens ; élection d'Amiens, intendance de Picardie ; grenier à sel d'Amiens. Population : 200 habitants en 1698 ; 28 en 1724 ; 32 en 1772.

Seigneurie. — La seigneurie relevait en partie de la châtellenie de Boves, comme Dommartin.

En 1196, elle appartenait à Nicolas de Gollencourt, auquel succédèrent, en 1244, Nicolas le Monnier et Pernelle, sa femme. Jean de Folleville l'a acquise, dès 1376 ; depuis cette époque elle a suivi le sort de la seigneurie de Dommartin.

Une autre partie appartenait à l'abbaye de Saint-Fuscien.

Fiefs. — Le fief du Marais appartenait aussi à l'abbaye de Saint-Fuscien, qui l'avait acquis, en 1701, de Pierre Boileau, sieur de la Batte. — Le fief du Bois des Moineaux relevait de la seigneurie de Mézières-en-Santerre.

Sources et Bibliographie. — Bibliothèque nationale, Mss. Picardie, collection D. Grenier, vol. 196, f° 37. — Daire, *Histoire civile et ecclésiastique des doyennés du diocèse d'Amiens*, Bibliothèque d'Amiens, Mss. 507, I, 144. — *Etat des fiefs de Picardie*, xvii⁰ siècle. Bibliothèque de la Soc. des Antiq. de Pic., Mss. T. I, 9, p. 58.

V. de Beauvillé, *Documents inédits concernant la Picardie*, III, 601 ; IV, 299, 434, 436. — J. Roux, *Histoire de l'abbaye de St Acheul*, dans les *Mémoires de la Soc. des Antiq. de Pic.*, in 4°, XII, 345. — Roze, Roux et Soyez, *Le Cartulaire du chapitre de la cathédrale d'Amiens*, ibid., XIV, 245.

DURY

Duri, 1084 ; Duriacum, 1209 ; Dury-Ameilly, 1753-1763.

Organisation ecclésiastique. — Paroisse du doyenné de Conty, archidiaconé et diocèse d'Amiens. Vocable Saint-Nicolas. Présentateur, l'un des chanoines de la cathédrale ; collateur, le chapitre de la cathédrale. Décimateurs : le même chapitre et le curé. Revenus de la cure, 450 livres.

Organisation civile. — Prévôté de Beauvaisis à Amiens, bailliage d'Amiens, jusqu'en 1748, puis

bailliage et siège présidial d'Amiens ; élection d'Amiens, intendance de Picardie ; grenier à sel d'Amiens. Population : 450 habitants en 1698, avec Amilly ; 420 en 1724 ; 366 en 1725 ; 477 en 1772 ; 450 en 1780.

Histoire. — En octobre 1415, Henri V d'Angleterre passait, avec son armée, à Dury, allant de Pont-Remy, où il avait essayé en vain de franchir la Somme, à Boves. En 1666, la peste, qui fit tant de ravages à Amiens, s'y manifesta également. En 1726, un incendie détruisit l'église et un grand nombre de maisons.

Seigneurie. — Le chapitre de la cathédrale d'Amiens était le seul seigneur de Dury ; son domaine comportait 341 journaux de terres et 604 journaux de bois. Il le tenait des libéralités des comtes d'Amiens, Yves et Guy, qui lui avaient donné la vicomté du lieu dès 1092, et de Raoul, seigneur de Dury, qui lui avait abandonné la moitié du territoire, en partant pour la croisade, en 1180.

Fiefs. — En 1195, Pierre l'Aveugle, maire de Dury, vendit la mairie au chapitre d'Amiens. Celui-ci acquit encore, en 1268, d'Enguerran Heudebiers de Vaux, écuyer, ce qu'il possédait en terres et seigneurie du fief de Fontenelles, sis à Dury, du consentement de Hue de Riencourt, chevalier, sire de Riencourt, dont ce fief était tenu. Une nouvelle acquisition le rendit encore propriétaire, en 1289, du fief de Fontenelles, tenu d'Othon d'Encre, seigneur de Lœuilly, moyennant 288 livres parisis.

Durant plus de deux siècles, une branche de la famille Picquet a possédé à Dury un domaine, qui n'a jamais eu rang de seigneurie ; ce n'était qu'un démembrement tenu en censive du chapitre de la cathédrale. La première mention s'en trouve dans le contrat de mariage d'Adrien Picquet, écuyer, seigneur de Dourier, et de Françoise Scourion (16 novembre 1563) ; il est compris dans la dot de la future épouse et lui venait de ses père et mère, François Scourion, écuyer, seigneur de Tilloy, et Hélène Le Quieu. Dans la suite les Picquet y ont réuni le fief du Trou Warnier, sis à Dury et au Petit-Cagny, acheté au sieur Louvel, seigneur de Fresne, avant 1613. Ce fief relevait de la seigneurie de Lœuilly.

Archéologie. — Eglise en pierres du xvie siècle, avec soubassement en grès, tour carrée couverte en ardoises sur la façade, et larmier gothique faisant le tour de l'église. La partie supérieure est sans doute celle qui a été détruite par l'incendie de 1726, car elle paraît dater de cette époque ; il y a une seule nef, couverte en bois et plafonnée ; une plaque posée contre la paroi de droite, porte l'épitaphe de Jean Desmarquette, écuyer, sieur de Coquerelle, décédé le 24 décembre 1732, de Marguerite Croquoison, son épouse, décédée le 27 février 1700 ; de Firmin Desmarquette, écuyer, sieur de Coquerelle, leur fils, décédé le 24 juin 1755, et de Marie Françoise Judas, son épouse.

Sur la route d'Hébécourt, chapelle moderne,

adossée à un très vieux chêne, mort depuis peu d'années.

Le château est un bâtiment d'un bel aspect ; il est en briques et pierres, à hautes toitures, à ailes saillantes, à pavillon central orné de frontons circulaires. Il a été édifié, vers le commencement du XVIII° siècle, par la famille Picquet.

Lieux-dits. — La Flaque, les Migrognes, le Croc, le Chemin des foulons, les Vignes, le Rideau d'enfer, le Champ pillard, les Potences, la Croix blanche, le Priez, l'Hôtel-Dieu, le Mont Saint-Denis, la Cognée, les Terres d'Amilly.

Sources et Bibliographie. — Archives de la Somme, B 61, f° 61 ; E 196, f° 63 ; *Inventaire des titres du chapitre de la cathédrale d'Amiens*, arm. III, l. 17 ; arm IV, l. 221, 225, 226. — Archives communales de Dury, *Registres de catholicité*. — Bibliothèque nationale, Mss., Picardie, Collection D. Grenier, vol. 218, f° 285 v°. — *Etat des fiefs de Picardie*, XVII° siècle, Bibliothèque de la Soc. des Antiq. de Pic., Mss, T. I, 9, p 42.

Daire, *Histoire civile et ecclésiastique du doyenné de Conty*, publiée et annotée par A. Ledieu, dans le *Cabinet historique de l'Artois et de la Picardie*, XI, 225. — I. Darsy, *Les bénéfices de l'église d'Amiens en 1730*, dans les *Mémoires de la Soc. des Antiq. de Pic.*, in 4°, VII, 175. — Roze, Roux et Soyez, *Le cartulaire du chapitre de la cathédrale d'Amiens*, ibid., XIV, 56, 85, 113, 118, 354, 473 et s.

Hameaux: — 1° **Amilly**. — Amilly, lieu, disparu aujourd'hui, de la paroisse de Dury, fut primitivement une cure ; l'évêque Geoffroy confirma, en 1105, la moitié de l'autel et les revenus.

L'abbaye de Saint-Martin-aux-Jumeaux d'Amiens possédait à Amilly une maison, beaucoup de terres et de bois (1592-1693). Ce domaine lui avait été donné par le chapitre de la cathédrale, lors de sa fondation.

Sources et Bibliographie. — Archives de la Sommme, G 172 ; *Inventaire des titres du chapitre de la cathédrale d'Amiens*, arm III. l. 17 ; *Inventaire des titres de l'abbaye de St-Martin-aux-Jumeaux*, f° 277. — *Registre d'aveux du bailliage d'Amiens*, xive siècle, Archives nationales, P 137, n° 28.

I. Darsy, *Les bénéfices de l'église d'Amiens en 1730*, dans les *Mémoires de la Soc. des Antiq. de Pic.*, in 4°, VII, 396.

2° Saint Laurent était une ferme appartenant au chapitre de la cathédrale d'Amiens.

Bibliographie. — Daire, *Histoire civile et ecclésiastique du doyenné de Conty*, publiée par J. Garnier, p. 44.

ESTRÉES

Estrées, 1191 ; Strata, 1230. — Le nom de cette localité lui venait de sa situation sur la voie romaine (*strata*) de Paris à Amiens.

Organisation ecclésiastique. — Secours de la paroisse de Guyencourt. Vocable, Saint-Firmin-le-Confesseur ; il y avait un vicaire. — Chapelle de Saint-Etienne ; présentateur, l'abbé de Saint-Fuscien, par donation de Robert d'Estrées, qui vivait en 1231. Elle a été détruite sans laisser de traces.

Organisation civile. — Prévôté de Beauvaisis à Amiens, bailliage d'Amiens jusqu'en 1748, puis bailliage et siège présidial d'Amiens ; élection d'Amiens, intendance de Picardie ; **grenier à sel** d'Amiens. Population : 350 habitants en 1698, 206 en 1724, 187 en 1772, 75 feux en 1786 et 1789.

Seigneurie. — La seigneurie, en un seul fief, relevait du Roi, à cause de son bailliage d'Amiens.

Parmi les seigneurs, on trouve : Pierre d'Estrées, en 1230, Robert en 1231, Pierre en 1308, Jean d'Estrées, chevalier, qui vendit à Florent d'Encre, écuyer, des fiefs à Guyencourt et Estrées, tenus du Roi (jeudi après les octaves de la Saint-Jean-Baptiste 1341). Etaient de cette famille et seigneurs des mêmes lieux Beaudouin d'Encre, chevalier, maître d'hôtel de la reine (1371) et un autre Florent, conseiller et chambellan du duc de Bourgogne, qui reçut une pension de 200 florins, pour récompenser ses services et lui rembourser ses dépenses au siège d'Arras (août 1414). Après les d'Encre apparaissent, au siècle suivant, les Frérot : en 1546, Antoinette de Saisseval, mère et tutrice de Jean Frérot, écuyer; Claude de Frérot, écuyer, mort en février 1652, avait épousé, en 1638, Claude Gouffier, de la branche des seigneurs de Thoix. De cette union il n'est pas resté d'enfants ; mais il y en avait eu d'un mariage précédent, puisque le 7 novembre 1639, il faisait donation à Henri Frérot, écuyer, son fils aîné, du quint des terres de Guyencourt, Estrées et l'Hermitage. Ces enfants du premier lit sont-ils morts jeunes, y eut-il des arrangements de famille ? Nous ne pourrions préciser ; mais il est certain qu'en 1698, Estrées et Guyencourt étaient aux mains d'Augustin de Gouffier, chevalier, comte de Rozamel, brigadier des armées du Roi. Le 31 octobre 1716, Françoise Joséphine de Gouffier, femme de Jacques d'Ailly, chevalier, marquis d'Annebaut, comte de Pont-Audemer, et Marguerite Henriette de Gouffier, dame de Chaussoy, marquise d'Epagny, vendirent à Firmin du Croquet, seigneur de la mairie de Vers, conseiller du Roi, magistrat au bailliage d'Amiens, plusieurs terres pour 133.200 livres; Guyencourt et Estrées y étaient comptés pour 117.700 livres.

En dehors de la seigneurie principale dont nous venons de parler, il semble qu'il en existait une autre moins importante : Nicolas Fauvel se déclarait seigneur d'Estrées en partie, en 1507 ; puis le fief se divisa : on trouve alors Aubert Vilain, écuyer, seigneur de Quiry-le-Sec (1569), auquel succéda Adrien Vilain, dit de Quiry, chevalier, capitaine de 30 chevau-légers et de 200 hommes de pied des vieilles compagnies du Roi (1596). A la mort de ce dernier, Charles Le Caron, médecin, acquit les quatre quints, moyennant 7000 livres, tandis qu'il achetait le cinquième, pour 2000 livres, de Charles du Gard, écuyer, seigneur de Lusières (10 et 28 avril 1627). Antoine du Gard, écuyer, seigneur du Rosoy, reprit le tout, par retrait lignager, le 10 décembre suivant.

Fiefs. — Fiefs à Estrées, tenus du Roi, à cause de son bailliage d'Amiens : le fief du Bois d'Estrées (100 journaux) ; Adrien de Bery en est le premier possesseur connu; en 1551, il appartenait à Adrien de Lameth Hénencourt. Marie de Lameth était, en 1673, veuve de Jean de Monsures, seigneur de Graval ; Léonor-Chrétien de Monsures, chevalier de Saint-Louis, et Marie Jeanne Urbaine Le Normand le vendirent, 25.000 livres, à Noël Joseph Porion, négociant à Amiens, le 11 mars 1775.

Un autre fief d'Estrées avait pour propriétaires les Célestins d'Amiens.

Deux fiefs du Bois du Roy étaient à Jeanne Hurtrel, femme de Guillaume de Bery, en 1541 à Georges de Bery et, en 1630, à Charles de Chéry, écuyer.

Le fief du Bois de Langle, ou simplement le fief de Langle, appartenait à Pierre du Gard, écuyer (1540), qui le légua à son neveu, Jean d'Ainval, écuyer (1589). Jean Caron, procureur au bailliage d'Amiens, le laissa à sa sœur, Marie, femme de Jean Baptiste Mesnel ; celle-ci le légua à son neveu, Joseph Justin Lenoir, écuyer (1741).

. Le fief de la Croix d'Estrées, tenu de Boves, mouvant du comté de Corbie, a eu les mêmes possesseurs que le précédent, jusqu'à Jean d'Ainval, auquel succéda Marie d'Ainval, femme de... Vetus. De leur union naquit Jean Vetus, sieur de l'Isle, vivant en 1654.

Archéologie. — Eglise en pierres, chœur du xv^e

siècle, nef plus basse, ayant perdu tout caractère par suite de travaux importants. A l'intérieur : cuve baptismale ovale en pierre dure ; elle devait être flanquée de quatre colonnettes, dont il ne reste que la partie supérieure, bien détériorée d'ailleurs ; la cuve peut être du xiiie siècle ; bénitier en pierre dure du xvie siècle, porté sur un pied octogonal.

Dans une maison particulière, se trouve une pierre sculptée du xvie siècle, de deux mètres de diamètre, portant en relief une croix abbatiale avec fleurs de lis et un écu écartelé : aux 1 et 4, à une tête hérissée (au poil levé) ; aux 2 et 3, au semé de fleurs de lis, qui est de Pellevé. Le cardinal de Pellevé était évêque d'Amiens, de 1552 à 1562 ; Antoinette de Pellevé était abbesse du Paraclet en 1589 et Renée de Pellevé en 1598.

Lieux-dits. — Le Chemin des vignes, la Rue des Lombards, la Vallée au Prêtre, le Bois des Célestins, le Jardin censier.

Sources et Bibliographie. — Archives de la Somme, B 1, f°s 92 v° et 113 ; B 13, f° 134 ; B 15, f°s 15 et 34 v° ; B 16, f° 114 ; B 19, f° 43 ; B 20, f° 7 ; B 23, f° 96 ; B 25, f° 102 ; B 87, f°s 98, 180, 203 ; C 1981, f°s 248 v° et 447 ; D 131^6, 132^{11} : *Inventaire des titres de l'abbaye du Paraclet.* — *Aveu d'Estrées,* 1754, Archives nationales Q ^{1} 1550. — Bibliothèque nationale, Mss. Picardie, Collection D. Grenier, vol. 112bis. — Daire, *Histoire civile et ecclésiastique des doyennés du diocèse d'Amiens,* Bibliothèque d'Amiens, Mss. 507, I, 145 v°. — *Le Domaine d'Amiens,* Bibliothèque du vicomte A. de Calonne, d'Amiens. — *Etat des Fiefs de Picardie,* xviie siècle, Bibliothèque de la Soc. des Antiq. de Pic., Mss. T. I. 9, p. 45. — *Table d'hommages du bailliage d'Amiens,* Archives nationales, PP 2, f° 338 v°. —

D. Villevieille, *Trésor généalogique*, Bibliothèque nationale, Mss. fr. 31920.

V. de Beauvillé, *Recueil de documents inédits concernant la Picardie*, IV. 488. — I. Darsy, *Les bénéfices de l'église d'Amiens en 1730*, dans les *Mémoires de la Soc. des Antiq. de Pic.*, in 4°, VII, 387. — Roze, Roux et Soyez, *Cartulaire du chapitre de la cathédrale d'Amiens*, ibidem, XIV, 303, 304.

FOUENCAMPS

Fokencans, 1201 ; Foueincamps, 1237 ; Fiencamps, 1487 ; Fescampus, 1540 ; Flucamps, 1638 ; Fancamp, 1707.

Organisation ecclésiastique. — Paroisse du doyenné de Moreuil, archidiaconé et diocèse d'Amiens. Vocable, Saint-Pierre-ès-liens. Présentateur : le prieur de Lihons en 1301 et plus tard le prieur de Saint-Aubert de Boves. Décimateurs : les abbayes de Saint-Fuscien et du Paraclet et le prieur de Boves. Revenu de la cure, 420 livres. — Chapelle de Saint-Domice, sur le territoire. — Chapelle fondée par Enguerran de Fouencamps, en 1298, à la collation de l'abbaye de Corbie.

Organisation civile. — Prévôté de Montdidier, bailliage de Vermandois ; élection de Montdidier, intendance de Picardie ; grenier à sel d'Amiens. Population : 8 feux en 1469, 175 habitants en 1698, 117 en 1724, 52 feux en 1760, 108 habitants en 1772.

Seigneurie. — La seigneurie relevait de la châtellenie de Boves, mouvant de celle de Coucy ; elle se composait d'abord de trois fiefs, auxquels Bénigne Vetus, au xvɪᵉ siècle, en ajouta un quatrième, qu'il avait acquis du châtelain de Boves.

La seigneurie de Fouencamps devint, au xɪɪɪᵉ siècle, l'apanage des cadets de la maison de Boves. Le premier, qui paraisse comme seigneur particulier, est Robert, chevalier, second fils de Robert Iᵉʳ, seigneur de Boves, et de Béatrix de Saint-Pol (1190-1224). Il avait épousé Marie de Fouencamps, qui lui avait peut-être apporté en mariage la terre de son nom. De leur union naquit Robert II (1224-1247) ; puis vient Enguerran (1247-1298). A. Janvier croit que cette branche de la maison de Boves s'éteignit avec lui ; mais on pourrait aussi bien la voir se perpétuer sous le nom de Fouencamps, avec Etienne, sire de Foy, Fouencamps et Cayeux en partie (1379), Robert de Fouencamps (1387), Gilles de Fouencamps, seigneur en partie (1407).

La terre change alors de mains fréquemment : Jean Digny (1426), François Prévost (1455), Antoine d'Estrées, écuyer, seigneur du Souich et de Fouencamps en partie (1534), sur lequel la seigneurie fut vendue par décret, en 1579, à Philippe Gueulluy. Charles de Bauget, écuyer, seigneur du Bosquel, et Jeanne d'Estrées, sa femme, en ont fait le retrait lignager, en 1580 ; mais ils vendirent, quatre ans plus tard, à Bénigne Vetus, prévôt des Maréchaux de France, et à Marie Pingré, son épouse. En 1605, nouvelle vente par décret à Adam Chevrier, trésorier de France. Son fils, Pierre Chevrier, s'en dessaisit le 24 juillet 1634, moyennant 25.000 livres, au profit de François de Sacquespée, seigneur de Thézy.

Fiefs. — L'abbaye de Saint-Acheul avait acheté à Jean Picquet, dit Archambault, gouverneur de Boves, avant 1407, un fief, nommé d'abord Archambault, puis fief de Saint-Acheul. Il relevait de la châtellenie de Boves, mouvant de Coucy.

Fief Desplanques, tenu de même, à Auguste Desplanques, avant 1692.

Fief Nofflant, tenu de même, à François de Saisseval, avant 1692.

Le fief Lefort, ou Carneville, tenu de même, avait été éclipsé de la seigneurie, le 1er août 1654, par Antoine d'Estrées, au profit de Gilles Lefort, chanoine d'Amiens et seigneur de Carneville ; il en fit don, les 4 juillet et 14 août 1573, à l'abbaye du Paraclet, qui le possédait encore en 1692.

Fief Gorin, ou Le Maire, tenu primitivement de même ; une sentence arbitrale de 1622 décida qu'il serait à l'avenir tenu immédiatement de Fouencamps et médiatement de Boves. Seigneurs : Jacques Le Maire (1460) ; Jean Le Maire (1497) ; Jean Le Maire le jeune (1537) ; il fut saisi sur ce dernier, en 1550, et acquis par Charles Gorin, seigneur de Bourdon ; sa fille, Marie, le porta par mariage à François de Berlin, écuyer, seigneur de Rainneville (1568).

Fief Archonval, tenu de l'abbaye de Saint-Fuscien.

Archéologie. — On a trouvé dans les marais des substructions, ayant appartenu a des bains romains.

Eglise gothique du début du xvi° siècle, voûtée en bois, avec chœur terminé carrément, et clocher couvert en ardoises.

A la sablière du chœur, il y a quatre blochets portant les écussons suivants : 1° à trois merlettes, mises en fasce, qui est d'Estrées, famille qui hérita de celle du Souich ; 2° écartelé : aux 1 et 4, à trois alérions, 2 et 1 ; aux 2 et 3, à deux bandes ; sur le tout (invisible) ; qui est du Souich, famille qui posséda la seigneurie ; 3° parti : à dextre, d'Estrées, comme ci-dessus ; à sénestre, coupé : au 1, à la bande accompagnée de six croix recroisettées au pied fiché, trois en chef, trois en pointe, qui est de Lameth ; au 2, fretté, qui est de Neuville Witasse ; 4° parti : à dextre, à la fasce ; à senestre, coupé : au 1, de Lameth, comme ci-dessus ; au 2, à deux bandes.

Cuve baptismale de la fin du xii° siècle, soutenue aux quatre angles par quatre groupes de trois colonnettes. Bénitier en pierre dure de la Faloise, portant un écusson écartelé : aux 1 et 4, au chevron, accompagné de trois tourteaux ou besants, posés 2 et 1, qui est Parthenay ; aux 2 et 3, à la fasce chargée de trois hures de sanglier et accompagnée de trois étoiles, posées 2 et 1, qui est Gobaille ; à la crosse abbatiale placée en pal et brochant sur le tout. Ce sont les armes de Barbe de Parthenay, 23° abbesse du Paraclet.

Lieux-dits. — La Prairie du Paraclet, les Vignes de Saint-Domice, le chemin de Saint-Domice, la Montagne de Saint-Domice, la Prairie de Saint-Domice.

Sources et Bibliographie — Archives de la Somme, *Inventaire des titres de l'abbaye du Paraclet,* liasse de St-Domice. — Archives communales de Fouencamps, *Registres de catholicité.* —Bibliothèque nationale, Mss Picardie, Collection D. Grenier, vol. 202, f° 201 ; vol. 210, f° 316. — Daire, *Histoire civile et ecclésiastique des doyennés du diocèse d'Amiens,* Bibliothèque d'Amiens, Mss. 507, I, 145.
V. de Beauvillé, *Recueil de documents inédits concernant la Picardie,* III, 591, 595 ; IV, 479 et s. — I. Darsy, *Les bénéfices de l'église d'Amiens en 1730,* dans les *Mémoires de la Soc. des Antiq. de Pic.*, in 4°, VII, 386. — C. Enlart, *L'architecture romane dans la région picarde,* dans les *Mémoires de la Soc. des Antiq. de Pic.*, pp. 35 et 47. — A. Janvier, *Boves et ses seigneurs,* pp. 427 et s — J. Roux, *Histoire de l'abbaye de St Acheul,* dans les *Mémoires de la Soc. des Antiq. de Pic.*, in 4°, XII, 400.

Hameaux. — **Pavery.** — Village ruiné, qui avait rang de paroisse. Le chapitre de la cathédrale d'Amiens en céda l'autel au prieur de Boves, en 1158. L'église existait encore en 1197. Le moulin était la propriété de l'abbaye du Paraclet par cession, en 1271, du prieur de Saint-Aubert, de Boves.

Saint-Domice, lieu encore habité en 1529, et que Marie de Boves dite Gavote, avait vendu à l'abbaye du Paraclet, en 1267. La chapelle a été reconstruite en 1755 au lieu où Saint-Domice faisait sa retraite ordinaire. Le collateur était le prieur de Lihons et les revenus de 40 livres.

GENTELLES

Gentilla, 660, 1243 ; Gentella, 660, 1200 ; Gentille, 1764.

ORGANISATION ECCLÉSIASTIQUE. — Paroisse du doyenné de Fouilloy, archidiaconé et diocèse d'Amiens. Vocable, Saint-Martin. Présentateur, le chapitre de Saint-Firmin-le-Confesseur d'Amiens. Démembrement de la cure de Saint-Léonard de Corbie. Décimateurs : le chapitre de Saint-Firmin et de Notre-Dame d'Amiens et celui de Fouilloy. Revenu net de la cure, 336 livres en 1728. — Chapelle fondée en 1255 par le seigneur ; présentateur, le chapitre de Fouilloy.

ORGANISATION CIVILE. — Prévôté de Fouilloy, bailliage d'Amiens ; élection d'Amiens, intendance de Picardie ; grenier à sel d'Amiens, puis de Corbie après 1726. Population : 350 habitants en 1698, 83 feux et 270 habitants en 1724 ; 304 habitants en 1772 ; 90 feux en 1780, 96 en 1789.

HISTOIRE. — D'origine romaine, Gentelles est une des premières dotations faites à l'abbaye de Corbie par Clotaire III et sa mère, Sainte-Bathilde, en 662 ; le domaine consistait en 120 journaux de terres à la sole.

SEIGNEURIE. — La seigneurie appartenait à

l'abbaye de Corbie depuis sa fondation, comme il vient d'être expliqué.

Fiefs. — Le fief de la Mairie a été réuni au domaine de l'abbaye de Corbie.

Deux autres fiefs relevaient du comté de Corbie : celui de l'Eperon, qui devait son nom au droit qu'avait le possesseur de prendre la paire d'éperons portée par l'abbé de Corbie le jour de son entrée à Corbie, et celui de Sacquespée, créé, le 6 février 1599, en faveur d'un seigneur de Thézy de ce nom ; l'abbaye de Corbie le racheta le 23 septembre 1614.

L'évêché d'Amiens avait anciennement réuni à sa mense deux fiefs à Gentelles.

Le fief de Verignes relevait de la seigneurie du Hamel.

Archéologie. — Eglise de la fin du xvie siècle ; sur le seuil est la date de 1577 ; la charpente apparente présente quelques sculptures. Cuve baptismale du xiie siècle, portée par un groupe de trois colonnettes à chaque angle ; elle paraît être en calcaire de Croissy ou de Bonneleau.

Lieux-dits. — L'Homme en terre, le Champ qui perd semence, le Mont Evangile.

Sources et Bibliographie. — Archives de la Somme, G. 450 ; *Inventaire des titres de l'abbaye de Corbie*, arm. II, 1. 230, 531 et s. — Daire, *Histoire civile et ecclésiastique des doyennés du diocèse d'Amiens*, Bibliothèque d'Amiens, Mss. 507, I, 80 v°. — *Etat des fiefs de Picardie*, xviie siècle, Bibliothèque de la Soc. des Antiq. de Pic., Mss. T. I. 9, p. 57.

V. de Beauvillé, *Recueil de documents inédits concernant la Picardie,* II, 230, 531. 532, 536, 548 ; IV, 479, 480. — I. Darsy, *Les bénéfices de l'église d'Amiens en 1730,* dans les *Mémoires de la Soc. des Antiq. de Pic.,* in 4°, VII, 268. — Ch. Dufour, *Découverte d'une statera,* dans le *Bulletin de la Soc. des Antiq. de Pic.,* VIII, 155. — C. Enlart, *L'architecture romane dans la région picarde,* dans les *Mémoires de la Soc. des Antiq de Pic.,* pp. 35 et 47. — D. Grenier, *Introduction à l'histoire générale de la province de Picardie,* dans les *Mémoires de la Soc. des Antiq. de Pic.,* in 4°, III, 453.

GLISY

Glissy, 1105, 1638; Glisiacum, 1218; Glysys, 1579.

Organisation ecclésiastique. — Paroisse du doyenné de Fouilloy, archidiaconé et diocèse d'Amiens. Vocable, Saint-Léger. Présentateur, l'abbaye de Saint-Fuscien aux bois.

Organisation civile. — Prévôté de Fouilloy, bailliage d'Amiens ; élection d'Amiens, intendance de Picardie ; grenier à sel d'Amiens. Population : 175 habitants en 1698, 153 en 1724, 172 en 1772, 44 feux en 1784 et 1789.

Histoire. — En 1470, Charles le Téméraire campa à Glisy, après avoir tenté vainement d'assiéger Amiens. — En 1636, les Espagnols, après s'être emparés de Corbie, brûlèrent Glisy et quelques villages voisins.

Seigneurie. — La seigneurie était une pairie de la châtellenie de Boves, tenue du comté de Corbie ; elle fut divisée ensuite en deux pairies par François Louvel, qui en donna la moitié à son fils (1560), puis elle revint à sa mort à une pairie.

Enguerran de Boves aurait donné Glisy et ses dépendances à Pierre de Glisy, chevalier, qui avait fait avec lui le pèlerinage de Terre-Sainte, et à Bernard de Glisy, chevalier, fils de Pierre, au mois de juin 1219 ; mais il ne s'agit là sans doute que d'une portion de la seigneurie ; la famille de Glisy est plus anciennement connue.

On trouve postérieurement Jean de Werchin, chevalier, seigneur de Glisy, en 1332 ; Jean, chevalier, sire de Glisy, paraît encore en 1412, puis en 1466. Marguerite Maugart ou de Maugart, dame d'Escomes et de Glisy, femme divorcée de Jean de Wisquette, chevalier, en 1505 ; Jean Fouache, écuyer, bourgeois et mayeur de Montdidier (1490-1491), « garde scel de la baillie » de Vermandois (1501) ; Philippe de Conty, écuyer, dont la fille, Jacqueline, était mariée, en 1515, à François Louvel, écuyer, prévôt royal et mayeur d'Amiens. L'un de ses descendants, François Louvel, chevalier, se qualifie le premier du titre de marquis de Glisy (1647-1697). Sa petite fille, Marie-Françoise-Madeleine Louvel (1750-1786), épousa Jean-Joseph de Vincens de Moléon, marquis de Causans, qui était encore seigneur de Glisy, en 1789.

Fiefs. — L'abbaye de Saint-Martin-aux-Jumeaux, d'Amiens, a acquis, en février 1310, de Robert d'Aubigny, un fief noble, appelé les Prés de Beaupuits, les Cavines et le Rieu d'Oissel, tenu de l'évêché d'Amiens.

On cite encore, à Glisy, les fiefs de Lallemand (1737) et de la Grange (xvie, xviiie siècles).

Archéologie. — On a trouvé, sur le territoire, des monnaies carolingiennes, des épées et deux petites cuillères de bronze, dites *lingula*.

Eglise du xix⁰ siècle. — Chapelle de Notre-Dame-de-bon-Secours, de 1773. — Du château il ne reste que la motte du donjon et d'anciens fossés.

Lieux-dits. — Les Prés Canteraine, les Vignes, la Maladrerie.

Sources et Bibliographie. — Archives de la Somme, G 450. — Bibliothèque nationale, Mss. Picardie, Collection D. Grenier, vol. 203, f⁰ 165. — Daire, *Histoire civile et ecclésiastique des doyennés du diocèse d'Amiens,* Bibliothèque d'Amiens. Mss. 507, I, 80 v⁰. — *Etat des fiefs de Picardie,* xvii⁰ siècle, Bibliothèque de la Soc. des Antiq. de Pic., Mss. T. I. 9, p. 58. — D. Villevieille, *Trésor généalogique,* Bibliothèque nationale, Mss. fr. 31926, f⁰ 132.

Bazot, *Découverte de monnaies carolingiennes,* dans le *Bulletin de la Soc. des Antiq. de Pic.,* IX, 130. — V. de Beauvillé, *Recueil de documents inédits concernant la Picardie,* III, 1 ; IV, 420. — I. Darsy, *Les bénéfices de l'église d'Amiens en 1730,* dans les *Mémoires de la Soc. des Antiq. de Pic.,* in 4⁰, VII, 269. — J. Garnier, *Le dénombrement du temporel de l'évêché d'Amiens en 1301,* p. 188. — A. Janvier, *Note sur une pierre tombale,* dans le *Bulletin de la Soc. des Antiq. de Pic.,* XIV, 145 et s. — J. Roux, *Histoire de l'abbaye de S⁺ Acheul,* dans les *Mémoires de la Soc. des Antiq. de Pic.,* in 4⁰, XII, 400.

GRATTEPANCHE

Gratiani pagus, Grattechange, 1301 ; Grandpans, 1626.

Organisation ecclésiastique. — Secours de la paroisse de Rumigny, doyenné de Conty, archidiaconé et diocèse d'Amiens. Le chapitre de la cathédrale d'Amiens avait une part de dîme sur le territoire du fief Heuger et Longpré, sis entre Grattepanche et Oresmaux, acquise, en 1269, de Guifrid, maire de Grattepanche, avec le consentement de Pierre, dit Baiart, de Grattepanche, son suzerain direct, de Jean, écuyer, seigneur de Fransures, son second seigneur, et de Guvert, écuyer, seigneur de Dargies, son suzerain supérieur. — Chapelle de Saint-Cyr, dans le cimetière ; collateur de plein droit, le chapitre de Picquigny ; revenu, 400 livres, en 1728.

ORGANISATION CIVILE. — Prévôté de Beauvaisis à Amiens, bailliage d'Amiens jusqu'en 1748, puis bailliage et siège présidial d'Amiens ; élection d'Amiens, intendance de Picardie ; grenier à sel d'Amiens. Population : 400 habitants en 1698, 227 en 1724, 235 en 1772, 400 en 1780, 68 feux en 1789.

SEIGNEURIE. — Grattepanche faisait partie du domaine de la châtellenie de Boves, mouvant de Coucy ; il y avait justice, seigneurie et censives. Les seigneurs sont les mêmes que ceux de Boves.

- FIEFS. — Le territoire était partagé entre divers fiefs tenus de Boves :

Fief Saint-Aubin, Bussu ou Hozoy, ayant appartenu à Hives de Bussu, Jeanne d'Aveluy, femme de Jean, seigneur de Bousincourt (1417), Laurent Le Normant (mort avant 1556) et Jacques Le Normant (1556), sur qui le fief fut vendu par décret à Antoine Boullenger (1571) ; François Boullenger

(1588). Il le légua à sa sœur, Marie, épouse de maître Quentin Pillon (1600). Le fief fut alors vendu et divisé entre Antoine Pillon (1614) et Pierre Bultel (1603), auquel a succédé François du Fresne, sieur de Nollant. En 1771, le fief de Bussu était partagé entre Jacques de Mons, seigneur de Meigneux, et N. de Lanchères.

Fief d'Esquennes, à Pierre d'Esquennes (1413). — Fief de la Fresnoy, à Guillaume Lefèvre (1651). — Fief Hémery, à Jean Hémery (1365). — Fief Le Vasseur, à Charles Le Vasseur (1651) ; ce n'était qu'un démembrement de celui de la Croix. — Deux ou trois fiefs de la Croix, suivant les époques, à Jean de la Croix, Jean Carrouaille, Henri de la Fresnoye, qui vendit (1571) à Antoine Montyer. Un autre fief, démembré du précédent, après Jean de la Croix, passa à une famille Laurens ; Pierre Laurens le vendit, en 1580, à Noël Le Vasseur.

Le fief des Pots relevait de l'abbaye de Saint-Fuscien.

Archéologie. — Eglise gothique en pierres du début du xvie siècle ; la porte principale est ornée de moulures. Clocher carré surmonté d'une flèche octogonale, couverte en ardoises ; abside à trois pans. A l'intérieur, cuve baptismale octogonale en pierre dure, de grandes dimensions, posée sur un pied bas et probablement du xiiie siècle. Le maître-autel, en bois, de style Louis XVI, surmonté d'une gloire et d'un crucifix en chêne, vient de l'église Saint-Germain d'Amiens.

Du château il ne reste que la motte et un souterrain, qui débouche au-dessous du village, dans un pli de terrain.

Lieux-dits. — Les Vignes, la Chaire prêchoire, l'Autel, Heurtevent, la Coignée, le Mont César, la Vallée Saint-Cyr, la Lampe, la Croix de mission.

Sources et Bibliographie. — Archives de la Somme, B 413, E 410. — Bibliothèque nationale, Mss. Picardie, Collection D. Grenier, vol. 203, f° 218 v°. — *Etat des fiefs de Picardie*, xviie siècle, Bibliothèque de la Soc. des Antiq. de Pic., Mss. T. I. 9, p. 131.

V. de Beauvillé, *Recueil de documents inédits concernant la Picardie*, III, 588, 596, 597 ; IV, 440, 442. — Daire, *Histoire civile et ecclésiastique du doyenné de Conty*, publiée et annotée par A. Ledieu, dans le *Cabinet historique de l'Artois et de la Picardie*, XII, 15. — I. Darsy, *Les bénéfices de l'église d'Amiens en 1730*, dans les *Mémoires de la Soc. des Antiq. de Pic.*, in 4°, VII, 181. — Roze, Roux et Soyez, *Le cartulaire du chapitre de la cathédrale d'Amiens*, ibid., XIV, 477, 478.

GUYENCOURT

Gooncurtis, 1114 ; Goiencourt, 1147 ; Guidonis curia, 1259.

Organisation ecclésiastique. — Paroisse du doyenné de Moreuil, archidiaconé et diocèse d'Amiens. Vocable, Saint-Firmin-le-Confesseur. Présentateur, l'abbé de Saint-Fuscien. Décimateurs : l'abbé de Saint-Fuscien et l'abbesse de Moreaucourt. Revenu de la cure, 635 livres, en 1728. Secours, Estrées.

Organisation civile. — Prévôté de Beauvaisis à Amiens, bailliage d'Amiens jusqu'en 1748, puis bailliage et siège présidial d'Amiens. ; élection d'Amiens, intendance de Picardie ; grenier à sel d'Amiens. Population : 550 habitants en 1698, probablement avec Estrées, 95 en 1724, 100 en 1772, 50 feux en 1784, 56 en 1789.

Seigneurie. — La seigneurie relevait du Roi, à cause de son bailliage d'Amiens ; elle a eu les mêmes possesseurs qu'Estrées et a subi les mêmes vicissitudes. (Voir Estrées).

Fief. — Fief du Bois le Roy ; seigneur : Richard de Saint-Fuscien (1509).

Archéologie. — Eglise : chœur gothique en pierres du début du XVIe siècle, nef reconstruite en briques en 1860. A l'intérieur, le maître-autel, du XVIIIe siècle, viendrait de l'église des Prémontrés d'Amiens, la sculpture n'en est guère remarquable. Il est surmonté d'un baldaquin fort médiocre en bois peint, daté de 1653. Encensoir à fleurs de lis du XVIe siècle.

Au cimetière, le socle d'une croix de fer paraît ancien ; mais il est tellement dégradé et couvert de mousses qu'il est difficile de lui assigner une date.

Château en pierres du milieu du XVIIIe siècle, présentant une importante façade ; le corps de logis principal, dont la partie centrale est ornée d'un fronton triangulaire, est flanqué de deux ailes, ou pavillons, plus bas et sans saillie.

Lieux-dits. — La vallée de Saint-Firmin, les

Vieilles vignes, le Bois de la Vierge, le Bois de l'église, le Bois des Célestins.

Sources et Bibliographie. — Archives de la Somme, B 1, f° 113 ; C 1981, f° 248 v°. — *Aveux de Guyencourt*, 1754, Archives nationales, Q¹ 1550. — Daire, *Histoire civile et ecclésiastique des doyennés du diocèse d'Amiens*, Bibliothèque d'Amiens, Mss. 507, I, 145 v°. — *Etat des fiefs de Picardie*, xvii° siècle, Bibliothèque de la Soc. des Antiq. de Pic., Mss. T. I. 9, p. 61. — *Table d'hommages du bailliage d'Amiens*, Archives nationales, PP 2, f° 388 v°.

1. Darsy, *Les bénéfices de l'église d'Amiens en 1730*, dans les Mémoires de la Soc. des Antiq. de Pic., in 4°, VII, 387. — A. de Francqueville, *Note sur un encensoir*, dans le *Bulletin de la Soc. des Antiq. de Pic.*, XX, 353. — H. de Rougé, *Note sur l'autel de Guyencourt*, ibidem, XV, 334 et 389.

HAILLES

Alleium, 1142 ; Hala, 1198 ; Halles, 1277.

Organisation ecclésiastique. — Paroisse du doyenné de Moreuil, archidiaconé et diocèse d'Amiens. Vocable, Saint-Vaast. Présentateur, l'évêque d'Amiens. Décimateurs : le curé et les deux chapelains de la chapelle de Saint-Paul à la cathédrale. Revenu de la cure, 470 livres, et de la fabrique, 70 livres, en 1728.

Organisation civile. — Prévôté de Montdidier, bailliage de Vermandois ; élection de Montdidier, intendance de Picardie ; grenier à sel d'Amiens. Population : 28 feux en 1469, 175 habitants en 1698, 149 en 1724, 139 en 1772.

SEIGNEURIE. — La seigneurie relevait de la pairie d'Heilly, tenue du comté de Corbie.

Trois familles seulement se sont succédé dans la possession de la terre d'Hailles; mais nous ignorons l'origine de leur propriété. On trouve : Jean du Castel, époux d'Isabeau de Mailly (1361), Adrien du Caurel, commissaire du Roi au bailliage d'Amiens (1547), et enfin Jean de Herte, écuyer, seigneur de la Montoye, bourgeois d'Amiens (1599), anobli par Henri IV (1594), et président-trésorier de France en la généralité de Picardie (1616-1643). Ses descendants ont possédé Hailles jusqu'à la Révolution ; l'un d'eux, son fils, Etienne, lui succéda dans sa charge (1643) ; d'autres remplirent les fonctions de président au présidial d'Amiens ; Noël devint abbé de Saint-Vast-de-Moreuil (1626-1669).

FIEF. — Un fief vendu à l'abbaye de Saint-Acheul, en 1263, par Raoul d'Hailles, tenu de Pierre d'Hailles.

ARCHÉOLOGIE. — Eglise en pierres du XVIe siècle, de style flamboyant, avec soubassement en grès, contreforts réparés en briques, larmier gothique tout autour de l'église à la hauteur de l'appui des fenêtres ; clocher carré couvert en ardoises, s'élevant au-dessus de la porte principale ; celle-ci est en tiers-point avec linteau en anse de panier surmonté d'un remplage à jour ; le tout dominé par une accolade. Presque tous les remplages des fenêtres ont été refaits récemment dans le style. Une seule nef, voûtée en charpente plafonnée ; cette voûte est moderne : on retrouve dans la tribune les amorces de l'ancienne sablière, qui faisait sans doute le tour de l'église, avant la réfection de la voûte ; elle est ornée de trois moulures sculptées et de deux blochets, représentant deux figures humaines assez grossièrement travaillées. A la paroi intérieure gauche de la nef, se trouve un petit bas-relief, qui est, à un détail près, la reproduction du 3ᵉ registre du 3ᵉ panneau des sculptures sur bois de Saint-Riquier, conservées au musée de Cluny, et datées de 1587, (cf. le *Bulletin de la Société des Antiquaires de Picardie*, XXII, 334) ; c'est la Sainte Eglise du symbole des Apôtres, figurée sous la forme de la charité, qui est un des premiers principes de la religion chrétienne : les riches apportant leurs trésors, qui sont distribués aux pauvres. Fonts baptismaux en pierre du pays, paraissant dater du xviiiᵉ siècle, comprenant une cuve cubique sans décoration, portée sur un pied en balustre, sculpté de feuilles d'acanthe, avec des embryons de volutes.

Le château, construit en pierres, est du milieu du xviiiᵉ siècle, avec fronton triangulaire légèrement saillant, deux ailes, un seul étage au-dessus du rez-de-chaussée ; le tout de style simple.

Lieux-dits.— Les Vignes au Bois, les Cantraines, le Chemin de Saint-Domice.

Sources et Bibliographie. — Bibliothèque nationale, Mss. Picardie, Collection D. Grenier, vol. 16, f° 325. — Daire, *Histoire civile et ecclésiastique des doyennés du diocèse d'Amiens*,

Bibliothèque d'Amiens, Mss. 507, I, 145 v°. — *Registre d'aveux*, Archives du château de Moreuil. — De Villers Rousseville, *Nobiliaire de Picardie*, p. 226.

I. Darsy, *Les bénéfices de l'église d'Amiens en 1730*, dans les *Mémoires de la Soc. des Antiq. de Pic.*, in 4°, VII, 387. — R. de Guyencourt, *Note sur un bas-relief du XVIe siècle*, dans le *Bulletin de la Soc. des Antiq. de Pic.*, XVI, 104 et XXII, 516. — A. Ledru, *Histoire de la maison de Mailly*, p. 350. — Cte A. de Louvencourt, *Les trésoriers de France de la généralité de Picardie*, p. 84. — J. Roux, *Histoire de l'abbaye de St Acheul*, dans les *Mémoires de la Soc. des Antiq. de Pic.*, in 4°, XII, 349.

HÉBÉCOURT

Heubecourt, 1275 ; Herbecourt, xive siècle.

Organisation ecclésiastique. — Secours de la paroisse de Vers, doyenné de Conty, archidiaconé et diocèse d'Amiens. Vocable, Sts Côme et Damien. — Maladrerie unie à l'Hôtel-Dieu d'Amiens, en 1697.

Organisation civile. — Prévôté de Beauvaisis à Amiens, bailliage d'Amiens, jusqu'en 1748, puis bailliage et siège présidial d'Amiens ; élection d'Amiens, intendance de Picardie ; grenier à sel d'Amiens. Population : 415 habitants en 1698, avec Vers, 145 en 1724, 250 en 1772 avec Vers, 146 feux en 1788, de même.

Histoire. — En 1257, un incendie détruisit le château, l'église et une partie du village. Un autre, allumé par les troupes du duc de Bourgogne, en 1472, ruina encore le château.

Seigneurie. — Une vie de Saint-Hildevert par

les bénédictins, du commencement du xviii" siècle, raconte qu'en 1105, Hildebrand, seigneur de Vers, fit don d'un grand domaine de terres et bois situés à Vers, à Hébé (Herbert ?), son cousin germain, qui y construisit un château et une ferme ; ce serait l'origine du nom d'Hébécourt. En 1128, Arnoul, fils d'Hébé, y éleva une chapelle ; son fils, Milon, donna une partie du domaine et la haute justice au chapitre de la cathédrale. Hector, petit-fils d'Arnoul, vendit son domaine, en 1241, à Robert de Coucy, seigneur de Boves, Grattepanche, Fouencamps, Caix. Durant un siècle, Hébécourt appartint aux descendants des châtelains de Boves. Ade de Coucy, fille de Robert et femme de Hugues de Rumigny, céda au chapitre de la cathédrale, en 1257, la suzeraineté de la seigneurie et n'en garda que le fief. Après la mort d'Isabeau de Rumigny (1331), le chapitre avait la pleine possession de la seigneurie et la garda jusqu'en 1355, époque à laquelle ce fief fut engagé à Guillaume de Bacouel, écuyer, seigneur de Taisnil. Il mourut en 1381 et fut remplacé par son fils, Raoul de Bacouel.

En 1419, Jean de Ferlache, écuyer, apparaît comme seigneur engagiste d'Hébécourt ; il reconnaît devoir au chapitre, pour la seigneurie, diverses redevances en nature.

En 1468, François de Sachy reçut la seigneurie d'Hébécourt et en rendit hommage au chapitre. Son fils, Pierre, étant mort sans postérité en 1512, le chapitre la reprit et la garda plus d'un siècle.

En 1623, Claude Moreau, bourgeois d'Amiens et receveur de Vers pour le chapitre, obtint la seigneurie. Son successeur, en 1688, est Jean-Baptiste d'Amiens.

En 1710, la seigneurie appartenait à Guy Mouret, conseiller au bailliage et siège présidial d'Amiens.

Le chapitre conserva la suzeraineté jusqu'à la Révolution.

ARCHÉOLOGIE. — Eglise, ou plutôt chapelle, en pierres, sans aucun caractère et de très pauvre apparence. Cloche de 1583.

LIEUX-DITS. — La Maladrerie, les Carrières, les Vignes.

SOURCES ET BIBLIOGRAPHIE — Archives de la Somme, B 334.
DAIRE, *Histoire civile et ecclésiastique du doyenné de Conty*, publiée et annotée par A. Ledieu, dans le *Cabinet historique de l'Artois et de la Picardie*, XII, 82. — H. JOSSE, *Notice historique sur les communes de Vers et d'Hébécourt*.

REMIENCOURT

Remiercurt, 1147 ; Remercort, 1219 ; Ramiencourt, 1638.

ORGANISATION ECCLÉSIASTIQUE. — Paroisse du doyenné de Moreuil, archidiaconé et diocèse d'Amiens. Vocable, la Nativité de la Sainte Vierge. Collateur de plein droit, l'évêque d'Amiens, comme abbé de Saint-Martin-aux-Jumeaux. Prieuré-cure, fondé en 1117, par les seigneurs de Boves. Revenu net 330 livres en 1730.

Organisation civile. — Prévôté de Beauvaisis à Amiens, bailliage d'Amiens, jusqu'en 1748, puis bailliage et siège présidial d'Amiens ; élection d'Amiens, intendance de Picardie, pour la rive gauche de la Noye. Prévôté de Montdidier, bailliage de Vermandois ; élection de Montdidier, intendance de Picardie, pour la rive droite de la Noye. Grenier à sel d'Amiens. Population : prévôté de Beauvaisis : 200 habitants avec la partie située dans la prévôté de Montdidier, en 1698, 121 en 1724, 132 en 1772, 48 feux en 1788, 28 en 1789 ; prévôté de Montdidier : 5 feux en 1469, 15 en 1739.

Seigneurie. — La seigneurie était primitivement du domaine de la châtellenie de Boves, tenue de Coucy. Le duc d'Aumale l'érigea en fief en la vendant à Adrien de Boufflers, écuyer, seigneur de Laval, pour une somme de 3.000 écus (15 août 1592). La famille de Boufflers a longtemps habité Remiencourt, et les registres de catholicité en témoignent. L'un d'eux, Louis François, marquis de Boufflers, épousa à Nancy, Marie-Catherine de Beauveau Craon (8 avril 1735), qui devint la maîtresse du roi Stanislas ; lui-même, capitaine des gardes du duc de Lorraine, trouva à la cour de Lunéville une situation brillante et peu à peu il se désintéressa de son domaine de Picardie. Son fils, Charles-Marie-Jean-François-Régis de Boufflers, dit le marquis de Remiencourt, comblé d'honneurs, comme son père, mais chargé de dettes, se vit dans la nécessité de vendre ses terres patrimoniales de Remiencourt, Gollencourt et Dommartin. L'adjudication eut lieu à Paris, le 8 avril 1773, au profit de Jean-Marie d'Arjuzon, écuyer, conseiller du roi, maison et couronne de France. Le domaine de Remiencourt comptait dans la vente pour 84.670 livres ; l'acquéreur prit le mobilier, les boiseries, le linge du château pour 10.000 livres.

Mais M. d'Arjuzon n'avait sans doute voulu faire qu'un placement, car presque aussitôt il loua le château à l'intendant de Picardie, Maynon d'Invau, qui y passait la belle saison.

Six ans à peine s'étaient écoulés que M. d'Arjuzon revendait en détail, pour 310.000 livres, ce qu'il avait payé 215.000 livres. M. de Herte, seigneur d'Hailles, prenait pour lui Dommartin, tandis que Claude-Martin Briet, chevalier, seigneur de Fortmanoir, se réservait Remiencourt, le moulin de Gollencourt et les pâtis (1779).

M. de Fortmanoir perdit ses deux fils à l'armée, et sa fille épousa, en 1786, Louis Bienvenu de Francqueville, chevalier, seigneur d'Abancourt, dont les descendants possèdent encore la terre.

FIEFS. — Le domaine, aliéné au xvi° siècle par les châtelains de Boves, n'était que le démembrement d'une seigneurie plus importante. En effet, dès le xiii° siècle, les titres du prieuré mentionnent des vassaux ou arrière-vassaux de la châtellenie : Béatrix l'Avouée ou l'Advocate et son fils, Bernard (1202), devenu Bernard de Remiencourt, dit l'Avoué, chevalier (1242). A cette date, il est marié et sa femme, Eremburge, lui a donné plusieurs enfants, parmi lesquels Robert de Remiencourt, dit l'Avoué, a recueilli l'héritage paternel, en 1251.

Au dessous de ceux-ci, apparaissent leurs feudataires, puisqu'ils authentiquent leurs donations : Pierre de Remiencourt, chevalier, et sa femme, Elisabeth (1202), auxquels il faut joindre un frère, nommé Wibert. Matthieu, vavasseur de Remiencourt (1223), chevalier, en 1242, est sans doute un fils de Pierre. Pierre de Remiencourt lui succéda en 1251.

Avec le xive siècle, le chaos des premiers âges s'éclaircit. Baudouin d'Encre, chevalier, tenait à Remiencourt quatre fiefs de Pierre du Pont-l'Evêque, écuyer, vassal de Boves, à cause de son fief situé à Lihons et Rosières (1365-1387). L'héritière du nom d'Encre, Françoise, porta ces fiefs en mariage, le 6 janvier 1497-8, à Jean II de Boufflers. Adrien de Boufflers, son fils, en donna dénombrement à Adrien Vilain, écuyer, seigneur du Saultoy et du Pont-l'Evêque, noms qu'avait pris le fief de Lihons (1576). Le premier des quatre fiefs portés dans cet acte s'appelait fief de Laval ; il avait pour chef-lieu une ferme située vers Ailly-sur-Noye ; on n'en saurait désigner aujourd'hui l'emplacement, Adrien de Boufflers ayant de bonne heure transféré dans le « Castel » des châtelains de Boves, nouvellement acquis par lui, le siège de sa seigneurie et ayant abandonné son habitation à Remiencourt. Un autre fief se nommait fief de la Grange et son chef-lieu s'élevait en face du prieuré.

Le fief des Meurissons relevait aussi du fief du Pont-l'Evêque, à Rosières ; au XIVe siècle, il appartenait à Jacques l'Avoué, écuyer, descendant probablement des anciens chevaliers de ce nom ; en 1530, à Antoine Lorfèvre, écuyer, seigneur du Quesnel et de Flers en partie ; puis il devint la propriété des seigneurs de Guyencourt.

Charles de Boufflers érigea en fief, au profit des mêmes seigneurs, le moulin à blé de Remiencourt, moyennant un cens perpétuel (3 février 1626).

Fief Picard ou Vasseur, à Aubert Picard, puis à son fils Pierre en 1552 ; vendu à Antoine Lucas et Guérard Vasseur en 1561, et resté dans leurs familles au moins jusqu'en 1610.

ARCHÉOLOGIE. — Eglise construite en 1780, sans caractère. Autel style Louis XV, provenant de Saint-Michel d'Amiens. Fonts baptismaux du XIIIe siècle, cantonnés de quatre colonnettes ; la cuve est en pierre dure, ronde et assez grossière. Un crucifix en bois du XIVe siècle, dont chaque extrémité porte un médaillon sculpté, représentant les animaux symboliques des évangélistes, et se termine par une fleur de lis en mauvais état de conservation.

Château en pierres, sans étage, avec mansardes (XVIIIe siècle) ; rampe d'escalier en fer forgé aux armes de Boufflers, une croix recroisettée et une molette alternativement. — A gauche en entrant dans la cour, chapelle castrale de Saint-Charles,

Lieux-dits. — Le fief à Moreaucourt, Meurissons, Cantereine, la Maladrerie, la Vignette, les Terres l'enclos le Libéré, les Prés de M. le Prieur.

Sources et Bibliographie. — Archives de la Somme, C 1981, f° 447 ; *Cartulaire de Saint-Martin-aux-Jumeaux,* 23, 48, 53, 54, 90, 98, 101..— Archives du château. — Daire, *Histoire civile et ecclésiastique des doyennés du diocèse d'Amiens,* Bibliothèque de la ville d'Amiens, Mss. 507, I, 149. — *Etat des fiefs de Picardie,* xvii° siècle, Bibliothèque de la Soc. des Antiq. de Pic., Mss. T. I. 9, p. 98. — *Factum sur la banalité du moulin,* Bibliothèque d'Amiens, Histoire 3669.

Anselme, *Histoire généalogique et chronologique...* V, 88. — V, de Beauvillé, *Recueil de documents inédits concernant la Picardie,* II, 206 ; III. 602 ; IV, 475, 476. — Boca, *Découverte d'une statue en bronze du dieu Mars,* dans le *Bulletin de la Soc. des Antiq. de Pic.,* VIII, 95 et 100. — I. Darsy, *Les bénéfices de l'église d'Amiens en 1730,* dans les *Mémoires de la Soc. des Antiq. de Pic.,* in 4°, VII, 395. — Goze, *Note sur Remiencourt,* dans le *Mémorial d'Amiens* du 29 novembre 1861. — G. de Witasse, *Sanctuaires de la Sainte-Vierge en Picardie, Notre-Dame de Remiencourt,* dans l'*Annuaire administratif et statistique du département de la Somme* de 1900.

RUMIGNY

Ruminetum, 1066 ; Ruminiacum, 1192 ; Rumigniacum, 12.. ; Rumaisnil, 1696.

Organisation ecclésiastique. — Paroisse du doyenné de Conty, archidiaconé et diocèse d'Amiens. Vocable, Saint-Cyr et Sainte-Julitte. Présentateur, le chapitre de Picquigny, par sa charte de fondation (1066). Décimateurs : l'Hôtel-Dieu d'Amiens, les chapitres de la cathédrale d'Amiens et de Picquigny ; l'Hôtel-Dieu possédait la moitié de la dîme par suite de l'annexion de la maladrerie, à qui avaient donné cette moitié Villard le Sec et son fils, qui eux-mêmes l'avaient acquise d'Aleaume de Rumigny, en 1199 et en 1203, devant l'évêque Thibault d'Heilly. Revenu de la cure, 400 livres en 1730. — Maladrerie, unie à l'Hôtel-Dieu de Poix, en 1697. — Secours, Grattepanche.

Organisation civile. — Prévôté de Beauvaisis à Amiens, bailliage d'Amiens jusqu'en 1748, puis bailliage et siège présidial d'Amiens ; élection d'Amiens, intendance de Picardie ; grenier à sel d'Amiens. Population : 400 habitants en 1698, 267 en 1724, 297 en 1772, 89 feux en 1782, 94 en 1789.

Histoire. — Rumigny figure à l'itinéraire d'Antonin.

Seigneurie. — Le territoire de Rumigny était partagé en plusieurs seigneuries.

L'une d'elles appartenait, à la fin du xi° siècle, à Hugues III de Rumigny, dont la femme était Mathilde de Saveuse. Hugues ou Nicolas de Rumigny, chevalier, un de leurs descendants très probablement, épousa Isabeau de Boves, *alias* Ade de Coucy, et fit entrer la seigneurie dans le domaine de la châtellenie de Boves (1253-1259, 1263). A partir de cette époque, les seigneurs sont les mêmes que ceux de Boves.

Une autre seigneurie était tenue de la châtellenie de Picquigny, à cause du vidamé ; une autre encore de la châtellenie de Vignacourt. A cause de la réunion dans les mêmes mains de ces deux châtellenies, il est difficile de distinguer les mouvances. Othon d'Encre, seigneur de Lœuilly, en fait don, en 1288, à son fils, Enguerran de Lœuilly ; Eustache d'Encre, seigneur de Rumigny, est gouverneur et capitaine du Tournaisis, de Douai, Lille, Mortaigne et frontières de Flandre, en 1322 ; Othon d'Encre lui succéda en 1329 ; puis Jean d'Ault, prévôt royal en 1506 ; enfin la seigneurie arriva à la famille de Gueulluy, qui la posséda jusqu'à la Révolution et même au delà. Le premier, qui prenne le titre de seigneur de Rumigny, est François, en 1614 ; il était maître de la verrerie de la Braye.

Quelques auteurs disent que c'est Philippe de Gueulluy qui, en 1578, acquit la seigneurie de Rumigny ; il avait été anobli par Henri III, par lettres patentes de décembre 1577.

Fiefs. — Le fief Baillon relevait de Boves, mouvant de Coucy ; Robert Féc en était propriétaire en 1502.

Un fief, ou seigneurie, fut légué, le 12 février 1482, au chapitre de la cathédrale d'Amiens par Tristan Fasconel, conseiller au bailliage d'Amiens, et Antoinette Le Franchomme, sa femme, à charge d'usufruit pour leurs enfants.

Le fief l'Evêque ou du Perçois relevait de l'évêché d'Amiens ; Pierre du Gard, avocat au bailliage, puis son fils, Pierre, (1578) le tinrent successivement ; en 1700, il était réuni à la seigneurie des Gueulluy.

Le fief de Morviller fut possédé par Charles du Gard, chevalier (1639) ; Marie Françoise de Mons, demoiselle d'Hédicourt, le laissa, le 1er juillet 1771, à ses frère et sœurs : Jean-Baptiste Marie de Mons, chevalier, seigneur d'Havernas, Marie-Catherine Gabrielle de Mons, femme d'Antoine de Guillebon, seigneur de Beauvoir, Marie-Marguerite de Mons, épouse de Jean-François, chevalier, seigneur de Domesmont.

ARCHÉOLOGIE. — L'église en pierres, à soubassement de grès, aurait été reconstruite en 1628, après incendie ; le chœur aurait encore été refait en 1746, après nouvel incendie ; larmier gothique courant autour de l'église, contreforts à talus ; une grosse tour carrée, sur le côté de la façade sert de clocher. Cuve baptismale ovale, en pierre calcaire que le temps a fortement vermiculée et portée sur un pied bas, probablement du XIIe ou du XIIIe siècle ; mais les indices clairs manquent pour lui fixer une date certaine.

Château en pierres du XVIIIe siècle, d'un style très simple ; un pavillon en briques et pierres à l'extrémité sud a été ajouté au XIXe siècle.

Il y a dans le village un petit manoir du XVIe siècle: pignon à gradins, dominé par une cheminée carrée; fenêtres à croisées de pierre, protégées par des grilles de l'époque en fer forgé ; plafonds à solives apparentes.

Lieux-dits. — Les Vignes, la Justice, le Chapitre, la Couture.

Sources et Bibliographie. — Archives de la Somme, B 98, f° 147 ; B 154, f° 135 v° ; E 144, f°s 297 et 394 ; G. 450 ; G. 2706 à 2713 ; *Inventaire des titres de l'évêché d'Amiens*, f° 34 ; *Inventaire des titres du chapitre de la cathédrale d'Amiens*, arm. V, l. 67. — *Etat des fiefs de Picardie*, xvii° siècle, Bibliothèque de la Soc. des Antiq. de Pic., Mss. T. I. 9. p. 102.

V. de Beauvillé, *Recueil de documents inédits concernant la Picardie*, III, 285, 586, 598 ; IV, 26. — F. Collombier, *Note sur un flacon gallo-romain*, dans le *Bulletin de la Soc des Antiq. de Pic.*, XIX, 376. — Daire, *Histoire civile et ecclésiastique du doyenné de Conty*. publiée et annotée par A. Lédieu, dans le *Cabinet historique de l'Artois et de la Picardie*, XII, 14. — I. Darsy, *Les bénéfices de l'église d'Amiens en 1730*, dans les *Mémoires de la Soc. des Antiq. de Pic.*, in 4°, VII, 181. — D. Grenier, *Introduction à l'histoire générale de la province de Picardie*, *ibidem*, III, 467, 471. — A. Janvier, *Boves et ses seigneurs*, p. 117. — A. Ledru, *Histoire de la maison de Mailly*, II, 270. — J. Roux, *Notice sur une maison du xvi° siècle*, dans le *Bulletin de la Soc. des Antiq. de Pic*, XVII, 521 — J. Roux, *Notice sur Rumigny*, dans la *Picardie historique et monumentale*, I, 4, 269. — Roze, Roux et Soyez, *Le cartulaire du chapitre de la cathédrale d'Amiens*, dans les *Mémoires de la Soc. des Antiq. de Pic.*, in 4°, XIV, 481 et s. — Villers de Rousseville, *Nobiliaire de Picardie*, p. 208.

SAINS-EN-AMIÉNOIS

Fundus nomine Sanctorum, 1090 ; Sancti, 1105, 1147, 1237 ; Villa de Sanctis, 1105 ; Seinz, 1190 ; Sama, Val sainctinois, xiii° siècle ; Saincte, 1648 ; Sain, 1696.

Organisation ecclésiastique. — Paroisse du doyenné de Moreuil, archidiaconé et diocèse d'Amiens. Vocable, Saints Fuscien, Victorice et Gentien. Présentateur, l'abbé de Saint-Fuscien, par don d'Enguerran de Boves, en 1105, et confirmation de Garin, évêque d'Amiens, en 1138. Décimateur, l'abbaye de Saint-Fuscien. Annexes : Saint-Fuscien, Amilly.

ORGANISATION CIVILE. — Prévôté de Beauvaisis à Amiens, bailliage d'Amiens jusqu'en 1748, puis bailliage et siège présidial d'Amiens ; élection d'Amiens, intendance de Picardie ; grenier à sel d'Amiens. Population : 750 habitants en 1698 ; 368 en 1724 ; 380 en 1772 ; 137 feux en 1781 ; 148 en 1789.

SEIGNEURIE. — La seigneurie était partagée entre l'abbaye de Saint-Fuscien, par donation d'Enguerran de Boves, en 1105, et la châtellenie de Boves, mouvance de Coucy ; la seconde partie était du domaine de la seigneurie de Boves et les seigneurs sont les mêmes que ceux de Boves.

FIEFS. — Sur le territoire se trouvait un grand nombre de fiefs relevant de Boves.

Fief Brusqueval, vers Estrées, appartenant en 1692 à la fois à Antoine du Gard, sieur de Zuzenneville, Hugues Bullet, Louis Pascal, Jean Tasse, François Roger, Jean Lombart, Nicolas Roger, François Marchand et Claude Sainte-Beufve.

Fief des Combles ou Descombles ; possesseurs : Jeanne, femme de Pierre de la Cour (1372-97) ; Jean Laisné (avant 1400) ; Martin Laisné (1539) le vendit à Louis Deviller, bourgeois d'Amiens

(1573) ; celui-ci le légua à ses neveux, Claude et Pierre Deviller, qui le vendirent à Anne Le Roy (1599) ; devenue femme de Claude Nolleval, celle-ci le vendit à Claude Sentier, marchand à Amiens (1624) ; Joseph Cannevoie (1680).

Fief de Fouencamps ou Lenglès ; possesseurs : Jeanne de Fouencamps, femme de Brongard Le Roy (xiv° siècle) ; Pierre de Fouencamps, dont la veuve, Jeanne du Sart se remaria (1327) à Guerart de Fay; Nicolas Fauvel (1503); Aubert de Fauvel, écuyer, seigneur d'Estrées (1527) ; Marie Fauvel épousa Antoine de Rubempré, seigneur d'Aubercourt, puis Adam de Carnazel, seigneur de Saint-Vrain ; elle le laissa à son cousin, Aubert Blain, seigneur de Quiry, qui en fit échange, le 13 août 1585, avec Pierre Lenglès ; Louis du Fresne (1667-92).

Fief Grisel, puis Saint-Antoine, appartenant aux Célestins d'Amiens, par don de Pierre Grisel, licencié ès lois à Amiens (13 mars 1441).

Fief Montcornet ; possesseurs : Jacques de May (1448) ; Henri Montcornet, qui le vendit, le 14 janvier 1502, à Guillaume Ferrand ; puis Nicolas Brahier, procureur au bailliage d'Amiens ; Philippe Brahier (1595) ; Antoine Rogeau, prêtre, doyen de chrétienté de Moreuil (1662) ; ses héritiers le vendirent, en 1688, à Louis Cara, bourgeois d'Amiens.

ARCHÉOLOGIE. — Eglise du xv° siècle, comprenant une nef et un bas-côté, qui est une addition du xvi° siècle ; clocher surmonté d'une flèche aiguë.

Remarquable tombeau des saints Fuscien, Victorice et Gentien (xii⁰ siècle), élevé sur le caveau où leurs corps ont reposé jusqu'au ix⁰ siècle : c'est une pierre plate portée sur six piliers courts ; sur la pierre sont sculptés les trois saints et, à leurs pieds, la décollation des saints Fuscien et Victorice, devant Rictiovare. — Cuve baptismale du xii⁰ siècle, ronde, portée sur un pilier court, avec base dont les angles sont munis d'une griffe. — Une Vierge en grès blanc, du xiii⁰ siècle, et le maître autel du xviii⁰ siècle proviennent de l'abbaye de Selincourt.

Château, simple construction en pierres du pays de la fin du xviii⁰ siècle.

Lieux-dits. — La Garenne, les Vignes, la Cognée, le Cambos, la Croix la lampe, le Camp César, la Vierge Marie.

Sources et Bibliographie. — Archives de la Somme, *Inventaire des titres de l'abbaye de Corbie*, arm. II, l. 29 n⁰ 11. — Daire, *Histoire civile et ecclésiastique des doyennés du diocèse d'Amiens*, Bibliothèque d'Amiens, mss. 507, f⁰ 149 v⁰. — *Etat des fiefs de Picardie*, xvii⁰ siècle, Bibliothèque de la Soc. des Antiq. de Pic., mss., T. I. 9, p. 108.

V. de Beauvillé, *Recueil de documents inédits concernant la Picardie,* III, 586, 590 598, 599, 600 ; IV, 424, 425, 436, 437. — I. Darsy, *Les bénéfices de l'église d'Amiens en 1730,* dans les *Mémoires de la Soc. des Antiq. de Pic.,* in 4⁰, VII, 396. — M. Dournel, *France-Album, Sains*, Bibliothèque de la Soc. des Antiq. de Pic. — N. Dupont, *Etudes sur la commune de Sains*, Bibliothèque de la Soc. des Antiq. de Pic., Mss. T. III, 39. — C. Enlart, *L'architecture romane dans la région picarde,* dans les *Mémoires de la Soc. des Antiq. de Pic.,* gr. in 4⁰, p. 40. — D. Grenier, *Introduction à l'histoire générale de la province de*

Picardie, dans les *Mémoires de la Soc. des Antiq. de Pic.,* in 4°, III, 265, 491. — Messio, *Découverte de la table de marbre qui recouvrait le tombeau de St Fuscien,* dans le *Bulletin de la Soc. des Antiq. de Pic.,* VIII, 281. — Messio, *Description de Sama au* IIe *siècle, ibidem,* VIII, 261. — Messio, *Sains et ses martyrs.* — *Pierre tombale de Sains,* dans l'*Album archéologique de la Soc. des Antiq. de Pic.,* T. Ier, fasc. 6. — Rigollot, *Essai historique sur les arts du dessin en Picardie.* — Ch. Salmon, *Pèlerinages picards, Le tombeau des saints martyrs, Fuscien, Victorice et Gentien, à Sains,* Bibliothèque de la Soc. des Antiq. de Pic. — Ch. Salmon, *Vies des saints Fuscien, Victorice et Gentien.*

SAINT-FUSCIEN

Sanctus Fuscianus, 1131, 1173, 1201 ; Saint-Fuscien-au-bos, 1328.

Organisation ecclésiastique. — Paroisse de Sains, doyenné de Moreuil, archidiaconé et diocèse d'Amiens. Décimateur, l'abbé de Saint-Fuscien.

Abbaye de Bénédictins, fondée, suivant certains auteurs, au VIe siècle, par Frédégonde sur le lieu du martyre des saints Fuscien et Victorice, et, suivant d'autres, par Enguerran de Boves et autres seigneurs voisins, en 1105. La donation attribuée à Enguerran aurait pu n'être qu'une restauration avec large augmentation. Il donnait à l'abbé, Odolric, et aux religieux, tout le territoire de la montagne où était établie l'abbaye, la moitié du jardin d'Amilly et la moitié du village de Sains ; la donation comprenait encore d'autres biens et fut confirmée par l'évêque saint Geoffroy, et par le pape Pascal II, par bulle de 1107. L'abbaye fut supprimée à la Révolution et les terrains et bâtiments vendus en

1791. — Revenus nets de la mense abbatiale : 3279 livres et de la mense conventuelle 2927 livres (1730). La mense abbatiale payait à cette époque au curé de Sains 97 livres et des fournitures en nature et la mense conventuelle 160 livres, pour partie de la portion congrue.

ORGANISATION CIVILE. — Prévôté de Beauvaisis à Amiens, bailliage d'Amiens jusqu'en 1748, puis bailliage et siège présidial d'Amiens ; élection d'Amiens, intendance de Picardie ; grenier à sel d'Amiens. Population, 256 habitants en 1698 ; 187 en 1724 ; 173 avec le Petit-Cagny en 1772 ; 104 feux avec le même en 1780 et 1789.

HISTOIRE. — François Ier y signa une donation à Anne de Pisseleu, duchesse d'Etampes, en 1545. — Henri IV y séjourna, en 1594, avant son entrée à Amiens.

SEIGNEURIE. — Elle relevait de la châtellenie de Boves ; elle appartint d'abord aux seigneurs de cette châtellenie, puis à l'abbaye, après la donation de 1105.

FIEFS. — L'abbaye de Saint-Acheul possédait, au XVIe siècle, 34 journaux de terre, au Montjoye, tenus de l'abbaye de Saint-Fuscien.

Fief de Malterre, tenu de la châtellenie de Boves, mouvant de Coucy, vendu en 1591 par Pierre d'Authie à Jean de Dieppe ; en 1669 et 1676, il appartenait à Pierre Delastre et à Marie de Senesmond, femme de Jean de Villers ; à Pierre du Fresne, sur saisie, en 1683.

Archéologie. — L'église actuelle est de la fin du xixe siècle. De l'ancienne église, détruite à la Révolution, quelques pièces de mobilier ont été placées dans la nouvelle : le maître autel, avec tabernacle en fer forgé, du xviiie siècle, venant de l'abbaye de Saint-Fuscien ; une statue en pierre de la Vierge, du xive siècle : un *Ecce Homo* en pierres du xviiie siècle ; une statue en pierre de saint Charles Borromée de la même époque et deux consoles de style Louis XV, en tilleul recouvert d'enduit.

De l'abbaye il ne reste que l'abbatiale, en briques et pierres, du milieu du xviiie siècle, d'un bel effet, et quelques bâtiments sans intérêt.

Lieux-dits. — Le Bois des Exhautiers, la Couture, le Calinot, le Caufour, le Many, Montjoye, les Vignes.

Sources et Bibliographie. — Bibliothèque nationale, Mss. Picardie, Collection D. Grenier, vol. 192, f° 273 verso. — Daire, *Histoire civile et ecclésiastique des doyennés du diocèse d'Amiens*, Bibliothèque d'Amiens, Mss. 507, I, 144. — *Etat des fiefs de Picardie*, xviie siècle, Bibliothèque de la Soc. des Antiq. de Pic., Mss., T. I. 9, p 105. — *Registre d'aveux du bailliage d'Amiens*, xive siècle, Archives nationales P 137, n° 116.

V. de Beauvillé, *Recueil de documents inédits concernant la Picardie*, III, 598 ; IV, 438. — A. Bouthors, *Coutumes locales du bailliage d'Amiens*, dans les *Mémoires de la Soc. des Antiq. de Pic.*, in 4°, I, 195. — I. Darsy, *Les bénéfices de l'église d'Amiens en 1730*, ibidem, VII, 365. — C. Enlart, *Notice sur St Fuscien*, dans la *Picardie historique et monumentale*, I, 4, p. 269. — A. de Francqueville, *Note sur deux gaufriers*, dans le *Bulletin de la Soc. des Antiq. de Pic.*, XXI, 114. — *Gallia christiana*, X, 1302. — D. Grenier, *Introduction à l'histoire générale de la province de Picardie,* dans les *Mémoires de la Soc. des Antiq. de Pic.*, in 4°, III, 194, 195, 490. — Messio, *Sains et ses martyrs.* — Ch. Salmon, *Notice historique sur l'abbaye et le village de S¹ Fuscien,* dans *La Picardie, revue historique, archéologique et littéraire,* I, 229, 312, 566 ; II, 481, 540. — Ch. Salmon, *Vies des saints Fuscien, Victorice et Gentien.*

Hameau. — Le Petit-Cagny

Organisation ecclésiastique. — Paroisse de Sains ; voir Sains-en-Amiénois.

Organisation civile. — Comme Saint-Fuscien. Voir ce nom.

Seigneurie. — Jean Thierry de Genonville était seigneur du Grand et du Petit-Cagny en 1728.

Lieux-dits. — Le Bois d'Amilly, le Bois du Corroy.

Sources et Bibliographie. — Archives de la Somme, E. supplément, à l'article de Cagny. — *Etat des fiefs de Picardie,* xvii° siècle, Bibliothèque de la Soc. des Antiq. de Pic., Mss. T. I. 9, p. 27.

SAINT-SAUFLIEU

Sessionis locus (Dom Grenier) ; Siccus locus (de Court) ; Sexoldium, 1066 ; Sessolicium, 1105 ; Sessoliu, 1144, 1211 ; Sessoleium, 1165 ; Sainsolu, 1251 ; Saint-Sauflieu, 1293 ; Sanctus Salvus locus, 1331 ; Sauf-lieu, 1775, 1781.

Organisation ecclésiastique. — Paroisse du doyenné de Conty, archidiaconé et diocèse d'Amiens. Vocable, Saint-Denis. Présentateur, le chapitre de Saint-Nicolas d'Amiens. Décimateurs : le chapitre de la cathédrale pour 6/9, le chapitre de Saint-Nicolas d'Amiens pour 2/9 et le curé pour 1/9 ; deux parts en avaient été données au chapitre de la cathédrale, en 1164, par Adam de Saint-Sauflieu. — Une chapellenie existait en 1301, à la présentation du seigneur du lieu.

Organisation civile. — Prévôté de Beauvaisis à Amiens, bailliage d'Amiens jusqu'en 1748, puis bailliage et siège présidial d'Amiens ; élection d'Amiens, intendance de Picardie ; grenier à sel d'Amiens. — Chef-lieu de canton en 1790. Population, 800 communiants en 1689 ; 1100 habitants en 1698 ; 812 en 1724 ; 1012 en 1772 ; 1000 en 1780 ; 374 feux en 1789.

Histoire. — En 1779, un incendie aurait détruit 400 maisons, dit le père Daire.

Seigneurie. — La seigneurie relevait de la châtellenie de Picquigny, tenue de l'évêché d'Amiens, et de celle de Boves. On dit aussi que, entre la seigneurie et Picquigny, il faudrait mettre un autre échelon, la châtellenie de Vignacourt, relevant de Picquigny et unie à son domaine, ce qui a pu amener la confusion. Dans ce dernier cas, Saint-Sauflieu serait une pairie.

La liste des seigneurs est très complète : Drieux de Saint-Sauflieu (1147-50) ; Adam, son fils, nommé en 1145 ; Enguerran Ier, en 1190 ; Drieux II, (1211-23) ; Enguerran II (1238) ; Jacques (1300), Renaud (1407) ; le 20 septembre 1420, la terre fut vendue par décret à Louis de Saint-Sauflieu ; Jean, qui épousa le 10 janvier 1462, Anne de Brécelle, la vendit, le 20 novembre 1464, à Guillaume Le Josne, seigneur de Contay ; Françoise Le Josne épousa, le 22 février 1407, Jean II d'Humières, gouverneur de Péronne, Montdidier et Roye ; Charles d'Humières la légua à ses sœurs, Anne, épouse de Louis d'Ongnies, et Jacqueline, mariée au vicomte de Bregneul ; celles-ci la cédèrent, le 1er septembre 1602, à Anne Le Clerc, veuve de Jean du Gué, qui la destinait à Charles-Maximilien d'Halluin et sa femme, peut-être la fille d'Anne Le Clerc ; mais cette vente de 1602 aura été annulée par défaut de paiement, ou toute autre cause ; car la terre fut ensuite saisie sur lesdites dames d'Ongnies et de Bregneul et adjugée, le 14 août 1603, au même Charles-Maximilien d'Halluin. Ferdinand-Joseph-François, duc de Croy et d'Havré, prince du Saint-Empire, devint seigneur de Saint-Sauflieu, par son mariage (29 octobre 1668) avec Marie-Josèphe-Barbe d'Halluin. Leurs descendants étaient encore seigneurs du lieu au moment de la Révolution.

Fiefs. — Quatre fiefs relevaient de la seigneurie, à Saint-Sauflieu même :

Le fief de Franclieu ; possesseurs : Jean du Bail, procureur au bailliage d'Amiens (1537) ; Marie du Bail, femme de N. Masson, dont Adrien Masson (1600) ; Jean Moreau, conseiller du Roi, président en l'élection d'Amiens, qui laissa Marguerite Moreau (1688). Le 17 juillet 1747, le fief fut vendu par décret, devant le bailliage d'Amiens, à Pierre de Famechon, chevalier, conseiller procureur au bureau des finances d'Amiens.

Les fiefs de la Wardieu, Mouret et Beauté. Nicolas Aux Cousteaux et Adrien d'Ault en possédaient chacun la moitié en 1582. Antoine Picquet succéda au second; puis Antoine du Bos, seigneur de Hurt, réunit les trois fiefs (1650). On trouve encore Claude Godin, avocat en Parlement, et Claude, son fils (1688), possesseurs de la moitié des mêmes fiefs.

Le fief de Ravias était tenu du marquisat de Jumelles. François Martineau, avocat en Parlement, le reçut en dot en épousant Anne de Conty (1570).

Archéologie. — Eglise en pierres de la fin du xviiie siècle, à une seule nef, sans caractère ; la tour, élevée en avant du portail, est lourde, parce qu'on ne lui a pas donné la hauteur prévue au projet. A l'intérieur le plafond est lambrissé. La boiserie du chœur, d'ordre composite, provient de l'ancienne église Saint-Remy d'Amiens et le maître-autel, de l'abbaye de Corbie ; le tout datant du xviiie siècle.

Lieux-dits. — Rues de Sehu et de Wardieu, les Vignes, la Justice.

Sources et Bibliographie. — Archives de la Somme, B. 4, f° 44 ; E. 196, pp. 41, 127, 128, 134, 136 ; E. 444, f° 169.

V. de Beauvillé. *Recueil de documents inédits concernant la Picardie*, IV, 26. — Daire, *Histoire civile et ecclésiastique du doyenné de Conty*, publiée et annotée par A. Ledieu, dans le

Cabinet historique de l'Artois et de la Picardie, XII, 21. — I. Darsy, *Les bénéfices de l'église d'Amiens en 1730,* dans les *Mémoires de la Soc. des Antiq. de Pic.*, in 4°, VII, 181. — Roze, Roux et Soyez, *Le Cartulaire du chapitre de la cathédrale d'Amiens, ibidem,* XIV, 60, 104, 332, 334.

SALEUX

Salcosi, 1105 ; Salocus, 1147 ; Salotum, 1147 ; Saletum, 1200 ; Salle, 1470 ; Salocz, 1579 ; Salea, 1592 ; Saleu, 1139, 1301, 1743.

Organisation ecclésiastique. — Paroisse du doyenné de Conty, archidiaconé et diocèse d'Amiens. Vocable, Saint-Fuscien. Présentateur, le chanoine en mois de la cathédrale d'Amiens. Décimateurs : le chapitre de la cathédrale, par donation de Thibault, archevêque de Rouen (1232) et d'Arnoul, évêque d'Amiens, le collège d'Amiens, à cause de la chapelle de la Rose, le curé et le seigneur. — Secours, Salouël.

Organisation civile. — Prévôté de Beauvaisis à Amiens, bailliage d'Amiens jusqu'en 1748, puis bailliage et siège présidial d'Amiens ; élection d'Amiens, intendance de Picardie ; grenier à sel d'Amiens. Population, 300 communiants en 1689 ; 260 habitants avec Salouël en 1698 ; 192 en 1724 ; 196 en 1772 ; 260 avec Salouël en 1780 ; de même 188 feux en 1781 ; 193 en 1789.

Histoire. — En 1470, Charles le Téméraire, désirant faire le siège d'Amiens, établit son camp à Saleux ; il détruisit le château en 1472. — En 1636, les Espagnols, sous la conduite de Jean de Wœrth, incendièrent le village. — En 1646, les troupes françaises, sous la conduite du comte de Grancey, y commirent de grands dégâts.

Seigneurie. — La seigneurie appartenait en partie au chapitre de la cathédrale d'Amiens, par suite de la donation de la moitié des vicomtés de Vers et de Saleux par Hugues de Salouël, avec approbation de son suzerain, Aleaume d'Amiens (1165-1169).

L'autre partie relevait de la châtellenie de Picquigny, à cause du vidamé.

M. Hector Josse fait commencer la suite des seigneurs au IX° siècle ; on trouve même Gilles, par mariage avec Clotilde, fille de Hugon, dit Le Roux, seigneur dudit lieu (790), puis plus tard Hildevert VI, seigneur de Vers et Saleux (951), son fils, Hérimer et leurs descendants, Ogier (1023), Guy Ier et Guy II (1094); Hugues de Salouël, écuyer (1144), décédé en 1176 ; sa femme, Adeline de Vers, était morte en 1164 ; Warin de Saleux, chevalier (1255). Au XV° siècle apparaît la famille de Béry : Guillaume écuyer (1440), mort le 22 mai 1471, joua un grand rôle dans l'histoire de la ville d'Amiens : maïeur en 1443, 1457, 1462, 1470, plusieurs fois échevin, lieutenant général du bailli d'Amiens (1458-60). Il joignait à la possession de la terre de Saleux celle de la seigneurie du Pont-de-Metz et du fief de la Motte-au-Camp. Durant un siècle, se succédèrent un autre Guillaume et deux Pierre de Béry. Charlotte de Béry, la dernière du nom, porta Saleux et le Pont-de-Metz à Antoine de Boileau, écuyer, seigneur de Martimont, capitaine de 300 mousquetaires (1539). Suzanne Boileau épousa, le 30 janvier 1607, Philippe Le Prévost, écuyer, seigneur de Pendé, Ribeauville, veuf d'Antoinette de Fontaines. Leur fils, François Le Prévost (1668) et leur petit-fils, Pierre-Maximilien, décédé en 1684, s'intitulaient encore seigneurs de Saleux, alors que déjà Antoine de Lestocq, conseiller au bailliage d'Amiens (1640-77), décédé le 25 décembre 1677, prenait la qualité de seigneur de Saleux, la Motte-au-Camp, Ravias. Nous ignorons comment s'était opéré ce changement. La petite-fille d'Antoine, Marguerite-Agnès de Lestocq, épousa Jean Le Caron, écuyer, seigneur de Louvencourt en partie; elle était veuve en 1719. Jean-Henry Le Caron, écuyer, son fils (1725), laissa Saleux à ses sœurs, Marie-Agnès Le Caron, femme de Louis-Henry-Joseph de Virgilles, chevalier, et Marguerite-Elisabeth Le Caron, demoiselle de La Motte, qui conjointement avec leur mère, vendirent Saleux à Jean-Philippe Vrayet, écuyer, seigneur de Franclieu, président trésorier de France (1759-79), et à Françoise-Rose-Renée Roussel de Cavillon. Leur fille, Françoise-Geneviève Vrayet de Franclieu, en épousant, le 26 février 1760, André-Vincent Boistel, écuyer, seigneur d'Exauvillers, président trésorier de France en la généralité d'Amiens (1778-90), lui apporta Saleux en dot.

Fiefs. — Le fief de la Motte-au-Camp, ou de Saleux, relevait de Picquigny, comme la seigneurie, et avait les mêmes seigneurs qu'elle.

Le fief de Gramont, éclipsé de la seigneurie, était aussi une mouvance de Picquigny (1771).

Archéologie. — Eglise du milieu du xix° siècle ; l'ancienne, qui était dans le cimetière actuel, a été démolie et il n'en est resté que deux épitaphes, placées dans l'église nouvelle : la première, de Pierre de Béry, décédé en 1558, et la seconde, d'Antoine Lestocq, décédé en 1703.

Lieux-dits. — La Fosse à Ladre, le Sépulcre, la Vignette, le Capron, les Troneaux, la Couture, le Camp tortu, les Baquets.

Sources et Bibliographie. — Archives de la Somme, B. 48, f° 152 ; E. 143, f°⁵ 353, 354, 357 ; G 2722 à 2727 ; *Inventaire des titres du chapitre de la cathédrale d'Amiens*, arm, V., ll. 70 à 73. — *Etat des fiefs de Picardie*, xvii° siècle, Bibliothèque de la Soc. des Antiq. de Pic. Mss. T. I. 9, p. 110. — *Mémoire sur la contribution des habitants aux réparations de l'église*, Bibliothèque d'Amiens, Histoire 3814, I, 40.

Daire, *Histoire civile et ecclésiastique du doyenné de Conty*, publiée et annotée par A. Ledieu, dans le *Cabinet historique de l'Artois et de la Picardie*, XII, 17. — I. Darsy, *Les bénéfices de l'église d'Amiens en 1730*, dans les *Mémoires de la Soc. des Antiq. de Pic.*, in 4°, VII, 181. — A. Ledru, *Histoire de la maison de Béry*, pp. 7 et s. — Ch. Pinsard, *Découverte d'un cimetière gallo-romain*, dans le *Bulletin de la Soc. des Antiq. de Pic.*, XIV, 211 et XV, 352. — Roze, Roux et Soyez, *Le Cartulaire du chapitre de la cathédrale d'Amiens*, dans les *Mémoires de la Soc. des Antiq. de Pic.*, in 4°, XIV, 64. — Ch. Salmon, *Description d'une pierre tombale de P. de Béry*, dans le *Bulletin de la Soc. des Antiq. de Pic.*, VI, 501.

SALOUEL

Saloy, 1105 ; Saloyel, 1215 ; Sallier, 1470 ; Soloez, 1592 ; Sallois, 1730 ; Salenel, 1781.

Organisation ecclésiastique. — Secours de Saleux. Vocable, Saint-Quentin ; collateur de plein droit, le chapitre de la cathédrale.

Organisation civile. — Prévôté de Beauvaisis à Amiens, bailliage d'Amiens, jusqu'en 1748, puis bailliage et siège présidial d'Amiens ; élection d'Amiens, intendance de Picardie ; grenier à sel d'Amiens. Population, 300 communiants avec Saleux en 1689, de même 260 habitants en 1698, 212 en 1724, 205 en 1772, 188 feux avec Saleux en 1781, 193 en 1789.

Histoire. — Suivant la tradition, saint Quentin y aurait séjourné. — Temple protestant élevé, en 1611, sur un fief appartenant à Madame d'Héricourt, et démoli en 1665 par ordonnance royale.

Seigneurie. — On cite comme premiers seigneurs des membres d'une famille portant le nom du lieu : Hugues, écuyer, seigneur de Saleux et de Salouël (1165-69) ; Robert, écuyer, son fils (1176) ; Gilbert, écuyer, son petit-fils (1211) ; Hugues de Salouël se déclare vassal de Picquigny et doit un stage d'un mois par an à Amiens, avec sa femme, à cause de son fief (juin 1223). Ferry IV fut banni et son château rasé (1358). Au xve siècle, la seigneurie était en la possession des châtelains de Picquigny : Raoul d'Ailly, époux de Jacqueline de Béthune

(1415-55). Isabelle d'Ailly, leur fille, porta la seigneurie en dot à Allard de Rabodenges, bailli de Saint-Omer, et la vendit au chapitre de Notre-Dame d'Amiens, le 1ᵉʳ août 1476, pour se libérer d'une rente de 30 saluts d'or, dont la terre était grevée envers le chapitre, 1704 francs étant payés comptant ; le 6 août suivant, Jean d'Ailly, vidame d'Amiens, donna des lettres d'amortissement, confirmées par le roi, Louis XI, le 28 septembre. L'argent de cette acquisition provenait de 1200 écus d'or, octroyés par le Roi, lors de la réduction de Corbie.

Fiefs. — Le fief des moulins de Salouel était tenu du vidamé d'Amiens, Jean de Salouel, écuyer, fils d'un autre Jean, et sa femme, Jeanne, le cédèrent par échange, vers 1387, à Jean Rabuisson, citoyen d'Amiens, et à Firmine, son épouse. En 1599, il appartenait à Jean de Belloy, écuyer, puis à Jean, son fils. Jean-Baptiste Berthe, écuyer, seigneur du Pont-de-Metz, le laissa à Thérèse-Rose-Berthe, sa fille, femme de Jean-François Bernard, greffier en chef au présidial d'Amiens (1722), dont descendait Marie-Hyacinthe-Laurent Bernard de Cléry, seigneur du Pont-de-Metz (1772).

Une autre seigneurie, dont le chef-lieu était une maison seigneuriale, avait pour possesseur, au xviiiᵉ siècle, Robert Jourdain, écuyer, seigneur de Thieulloy-la-Ville, auquel succéda son fils, Jean-Baptiste Jourdain, écuyer (1760). Elle appartenait en 1768 à Pierre Langlois, chevalier, administrateur général des postes de France.

Archéologie. — Eglise petite et sans caractère ; à l'intérieur, retable en bois d'assez grandes dimensions, du xviii° siècle.

Lieux-dits. — L'Eglise de Metz, le Sépulcre, le Bailly, le Chemin du Prêche, les Croquets, le Mont Saint-Quentin, la Fontaine Saint-Quentin.

Sources et Bibliographie. — Archives de la Somme, E. 143, f° 357 v° et 358 ; E. 144 ; E. 444, f° 19 v° ; G 2728 à 2732 ; *Inventaire des titres du chapitre de la cathédrale d'Amiens*, arm. V, ll. 75, 76, 77 ; arm. VI, l. 54. — *Cartulaire de Picquigny*, Archives nationales, R¹ 35, charte 202. — *Etat des fiefs de Picardie*, xvii° siècle, Bibliothèque de la Soc. des Antiq. de Pic., Mss. T. I. 9, p. 110.

V. de Beauvillé, *Recueil de documents inédits concernant la Picardie*, III, 260. — Daire, *Histoire civile et ecclésiastique du doyenné de Conty*, publiée et annotée par A. Ledieu, dans le *Cabinet historique de l'Artois et de la Picardie*, XII, 17. — I. Darsy, *Les bénéfices de l'église d'Amiens en 1730*, dans les *Mémoires de la Soc. des Antiq. de Pic.*, in 4°, VII, 181.

Hameau. — **Le Thil.**

Le Thil était un fief relevant du chapitre de la cathédrale, vendu, en 1522, par Laurent Judas à Charles de Louvencourt. Il y avait une ferme et trois moulins, deux à l'huile et un à bois rouge. En 1196, le moulin du Thil fut donné à l'abbaye de Saint-Jean d'Amiens par Philippe de Saleux. Du chapitre relevait, en fief abrégé, l'un des moulins (1522-1744).

THÉZY-GLIMONT

Taceacum, 662 ; Taisiacum, 1235 ; Thoysi, 1310 ; Thosiacum, 1310 ; Thaisi, 1657.

ORGANISATION ECCLÉSIASTIQUE. — Secours de la paroisse de Glimont, comprenant le château et deux ou trois maisons ; le reste était de la paroisse de Glimont. — Chapelle castrale, érigée en succursale le 23 juin 1662, sous le vocable de Saint-Martin.

ORGANISATION CIVILE. — Prévôté de Fouilloy, bailliage d'Amiens ; élection d'Amiens, intendance de Picardie ; grenier à sel d'Amiens. Population avec Glimont : 168 habitants en 1698 ; 134 en 1724 ; 231 en 1772.

HISTOIRE. — Thézy a donné le jour à Eloi Morel (1735-1809), inventeur du grand louchet, pour l'extraction de la tourbe.

SEIGNEURIE. — La moitié de la seigneurie appartenait à l'abbaye du Paraclet ; en 1235, Adam de Glimont en avait confirmé la vente faite par Jean de Boves et Emmeline, sa femme.

L'autre moitié, dont dépendait la maison seigneuriale, était tenue du comté de Corbie. Les premiers possesseurs semblent quelque peu hypothétiques : Hildebard, mort en 920, dont la fille, Madeleine, épousa Hildevert V, seigneur de Vers ; la femme d'Hildebard se nommait Magaline et était dame de Revelles et de Saleux ; Alibert (1053, mort en 1085) épousa Agnès de Vers, décédée après 1093. De cette union naquit Drogon de Thézy, qui disputa à Enguerran de Boves, évêque d'Amiens, la possession de la seigneurie de Vers, mais ne put l'obtenir. Son frère, Raoul de Thézy, plus heureux, devint légataire de l'évêque pour la moitié du domaine (21 mai 1127) ; il était seigneur de Thézy depuis la mort de Drogon (1119). Il mourut le 28 octobre 1133 et sa femme, Emmeline de Moreuil, en 1129. Quatre enfants naquirent de cette union : Robert de Thézy, chevalier, l'aîné, laissa de Berthe de Mailly trois enfants ; il décéda en 1157 et fut inhumé dans l'église de Thézy, auprès de son père, qui l'avait fait construire. Sa femme mourut en 1144.

Jean de Thézy, écuyer, vendit la seigneurie à Regnault Le Roy, trésorier du Roi, qui en prit saisine au mois de février 1308. En mai 1310, Philippe le Bel signa des lettres d'amortissement avec permission d'engager la terre à gens d'Eglise ou autres, à charge d'une livre de cire verte à Noël. Elle passa, en 1452, aux mains des Chartreux d'Abbeville, auxquels il fut donné quittance de la redevance en cire. Le 9 juin 1582, ceux-ci baillèrent à cens leur domaine de Thézy au profit de Philippe de Sacquespée, écuyer, seigneur de Selincourt, moyennant 200 livres payables annuellement. Par transaction du 12 janvier 158., ce sens fut racheté 2000 écus d'or soleil. Jeanne de Chambly, veuve de François de Sacquespée et tutrice de ses enfants, présenta, le 14 juillet 1643, le relief de la seigneurie et se fit décharger de la redevance de cire.

René de Sacquespée (1693-1771) prit le titre de marquis de Thézy ; son fils, René-Nicolas-Suzanne, mort sans alliance en 1790, laissa Thézy à sa sœur, Henriette-Julie, mariée (19 août 1780) à Jacques-Marie-Joseph de Witasse, chevalier, seigneur de Vermandovillers, chevau-léger de la garde du Roi.

ARCHÉOLOGIE. — Eglise de 1830. — Château en pierres, du milieu du xviiie siècle, avec fronton triangulaire au milieu des deux façades, ailes assez saillantes et terrasse au midi ; l'aile de l'est est flanquée d'une avancée à trois pans ; il n'y a qu'un étage sur rez-de-chaussée. A l'intérieur les boiseries des appartements sont de la même époque. La chapelle castrale de 1771 a été remplacée par une nouvelle chapelle de style gothique.

Au cimetière, croix en pierres du xviie siècle.

Sur une place du village, on a élevé au xixe siècle un monument à Eloi Morel, dont il est question plus haut.

LIEUX-DITS. — Les Vignes, la Fosse à Diable, le Champ d'Enfer, le Champ pillard, le Champ de St-Médard, le Chemin des Messes.

SOURCES ET BIBLIOGRAPHIE. — Archives de la Somme, B. 335 ; *Inventaire des titres de l'abbaye de Corbie*, arm. III, 1. 129. — Bibliothèque nationale Mss. Picardie, Collection D. Grenier, vol. 202, f° 201 ; vol. 218, f° 176. — DAIRE, *Histoire civile et ecclésiastique des doyennés du diocèse d'Amiens*, Bibliothèque d'Amiens, Mss. 507, I, 80 v°. — *Etat des fiefs de Picardie*, xviie siècle, Bibliothèque de la Soc. des Antiq. de Picard.

Mss. T. I. 9, p. 114. — D. Villevieille, *Le Trésor généalogique*, Bibliothèque nationale, Mss. fr. 31926, f° 131.

V. de Beauvillé, *Recueil de documents inédits concernant la Picardie*, III, 601 ; IV, 447, 448. — I. Darsy, *Les bénéfices de l'église d'Amiens en 1730*, dans les *Mémoires de la Soc. des Antiq. de Picard*, in 4°, VII, 269. — A. de Francqueville, *Note sur une garde d'épée*, dans le *Bulletin de la Soc. des Antiq. de Pic.*, XX, 371. — A. Janvier, *Boves et ses seigneurs*, p. 369 n. — Villers de Rousseville, *Nobiliaire de Picardie*, p. 385.

Hameau. — **Glimont.**

Organisation ecclésiastique. — Paroisse du doyenné de Fouilloy, archidiaconé et diocèse d'Amiens. Vocable, St-Médard. Présentateur, l'abbé de Moreuil. La plus grande partie de Thézy était de la paroisse. Décimateur, le chapitre de Fouilloy.

Secours, Thézy. — Chapelle castrale, fondée en juin 1295, par Robert, chevalier, seigneur du lieu.

Organisation civile. — Comme Thézy. Il restait le château et deux maisons en 1771 ; la dernière maison a disparu au moment de la construction de la ligne de chemin de fer d'Amiens à Compiègne.

Seigneurie. — La seigneurie relevait de la châtellenie de Boves, en deux hommages ; primitivement elle semble avoir été une mouvance de celle de Fouencamps.

Le premier seigneur connu est Jean de la Trémouille, chevalier, seigneur de Daours (1458), dont la descendance se perpétua jusqu'à sa petite-fille Marguerite de la Trémouille, mariée à Antoine de Crèvecœur (mort en 1496). Philippe de Crévecœur, leur fille, porta Glimont, Daours et autres terres dans la maison des vidames d'Amiens, en épousant, le 9 janvier 1485, Charles d'Ailly (1485-1522). Françoise d'Ailly, héritière de son frère, Louis (1560-67), décédé sans laisser de postérité, s'allia à Antoine de la Garde, seigneur de Tranchillon, gouverneur de Guise. Ils vendirent la seigneurie, vers 1563, à Antoine Boileaue, écuyer, seigneur de Martimont. Suzanne Boileaue, dernière de ce nom, devint la seconde femme de Philippe Le Prévost, écuyer, seigneur de Pendé, Ribeauville, le 30 janvier 1607, et lui apporta la seigneurie de Glimont, qui était encore dans cette famille au moment de la Révolution.

Sources et Bibliographie. — Daire, *Histoire civile et ecclésiastique des doyennés du diocèse d'Amiens*, Bibliothèque d'Amiens, Mss. 507, I. 80 v°. — *Etat des fiefs de Picardie*, xviie siècle, Bibliothèque de la Soc. des Antiq. de Pic. Mss. T. I. 9, p. 58. — D. Villevieille, *Le Trésor généalogique*, Bibliothèque nationale, Mss. fr. 31926, f° 131.

V. de Beauvillé, *Recueil de documents inédits concernant la Picardie*, IV, 447. — I. Darsy, *Les bénéfices de l'église d'Amiens en 1730*, dans les *Mémoires de la Soc. des Antiq. de Pic.*, in 4°, VII. 269.

VERS

Ver, 1146, 1301, 1790 ; Verd, 1557 ; Verre, 1638.

Organisation ecclésiastique. — Paroisse du doyenné de Conty, archidiaconé et diocèse d'Amiens. Vocable, Saint-Remy. Collateur de plein droit, le chapitre de la cathédrale d'Amiens.

Revenus de la cure, 650 livres en 1750, de la fabrique, 230 livres en 1772. Vers possédait deux maladreries, l'une au chapitre de la cathédrale et l'autre réservée aux habitants de Vers et d'Hébécourt.

Organisation civile. — Prévôté de Beauvaisis à Amiens, bailliage d'Amiens jusqu'en 1748, puis bailliage et siège présidial d'Amiens ; élection d'Amiens, intendance de Picardie. Le village d'Hébécourt, qui dépendait de la commune de Vers, en a été séparé en 1878. Population : avec Hébécourt, 415 habitants en 1698 ; seul 201, en 1724 ; avec Hébécourt, 250 en 1772 ; 420 en 1780 ; 146 feux en 1788.

Histoire. — Un monument druidique se trouvait autrefois au lieu dit la Pierre qui tourne. — Vers aurait donné naissance à Hildevert, évêque de Meaux, en 672. — En 1146, Thomas de Boves et son fils, Robert, en présence de l'évêque Thierry, accordèrent la paix à Vers, auquel ils avaient causé de grands maux. — En 1211, fondation d'une maladrerie, sous la direction des moines du prieuré de Saint-Hildevert. — En 1235, un orage très violent renversa l'église. — En 1426, les Anglais livrèrent aux flammes l'église et le village.— En 1472, Charles le Téméraire, à la tête de ses troupes, mit tout à feu et à sang dans la vallée de la Selle. — En 1555, un violent incendie réduisit en cendres la moitié du village.

Seigneurie.— Vers aurait eu pour seigneurs : Madelbert, en 551, son fils Emilien, le fils de celui-ci,

Adalbert, qui mourut en 646 ; son fils, Firmin, frère de saint Hildevert, puis Hildemer, son fils, Hilbert, Hildevert Ier, qui fit bâtir un château, en 788 ; Hildevert II, le Grand ; Hildevert III, sous lequel les Normands envahirent la vallée de la Selle, en 882 ; puis plusieurs Hildevert et Hildevert VIII, qui fit reconstruire le château et l'église, en 1016 ; son fils Hilduin, en 106., assassiné en 1084 par Manassès, seigneur de Montbard ; Hildebaud, son fils, mort sans enfants, en 1119, après avoir légué la seigneurie à son cousin, Enguerran de Boves, évêque d'Amiens. Ce seigneur fit reconstruire l'église sur le haut du village et la dédia à saint Remy et à saint Hildevert ; il mourut en 1127, laissant la terre et seigneurie par moitiés au chapitre de la cathédrale d'Amiens et à Raoul de Thézy. La part de Raoul de Thézy prit le nom d'avouerie ou de vicomté de Vers. Avant 1165, Raoul de Gisencourt rendit à l'église d'Amiens une partie de l'avouerie de Vers, qu'il détenait induement, son père, Guifrid, l'ayant déjà donnée à l'Eglise. En 1144, Robert, fils de Raoul de Thézy, céda son avouerie à son beau-frère, Hugues de Salouel, qui la vendit au chapitre de la cathédrale d'Amiens, déjà possesseur de l'autre partie ; le contrat de vente est de 1165 à 1169. Le chapitre devenait ainsi seul possesseur de la terre et seigneurie.

Fiefs. — Fief d'Aumoise ; les premiers seigneurs en portèrent le nom jusqu'à Jean de Bery, chevalier, qui acheta le fief en 1425 ; son fils, Guillaume de Bery, chevalier, seigneur de Saleux, Pont-de-Metz, Hamel et Aumoise, le vendit en 1459 à Gilles de Bacouel, écuyer ; à la mort de ce dernier, le chapitre de la cathédrale d'Amiens le réunit à son domaine.

Fief de Baimont ; Gilbert, qui mourut en 1115, était seigneur de Baimont et du fief de Cary, qui vient ensuite ; son petit-fils, Robert, ne portait plus le titre de seigneur de Cary, ce fief étant dévolu à son frère Hugues (1149) ; puis viennent des seigneurs qui portent uniquement le nom de Baimont, jusqu'à Guillemette de Baimont, qui épousa Philippe de Glincourt (1347). La femme de son petit-fils, restée veuve, vendit le fief à son frère, Robert de Bacouel, dont la veuve le donna à l'abbaye de Saint-Jean d'Amiens en 1437.

Fief de Cary, seigneurs : Gilbert, seigneur de Baimont et de Cary (1115) ; son petit-fils, Hugues, eut Cary en partage (1152) ; puis les seigneurs en portèrent le nom jusqu'à Jeanne, qui le vendit à Claude de Sarcus, chevalier (1411) ; celui-ci le vendit lui-même à Colard de Gournay, chevalier, seigneur de Monsures (1460), qui le vendit encore à Guillaume d'Ageux, écuyer, seigneur de Vauselle (1466) ; en 1472 le chapitre de la cathédrale d'Amiens réunit ce fief à son domaine.

Fief d'Hébécourt, voir Hébécourt.

Fief de Lentilly, tenu de Vers ; seigneurs : Hardouin, son fils Guy, écuyer, seigneur de Lentilly et de Creuse (1149), puis Eustache et Guy, dont la fille le porta par mariage à Fuscien de Villers, écuyer (1246) ; puis la famille de Villers, jusqu'à Yolande qui épousa Jacques des Essarts, seigneur de Boigicourt, à Revelles (1635) ; puis Thomas et Guillain des Essarts, dont la fille vendit le fief à Robert de Mauchevalier, écuyer, seigneur du Pont-de-Metz (1453) ; Jean de Mauchevalier, dont la fille, Guillemette, épousa François d'Ainval (1503), mort sans postérité. Puis apparaissent : Antoine de Saveuse, écuyer (1601), Antoine Lucas, écuyer, seigneur de Vraignes (1628), son fils Antoine, son fils Antoine-Jean, qui vendit le fief à Jean de Moyencourt (1696), puis la famille de Moyencourt jusqu'à la Révolution.

Fief de Lozières, seigneurs : Adon (1123), Gilon, chevalier (1142) dont la fille épousa Raoul de Thézy, écuyer ; puis ses descendants jusqu'à Raoul de Villers, chevalier, seigneur de Lentilly (1288) ; celui-ci vendit le fief, en 1303, au chapitre de la cathédrale d'Amiens.

Fief de la Mairie ; il fut établi, vers 1130, par le chapitre de la cathédrale d'Amiens. Seigneurs : Roger, en 1133 ; les suivants ne sont connus que par des prénoms ; puis apparaissent Hugues de Lœuilly (1184) et sa famille ; la dernière héritière, Havide de Lœuilly, testa en faveur de son neveu, Gaucher de Villers, en 1281. Sa femme, Blanche des Fossés, veuve sans enfants, légua le fief à son frère, Raoul des Fossés, qui le donna au chapitre de la cathédrale d'Amiens. Le chapitre l'inféoda de nouveau, en 1360, à Gaucher de Famechon ; viennent ensuite Raoul et Jean de Famechon, Jean de Labbeye, parent de ce dernier (1415), puis Pierre de Porécourt (1458), Robert de Mailly, chevalier, seigneur de Rumaisnil, Bazincourt, etc., mort en 1524, André de Hangard et ses fils, Lucas et André (1527), la famille Véru (1548-1556), Josse de Saveuse, à la fin du xvie siècle, Antoine de Saveuse, écuyer, seigneur de Coisy (1601), François de Saveuse (1655), Jacques Mouret, seigneur de Buyon, la famille Mouret, Jeanne Mouret, veuve de Jean Ducroquet, Firmin Ducroquet, Antoine Ducroquet, seigneur de Guyencourt et d'Estrées (1721), Louis d'Aboval, écuyer, Noël Frennelet, et la famille Frennelet, jusqu'à la Révolution.

Fief du Quesnel°; les premiers seigneurs en portaient le nom ; Marie, dame du Quesnel, épousa Anselme, seigneur de Sorchy (1201) ; puis cette famille jusqu'à Jeanne de Sorchy, qui vendit le fief en 1316 à Jacques du Caurel ; ses filles le vendirent, en 1341, à Olivier de Saint-Fuscien, écuyer, dont la petite-fille, Blanche, dame du Quesnel et des Marissons, porta le fief par mariage à Charles Picquet, écuyer, vers 1384 ; leur fils, Antoine, mort sans postérité connue. Apparaissent alors Pierre de Sachy, en 1514, son fils et son petit-fils, puis Antoine Le Caron, en 1614, Pierre Boulet, en 1680, et François Picquet en 1716.

Fief de Valopuy, seigneurs : Charles Copin, en 1655, puis sa famille jusqu'à la Révolution.

Fief de Vauselle ; Guillaume, écuyer, est le premier seigneur connu (1170) ; les suivants ne portent que des prénoms ; puis apparaît, par mariage, Michel de Cocquerel, dont la petite-fille porta le fief en dot à Firmin de Bacouel, écuyer ; puis, par acquisition Raoul d'Ageux, écuyer (1416), sa famille, jusqu'à Louise d'Ageux, qui vendit le fief à Thomas de Romanet, en 1511 ; puis viennent son fils Jacques (1547), Michel de la Barre, écuyer, par acquisition (1588), son fils, Jean, qui le vendit à François Thierry (1633), son fils, Jean-Jacques, qui le vendit à Jean du Val, sieur de Zaleux, des Groseillers, en 1685 ; François Le Caron, par acquisition (1700), Agnès-Marie-Françoise Le Caron, qui le vendit en 1735 à Marie-Françoise de Crény, Louis-François-Etienne de Collemont, écuyer, par sa femme, Françoise de Crény (1741) et Jean-Philippe Vrayet, écuyer, seigneur de Franclieux et de Saleux, par acquisition (1768).

Archéologie. — L'église a conservé un portail datant du xiii° siècle ; le reste du monument actuel est du xvi° siècle, mais il a subi d'importantes réparations aux xvii° et xviii° siècles ; le clocher est une cage carrée en charpente couverte d'ardoises, terminée par une flèche obtuse, le tout porté sur la façade de l'église. La nef est basse et lourde, à petites fenêtres, avec deux bas-côtés, dont elle est séparée par des arcades en tiers-point, supportées par des piliers cylindriques sans chapiteaux. Le chœur est grand, régulier, très élevé, éclairé par de belles fenêtres. Cuve baptismale basse et carrée, garnie aux quatre angles de colonnettes s'évasant de bas en haut ; les faces de la cuve sont ornées d'arcatures; Viollet le Duc l'attribue au XIIIe siècle et M. Enlart au XIVe. L'église renferme plusieurs tombes et épitaphes, dont deux concernent la famille de Moyencourt. Retable en bois, bien conservé, paraissant dater du XVIe siècle ; il se compose de dix panneaux, représentant des scènes de la Passion, l'Ascension et la Pentecôte.

La maison de la Mairie féodale existait encore il y a quelques années ; mais elle a été complètement restaurée et il ne reste que les bases des murs ; elle est située sur la rive gauche de la Selle et appartient à M. Monnoyer-Debary. Un médaillon figurant les armoiries des Mouret et qui était, avant la restauration, sur la porte d'entrée, est conservé dans la maison, (d'azur au bouquet de *murets* (giroflées) d'or, accosté de deux étoiles de même et accompagné de trois croissants de même, deux en chef, un en pointe).

Dans le fond du parc, se trouve une table de pierres du XIIe ou du XIIIe siècle ; elle est octogonale, porte à son bord des moulures simples et est supportée par un pied bas, rond dans le haut et s'amortissant sur un socle cubique par quatre feuilles évasées dans le bas ; le socle lui-même possède une moulure en dents de scie.

Lieux-dits. — Les Vignes, la Maladrerie, la Grange des dîmes, la Carrière des Fées, la Pierre qui tourne, Lozières, la Justice.

Sources et Bibliographie. — Archives de la Somme, E. 143 f° 315; E. 144, f° 289 v°. — Bibliothèque nationale, Mss., Picardie, Collection D. Grenier, vol. 112 bis. — *Etat des fiefs de Picardie*, xviie siècle, Bibliothèque de la Soc. des Antiq. de Pic., Mss. T. I. 9, p. 121.

Daire, *Histoire civile et ecclésiastique du doyenné de Conty*, publiée et annotée par A. Ledieu, dans le *Cabinet historique de l'Artois et de la Picardie*, XII. 82. — I. Darsy, *Les bénéfices de l'église d'Amiens en 1730*, dans les *Mémoires de la Soc. des Antiq. de Pic.*, in 4°, VII, 182. — C. Enlart, *L'architecture romane dans la région picarde*, dans les *Mémoires de la Soc. des Antiq. de Pic.*, p. 36. — Goze, *Note sur Vers*, dans le *Mémorial d'Amiens* du 31 août 1861. — D. Grenier, *Introduction à l'histoire générale de la province de Picardie*, dans les *Mémoires de la Soc. des Antiq. de Pic.*, in 4°, III, 461. — H. Josse, *Notice historique sur les communes de Vers et d'Hébécourt*. — Ch. Pinsard, *Découverte d'un cimetière gallo-romain*, dans le *Bulletin de la Soc. des Antiq de Pic.*, XIV, 211 et XV, 352. — Roze, Roux et Soyez, *Le Cartulaire du chapitre de la cathédrale d'Amiens*, dans les *Mémoires de la Soc. des Antiq. de Pic.*, in 4°, XIV, 32, 62, 64, 76, 162, 180, 299, 469.

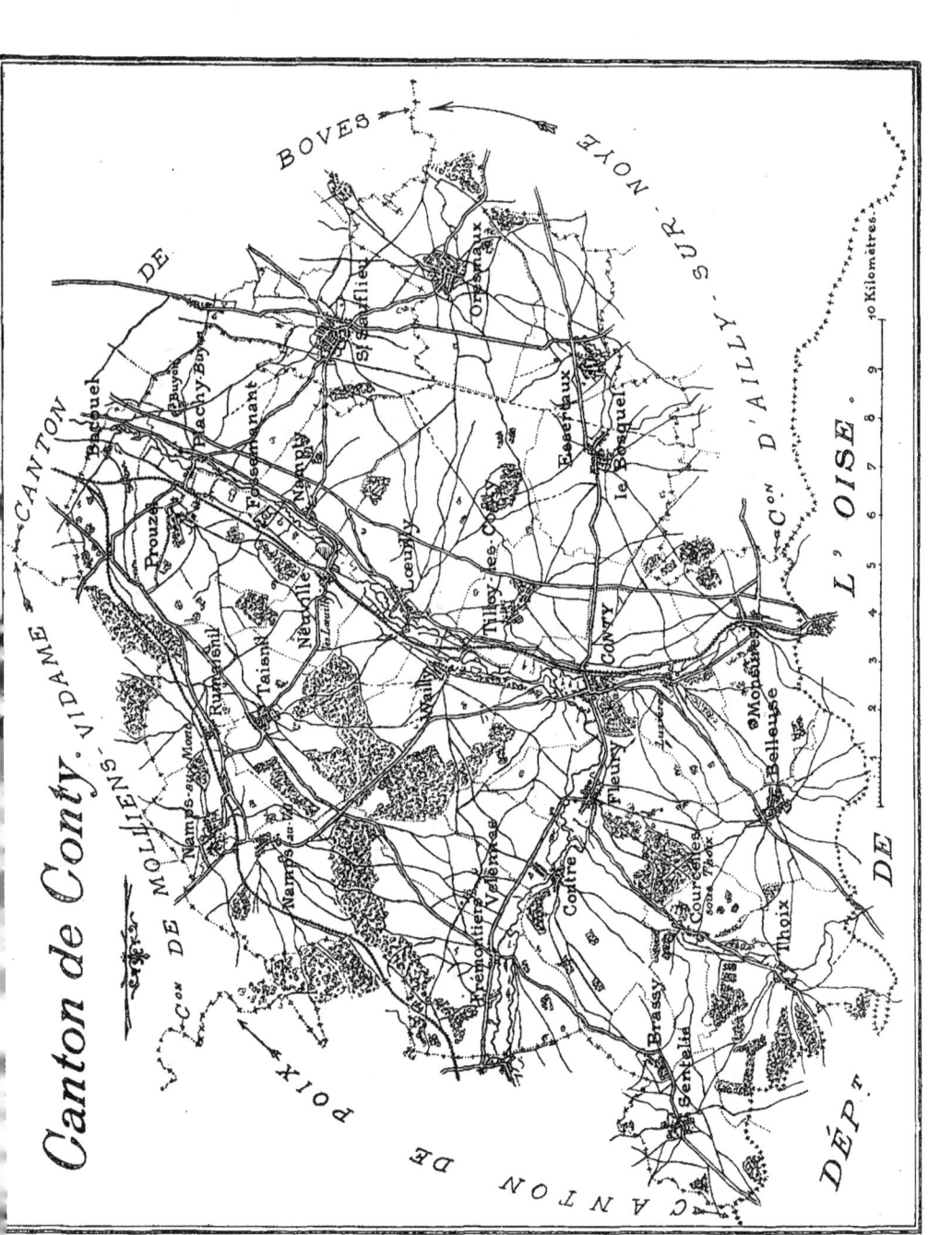

CANTON DE CONTY

Par MM. G. de WITASSE et L. LEDIEU

CONTY

Cunteium, 1042 ; Contiacum, 1142 ; Conthy, 1303 ; Conti, 1390.

Organisation ecclésiastique. — Chef-lieu du doyenné, archidiaconé et diocèse d'Amiens, Conty comprenait deux paroisses : 1° Saint-Antoine. Présentateur : l'abbé de Saint-Quentin de Beauvais. Décimateur : le prieur du lieu. L'abbaye de Saint-Fuscien, par titre de 1178, avait une partie de la dîme qu'elle céda au prieuré. Revenu : 500 livres (alias 450) en 1736.

2° Saint-Martin, situé hors du bourg. Présentateur, l'abbé de Saint-Quentin de Beauvais. Décimateur : le prieur du lieu, qui remettait à l'abbaye de Saint-Fuscien 60 livres par an (1736). Le chapitre d'Amiens avait acquis moitié de cette dîme de Jean de Fluy, dit le Roux, en 1241. Revenu : 400 livres en 1736 ; 1350 livres en 1770.

Prieuré : l'église Saint-Antoine était autrefois le siège d'un prieuré dépendant de l'abbaye de Saint-Quentin de Beauvais (ordre de saint Augustin), à qui il fut donné en 1141 par Henri, archidiacre de

Beauvais ; son revenu en 1790 était de 2813 livres, dans les deux paroisses.

ORGANISATION CIVILE. — Les deux paroisses appartenaient à deux ressorts différents : 1° Saint-Antoine, à la prévôté foraine de Clermont en Beauvaisis, bailliage de Clermont ; 2° Saint-Martin, à la prévôté de Beauvaisis à Grandvilliers, bailliage d'Amiens. Election d'Amiens, intendance de Picardie ; grenier à sel de Grandvilliers.

Population : En 1303, 833 habitants roturiers, avec Luzières et Rivière ; en 1689, 330 communiants dans la paroisse Saint-Antoine et 40 dans celle de Saint-Martin ; en 1698, 550 hab. ; en 1709, 55 feux ; en 1726, 146 feux et 475, alias 705, habitants ; en 1760, 157 feux ; en 1772, 198 feux et 526 habitants ; en 1780, 1200 habitants ; en 1782, 177 feux ; en 1790, 189 feux.

HISTOIRE. — L'histoire de Conty ne commence guère qu'au XIe siècle, avec celle de ses seigneurs. Antérieurement, nous savons seulement qu'au milieu du Ve siècle, vers 450, Attila, avec ses Huns, après avoir saccagé Amiens, détruisit Conty de fond en comble et que, dans le cours du IXe siècle, la localité fut pillée par les Normands.

Dans une charte du XIIe siècle les habitants de Conty sont appelés *burgenses* (bourgeois), ce qui porterait à croire à une ville avec mairie et échevinage ; mais ces prérogatives furent sans doute supprimées dans la suite. Un titre du XVe siècle fait mention des portes de Magny, de Saint-Ladre, du

Hamel et des anciens fossés, d'où l'on déduit que Conty était à cette époque fortifié.

En 1456, il existait une foire franche de Saint-Antoine et de Saint-Barthélemy, qui fut supprimée en 1760 par l'évêque d'Amiens. Adrien de Mailly obtint du roi Charles VIII, par lettres patentes du 12 août 1486, l'établissement de deux foires, l'une le vendredi après Quasimodo et l'autre le jour de Saint-Barthélemy, et un franc marché tous les vendredis de l'année pour la vente du blé. Par lettres patentes, données à Versailles au mois de mai 1775, Louis XVI établit une foire et un grand marché le troisième vendredi de chaque mois pour la vente des bestiaux et autres marchandises.

Durant les guerres du xv° siècle, comme encore au temps de la Ligue, Conty fut, pour la ville d'Amiens, un fâcheux voisinage.

Conty a vu naître, en 1597, Adrien Deheu, lieutenant général de la sénéchaussée de Ponthieu et, en 1622, Nicolas Feuillet, fameux prédicateur dont parle Boileau dans sa 9° satire.

Seigneurie. — La seigneurie de Conty était d'abord une vicomté relevant du comté d'Amiens ; elle entra dans la mouvance du comté de Clermont vers 1150, par le mariage du comte Raoul avec Adèle de Breteuil. Elle reçut le titre de baronnie en 1472, de marquisat en 1560 et de principauté en 1598.

Le premier seigneur de Conty, dont on possède le nom, fut Oger de Conty, qui vivait en 1044 ; sa famille conserva la seigneurie jusqu'à la fin du xııe siècle, époque où Agnès de Conty, fille unique d'Eustache de Conty, dernier représentant mâle de cette famille, épousa Wauthier II du Hamel ; la seigneurie de Conty passa alors à la famille du Hamel dont les membres portaient le surnom de Maillart. Isabelle du Hamel Conty épousa, en 1426, le célèbre Colart de Mailly, régent de France lors de la démence de Charles VI, qui mourut vers 1457 sans laisser d'enfants. Ferry I de Mailly, son frère cadet, hérita de la terre de Conty ; ses descendants la conservèrent jusqu'en 1527, où Jean de Conty, dernier baron du nom de Conty, mourut sans enfants. La terre de Conty passa alors à sa sœur, Magdeleine de Mailly, épouse de Charles de Roye, comte de Roucy ; leur fille, Eléonore de Roye, épousa, le 22 juin 1551, Louis Ier, prince de Condé, et la principauté de Conty échut au xvııe siècle à Armand de Condé, frère puîné du grand Condé, qui fut la tige de la maison de Bourbon-Conti. La propriété de la seigneurie de Conty resta en la possession de la famille de Bourbon jusqu'en 1622, où Henri II de Bourbon la vendit à Maximilien Ier de Béthune, duc de Sully, comte de Rosny, ancien ministre d'Henri IV. Maximilien-Pierre-François de Béthune, marquis de Conty, l'un de ses descendants, mourut sans enfants en 1712, laissant pour héritier son frère cadet, Maximilien-Henri de Béthune, qui lui aussi mourut sans enfants, en 1729. Maximilien-Antoine-Armand de Béthune, de la branche des comtes et des ducs d'Orval, cadets de la maison de Béthune, fut substitué à la branche des ducs de Sully ; il vendit, vers 1773, le marquisat de Conty à Joseph-Anne-Auguste-Maximilien de Croy d'Havré, duc de Wailly, qui fut le dernier seigneur de Conty.

Mouvances de la seigneurie de Conty : à Argœuves, l'une des deux seigneuries, depuis 1551 ; à Belleuse, la seigneurie, quatre fiefs dont deux abrégés en 1373 ; à Bergicourt, la seigneurie en partie ; au Bosquel, la seigneurie, (v. le Bosquel) ; à Brassy, la seigneurie pour l'un des trois fiefs qui la composent ; à Cempuis, (canton de Crèvecœur, Oise), la seigneurie ; à Contre, fief de l'abbaye de Beaupré avec manoir en 1373 ; deux autres fiefs ; à Famechon, partie de la châtellenie ou simple fief ; à Fleury, deux fiefs en 1373, fief de Cempuis, fief de Lentilly, fief de Rivery ; à Frémontiers, le quart de la seigneurie et un autre fief en 1373, réuni au domaine de Conty en 1774 ; à Grandvilliers (arr. de Beauvais), fief (1373-1374) ; à Guizancourt, la seigneurie ; à Luzières (Conty), la seigneurie, deux fiefs en 1456 ; à Ménévillers (Moyencourt), la seigneurie ; à Monsures, la seigneurie (château et manoir en 1373), fief de la chapelle (1373), fief Cauvenne (1373), fief Haute rue (1456), fief Quéret (1373-1456) ; à Rivière (Conty), moitié de la seigneurie ; à Rost (Frémontiers), le fief ; à Saulchoix-sous-Poix, la seigneurie ; à Sentelie, la seigneurie ; à Sommereux (canton de

Grandvilliers, Oise), fief de Grandville ou Graville, acquis par les Hospitaliers du lieu en 1448, abandonné par échange en 1551 ; à Suzenneville ou Uzenville (Frémontiers), le fief ; à Tilloy-lès-Conty, la seigneurie en partie, fief de Forest créé en 1587 ; à Velennes, la seigneurie composée d'un fief à Velennes, d'un autre à Wailly, trois fiefs en 1373 ; à la Verrière (canton de Grandvilliers), la seigneurie ; à Viel-Tilloy (Tilloy-lès-Conty), le fief.

Fiefs. — Les suivants sont tous tenus de la seigneurie de Conty : le fief Crigon, dont relève le fief Mahieu Cauchie ; le fief de Graville, réuni au domaine en 1774 ; le fief de Hordelle, consistant en une maison (1456-1774) ; le fief de Rivery, 10 arpents, Jean de Rivery en 1456 ; le fief St-Martin ; treize fiefs en 1373, dont un sur le travers, un derrière le Quesnoy de Conty et un aux garennes.

Archéologie. — On a découvert récemment deux cercueils gallo-romains dans la direction du cimetière.

Du château il ne reste guère que la motte, qui domine le bourg sur un promontoire, près de l'église ; un cône élevé, isolé et séparé du plateau par un fossé profond, doit être l'emplacement du donjon. Il existe aussi une levée de terre, coupant le fossé et ayant pu succéder à un pont-levis, qui unissait le donjon, sinon à l'habitation, du moins au plateau. Dans le puits on a remarqué à plusieurs étages des ouvertures, qui sont sans doute des entrées de souterrains. Ce château fut démoli en 1589.

Eglise. — L'ancienne église Saint-Martin, située hors du bourg, n'existe plus. L'autre église paroissiale, sous le vocable de Saint-Antoine, dans l'intérieur de celui-ci, a été conservée. C'est un joli édifice à peu près complet du commencement du XVIe siècle, de style gothique flamboyant. Elle se compose d'une nef, d'un chœur à chevet plat, avec bas-côtés s'arrêtant au sanctuaire. Le clocher, tour carrée appuyée au chœur, est cantonné de contreforts ; sur l'un d'eux on remarque la statue de saint Antoine, patron de l'église, et, aux angles supérieurs de cette tour, quatre gargouilles en forme de monstres ailés.

Le portail latéral du côté sud est divisé en deux baies en anse de panier avec un amortissement unique en accolade, orné de crochets, dont la partie supérieure n'existe plus, et flanqué de deux pinacles. Le tympan est ajouré dans le goût flamboyant. Les piédroits supportent quatre statues de saints, dont l'une a été maladroitement restaurée.

La façade principale est moderne ; on a cherché à y introduire le style général de l'édifice.

A l'intérieur, le transept et le chœur sont voûtés en pierres avec clefs pendantes ornées de sujets sculptés. Dans le chœur on remarque quatre belles statues, dues au sculpteur Cressent, d'Amiens (XVIIIe siècle) et provenant de l'église des Carmes de cette ville.

Dans la chapelle Saint-Nicolas, qui s'adosse au clocher, se trouve une piscine de la Renaissance.

A droite, avant d'entrer dans le chœur, contre un pilier est une petite chapelle dédiée à la Vierge, avec un autel en bois sculpté, datant de 1673, qui provient de l'église d'Ailly-sur-Noye, où il avait été transporté de celle du Saint-Sépulcre de Montdidier.

Vis-à-vis et toujours à l'entrée du chœur, se trouve l'autel consacré à saint Antoine, patron du lieu, jadis siège d'un pélerinage.

On remarque encore : près du portail, une statue de saint Christophe, plus grande que nature, du xvi° siècle ; un fragment de pierre tombale du xiii° siècle ; dans le mur du nord, un bas-relief représentant la Cène et le Lavement des pieds et la pierre tombale de la femme et des fils de Simon de Colmont.

Lieux-dits. — Le Bellicamp, les Viviers, la Vallée à Cat, le Parc à Glennes, la Croix Vilmart, Saint-Martin, la Croisette, la Bellouselle, la Ligue, la Justice, les Englées (ou Anglay), la Bazenne, les Raideries, les Mottes, les Ruissoirs, le Clos Saint-Ladre, les Etournelles, la Haute Borne, le Chemin des Rentes, les Vignes, l'Hôtel-Dieu, le Bas de la Lombardie.

Sources et Bibliographie. — Archives de l'Oise, II 155. — Archives de la Somme, B 301 ; C 857 à 860. 2133 pp. 152, 214, 352, 2135 f° 45, 2139, 2140, 2145 ; D 75 ; E 143 f° 50, 189, 193, 196 pp. 21, 91, 96, 105. — Bibliothèque nationale, Mss., Picardie, Collection D. Grenier, vol 199, f° 23. — *Etat des fiefs de Picardie*, xvii° siècle, Bibliothèque de la Soc. des Antiq. de Pic. Mss. T. I. 9, p. 34.

CONTY (Le Hamel)

P. Anselme, *Histoire généalogique et chronologique...*, I. 345. — A. de Calonne, *Histoire de la Ville d'Amiens*, II. 93, 102. — J. A. Catonnet, *Histoire de Conty*, Bibliothèque de la Soc. des Antiq. de Pic. Mss. T II, 3. — Daire, *Histoire civile et ecclésiastique du doyenné de Conty*, publiée par J. Garnier, p. 8. — Daire, *idem*, publiée et annotée par Alcius Ledieu, dans le *Cabinet historique d'Artois et de Picardie*, XI, 135. — I. Darsy, *Les bénéfices de l'église d'Amiens en 1730*, dans les *Mém. de la Soc. des Antiq. de Pic.*, in 4º VII, 174. — Dournel, *France-Album*, Conty. — A. Dubois, *La Ligue*, p. 57. — Dusevel et Scribe, *Description du département de la Somme*, II. 78. — J. Garnier, *Mémoire sur les monuments... de la Somme*, p. 13, Bibliothèque de la Soc. des Antiq. de Pic. — A. Goze, *Mélanges historiques*, Bibliothèque d'Amiens, Mss. 819, pp. 3, 40, 193. — R. de Guyencourt, *Notice sur Conty*, dans *La Picardie historique et monumentale*, Tome Ier, p. 275. — A. Janvier, *Petite histoire de Picardie, Dictionnaire historique et archéologique*, Conty, p. 122. — A. Janvier. *Notice sur Conty*, dans l'*Annuaire administratif et statistique du département de la Somme*, 1890. — A. Ledru, *Histoire de la maison de Mailly*, I, 276 ; II, 243. — E. de Lépinois, *Recherches... sur l'ancien comté de Clermont en Beauvaisis...*, p. 123. — Comte de Luçay, *Le Comté de Clermont en Beauvaisis, le dénombrement de 1373*, p. 217. — E. Mannier, *Les commanderies du grand prieuré de France*, p. 582. — J.-B. Pagès, *Notes sur Amiens et ses environs*, publiées par L. Douchet, III, 9. — G. Rembault, *Eglise, château et seigneurie de Conty*, dans *Eglises, Châteaux, Beffrois, etc.* — Roze, Roux et Soyez, *Le Cartulaire du chapitre de la cathédrale d'Amiens*, dans les *Mémoires de la Soc. des Antiq. de Pic.*, in 4º, XIV, 33. — Villers de Rousseville, *Nobiliaire de Picardie*, Conty, p. 123.

Hameaux. — 1º **Le Hamel.** — Hamellum, 1280 ; Hamel-le-Conti, 1757.

Seigneurie. — La seigneurie appartint d'abord au château de Conty (1480), puis elle a été unie à la seigneurie de Lœuilly.

FIEFS. — Fief des Douchers (Pierre Douchet, 1680), masure et 65 journaux de terre ; fief du Cornollier, mouvant de la seigneurie de Tilloy-lès-Conty ; fief noble du Hamel (9 journaux de terre), tenu de la châtellenie de Picquigny.

SOURCES ET BIBLIOGRAPHIE. — Archives de la Somme, E 143, f° 50 ; E 144, f° 255 v° ; E 196, pp. 48 et 105.
DE SAINT-PONS, *Généalogie de la maison du Hamel.*

2° Luzières. — Luysières, 1229 ; Lusiers, 1303 ; Luzierre, 1772.

ORGANISATIONS ECCLÉSIASTIQUE ET CIVILE. — Comme la paroisse St-Antoine de Conty ; Luzières aurait eu son église vers 1689. Population : en 1303, 42 habitants, avec Tilloy-lès-Conty ; en 1608, 150 habitants, avec Rivière.

SEIGNEURIE. — La terre et seigneurie de Luzières relevait de la châtellenie de Conty ; elle consistait en un chef-lieu de 10 journaux, 7 journaux de bois, 150 journaux de terres labourables, 4 journaux de prés, avec champart sur 200 journaux, censives et droits seigneuriaux. Seigneurs : Aubert Levasseur, (1456) ; Jean III de Monsures, dit Maillart, écuyer, (1462) ; Aubert Fauvel, seigneur de Luzières et Estrées, (1539) ; Charles du Gard, écuyer, (1624) ; Jean-Baptiste-Nicolas Boulanger de Luzières, (1774).

FIEFS. — Plusieurs fiefs tenus de même, dont trois à Luzières et à Bergicourt en 1373 ; fief d'Obvillers (10 journaux, champart, censives), tenu de la seigneurie de Tilloy-lès-Conty, arrière-fief du comté de Clermont.

Archéologie. — Le château, avec tout ce qui l'entoure, est du commencement du XIXe siècle, malgré l'apparence archaïque qui lui a été donnée.

Sources et Bibliographie. — Archives de la Somme, E 196, p. 103.

Daire. *Histoire civile et ecclésiastique du doyenné de Conty*, publiée par J. Garnier, p. 16. — E. de Lépinois, *Recherches... sur l'ancien comté de Clermont en Beauvaisis*, p. 245. — Comte de Luçay, *Le comté de Clermont en Beauvaisis, le dénombrement de 1373*, p. 222. — G. Rembault, *Eglise, château et seigneurie de Conty*, dans *Eglises, Châteaux, Beffrois*, etc.

3º Rivière. — Rivaria, 1034 ; Riverii, 1189 ; Rivières, 1204.

Organisation ecclésiastique. — Comme la paroisse St-Martin de Conty.

Organisation civile. — Comme la paroisse St-Antoine de Conty.

Seigneurie. — La moitié de la seigneurie relevait de la châtellenie de Conty ; l'autre moitié (maison, grange, colombier, 16 journaux 30 verges de domaine) était tenue de la châtellenie de Lœuilly, mouvant de celle de Picquigny. Jean Desnaux, en 1456. Le P. Daire cite sans date Pierre de Nœux, qui la légua à Baude de Soubite.

Sources et Bibliographie — Archives de la Somme, E 189, E 196, p. 45.

G. Rembault, *Eglise, château et seigneurie de Conty*, dans *Eglises, Châteaux, Beffrois*, etc.

BACOUEL

Bascoel, 1093 ; Bacouel, 1145 ; Bascouel, 1147.

Organisation ecclésiastique. — Paroisse du doyenné de Conty, archidiaconé et diocèse d'Amiens. Vocable, Notre-Dame. Présentateur, l'abbé de St-Acheul, par donation de l'évêque Gervin en 1093. Décimateurs : l'abbaye de St-Acheul, pour une moitié, et la chapelle de St-Augustin et la deuxième de St-Honoré à la Cathédrale, la chapelle du grand autel de l'église St-Remi d'Amiens, pour l'autre moitié. Le chapitre d'Amiens a acheté ces dîmes, en 1720, de Witasse de Nœville. Revenu de la cure : 750 livres en 1730 et 1518 livres en 1789.

Organisation civile. — Prévôté de Beauvaisis à Amiens, bailliage d'Amiens, jusqu'en 1748, puis bailliage et siège présidial d'Amiens ; élection d'Amiens, intendance de Picardie ; grenier à sel d'Amiens. Population : en 1724, 27 feux ; en 1772, 82 habitants ; en 1780, 130.

Histoire. — En 1472, Charles le Téméraire détruisit un hameau du nom de Villers, situé sur une hauteur appelée le Mont-Bard.

Seigneurie. — C'était une pairie de la châtellenie de Picquigny, tenue de l'évêché d'Amiens (vidamé). Elle se composait d'une maison seigneuriale, de plus de 300 journaux de terres et domaine, 35 journaux de prés, 24 de bois, 3 moulins à blé, à huile et à draps, et de censives.

Les premiers seigneurs de Bacouel semblent fort hypothétiques, nous les donnons néanmoins pour être complet. De Vibert de Bacouel, époux d'Ismène, fille de Georges, seigneur de Boves, naquit Hilde ou Clotilde de Bacouel, dame du lieu, de Sentelie et Montbard, qui épousa Adalbert de Vers. Il en eut cinq enfants. Le troisième, nommé également Adalbert, est la tige des seigneurs de Bacouel, qui prirent dans la suite le nom du village. Il bâtit en 656 une église à Bacouel et fut inhumé en 679. Sa femme, Marie, nièce de l'évêque d'Amiens, Berthefride, lui donna quatre enfants. Hildegaud, l'aîné, assista en 673 au sacre de son oncle Hildevert, comme évêque de Meaux ; il mourut en 709, laissant deux fils de Bilharde, fille de Thierry, seigneur de Sains ; Raoul, l'aîné, lui succéda.

Ici s'arrête cette nomenclature invraisemblable des seigneurs de Bacouel ; les noms qui vont suivre sont au moins appuyés de documents authentiques, mais il faut sauter plus de deux siècles pour les rencontrer. En 1147, paraît Raoul de Bacouel ; Adam choisit sa sépulture dans l'église de l'abbaye de Saint-Acheul et donna au monastère, pour célébrer son anniversaire, un demi-muid de blé et un demi-muid d'avoine, à prendre dans sa grange de Bacouel, plus huit charretées de bois à trois chevaux dans ses bois. Raoul, son fils, confirma en 1226 cette fondation ; en 1223, il se reconnut homme lige du vidame d'Amiens et de Drieux de Sessaulieu et déclara qu'il devait au premier un an de stage à Picquigny avec sa femme. Son fils aîné, appelé aussi Raoul, vendit, en 1269, une rente à l'abbaye du Gard. Puis vient Jean, fils de ce dernier. M. Alcius Ledieu et M. de Belleval croient qu'il fut sénéchal et gouverneur de Ponthieu, en 1301, et qu'il servit en Flandre avec trois écuyers, en 1302 et 1307. Il peut avoir été l'aïeul de Jean, dit Blanchard ou Blanchardin de Bacouel, qui servait en Flandre avec neuf écuyers en 1349 ; en 1353, il vendit au chapitre d'Amiens son travers de Bacouel ; il vivait encore en 1384.

Depuis lors, la famille de Bacouel paraît avoir abandonné sa terre patrimoniale pour s'établir en Ponthieu, où elle a possédé les seigneuries de Sailly-Bray, Guébienfay, Inval et autres. A la fin du xve siècle, Bacouel était possédé par Pierre Sénéchal, seigneur d'Argœuves et de Bacouel, et Alix Maroalle, sa femme ; Pierre mourut en 1515, suivant une inscription découverte en 1856, sur la place St-Firmin d'Amiens. Françoise de Mussen, dame de Bacouel, épousa Raoul Formé, écuyer, seigneur de Rouvray-les-Merles (1531) ; ils vendirent Bacouel, en 1564, au seigneur des Marests, peut-être Antoine d'Aboval, écuyer, chevalier de l'ordre du Roi, qui le légua le 9 mars 1587 à son neveu, Antoine d'Aboval, écuyer. Au commencement du xviiie siècle, les d'Aboval disparaissent pour faire place à Jean-Gilbert-Christophe Linart, seigneur d'Aveluy,

Divion, Authuille, qui épousa, le 19 avril 1720, Marie-Françoise-Elisabeth de Louvencourt. Il vendit la terre en 1759 à Jean-Baptiste Jourdain, écuyer, seigneur de Thieulloy-la-Ville, qui devint lieutenant-colonel de la milice bourgeoise de Paris, quartier du Luxembourg, en 1764. Bacouel appartenait en 1789 à Marie-Robert Jourdain de Thieulloy.

Fiefs. — Fiefs Namptuel ou Nantuel et de la Mairie, tenus de la seigneurie. Marie de Belloy, veuve de noble homme Jacques Wardel, demeurant à Abbeville, possédait le premier en 1557.

Quatre fiefs aux Oisons, ainsi appelés parce que deux d'entre eux devaient deux oisons blancs de redevance annuelle, tenus de Picquigny. Marguerite Ledoux, femme de Claude d'Hangest, les tenait en 1677 ; Marie-Thérèse Hannin les vendit en 1762 au seigneur Jean-Baptiste Jourdain de Thieulloy.

Fief et pairie du Bois de Bacouel (180 journaux de bois et 80 l. de censives sur le péage de Picquigny), mouvant de Picquigny ; Marie de Hangest, femme de Renaud de Trie, seigneur de Fontenay (1401).

Archéologie. — L'église basse et petite, en pierres, très restaurée, n'a conservé aucun caractère. Une seule nef, voûtée en bois, en arc brisé. A la corniche du chœur, il reste deux têtes en bois sculpté, en blochets, d'un intérêt médiocre.

Lieux-dits. — La vallée Acart, le bois de l'Hôtel-Dieu, le Mont d'Heilly, le Mont-Bar, la Longue borne, le petit et le grand Camp St-Martin, la Queue de vache, la Garenne, les Engagements, le Montrieux, le Camp Pillard, le Pré de l'Eglise, le Pré Notre-Dame, la Fontaine Sainte-Mansuée.

Sources et Bibliographie. — Archives de la Somme, B 304 ; C 814, 2139, 2140 ; E 143, f° 11 v° ; E 144, f°⁸ 202 v°, 203 v°, 204 ; G 2449. — *Cartulaire de Picquigny*, Archives nationales, R¹ 35, charte 160. — *Etat des fiefs de Picardie*, xvii⁰ siècle, Bibliothèque de la Soc. des Antiq. de Pic. Mss. T I, 9, p. 7.
V. de Beauvillé, *Recueil de documents inédits concernant la Picardie*, III, 236 ; IV, 301. — Daire, *Histoire civile et ecclésiastique du doyenné de Conty*, publiée et annotée par Alcius Ledieu, dans le *Cabinet historique de l'Artois et de la Picardie*, XI, 161. — I. Darsy, *Les bénéfices de l'église d'Amiens en 1730*, dans les *Mémoires de la Soc. des Antiq. de Pic.*, in 4°, VII, 172. — A. Goze, *Mélanges historiques*, Bibliothèque d'Amiens, Mss. 819, pp. 2, 12, 49 v°, 68. — J. Roux, *Histoire de l'abbaye de St-Acheul*, dans les *Mémoires de la Soc. des Antiq. de Pic.*, in 4°, XII, 372.

Hameaux

Plachy, secours, (voir ce mot).
Buyon, (voir ce mot à l'article de Plachy).
La Maison blanche.

BELLEUSE

Beeleuse, 1225 ; Belleuses, 1303.

Organisation ecclésiastique. — Paroisse du doyenné de Conty, archidiaconé et diocèse d'Amiens. Vocable, St-Pierre. Présentateur : l'évêque d'Amiens. Décimateurs : 1/3 au prieur de Frémontiers, uni au collège d'Amiens, 1/3 à l'abbaye de Beaupré, 1/3 au curé. Revenu : 500 l. en 1730. — Chapelle de St-Pierre, fondée par Manassès de Conty, en septembre 1231.

ORGANISATION CIVILE. — Prévôté de Beauvaisis, à Grandvilliers, bailliage d'Amiens ; élection d'Amiens, intendance de Picardie ; grenier à sel de Grandvilliers. Population : en 1689, 450 communiants ; en 1724, 169 feux et 527 habitants ; en 1772, 189 feux et 530 habitants ; en 1788, 188 feux.

SEIGNEURIE. — Elle s'étendait sur 1800 arpents et relevait de la châtellenie de Conty, mouvant du comté de Clermont.

Avec les documents que nous possédons, il est difficile d'établir la liste définitive des seigneurs. A notre sens, la seigneurie fut divisée de bonne heure. Cette division subsistait encore au xviii° siècle ; la seigneurie principale en comprenait les deux tiers, quinze vingt-quatrièmes appartenant à Joseph Bertier, d'Amiens, et un vingt-quatrième au marquis de Gouffier (1781).

La portion la plus importante nous semble avoir formé anciennement deux seigneuries, auxquelles nous attribuerons les possesseurs suivants :

1° Jean de Belleuse, chevalier, seigneur dudit lieu, qui avait pour gendre, en 1314, Manassès, chevalier, seigneur de Conty. La maison de Conty se perpétua avec Robert, Manassès, chevalier, époux d'Isabeau du Chauchoy, Jean, dit Maillart, qui épousa Marguerite de Soyecourt (1456) ; une

Marie de Conty, dame de Contre et de Belleuse, se maria avec Valeran de Saint-Germain ; de leur union vint Nicole de Saint-Germain, femme de Robert de Canteleu ; leur fille, Jeanne de Canteleu, porta ses biens à Jean de Soyecourt, seigneur de Franconville (1539), dont la famille se continua à Belleuse, par Balthazar et Catherine de Paillart, Charles et Jeanne de Prouville (1569), François et Sara de Madaillan de Montataire (1597).

2° Simon de Dargies (1373), Jean d'Occoch, dit Martel, chevalier, qui la vendit à Jean de Fransures, dit Flamen, écuyer. Celui-ci en fit don à son fils, Pierre de Fransures, écuyer, marié, vers 1510, à Jeanne de Fontaines. Puis viennent Jean de Fransures, gentilhomme de la fauconnerie du Roi, et sa femme, Marie Le Blond (mariés à Amiens, le 14 octobre 1548) ; François de Fransures, écuyer, comme son père gentilhomme de la fauconnerie du Roi, et Anne du Pont ; Maximilien de Fransures, écuyer, et Françoise le Flament (mariés à Amiens, le 8 juillet 1604) ; Florimond de Pont-Craier, brigadier dans les gardes du corps, compagnie du maréchal de Lorges, paraît en 1676 ; puis vient M. Legrand d'Avaucourt, qui légua la seigneurie, par son testament du 20 août 1723, à Françoise de Collemont, femme de François du Fossé, comte de Watteville, et à Marie-Geneviève du Fossé Watteville, leur fille unique. Cette dernière épousa, le 24 octobre 1750, Marie-Marguerite-François-Firmin des Friches, comte Doria, marquis de Payens. Le

1er juin 1759, M. et Mme de Watteville donnèrent à leurs enfants ce qu'ils possédaient de la seigneurie de Belleuse et y ajoutèrent la partie acquise, le 15 décembre 1753, du sieur Berquier. Après eux, le tout passa à leur fille, Marie-Françoise-Elisabeth des Friches Doria, qui se maria le 3 février 1779 avec Stanislas-Catherine de Biaudos, comte de Casteja, chevalier de Saint-Louis, mestre de camp, commandant le régiment Royal-Comtois.

Fiefs. — Fief du Blanc-pignon ; fief Gaux, tenu de Tilloy-lès-Conty et de ………. (xve siècle) ; fief de Villers, tenu de Tilloy ; possesseurs : Balthazar de Soyecourt, dont Charles de Soyecourt (1574) ; Louis de Soyecourt et Anne de Martigny (1634).

Archéologie. — Eglise construite vers 1865 ; on a conservé de l'ancienne église la tour, qui est en pierres ; elle est carrée et sur le côté de la façade ; deux larmiers règnent à deux étages successifs et elle paraît être du xvie siècle, comme était l'ancienne église, dont il ne reste rien de plus.

Lieux-dits. — Le Bois des Vignes, la Terre au Diable, la Corniette, le Fief Cuchon, la Berqueritte, la Queue du vieux Moulin, l'Eguillette, la Grande Borne, le Fief, le Bois de Campreux, les Mureaux, la Vallée d'Enfer, la Vieille Croix, la Charbonnière, la Trupinette, les Bretelles.

Sources et Bibliographie. — Archives de la Somme, B 43, fo 44 ; B 508, fo 110 ; C 816, 2139, 2140 ; D 3, fos 46, 72 ; D 78 ; E 196, p. 104.

P. Anselme, *Histoire généalogique et chronologique...*, VIII, 525.

— DAIRE, *Histoire civile et ecclésiastique du doyenné de Conty*, publiée et annotée par Alcius Ledieu, dans le *Cabinet historique de l'Artois et de la Picardie*, XI, 166. — I. DARSY, *Les bénéfices de l'église d'Amiens en 1730*, dans les *Mémoires de la Soc. des Antiq. de Pic.*, in 4°, VII, 172. — COMTE DE LUÇAY. *Le comté de Clermont en Beauvaisis, le dénombrement de 1373*, p. 219. — ROZE, *Trouvaille d'un trésor,* dans le *Bulletin de la Soc. des Antiq. de Pic.*, VI, 55.

LE BOSQUEL

Bosqueel, 1248 ; Le Bosquel, 1248 ; Bosquellum, 1295.

ORGANISATION ECCLÉSIASTIQUE. — Paroisse du doyenné de Conty, archidiaconé et diocèse d'Amiens. Vocable : la Trinité et Saint-Blaise. Présentateur : l'abbé de Saint-Acheul, en 1301, puis l'abbé de Saint-Martin-aux-Jumeaux d'Amiens, et enfin l'évêque d'Amiens, depuis la réunion de cette seconde abbaye à l'évêché. Décimateurs : les religieux de l'abbaye de Saint-Martin-aux-Jumeaux prenaient 240 livres sur le dîmage en 1730 ; le reste de la dîme appartenait au chapitre d'Amiens et aux dames de Saint-Paul, de Beauvais. L'église était le siège d'un prieuré de l'ordre de Sainte-Geneviève, sous le vocable de Saint-Remy ; ce prieuré est passé par arrangement dans l'ordre des Prémontrés ; il était à la nomination de l'abbaye de Dommartin, sur l'Authie, qui y envoyait un de ses religieux ; en 1790, c'était encore un religieux de cette abbaye qui en était pourvu. Revenu de la cure :

d'abord, de 1010 l., il tomba à 450 l. en 1730 et les revenus de la cure et du prieuré étaient ensemble de 1793 l. en 1789.

Organisation civile. — Prévôté de Beauvaisis à Amiens, bailliage d'Amiens, jusqu'en 1748, puis bailliage et siège présidial d'Amiens ; élection d'Amiens, intendance de Picardie ; grenier à sel d'Amiens, puis de Breteuil, en 1726. Population : 250 communiants en 1689 ; 120 feux et 321 habitants en 1724 ; 117 feux et 280 habitants en 1772 ; 131 feux en 1790.

Seigneurie. — On ne sait au juste de qui elle relevait, mais on croit que trois arrière-fiefs de la châtellenie de Conty, en 1373, ont pu servir à sa constitution.

On a voulu qu'au xve siècle, la seigneurie appartînt à Robert de Sarcus (1445) ; Lainé, dans la généalogie de cette famille, a rétabli la vérité en lui attribuant la seigneurie de Broquier, près Grandvilliers. En 1456, paraît Robert de Rubempré, puis, après une interruption, vient la famille de Baulgis, Baugis ou Bauget ; Charles, écuyer (1539-1562) ; Jean (1580), et sa femme, Jeanne d'Estrées ; Charles (1589) ; Guillaume ; Charles, sur qui le Bosquel et le Vieil-Tilloy furent vendus 33.000 livres à Charles-Maximilien d'Halluin, seigneur de Wailly (1625). Depuis lors, le Bosquel a eu les mêmes possesseurs que Wailly.

Fiefs. — Fief des Belloiers (maison seigneuriale, 21 arpents de terres), tenu en 1562 par Firmin Clabault et Guillaume Sohier, mari et bail d'Antoinette de Rivery ; en 1633, il est passé à l'Hôtel-Dieu d'Amiens. Fief des chapelains d'Amiens (14 journaux de terres), 1688.

Archéologie. — Eglise en pierres : tour carrée sur la façade, portant la date de 1790, avec corniche à modillons ; le portail est orné d'un fronton triangulaire. Il n'y a qu'une seule nef, qui serait de 1760 environ, tandis que le chœur est de 1790, comme la tour. Le maître-autel est surmonté d'une boiserie de style Louis XVI, au centre de laquelle est un demi-relief en bois sculpté représentant une Trinité d'une facture assez ordinaire.

Lieux-dits. — La Vallée de la Montagne Marquemont, la Terre des Verriers, la Trilloy, le Crusent, le Chemin du Rossignol, la Chaussée, le Courtcol, la Borne haut, le Cafandrin, les Belloix, les Vignes, le Pommereuil, le Fief Bourbon, la Coignée.

Sources et Bibliographie. — Archives de la Somme, C 2135, f°s 37 et 121 ; 2136, p. 219 ; 2139, 2140 ; D 67 ; E 188, 196 pp. 143 et 156.

Daire, *Histoire civile et ecclésiastique du doyenné de Conty*, publiée et annotée par Alcius Ledieu, dans le *Cabinet historique de l'Artois et de la Picardie*, XI, 169. — I. Darsy, *Les bénéfices de l'église d'Amiens en 1730*, dans les *Mémoires de la Soc. des Antiq. de Pic.*, in 4° VII, 173. — Comte de Luçay, *Le comté de Clermont en Beauvaisis, le dénombrement de 1373*, p. 221.

BRASSY

Organisation ecclésiastique. — Paroisse de Frémontiers, doyenné de Poix, archidiaconé et diocèse d'Amiens ; puis paroisse de Sentelie, au doyenné de Grandvilliers, depuis 1698. Chapelle de Saint-Hubert. Décimateurs : le prieur de Frémontiers, deux gerbes ; le chapelain de Brassy, quatre.

ORGANISATION CIVILE. — Prévôté de Beauvaisis à Amiens, bailliage d'Amiens, jusqu'en 1748, puis bailliage et siège présidial d'Amiens ; élection d'Amiens, intendance de Picardie ; grenier à sel de Grandvilliers. Population : en 1698, 180 habitants ; en 1724, 45 feux et 137 habitants ; en 1772, 54 feux et 162 habitants ; en 1789, 50 feux.

SEIGNEURIE. — Manoir seigneurial, terres, bois, censives, droits seigneuriaux. Elle était formée des trois fiefs suivants : de Brassy, tenu de la châtellenie de Conty, mouvant du comté de Clermont ; de Nouveau-Lieu, tenu de la seigneurie de Wailly, qui relevait de Conty ; de Romont, mouvant de la seigneurie de Thoix, tenue de la châtellenie de Breteuil et du vidamé de Gerberoy.

On pourrait croire que chacun de ces fiefs a eu son existence propre et ses possesseurs particuliers et que, s'ils furent réunis dans les mêmes mains, ce ne fut que momentanément. Celui de Romont fut uni en 1614 au marquisat de Thoix. Quant à celui de Nouveau-Lieu, la suite de ses seigneurs nous est la mieux connue : Maillart Mauchevalier, fils de Colart, en fit don, en 1406, à Guillaume Mauchevalier ; Jacques Mauchevalier, seigneur de Wailly, le vendit, le 23 janvier 1481, à Pierre Caignet. C'est lui sans doute que Louis XI anoblit en juillet 1477 comme contrôleur général des finances en Artois et en Picardie.

Selon une généalogie manuscrite de la famille Delattre, Simonne Caignet, fille de François, seigneur de Brassy et de Frémontiers, et d'Antoinette Le Normand, aurait épousé Robert Delattre, sieur de Nouveau-Lieu, bourgeois d'Amiens. Claude de Lattre, conseiller du Roi, élu en l'élection d'Amiens, laissa de Marie Fauquel, sa première femme, Claude de Lattre, prêtre, auquel succéda Antoine, son frère, fils de Marguerite d'Ippre. Il fut seigneur d'Harcelaine, Nouveau-Lieu, avocat du Roi au bureau des finances de la généralité d'Amiens (1631-1674). Anne de Lattre, fille de Jean, écuyer, seigneur de Brassy, épousa à Sentelie, le 26 décembre 1699, Louis-Vespasien de Cossart, chevalier, marquis d'Espiès, seigneur d'Omécourt. Jean-Baptiste-Gabriel de Cossart, comte d'Espiès, lieutenant général des armées, commandeur de Saint-Louis, gouverneur de Sainte-Menehould, donna ce fief le 23 janvier 1775 à son frère Louis-Vespasien de Cossart, marquis d'Espiès, maréchal de camp, chevalier de Saint-Louis. Il appartenait, en 1789, à Jean-Baptiste-Christophe de Cossart, comte d'Espiès, chevalier de Saint-Louis, capitaine-commandant d'escadron de cavalerie au régiment de Septimanie.

L'histoire du fief de Brassy ne commence qu'avec la famille Caignet ; il devrait donc avoir subi le sort du précédent, mais des documents, qui contredisent ceux que nous avons invoqués, disent que Marguerite Caignet, fille de Nicolas et d'Antoinette Le Normand, le porta dans la maison de Monsures, en épousant le 16 février 1538, Jacques de Monsures, écuyer, seigneur de Villers-Vermont. Gérault-Florimond de Monsures, chevalier, qui avait pris pour femme Françoise Traville (1ᵉʳ octobre 1681), semble avoir vendu Brassy à M. de Lattre.

Archéologie. — Eglise construite en 1850. A l'intérieur, bas-relief en bois sculpté, du XVIᵉ siècle, représentant l'histoire de saint Hubert, patron de la paroisse ; on suppose qu'il provient d'une ancienne chapelle, qui existait jadis à Brassy, avant sa réunion avec Sentelie.

Lieux-dits. — La Caruée, la Borne, le Romont, les Proies.

Sources et Bibliographie. — Archives de la Somme, B 48, f° 148 v° ; B 78, f° 162 ; B 104, f° 112 ; C 2133, p. 42 ; C 2139, 2140 ; D 82 ; E 196, p. 18 ; E 240 ; E 444, f° 47.
Daire, *Histoire civile et ecclésiastique du canton de Poix*, publiée et annotée par Alcius Ledieu, dans le *Cabinet historique de l'Artois et de la Picardie*, XIII, 11. — I. Darsy, *Les bénéfices de l'église d'Amiens en 1730*, dans les *Mémoires de la Soc. des Antiq. de Pic.*, in 4° VII, 296. 440. — Comte de Louvencourt, *Les Trésoriers de France de la généralité de Picardie*, p. 160. — Villers de Rousseville, *Nobiliaire de Picardie*, Monsures, p. 293.

CONTRE

Contri, 1150 ; Contres, 1594.

Organisation ecclésiastique. — Paroisse du

doyenné de Poix, archidiaconé et diocèse d'Amiens. Vocable, St-Cyr et Ste-Julitte. Présentateur : le prieur de Frémontiers, puis le collège d'Amiens. Prieuré dépendant de l'abbaye de Beaupré. Décimateurs : le curé, qui percevait 4 gerbes de 6 et l'abbé de Beaupré 2 ; en mars 1221, Philippe-Auguste confirma la vente de la dîme de Contre par Pierre d'Estrées à l'abbaye de Beaupré pour ce qui regardait le domaine royal. L'évêque Evrard a confirmé, en 1222, la possession d'une partie de la dîme dont son chapitre jouissait sur le territoire. Revenu de la cure : 584 livres en 1728 ; 1.000 livres en 1772.

Organisation civile. — Prévôté de Beauvaisis à Grandvilliers, bailliage d'Amiens, et prévôté foraine de Clermont, bailliage de Clermont ; élection d'Amiens, intendance de Picardie ; grenier à sel de Grandvilliers. Population : en 1698, 200 habitants ; en 1724, 45 feux et 162 habitants ; en 1760, 53 feux ; en 1772, 57 feux et 159 habitants ; en 1780 et 1789, 60 feux.

Histoire. — Manassès, sire de Conty, reconnut en 1275 au prieur de Frémontiers un droit de haute justice à Contre.

Henri IV avait interdit l'exercice de la religion réformée aux habitants du bailliage d'Amiens, en vertu des articles signés les 9 et 11 septembre 1594. Les protestants ayant alors cherché à maintenir leur culte dans la partie du village de Contre, située hors du bailliage d'Amiens, des réclamations furent adressées au Roi ; pour prévenir les troubles que pouvait occasionner cette situation, Henri IV, par brevet du 27 septembre 1594, étendit au territoire entier de Contre la prohibition dont il avait frappé le bailliage d'Amiens.

Près de la route de Poix à Conty, sur le territoire de Contre, on a découvert des vases en terre, des sarcophages, etc. et dans la prairie on a mis à jour en maintes occasions des fondations, que la tradition attribue à un établissement de Templiers.

Seigneurie. — La seigneurie de Contre relevait du comté de Clermont ; elle appartenait en 1373 à Regnault d'Estrées, en 1419 à Renaud de Créquy, puis au xve siècle à la famille de Conty et passa ensuite à celle de Soyecourt, que l'on trouve en 1539, 1569, 1574 et 1597 ; en 1698, François de Conty reparaissait et sa fille porta la seigneurie aux de Mareuil, qui la possédèrent jusqu'à la Révolution. Le dernier seigneur de ce village fut le comte Alexandre-François de Mareuil.

Fiefs. — Fief tenu de Conty (1373). La mairie de Contre tenue de même.

Fief des Groseillers, acquis vers 1660 par Jean du Val, écuyer, seigneur de Zaleux. Fief de Nouvelieu (80 journaux) relevant d'un fief à Wailly tenu de Conty. Deux autres, mouvant d'un fief au Saulchoix-sous-Poix, tenu de Conty (1373). Fief de la Grande Salle, tenu de la seigneurie de Blangy-sous-Poix, mouvant de la seigneurie de Picquigny. Le fief des Gressoliers (maison, terres, champart) en relevait en 1600. Fief tenu d'un autre à Poix, mouvant en demi-pairie du vidamé de Picquigny.

ARCHÉOLOGIE. — L'église de Contre n'est pas dénuée d'intérêt. Le mur du côté de l'épître paraît remonter au xiie siècle, mais avec de nombreux remaniements. Le clocher est du xive siècle avec toit en bâtière. La partie supérieure a été refaite au xixe siècle. La nef est couverte d'une voûte en bois en carène de navire du xvie siècle, avec entraits et poinçons apparents et blochets sculptés de figures burlesques. Le chœur, du xve ou du xvie siècle, en style gothique flamboyant, est voûté en pierres. Il y avait jadis un collatéral, aujourd'hui détruit. Quelques anciennes statues d'apôtres, du commencement du xviie siècle, provenant d'un groupe détruit, d'une Ascension sans doute, sont conservées dans l'église. On y remarque également un Sépulcre en demi-relief, sculpté dans une seule pierre, dont les personnages sont de grandeur demi-nature ; il semble remonter au milieu du xvie siècle environ.

LIEUX-DITS. — Le Camp Madame, les Proies, la Vallée Plaidoire, le Rosoy, la Plate Pierre, les Prelles, l'Abbaye, le Mont Glier, les Parquets, la Vivienne, les Francs fiefs, l'Epine du Romont, la Vigne, Derrière la Brosse, le Camp St-Cyr, les Galonneuses, Coq Criamont.

SOURCES ET BIBLIOGRAPHIE. — Archives de la Somme, B 3, f° 44 ; B 36, f° 219 v° ; B 49, f° 30 ; B 342 ; C 856, 2139, 2140 ; D 3, f°s 94, 112 ; D 75, 78, 79 f° 183 ; E 196, p. 18. — Bibliothè-

que nationale Mss., Picardie, Collection D. Grenier, vol. 199, f° 19 v°. — Daire, *Histoire civile et ecclésiastique des doyennés du diocèse d'Amiens*, Bibliothèque d'Amiens, Mss. 507, I, 48 v°.
— *Etat des fiefs de Picardie*, xviie siècle, Bibliothèque de la Soc. des Antiq. de Pic., Mss. T. I. 9, p. 34.

P. Anselme, *Histoire généalogique et chronologique...* VIII, 525.
— I. Darsy, *Les bénéfices de l'église d'Amiens en 1730*, dans les *Mémoires de la Soc. des Antiq. de Pic.*, in 4° VII, 437. —
A. Goze, *Mélanges historiques*, Bibliothèque d'Amiens, Mss. 819, pp. 10, 68 v°, 691. — R. de Guyencourt, *Notice sur Contre*, dans *La Picardie historique et monumentale*, Tome Ier, p. 290.
— Comte de Luçay, *Le comté de Clermont en Beauvaisis, le dénombrement de 1373*, pp. 221 à 223.

COURCELLES-SOUS-THOIX

Curcellae, 1105 ; Curcelli, 1140 ; Corcellae, 1189 ; Courcelles, 1229 ; Courcheles-soubz-Thoys, 1301,

Organisation ecclésiastique. — Paroisse du doyenné de Poix, puis de celui de Grandvilliers ; archidiaconé et diocèse d'Amiens. Vocable, St-Martin. Présentateur, l'évêque d'Amiens.

Organisation civile. — Prévôté de Beauvaisis à Grandvilliers, bailliage d'Amiens ; élection d'Amiens, intendance de Picardie ; grenier à sel de Grandvilliers, puis d'Aumale, en 1726. Population: en 1698, 150 habitants ; en 1724, 38 feux et 96 habitants ; en 1772, 29 feux et 79 habitants ; en 1789, 43 feux.

Seigneurie. — Nous n'avons pu en découvrir la mouvance exacte, mais, unie de tout temps à la châtellenie de Thoix, il est probable qu'elle avait la même tenure : la châtellenie de Breteuil et le vidamé de Gerberoy. Les lettres d'érection du marquisat de Thoix comprennent Courcelles parmi ses membres (1652). Lors de la rédaction des coutumes du bailliage d'Amiens, Timoléon Gouffier inscrivit Courcelles au nombre des seigneuries qu'il possédait en Picardie.

Fiefs. — Fief et seigneurie des Alleux ou de Zaleux (maison seigneuriale, masures, enclos, terres labourables, prés, bois, censives), tenu en quatre fiefs nobles, en 1771, de la seigneurie de Breilly, domaine de la baronnie de Picquigny.

La division du fief s'explique par la pluralité des propriétaires et le besoin pour les suzerains de recevoir plusieurs hommages.

Le seigneur de Crèvecœur le vendit en 1639 à Charles Le Clercq, écuyer. François-Laurent Le Clercq, écuyer, le laissa, en 1728, à son neveu, Charles-François Le Clercq, écuyer.

D'autre part, en 1600, Antoinette Aubequin, veuve de Vincent Boullenger, avocat au bailliage d'Amiens, se déclara héritière de son frère. Jean du Val, écuyer, garde du corps du duc d'Orléans, acquit le fief, ainsi que celui des Groseillers, à Contre, et fit à Courcelles son testament, le 2 juin 1664. Sa veuve, Françoise du Tilleuil, abandonna à Jean, son fils, le 2 mars 1679, la moitié du fief des Alleux et le fief des Groseillers, pour l'aider à se marier. Celui-ci acquit alors la charge de prévôt des maréchaux de France en Picardie, Artois, Boulonnais et pays reconquis (12 septembre 1679) et la terre et seigneurie de Nampty (1703), dont ses descendants ont depuis adopté le nom. Marie-Anne-Thérèse du Val de Nampty, fille de Jean-Guillain, épousa à Courcelles, le 8 octobre 1776, Alexandre-Vincent Gresset, seigneur de Bussy, échevin d'Amiens (1774), et frère de l'auteur de Vert-Vert.

Archéologie. — L'église, de petites dimensions et sans caractère, semble dater du xviiie siècle.

Le château a été complètement restauré en 1900; on n'y retrouve guère de traces de l'ancien.

Lieux-dits. — La Craignière, la Porte, les Epourrières, le Monthesson, la Montagne de l'Eglise, les Bornes, le Cadot.

Sources et Bibliographie. — Archives de la Somme, B 39, f° 106 ; B 306 ; B 342 ; C 2133, p. 261 ; C 2139, 2140 ; E 142 ; E 143, f° 50 ; E 144, f° 422, r° et v°. — *Etat des fiefs de Picardie*, xviie siècle, Bibliothèque de la Soc. des Antiq. de Pic. Mss. T I, 9, p. 35.

Daire, *Histoire civile et ecclésiastique du doyenné de Grandvilliers*, p. 14. — I. Darsy, *Les bénéfices de l'église d'Amiens en 1730*, dans les *Mémoires de la Soc. des Antiq. de Pic.*, in 4°, VII, 291. — G. Rembault, *Château, terre et seigneurie de Thoix*, dans *Eglises, châteaux, beffrois... de la Picardie...*, pp. 13 et 18.

ESSERTAUX

Sartelli, 1190 ; Essertiaus, 1271 ; Essartiaux, 1337.

Organisation ecclésiastique. — Paroisse du doyenné de Conty, archidiaconé et diocèse d'Amiens.

Vocable : St-Jacques-le-Majeur. Présentateur : la personne du lieu, nommée par l'évêque. Décimateurs : l'abbaye de St-Fuscien, 2/3 des menues dîmes et le quart des grosses ; les deux chapelains de St-Nicolas-aux-Clercs dans la cathédrale, 3 gerbes ; le personnat du lieu, une fraction, et le curé le tiers de la grosse dîme. Revenu de la cure : 600 livres. Secours : Flers.

ORGANISATION CIVILE. — Prévôté de Beauvaisis, à Amiens, bailliage d'Amiens, jusqu'en 1748, puis bailliage et siège présidial d'Amiens ; élection d'Amiens, intendance de Picardie ; grenier à sel d'Amiens, puis de Breteuil, en 1726. L'étude de notaire de Saleux fut transférée à Essertaux, par ordonnance du 24 juillet 1768. Population : en 1689, 400 communiants avec Flers ; en 1724, 107 feux et 264 habitants ; en 1772, 116 feux et 240 habitants ; en 1789, 80 feux.

SEIGNEURIE. — C'était une mouvance de la châtellenie de Bonneuil (canton de Breteuil, Oise), qui relevait du Roi à cause de sa Salle de Montdidier. Un manoir, « la place où le chastel souloit estre », des terres, bois, justice, etc., la composaient en 1384 ; en 1764, elle comprenait 50 arpents d'enclos, 344 de terres labourables, des droits de champart, un moulin à vent, 81 journaux de bois, une réserve de 35 journaux de terres en labour et plantis.

Par lettres patentes données à Versailles au mois de mars 1764, la seigneurie d'Essertaux fut érigée en marquisat, en faveur d'Hénry-Gabriel de Béry, chevalier de Saint-Louis, ancien capitaine de la compagnie des gendarmes de Bretagne. Avec Essertaux, ce marquisat embrassait Jumel et Oresmaux.

Les premiers seigneurs d'Essertaux en portaient le nom : Jean, 1271, Wautier, 1285, Pierre, 1328. Marie Pesel, femme de ce dernier, fonda par testament en la chapelle d'Essertaux trois messes par semaine. Jean de Beauval, écuyer, a succédé en 1384 aux d'Essertaux, mais la famille primitive n'a pas disparu du pays : Regnault d'Essarchiaux, dit Sandras, écuyer, et les « hoirs Mahieu de Sarchiaulx » sont comptés au nombre des onze vassaux de la seigneurie.

Durant un siècle, les renseignements font défaut et l'on ne saurait dire comment Jean de Béry, écuyer, devint seigneur d'Essertaux et de Hainneville (1485). La pierre tombale, qui recouvrait ses restes et ceux de sa femme, Jeanne de Rubempré, se voit encore dans l'église d'Essertaux. Elle marque sa mort au 25 septembre 1522.

Jusqu'au milieu du XIXe siècle, c'est-à-dire pendant près de 350 ans, les de Béry ont gardé Essertaux. Issus d'une famille bourgeoise d'Amiens, qui avait été mêlée par ses charges (mayeurs, échevins, lieutenant du bailli), à toute la vie municipale aux temps les plus troublés de notre histoire, ils avaient fini par acquérir la noblesse, en même temps que la fortune. Le premier seigneur d'Essertaux avait été maître de la confrérie du Puy Notre-Dame en

1472. Marc-Philippe de Béry, chevalier, épousa par contrat signé au château du Louvre, le 2 février 1664, en présence du Roi et de la Cour, Madeleine Ancelin, fille de la nourrice de Louis XIV. Elle lui apportait en dot une somme de 108.000 l., y compris 9,000 l. de pierreries, vaisselle d'argent et meubles, avec la charge de femme de chambre de la reine. La fille de Marc-Philippe de Béry, devenue abbesse de Biaches, se plaisait, dit-on, à raconter la fortune de ses grands-parents maternels, qui de simples paysans étaient arrivés à occuper à la Cour une situation très enviable.

Archéologie. — L'église, construite en 1769 par Sénéchal, architecte de l'abbaye de Corbie, renferme la belle pierre tombale de Jean de Béry, seigneur d'Essertaux, mort le 25 septembre 1522, et de sa femme, Jeanne de Rubempré, décédée probablement après lui. Les défunts sont représentés vêtus de riches costumes, sous des arcades dans le style de la Renaissance. L'inscription, qui court sur trois côtés, est coupée à gauche et à droite des personnages par des écussons aux armes de Béry et de Rubempré parti de Béry. Le tout est gravé au trait sur un calcaire jaunâtre.

On voit encore dans cette église les pierres tumulaires de Marc-Philippe de Béry, chevalier, seigneur d'Essertaux, Oresmaux, Treux, Buire, Ville, Dernancourt, etc., mort le 8 octobre 1702 ; d'Henry-Gabriel de Béry, marquis d'Essertaux, ancien capitaine de gendarmerie, mestre de camp de cavalerie, chevalier de Saint-Louis, mort le 13 février 1791 ; de Claude-Louis-Gabriel de Béry, marquis d'Essertaux, son fils, mort le 9 avril 1822 ; d'Anne-Marie-Claude Berbier du Metz, femme d'Henry-Gabriel de Béry, décédée le 16 novembre 1784 ; d'Anne-Marie-Madeleine de Béry d'Essertaux, épouse de Charles-François de Flocquet, comte de Réals, morte le 2 juillet 1777 ; d'Anne-Eléonore-Eulalie de Réals, fille de la précédente, femme de Charles-Marie Le Clerc de Juigné, morte le 14 juillet 1803. Enfin dans le cimetière repose Anne-Pauline-Flavie de Béry d'Essertaux, décédée le 20 octobre 1860.

L'église conserve un ornement brodé du XVIIe siècle.

Le château porte la date de 1786 ; il a été élevé, comme l'église, sur les plans de Sénéchal. Il se compose actuellement d'un pavillon central à deux étages, formant une saillie arrondie, et de deux ailes à étage mansardé. La Révolution a enlevé l'étage des ailes et les retours en marteaux qui devaient lui donner un aspect plus grandiose.

LIEUX-DITS.— La Garenne, Derrière les murailles, Derrière Saint-Pia, la Maladrerie, Entre deux villes, le Sentier de Notre-Dame des Vertus, la Vallée Tonco, le Godet, les Vignes, le Ravieux, la Voie de l'Hermitage, la Motte, les Neiges, les Vignettes, le Rossignol, la Justice, le Sol du Pantaléon.

SOURCES ET BIBLIOGRAPHIE. — Archives de la Somme, B 44, f° 214 v° ; B 45, f° 69 v° ; B 268, 333, 1128 à 1148 ; C 2139,

2140, 2145, 2147 ; E 23 et 24. — *Aveux du bailliage de Vermandois, Montdidier*, Archives nationales, P 136, n° 124.

A. Breuil, *La confrérie de Notre-Dame du Puy*, pp. 24 et 52. — Daire, *Histoire civile et ecclésiastique du doyenné de Conty*. publiée et annotée par Alcius Ledieu, dans le *Cabinet historique de l'Artois et de la Picardie*, XI, 228. — I. Darsy, *Les bénéfices de l'église d'Amiens en 1730*, dans les *Mémoires de la Soc. des Antiq. de Pic.*, in 4° VII, 175. — *Généalogie de la maison de Guillebon*, 189. — R. de Guyencourt, *Notice sur Esserteaux*, dans *La Picardie historique et monumentale*, Tome I*er*, p. 293. — A. Ledru, *Histoire de la maison de Béry*, pp. 49, 56, 84 et s. — Roze, Roux et Soyez, *Le cartulaire du chapitre de la cathédrale d'Amiens*, dans les *Mémoires de la Soc. des Antiq. de Pic.*, in 4° XIV, 491. — Villers de Rousseville, *Nobiliaire de Picardie*, p. 44.

FLEURY

Flory, 1141 ; Fleuriacum, 1170 ; Fleury, 1229.

Organisation ecclésiastique. — Paroisse du doyenné de Conty, archidiaconé et diocèse d'Amiens. Vocable : Saint-Pierre. Présentateur : l'évêque d'Amiens. Décimateurs : un tiers à l'Université des chapelains d'Amiens, une neuvième gerbe au prieuré de Conty ; le reste au curé. Revenu : 530 livres (1730).

Organisation civile. — Prévôté de Beauvaisis, à Grandvilliers, bailliage d'Amiens ; élection d'Amiens, intendance de Picardie ; grenier à sel de Grandvilliers. Population : en 1303, 83 habitants roturiers ; en 1689, 105 communiants ; en 1698, 200 habitants ; en 1724, 48 feux et 140 habitants ; en 1772, 49 feux et 136 habitants ; en 1780, 200 habitants ; en 1790, 63 feux.

Seigneurie. — Manassès Ier, seigneur de Conty, donna en 1196 aux chanoines de Saint-Antoine de Conty la moitié de la seigneurie de Fleury ; de cette seigneurie relevait le fief de la Mairie que les chanoines acquirent en 1230, de Robert, maire du lieu. L'autre moitié de la seigneurie était tenue en trois fiefs et trois pairies de la châtellenie de Lœuilly.

Les premiers seigneurs, Gilon de Fleury, père d'Adeline, mariée à Helduin, seigneur de Namps, qui mourut en 807, et Léonard de Fleury, époux d'Emmelinde de Thézy, fille d'Alibert et d'Agnès de Vers (1120), semblent plus qu'hypothétiques. Dreux de Fleury, en 1170, abandonna 60 journaux de bois à l'abbaye du Gard, et Marie de Fleury fit passer la seigneurie dans la maison de Conty en épousant Jean de Conty. La terre fut vendue par décret à Philippe de Poix, écuyer, bailli d'Abbeville.

On la trouve, en 1557, entre les mains de Jean de Paillart, chevalier, seigneur de Choqueuse, Bonvillers, Cempuis, Fay-en-Santerre, etc. Cempuis ne serait-il pas le fief de ce nom situé à Fleury, dont le père de Jean, Charles de Paillart, se qualifiait possesseur en 1544 ?

Jean de Paillart fut chevalier de l'ordre du Roi, gentilhomme de sa chambre, panetier du Roi, capitaine-gouverneur de Beauvais (1553-1563), et lieutenant de la compagnie du duc de Chaulnes (1558-1567). Il éleva le château de Fleury, terminé en 1588, comme l'indiquait une inscription placée au sommet de la façade. Ce château fut démoli de 1817 à 1822. Signataire de la Ligue, Jean de Paillart eut à souffrir du parti royaliste qui détenait le château de Conty ; deux canons lui furent enlevés de son manoir de Fleury et transportés à Conty, où il les retrouva après la prise de cette place (octobre 1589). Il les réclama à l'échevinage d'Amiens, qui les lui rendit en considération de ce que « ledit sieur de Chocqueuse a prins luy-même la place et chasteau de Conty. » (Délibération du 9 novembre 1589).

Il ne laissait, de son union avec Jeanne de Ravenel, qu'une fille, Marie, qui épousa le 14 janvier 1564, Antoine des Essarts, écuyer, seigneur de Lignières, et lui apporta une immense fortune.

Les descendants d'Antoine des Essarts ont occupé durant plusieurs générations la charge importante de gouverneur de Montreuil-sur-Mer. Marie-Madeleine des Essarts, fille unique de Charles des Essarts de Meigneulx et d'Ennemonde-Joachine de Harlay, sa seconde femme, épousa le 12 août 1692, Nicolas, marquis de Fresnoy. Leur fils, Eloi de Fresnoy, allié à Marie Collet, laissa une fille, Marie-Madeleine ou Marie-Catherine, qui épousa François de Chastenay, comte de Rochefort. M. et Mme de Chastenay vendirent, le 16 décembre 1737, une partie de Fleury à M. et Mme Poujol d'Avenkerque, tandis que leur fils, Joseph-Auguste de Chastenay, chevalier, comte de Lanti, se qualifiait encore seigneur de Fleury en 1754. Etait-ce pour longtemps ? Le fait est qu'en 1789, il n'est plus question que de Noël-Joseph Poujol d'Avenkerque.

Fiefs. — Anciennement, on en connaissait dix ou onze ; mais, en 1766, D. Grenier n'en signale plus que sept. Nous donnons les noms de ceux que nous avons retrouvés : fief du Buisson ou Agnès Guespine ; fief de Cempuis (33 journaux de terre, 1456), tenu de la châtellenie de Conty ; mêmes possesseurs que la seigneurie, des de Paillart aux de Fresnoy ; fief de la Chaussée ou de la Creuse ; il consistait dans le moulin de la Bare, sur l'emplacement des moulins à tan avec leurs dépendances, et en 40 journaux et demi de terres et prés ; fief de Conty ; fief de Framerville ; fief Guérard Buigne ; fief Gérard Chouquet ou de Luzière ; fief Hue Le Mire, tenu de Sommereux ; fief Jean de Moustier, tenu de Conty (1373) ; fief de Lentilly, tenu de même par Jean Patte, procureur au siège présidial d'Amiens, en 1559, relevant de Conty ; François Beguin et Jacqueline Lejeune en firent l'acquisition le 28 octobre 1576 ; il est encore en la possession de la famille Beguin ; fief Mahieu Lallery ou Lallemant ; fief de Rivery, tenu de Conty ; fief de la Seigneurie ou des Bois, tenu du fief du Hamel ou Catel, à Lœuilly.

Archéologie. — L'église est de la seconde moitié du XIXe siècle et il n'est rien resté de l'ancienne.

Lieux-dits. — Le Bellicamp, la Turlotte, la Vallée au Retz, la Justice, les Guerbots, la Coignée, les Pauvrettes, la Charbonnière, la Vallée Moine, la Vigne du Prieur, le Pré du Prieur, le Bois du Prieur, la Terre normande, le Guet.

Sources et Bibliographie. — Archives de l'Oise, H 158. — Archives de la Somme, C 2139, 2140 ; E 196, pp. 49 et 50. — Bibliothèque nationale, Mss., Cabinet des titres. Pièces originales, 49284, p. 23 ; 49285, p. 5. — *Ibidem*, Picardie, Collection D. Grenier, vol. 199, f° 23. — *Etat des fiefs de Picardie*, xviie siècle, Bibliothèque de la Soc. des Antiq. de Pic., Mss. T I, 9, p. 48.

Daire, *Histoire civile et ecclésiastique du doyenné de Conty*, publiée et annotée par Alcius Ledieu, dans le *Cabinet historique de l'Artois et de la Picardie*, XI, 231. — I. Darsy, *Les bénéfices de l'église d'Amiens en 1730*, dans les *Mémoires de la Soc. des Antiq. de Pic.*, in 4° VII, 176. — La Chesnaye des Bois, *Dictionnaire de la noblesse*, Chastenay, Fresnoy. — E. de Lépinois, *Recherches... sur l'ancien comté de Clermont en Beauvaisis...*, p. 245. — G. Rembault, *Eglise, château et seigneurie de Conty*, dans *Eglises, châteaux, beffrois*, etc., pp. 32 et 68. — R. Rodière, *Les gouverneurs de Montreuil-sur-Mer de la famille des Essars de Meigneulx (1581-1620)*, p. 89.

FOSSEMANANT

Fossemanant, 1301.

Organisation ecclésiastique. — Secours de la paroisse de Prouzel, doyenné de Conty, archidiaconé et diocèse d'Amiens.

Organisation civile. — Prévôté de Beauvaisis à Amiens, bailliage d'Amiens jusqu'en 1748, puis bailliage et siège présidial d'Amiens ; élection d'Amiens, intendance de Picardie ; grenier à sel d'Amiens. Population : en 1698, 70 habitants ; en

1724, 15 feux et 51 habitants ; en 1772, 12 feux et 39 habitants ; en 1790, 16 feux.

Seigneurie. — Elle relevait de celle de Fluy, mouvant de la châtellenie de Picquigny, tenue de l'évêché d'Amiens. Elle était divisée en deux fiefs en 1619, 1676, 1734.

Les premiers possesseurs de Fossemanant en prirent le nom : Hue, 1243 ; Philippe, 1279 ; Witasse, 1321-37, époux de Coline de Senarmont. Les renseignements qui suivent sont confus. Le 16 octobre 1389, Marguerite, vidamesse d'Amiens, et Baugeois d'Ailly, son fils, vendirent la seigneurie de Fossemanant à Raoul de Raineval, panetier de France ; puis en 1406, on trouve une autre vente faite par Thomas Le Sergeant, curé de Sourdon, à Isabelle de Conty, dame de Raineval. Cette seconde transaction n'aurait-elle pour objet qu'une partie de Fossemanant ou même un simple fief ?

De la famille de Raineval, Fossemanant entra dans celle d'Ailly. Les dilapidations de Jean d'Ailly, vidame d'Amiens, amenèrent la vente à vil prix de ses biens et Fossemanant fut adjugé à Hue de Mazinghem (1466). Jean de Calais en fit don le 30 Juillet 1546, à Jean de Fransures, dit de Villers (Villers-Tournelle), écuyer, gentilhomme de la fauconnerie du Roi, époux de Marie Le Blond. Le petit-fils de Jean, Louis II de Fransures, institua son héritier Guy Bauduin, conseiller du Roi, contrôleur général des tailles, aides et augmentations de la gendarmerie de Picardie (1599). Pierre-Hyacinthe Bauduin (1675-25 août 1714), écuyer, gendarme de la garde du Roi, ne laissa, de son mariage avec Françoise de Fransures, qu'une fille, Françoise, qui épousa le 17 janvier 1713, Philippe du Bos, écuyer, seigneur d'Hornicourt et de Flers. Depuis cette époque, la famille du Bos n'a plus cessé de posséder le domaine de Fossemanant.

ARCHÉOLOGIE. — L'église, de très petites dimensions, ne présente aucun intérêt.

Dans le premier quart du xix° siècle, on a découvert plusieurs sarcophages, près du lieu dit le Puits à l'Ardent et près du bois de Saint-Avit.

LIEUX-DITS. — Les Parties, la Terre de l'Eglise, les Proies, la Savonnière, Rouge vêtue, la Corne du Bazèle, la Vigne, la Drey, contre les Chapelaines ou la Grosse Cloche, le Pré Madame, le Bois Saint-Avit, le Puits à l'Ardent.

SOURCES ET BIBLIOGRAPHIE. — Archives de la Somme, B 32, f° 159 v° ; B 81, f° 33 v° ; B 99, f° 269 ; C 913. 2139, 2140 ; E 444, f° 197 ; E 445. — *Etat des fiefs de Picardie*, xvii° siècle. Bibliothèque de la Soc. des Antiq. de Pic , Mss. T. I. 9, p. 41. — *Etat des paroisses de l'archidiaconé d'Amiens*, xviii° siècle, Bibliothèque d'Amiens, Mss. 513, f° 21.

V. DE BEAUVILLÉ, *Recueil de documents inédits concernant la Picardie*, III, 323. — CH. BRÉARD, *Recherches historiques sur Prouzel*, dans les *Mémoires de la Soc. des Antiq. de Pic.*, in 8°, XXXIII, 88 — DAIRE, *Histoire civile et ecclésiastique du doyenné de Conty*, publiée et annotée par Alcius Ledieu, dans le *Cabinet historique de l'Artois et de la Picardie*, XI, 318. — I. DARSY, *Les bénéfices de l'église d'Amiens en 1730*, dans les *Mémoires de la Soc. des Antiq. de Pic.*, in 4° VII, 180.

FRÉMONTIERS

Fraisnum monasterium, 1140 ; Fresnum monasterium, 1182 ; Fresnemostier, 1206 ; Frainemonstier, 1275 ; Fresnemontier, 1450.

Organisation ecclésiastique. — Paroisse du doyenné de Poix, archidiaconé et diocèse d'Amiens. Vocable : Saint-Pierre. Présentateur : le prieur du lieu. Secours : Velennes. Hameaux : Uzenneville et Rot. Brassy fut de cette paroisse jusqu'au dernier quart du xviiie siècle, où ce lieu fut uni à celle de Sentelie, du doyenné de Poix. Décimateurs : le curé, 2 gerbes ; le prieur, puis les Jésuites, 4 ; les deux titulaires des chapelles de Saint-Nicolas des Clercs, en la cathédrale, 2 ; M. de Marseau, 1. Revenu net de la cure, 369 l. 10 s., en 1728.

Prieuré de Saint-Pierre, dépendant de l'abbaye de Saint-Germer, ordre de Saint Benoît ; il fut uni, par bulle du pape Paul V du 1er décembre 1608, au collège des Jésuites d'Amiens. La déclaration de 1727 porte le revenu net à 720 l. 16 s.

Organisation civile. — Prévôté de Beauvaisis, à Grandvilliers ; bailliage d'Amiens ; élection d'Amiens, intendance de Picardie ; grenier à sel de Grandvilliers. Population : en 1303, 332 habitants roturiers à Frémontiers et à Contre ; en 1698, 515 habitants ; en 1724, 56 feux et 174 habitants ; en 1729, 80 maisons avec Velennes et Uzenneville ; en 1765, 47 feux et 111 communiants ; en 1772, 61 feux et 168 habitants avec Uzenneville ; en 1787 et 1789, 70 feux.

SEIGNEURIE. — Elle relevait pour un quart de la châtellenie de Conty, tenue du comté de Clermont, et, pour les trois autres quarts, de la seigneurie de Wailly, mouvante de Conty.

Gaultier I Tyrel, sire de Poix (1030-1047), accrut son domaine par son mariage avec Alix, dame de Frémontiers et de Famechon, fille unique de Richard, seigneur desdits lieux. Leur second fils, Osmond Tyrel, épousa Havoise, dame de Conty, qui lui donna Robert, tué en 1106 à la bataille de Tinchebrai. Il ne laissait pas d'enfant d'Eléonore de Picquigny.

En 1296, Gérard, dit Fresaie, écuyer, était seigneur de Frémontiers en partie.

La seigneurie appartenait en 1557 à Jeanne de Saveuse, fille et héritière de Ferry, seigneur de Saveuse, et de Charlotte de la Viefville. Elle était veuve d'Antoine de Créquy, seigneur de Pont-Remy, et en secondes noces de Thibault Rouhault, seigneur de Riou, gouverneur d'Hesdin, mort en 1556. De cette seconde union étaient nés deux fils, Claude et Joachim, qui moururent sans postérité, laissant leur héritage à leur sœur, Barbe Rouhault, mariée à Adrien Tiercelin, seigneur de Brosses, chevalier du Saint-Esprit, gouverneur de Mouzon, lieutenant général en Champagne (1552-1560). Après eux vint Charles Tiercelin, gentilhomme de la Chambre du Roi, capitaine de 50 hommes d'armes, gouverneur de Doullens, puis Geoffroi Tiercelin, vicomte de Brosses, seigneur de Sarcus, Frémontiers, Suzenneville, Rost, etc.

Nicolas Le Boucher, chevalier, seigneur du Mesnil lès Franleu, se qualifia ensuite seigneur de Frémontiers; il avait épousé, le 22 août 1701, Françoise Morgan. Leur petite-fille, Françoise-Gabrielle-Josèphe-Pauline, se maria le 14 mai 1772 avec Jacques-Gabriel-François de Paule Roussel, chevalier, seigneur de Belloy-Saint-Léonard et d'Hallivillers, qui fut le dernier seigneur de Frémontiers.

Le prieur du lieu avait droit de seigneurie, pour une autre seigneurie.

Fiefs. — Fief du bois des curés d'Amiens (44 journaux), propriété de la congrégation des curés d'Amiens (1628), tenu par indivis de la seigneurie du Bosquel et de celle du Vieil-Tilloy.

Fief ou seigneurie de Fresnoy (maison seigneuriale, 3 journaux de près, 10 de bois, 100 de terres ou domaines, 216 autres, etc.), relevant comme le précédent. On lui connaît quelques possesseurs : Nicolas Caignet, seigneur de Brassy, dont la fille, Louise, épousa en premières noces Jean de Donquerre, seigneur de Saint-Aubin, et était remariée à Louis de Marle, écuyer, en 1585.

Le fief de Maupertuis (maison seigneuriale), mouvant de la seigneurie de Lœuilly, qui relevait de la châtellenie de Picquigny. Au XVIIIe siècle, il avait les mêmes possesseurs que la seigneurie.

En 1373, Pierre de Sarcus et Jean d'Estrées tenaient de Conty des fiefs à Frémontiers.

Un fief de deux muids de blé, à prendre sur le fief de Louis de Rely, était tenu de Lœuilly en 1482.

Le P. Daire note plusieurs fiefs, arrière-fiefs de la seigneurie de Tilloy : Catherine de Lœuilly, dame du Coudray (terres, prés, bois, 1681), Jacques le Clerc, seigneur de la Mairie de Frémontiers, etc.

Archéologie. — L'église, de style gothique flamboyant, doit dater du commencement du xvie siècle. Dans ses dimensions exiguës — elle ne comporte qu'une seule nef — elle avait été construite toute en pierres de taille, avec une richesse de bon aloi, sans profusion. Lorsqu'elle était entière, elle devait être fort jolie ; mais, en 1815, sa plus grande partie s'est écroulée, faute d'entretien, et a été reconstruite dans la plus lamentable pauvreté. On n'a pu conserver que le mur septentrional et la façade occidentale, et encore décoronnés.

Cette dernière rappelle en petit la façade toute voisine de Saint-Denis de Poix. Ici comme là, la partie pleine du mur est ornée d'une fine arcature aveugle à longs meneaux, à travers laquelle se découpe la porte principale. La voussure de celle-ci en cintre brisé, richement sculptée et entourée d'une accolade à crochets, surmonte un linteau en anse de panier. L'emplacement du linteau est occupé par un banal vitrage moderne.

Les extrémités du mur pignon sont garnies de contreforts ornés de statues sous des dais sculptés : d'un côté, un pape assis (peut-être saint Grégoire le Grand), de l'autre, on a placé dans ces derniers temps une statue en pierre du commencement du xvi⁰ siècle, représentant saint Eloi, portant des tenailles à la main .

Le mur du nord est percé à chaque travée d'une fenêtre de médiocres dimensions, à l'encadrement mouluré, mais sans remplage. Une porte latérale fort simple s'ouvre dans la deuxième travée. Chacun des puissants contreforts qui contrebutaient la voûte, aujourd'hui effondrée, est orné d'une statue debout, de grandeur naturelle, abritée par un dais d'architecture. Trois seulement subsistent : 1° saint Jean-Baptiste vêtu d'une peau de chameau et présentant l'*Agnus Dei* ; sur le socle, on lit avec peine en caractères gothiques à demi effacés : *Jeh.... a done ceste..... por luy.* — 2° *Ecce homo.* — 3° Saint Pierre tenant une clef. Ces statues sont généralement d'une bonne facture, mais la plupart sont extrêmement détériorées.

A l'intérieur, on ne peut signaler qu'une statue en bois, du xvi⁰ siècle, de la Vierge Marie, tenant l'Enfant Jésus qui joue avec un oiseau.

G. Durand.

Au cimetière, une chapelle du xviii⁰ siècle, renfermant les tombes de Paul-François Le Boucher du Mesnil, décédé le 18 mars 1795, de son père et de Marie-Madeleine-Françoise Le Boucher du Mesnil, décédée le 2 décembre 1821. Le Christ en bois sculpté, qui est au fond de la chapelle, est de bonne facture et paraît être du xviii⁰ siècle.

Lieux-dits. — La vallée du Talon, les Evoissons, la Vignette, les Nérettes, la Vallée Saint-Léger, le Paradis, la Grande borne, la Justice, les Vignes, l'Hommelet, le Wardieu, la Maladrerie, le Gauginier, le Valleron.

Sources et Bibliographie. — Archives de la Somme, B 1, f° 49 v° ; B 19, f° 158 ; B 48, f° 101 v° ; B 96, f° 146 v° ; B 355 ; C 2139, 2140 ; D 3, f°ˢ 42 et 75 ; D 75 à 82 ; E 143, f° 321 v° ; E 144, f° 295 v° ; E 189 ; E 195, p. 606 ; E 196, pp. 57, 58, 152, 154, 171, 327². — *Epitaphier.... des personnes illustres.... dans les églises ... de Picardie,* xviiie siècle, Bibliothèque de la Soc. des Antiq de Pic., Mss T. I. 10, p 271. — *Etat des fiefs de Picardie,* xviie siècle, *ibidem,* T. I. 9, p. 43.

Ch. Bréard, *Les vieux papiers de Prouzel,* dans le *Bulletin de la Soc. des Antiq. de Pic.,* XIX, 59. — Cuvillier Morel d'Acy, *Histoire.... des Tyrel, sires, puis princes de Poix,* p. 34. — Daire, *Histoire civile et ecclésiastique du doyenné de Poix,* publiée et annotée par Alcius Ledieu, dans le *Cabinet historique de l'Artois et de la Picardie,* XIII, 8. — I. Darsy, *Les bénéfices de l'église d'Amiens en 1730,* dans les *Mémoires de la Soc. des Antiq. de Pic.,* in 4° VII, 440. — J. Garnier, *Mémoire sur les monuments.... de la Somme,* p. 15, Bibliothèque de la Soc. des Antiq. de Pic. — R. de Guyencourt, *Notice sur Frémontiers,* dans *La Picardie historique et monumentale,* Tome Iᵉʳ, fasc., 5, p. 300. — A. de La Morlière, *Recueil de plusieurs nobles et illustres maisons.... du diocèse d'Amiens,* p. 159. — Comte de Luçay, *Le comté de Clermont en Beauvaisis, le dénombrement de 1373,* pp. 120, 219, 223.

Hameaux. — 1° **Rost.** — Ferme ruinée au xviiie siècle. En 1765, 6 communiants.

Seigneurie. — Le fief était tenu de Conty. On lui connaît les possesseurs qui suivent : 1373, René de Quevauvillers ; 1456, Jean de Pisseleu ; 1601, le prince de Conti; 1682, Jean-Augustin de Riencourt, chevalier, marquis d'Orival ; 1734, Charles-François de Riencourt, chevalier, marquis d'Orival, brigadier des armées, chevalier de Saint-Louis ; à partir de 1774, la famille Le Boucher.

Fiefs. — Un fief noble et un autre abrégé relevaient du vidamé d'Amiens.

2° **Suzenneville** ou **Uzenneville.** — En 1765, 16 feux et 36 communiants.

Seigneurie. — Deux fiefs, dont celui de la Motte, relevaient de Conty. Possesseurs : 1373, Thibault Quiéret, chevalier ; 1456, Jean de Pisseleu ; 162., Jean du Gard, écuyer et Françoise Picard ; 1636, François du Gard, écuyer ; 1655, Antoine du Gard et Marie de Louvencourt ; 17.., Nicolas Le Boucher.

Bibliographie. — Daire, *Histoire civile et ecclésiastique du doyenné de Poix*, publiée et annotée par Alcius Ledieu, dans le *Cabinet historique de l'Artois et de la Picardie*, XIII, 11.

LŒUILLY

Lully, 1061 ; Luliacum, 1068 ; Luilli, 1131 ; Lulliacum, 1176 ; Lœully, 1595.

Organisation ecclésiastique. — Paroisse du doyenné de Conty, archidiaconé et diocèse d'Amiens. Vocable : Saint-Martin. Présentateur : l'abbé de Saint-Riquier. Décimateurs : l'abbaye de Saint-Riquier et le curé. Revenu de la cure, 630 livres en

1730. — Chapelle de Saint-Martin. Présentateur : le seigneur. — Prieuré simple de Saint-Lucien et Saint-Riquier, dépendant de l'abbaye de Saint-Riquier, fondé sous le nom de Prieurville, par Gervin, abbé de Saint-Riquier, vers 1061, et confirmé par Alexandre III, en 1176. Il avait une chapelle particulière au xvii° siècle. — Maladrerie, unie à l'Hôtel-Dieu de Poix, par arrêts des 13 juillet 1695 et 22 juin 1697.

Organisation civile. — Prévôté de Beauvaisis à Amiens, bailliage d'Amiens, jusqu'en 1748, puis bailliage et siège présidial d'Amiens ; élection d'Amiens, intendance de Picardie ; grenier à sel d'Amiens. Population : en 1689, 400 communiants ; en 1698, 900 habitants ; en 1724, 186 feux et 406 habitants ; en 1760, 175 feux ; en 1772, 167 feux et 463 habitants ; en 1780, 180 feux et 400 habitants ; en 1790, 190 feux.

Histoire. — Les troupes de Charles le Téméraire, en passant dans le pays, en 1472, détruisirent le château.

Vers 1465, naquit à Lœuilly François Dubois, dit Sylvius, recteur de l'Université ; puis en 1478, Jacques Dubois, dit Sylvius, son frère, professeur au collège royal de médecine, mort en 1555.

Lœuilly a eu des foires et marchés : le jour de Sainte-Croix, en mai, et le 25 octobre jour de Saint-Crépin, et un franc marché, chaque samedi. Jean d'Humières, conseiller et chambellan du Roi, en obtint la concession de François Ier, au mois de novembre 1532. Cette concession fut confirmée le 26 janvier 1569, à la demande de Jean d'Humières, chevalier, lieutenant général de Péronne, Montdidier et Roye. Supprimés à la suite des guerres, un arrêt du conseil d'Etat du 15 mai 1703 en ordonna le rétablissement.

Au mois de juillet 1593, le seigneur de Seillans, lieutenant d'une compagnie de chevau-légers, du parti de la Ligue, arrivait à Lœuilly pour y loger. Les habitants, poussés par quelques soldats du parti adverse, résolurent de s'opposer à l'entrée des Ligueurs ; un combat s'engagea où de Seillans garda l'avantage. Une partie du village fut incendiée et quelques violences commises. Le duc de Mayenne écrivit de Paris, le 25 août 1593, aux officiers de la justice royale de ne point inquiéter Seillans, qu'il prenait sous sa protection. C'est cette lettre qui nous fait connaître les détails de cet incident de nos luttes intestines.

L'étude de notaire existait dès 1596.

Seigneurie. — C'était une châtellenie tenue en deux fiefs de celle de Picquigny, qui relevait de l'évêché d'Amiens. Enguerran de Picquigny construisit le premier château. A cet effet, il emprunta, en 1197, à l'église d'Amiens, 60 l., monnaie d'Amiens, à condition de tenir sa terre de l'église. Telle est l'origine de la mouvance. De Lœuilly, relevaient un grand nombre de fiefs, à Bonneuil (Oise), Bougainville, Dury, Ferrières, Fleury, Frémontiers, Hamel-lès-Lœuilly, Henneville (Revelles), Lœuilly, Rivière lès Conty, Saint-Aubin.

Nous devons, sans nul doute, à l'imagination des chroniqueurs du xvii⁰ ou du xviii⁰ siècle la suite des premiers seigneurs de Lœuilly ; malgré son invraisemblance nous la donnerons telle qu'elle a été publiée récemment. Edelbert de Vers, fils cadet d'Emilien, seigneur de Vers, et d'Eva, dame de Lœuilly, reçut en partage la seigneurie ; il mourut à Lœuilly avant 646, après avoir élevé le premier château. De son mariage avec Anskerthe, fille de Galbaut, seigneur de Conty, il laissa deux fils : Roland, confesseur de Sᵗᵉ Bathilde, assassiné en 644, et Imbert, qui hérita de Lœuilly et fit bâtir la première église de Sᵗ-Martin, en 646. Il mourut en 676, et Sᵗ Hildevert, évêque de Meaux, présida à ses obsèques. Il laissait plusieurs enfants de son union avec Genesie, fille d'Anthelme, seigneur de Frémontiers. L'aîné, Hildeman, seigneur de Lœuilly, épousa Berthe, fille d'Hildebard, seigneur de Namps-au-Val, et en eut Claude et Hilaire. Gondebault, seigneur de Lœuilly, vivait en 950 ; l'une de ses filles, Gerberte, devint femme d'Hildevert VI, seigneur de Vers et de Saleux. Cette dame fut tuée accidentellement en 958.

Nous avons vu qu'Enguerran de Picquigny éleva le premier château de Lœuilly, en 1197. Marie, sa fille, était femme d'Eustache d'Encre, dès 1192; elle fonda, avec son fils, Jean, dans la collégiale de Picquigny, la chapelle de Méaulte (1196). Apparaissent ensuite : Othon d'Encre, chevalier (1199-1235); Enguerran, son fils aîné, (1235) ; Othon d'Encre, chevalier (1288-1296), qui donna en février 1288-1289 à son fils, Enguerran de Lully, la terre de Rumigny. Désormais, Lœuilly eut des seigneurs de son nom. Enguerran de Lully, le même sans doute que le précédent, était seigneur du Hamel et de Lœuilly en 1296. Marie d'Encre, dame de Lœuilly, Bulles et Monceaux, mourut en 1349, et son mari, Jean, sire et ber d'Auxy, périt à la bataille de Crécy. Leur fille, Alips, porta Lœuilly dans la famille de Lully, en épousant Jean de Lully ; elle se remaria à Robert Guy. De sa première union étaient nés deux fils : Enguerran et Pierre : à l'aîné fut dévolue la seigneurie (1406-1409).

Catherine, peut-être fille d'Enguerran, se maria avec Philippe de Saveuse (1432-1457). Durant un demi-siècle, la suite des seigneurs nous échappe. En 1483, on signale Charles de Contay, puis Jean d'Humières, chevalier de l'ordre du Roi, son chambellan, gouverneur des enfants de France, décédé en 1550, époux (1507) de Françoise de Contay. Ils léguèrent Lœuilly au cadet de leurs fils, Charles, évêque de Bayeux, qui mourut en 1572. Jacques d'Humières hérita de son frère, et ses filles, Anne, femme de Louis d'Ongnies, et Jacqueline, épouse du vicomte de Bregneul, le vendirent le 13 septembre 1602 à Anne Le Clerc, veuve de Jean du Gué, dont la fille avait épousé, le 15 juin 1595, Charles-Maximilien d'Halluin, seigneur de Wailly. (Pour la liste des derniers seigneurs de Lœuilly, voir l'art. Wailly.)

Fiefs. — Tous relevaient de la châtellenie de Lœuilly : fief Blin (20 journaux) ; Jean de Monchy, dont François, écuyer, 1652 ; Jacques, écuyer, 1686. Fief Fléhaut, réuni à la seigneurie. Fief Sergentel, dont le possesseur devait ajourner les hommes de fief ; François Haton le donna à Jean Loysel. Fief de la Warde (maison, manoir, cour, jardin de 2 journaux, censives) ; Jean de la Warde, (1480).

Archéologie. — Eglise en pierres à grosse tour carrée, couverte en ardoises, sur la façade. Nef sans grand caractère, ayant cependant un larmier gothique le long de ses deux faces ; un incendie l'a détruite en partie et elle semble, comme la tour, avoir été restaurée au xviii siècle. Le chœur est un peu plus élevé, ses fenêtres sont de style gothique flamboyant ; les remplages ont été refaits à neuf, d'après l'ancien dessin. Ce chœur paraît dater du xv ou du xvi siècle. Sous la tour, il y a des fonts baptismaux en pierre, datés de 1738 ; c'est une grande vasque décorée d'oves de grandes dimensions.

Sur divers points du territoire, on a trouvé des sarcophages, des fioles, des médailles, notamment au lieu dit le Raindy.

Lieux-dits. — Le Domaine, la Terre aux Pauvres, les Martelliers, les Couloirs, la Maladrerie, la Gazette, le Moulin à l'huile, la Chapellerie, le Titre, la Justice, le Guédon, le Camp du Diable, la Lunette, les Manque monts, les Vignes de la Ville, l'Abbaye, la Vallée à Loups, la Pointe de l'Anneau, Le Gaugrès, la Borne fendue, les Warnelles, la Pièce aux Luzis, le Raindy, les Prés Madame.

Sources et Bibliographie. — Archives de la Somme, B 3, f°s 51 v° et 53 ; B 46, f° 147 ; B 302, 341, 1466 à 1477 ; C 942, 2139 ; E 23 ; E 143, f° 190 ; E 191, 192, 195, 196, f°s 41, 45, 47, 52, 53, 64, 69 ; E 842 ; *Cartulaire du Gard,* II, 240. — Bibliothèque nationale, Mss., Picardie, Collection D. Grenier, vol. 112 bis, f° 11 v°, vol. 209, f°s 170, 171. — *Etat des fiefs de Picardie,* XVII° siècle, Bibliothèque de la Soc. des Antiq. de Pic. Mss. T. I. 9, p. 70. — D. Villevieille, *Le trésor généalogique,* Bibliothèque nationale, Mss. fr. 31920, f° 17.

Anselme, *Histoire généalogique et chronologique....* VIII, 105. — V. de Beauvillé, *Recueil de documents inédits concernant la Picardie,* III, 285 ; IV, 348. — Daire, *Histoire civile et ecclésiastique du doyenné de Conty,* publiée et annotée par Alcius Ledieu, dans le *Cabinet historique d'Artois et de Picardie,* XI, 241. — I. Darsy, *Les bénéfices de l'église d'Amiens en 1730,* dans les *Mémoires de la Soc. des Antiq. de Pic.,* in 4° VII, 177. — I. Darsy, *Picquigny et ses seigneurs,* p. 95. — Demay, *Inventaire des sceaux de la Picardie,* n° 95. — A. de La Morlière, *Recueil de plusieurs nobles et illustres maisons.... du diocèse d'Amiens,* p. 10.

Hameau. — 1° **Hamel lès Lœuilly ou lès Conty.** — Le fief, dit aussi du Catel, parce qu'il rappelait l'emplacement de l'ancien château, fut uni à la seigneurie par suite de la donation de celle-ci par Guy d'Auxy à ses cousins, Enguerran de Lully et Marguerite, sa femme (1403).

Le fief abrégé de Dieppe (maison et 30 journaux de terres) était à Mahieu de Dieppe en 1430.

2° Outreleau est un autre hameau dont le fief eut le même sort que celui du Hamel.

MONSURES

Monsulae, 1170 ; Molsuri, Molsures, 1208 ; Monssures, 1147 ; Mossures, 1224 ; Mossura, 1229 ; Mossules, 1247 ; Monsures, 1301 ; Monseures, 1657.

ORGANISATION ECCLÉSIASTIQUE. — Paroisse du doyenné de Conty, archidiaconé et diocèse d'Amiens. Vocable : St-Léger. Présentateur : le chapitre de la cathédrale d'Amiens, par donation de l'évêque Enguerran, en 1127, alias de Robert de Croy, en 1127, ou de Liescornes avec assentiment d'Enguerran, chevalier, seigneur de Monsures, en 1238. Décimateurs : le curé et les trois chapelains de Notre-Dame de l'Aurore en la cathédrale d'Amiens, par moitié. Revenu de la cure : 400 livres en 1728 ; elle payait 8 l. de décime, en 1522. Revenu de la fabrique : 149 livres. Chapelle de St-Nicolas.

ORGANISATION CIVILE. — Prévôté de Beauvaisis, à Amiens, bailliage d'Amiens jusqu'en 1748, puis bailliage et siège présidial d'Amiens ; élection d'Amiens, intendance de Picardie ; grenier à sel de Grandvilliers, puis de Breteuil, en 1726. Population : en 1303, 415 habitants roturiers; en 1698, 175 habitants ; en 1724. 59 feux et 207 habitants ; en 1760, 54 feux ; en 1772, 68 feux et 183 habitants ; en 1780, 60 feux et 180 habitants ; en 1789, 54 feux.

Histoire. — Le duc de Bourgogne campa à Monsures, en 1421. Le 1ᵉʳ juin 1726, un orage effroyable ravagea le village. Le général baron Boyeldieu y est né en 1774 ; il est mort en 1815.

Seigneurie. — La seigneurie, que l'on appelait le Grand fief du château ou de Pisseleu, relevait par indivis des seigneuries de Conty et de Catheux, tenues du comté de Clermont. Elle se composait du château et de son enclos, de 139 journaux de terres, 6 de prés et 31 de bois et de censives.

Voici, pour commencer, une série de seigneurs dont il serait peut-être difficile de prouver l'authenticité : Macloard vivait en 683 ; il épousa Julie de Flers, fille de Gombert et de Hilde de Vers ; au xiᵉ siècle, Angelran, seigneur de Nampty et de Monsures, prit pour femme Hermentrude de Vers ; celle-ci mourut en 1054 et son mari périt en 1062 dans un incendie qui ruina le château et une partie du bourg de Conty. De leurs trois filles, la dernière, Adèle, apporta Monsures à son cousin, Guy de Saleux, fils d'Ogier, seigneur de Saleux en 1023, et d'Adèle, fille de Thibaut, gouverneur d'Amiens. Foulques, second fils de Guy et d'Adèle, était seigneur de Monsures, en 1094.

Puis viennent des membres de la famille de Conty : Osmond de Conty (1147) ; son petit-fils, Jean, prit le premier le titre de Jean de Monsures (1184), qui se continuera chez ses descendants ; la seigneurie resta dans cette famille jusqu'à Jeanne, dame de Monsures, qui en porta les quatre quints par mariage à Guy de Gourlé ou de Gourlay (1402), mort à Azincourt (1415); cette partie passa ensuite au xvie siècle, par le mariage de Jeanne de Gourlay, à Adrien Tiercelin, chevalier, seigneur de Brosses, qui mourut en 1549 ; en 1680, Angélique Tiercelin de Brosses, dame de Monsures, la porta à Antoine-Aimé, chevalier, comte de Bourdin, mort en 1690. Sa descendante, Aimée-Claire de Bourdin, épousa, en 1769, Jean-François de Chassepot de Beaumont, chevalier, seigneur de Pissy. Leur fille, Claire-Blanche de Chassepot de Beaumont, épousa, en 1794, André-Charles-Honoré, marquis de Couronnel, et la terre resta dans cette famille jusqu'à nos jours.

On a vu que, depuis 1402, les quatre quints de la seigneurie avaient appartenu aux familles désignées ci-dessus ; le cinquième avait été alors attribué à Enguerran de Monsures, dont la famille en resta possesseur presque jusqu'à la Révolution et ses membres s'intitulaient seigneurs de Monsures en partie ; en 1755, Denis-Firmin de Monsures vendit ce quint à François-Bruno de Barandier, comte de la Chaussée d'Eu ; celui-ci, en 1757, le céda au comte de Bourdin, déjà seigneur de la partie principale de la seigneurie, qui se trouva ainsi réunie dans la même main.

De la seigneurie relevait le fief de Ménesvillers, situé hors du territoire.

Fiefs. — Fief de Bertinchart, mouvant de Picquigny ; le chef-lieu s'appelait le Champ ou l'Epine du Coq ; le champart de ce fief s'étendait sur 900 journaux. Ce fief fut acheté par le chapitre de la cathédrale d'Amiens, en 1286, de Robert de Biaumont, chevalier ; Guy de Gourlay, époux de Jeanne, dame de Monsures, l'acheta en 1402 et il resta dans cette famille jusqu'en 1723 ; à cette date, le comte de Bourdin le vendit à Jean-Baptiste Gillet, marchand d'Amiens ; mais son fils, Jean Pierre, comte de Bourdin, le racheta en 1733.

Fief d'Argenlieu, mouvant du précédent et situé sur les territoires de Monsures et de Rogy, consistant en censives, champarts et droits seigneuriaux. Jacques d'Argenlieu, écuyer, le vendit, en 1413, à Thibault, chevalier, seigneur du quint de Monsures. Antoine Cardon, bourgeois d'Amiens, en faisait relief en 1576. Un quint de ce fief appartenait à François-Antoine de Bernault en 17.. et à Charles-Antoine de Rely en 1768. En 1777, une transaction intervint entre les seigneurs de Monsures et de Rogy, qui admirent pour leur limite commune sur ce fief le chemin de Breteuil à Conty.

Fief du Moulin, consistant en moulin et prés, et s'étendant de même sur les deux territoires. Il relevait du Bosquel et appartenait en 1692 à Angélique Tiercelin de Brosses, veuve d'Antoine-Aimé, comte de Bourdin ; le fief est resté dans cette famille, comme la seigneurie.

Fief de Boisrault (20 journaux de terre) et fief du Gardin ou des Jardins (250 journaux de terre) relevant le premier de Breteuil et le second du

Grand fief du château de Monsures. Ces deux fiefs appartenaient à la famille possédant le quint de Monsures en 1660 et y restèrent jusqu'en 1755, comme cette seigneurie, dont elle suivit ensuite le sort. Primitivement sur le territoire de Monsures, il passa sur celui de Rogy par la transaction de 1777, citée plus haut.

Fief Quéret ou Guéret (15 journaux de masures, terres, censives) relevant de Conty et appartenant en 1788 au seigneur de Monsures.

Fief de Moyenbus, appartenant à François Godière ou Godier, marié en 1598 à Marie du Crocquet, à qui il le laissa en mourant ; celle-ci épousa en secondes noces Louis de Villers l'aîné, bourgeois d'Amiens, et mourut sans postérité de ses deux mariages.

Fief Passy (25 journaux de terres), relevant de Breteuil et de Monsures. Seigneurs : Antoine Thierry en 1671 ; Madame Geoffroy de Tiercelin, dame de Monsures, en faisait relief à la seigneurie de Breteuil en 1674.

Fief du Bois du Quint (plusieurs bois et 8 journaux de terres), relevant du fief Passy, alias du fief de Bertinchart ; seigneur, Michel Thierry, en 1687.

ARCHÉOLOGIE. — Eglise en pierres, sans caractère, avec clocher carré sur la façade, et abside à trois pans ; à l'intérieur, on voit les traces d'une litre portant les armes des comtes de Bourdin, et une chaire en chêne sculpté. Des réparations importantes ont été faites à l'église en 1765.

: Dé l'ancien château du xvᵉ siècle il reste la porte d'entrée flanquée de deux tours rondes et la porte principale en cintre brisé, accompagnée d'une petite porte en arc surbaissé. Les deux tours sont en pierres blanches, avec bases en pierres grises, plus dures, et sont garnies de meurtrières. Le château actuel est de 1651 ; il a été réparé en 1732, puis très dégradé en 1799 et enfin fortement restauré au début du xixᵉ siècle.

Dans les débris, qui gisent à terre, se trouve un bloc portant les armes d'un cadet de la famille de Lameth-Hénencourt et de sa femme, et paraissant dater du xviiᵉ siècle.

Registres de catholicité remontant à 1690.

Lieux-dits. — La vallée de Luzières, le Chemin du Priez, le Grand fief du Château, les Bertinchart, la rue de la Croix, les Zélias, le chemin de St-Martin, le Marteloy, la Vigne, le Moyenbus, le Fief du Moulin, le Guidon, le Chemin de Boisreaux, le Fief du Gardin, la Maladrerie, le Moulin à waide, le Fief d'Argenlieu, la Haute Borne, la Grande Borne, le Cloutier.

Sources et Bibliographie. — Archives de l'Oise, H 417. — Archives de la Somme, B 44, fº 181 ; B 47, fº 121 ; B 141 ; C 966, 2133 pp. 162 et 227 ; C 2135 fº 45 ; C 2139, 2141, 2153 ; E 106 ; E 143, fº 235 vº ; E 196, fº 150 ; E 628. — Bibliothèque nationale, Mss., Picardie, Collection D Grenier, vol. 211, fº 144.

V. de Beauvillé, *Recueil de documents inédits concernant la Picardie*, III, 464. — Ch. Bréard, *Recherches historiques sur Prouzel*, dans les *Mémoires de la Soc. des Antiq. de Pic.*, in 8º,

XXXIII, 49, 97. — Daire, *Histoire civile et ecclésiastique du doyenné de Conty,* publiée et annotée par Alcius Ledieu, dans le *Cabinet historique de l'Artois et de la Picardie,* XI, 246. — I. Darsy, *Les bénéfices de l'église d'Amiens en 1730,* dans les *Mémoires de la Soc. des Antiq. de Pic.,* in 4° VII, 178. — R. de Guyencourt, *Notice sur Monsures,* dans *La Picardie historique et monumentale,* Tome Ier, fasc. 5, p. 303. — L. Hodent, *Monsures et ses seigneurs,* Bibliothèque de la Soc. des Antiq. de Pic., Mss. T. III. 24. — Journal de Verdun, année 1726, août. — E. de Lépinois, *Recherches.... sur l'ancien comté de Clermont en Beauvaisis,* p. 245. — Comte de Luçay, *Le comté de Clermont en Beauvaisis, le dénombrement de 1373,* pp. 220, 222, 224. — Roze, Roux et Soyez, *Le cartulaire du chapitre de la cathédrale d'Amiens,* dans les *Mémoires de la Soc. des Antiq. de Pic.,* in 4° XIV, 339, 355, 357. — A. Seillier, *Crévecœur-le-Grand,* dans les *Mémoires de la Société académique de l'Oise,* XV, 651. — Villers de Rousseville, *Nobiliaire de Picardie,* p. 293.

Hameau. — **L'Estocq**. — Lestot, 1413 ; l'Estoc, 1539 ; l'Etot, 1733.

Chapelle de Notre-Dame-de-Bon-Secours.

NAMPS-AU-MONT

Nantum, 1170 ; Nans, 1150 ; Nans in monte, 1235 ; Namps-au-Mont, 1648.

Organisation ecclésiastique. — Paroisse du doyenné de Poix, archidiaconé et diocèse d'Amiens. Vocable : Notre-Dame. Présentateur : l'archidiacre d'Amiens. Décimateurs : le curé pour moitié de la dîme ; le chapelain du jour de la cathédrale d'Amiens, pour l'autre moitié. Revenu de la cure : 350 l. en 1728 ; 800 l. en 1772.

Organisation civile. — Prévôté de Beauvaisis, à Amiens, bailliage d'Amiens, jusqu'en 1748, puis bailliage et siège présidial d'Amiens ; élection d'Amiens, intendance de Picardie ; grenier à sel d'Amiens. Population : en 1698, 350 habitants ; en 1724, 115 feux et 291 habitants ; en 1760, 104 feux ; en 1772, 89 feux et 301 habitants ; en 1781, 89 feux.

Seigneurie. — Elle était divisée en huit hommages et relevait de la seigneurie de Famechon, mouvance de la principauté de Poix, tenue elle-même du Roi à cause de son bailliage d'Amiens.

Gautier II, Tyrel, sire de Poix, comptait Namps parmi ses nombreux domaines (1068) ; cette terre passa ensuite à ses descendants, Gautier III (1110-1145), Hugues Ier (1145-1158), Hugues II (1159-99), Gautier V (1199-1227).

Dès 1235, apparaît une famille de Namps, (ne serait-ce pas une branche cadette des Tyrel, apanagée de la seigneurie ?) : Hugues, chevalier, puis Mathieu, écuyer, qui vendit aux chapelains d'Amiens un droit de champart à Namps en 1292 et 1296. Un siècle plus tard (1382), le possesseur se nommait Hue de Dompierre, chevalier ; elle changea encore de mains quelques années après avec Charles de Beauchamp, chevalier, seigneur de Beauchamp, Lambercourt et Namps (1407), dont la fille, Aelips, la porta dans la maison de Bournel, en épousant Hue, chevalier, seigneur de Thiembronne, capitaine de Rue. Leur fils, Guichard Bournel, reçut de sa mère la terre de Namps, à condition de reprendre les armes de Beauchamp ; il fut bailli de Guines, capitaine d'Ardres et du Crotoy, lieutenant du comte d'Etampes en Picardie et en Artois et mourut en 1465. Au xvii⁰ siècle, Jean-Paul Bournel se qualifiait marquis de Namps et vicomte de Lambercourt, mais son fils, Jean-Charles, abandonna ce titre pour celui de marquis de Monchy. Le dernier de la famille, Marc-Charles Bournel, chevalier, marquis de Bournel, paraît être aussi le dernier possesseur de Namps. La terre devint alors la propriété de la famille normande de Bonnaire, qui y éleva le château actuel : Mesnclée-Hyacinthe de Bonnaire, chevalier de St-Louis, brigadier des armées du Roi (1759-1768) ; Pierre-Victor-Hyacinthe de Bonnaire, chevalier, officier au régiment de Flandre, baron de Namps-au-Mont, arrêté le 17 février 1794 et enfermé à Bicêtre.

Archéologie. — Eglise en pierres du xvii⁰ siècle ; tour hexagonale sur la façade, terminée par un beffroi carré en ardoises ; cette tour s'est effondrée en partie en 1830 et a été relevée en 1834. Un larmier règne à l'extérieur le long des murs de la nef qui est voûtée en bois, avec poutres apparentes.

Le château en pierres, du xviii⁰ siècle, renferme deux bustes en marbre de Nicolas Blasset (xvii⁰ siècle), l'un représentant l'Amour, l'autre une femme, qui, d'après les traces d'armoiries qui restent, doit être de la famille Le Carpentier.

Lieux-dits. — Le Moulin, la Fosse du Rotoy, les

Vignettes, la Terre à tamis, Tagny, le Pilaincamps, les Terres d'éclair.

Sources et Bibliographie. — Archives de la Somme, B 1152; C 2139, 2141 ; D 112, f° 14. — *Etat des fiefs de Picardie*, xviie siècle, Bibliothèque de la Soc. des Antiq. de Pic., Mss. T. I. 9, p. 85.

Anselme, *Histoire généalogique et chronologique*…. VIII, 154. — V. de Beauvillé, *Recueil de documents inédits concernant la Picardie*, III, 464. — A. Bouthors, *Coutumes locales du bailliage d'Amiens*, dans les *Mémoires de la Soc. des Antiq. de Pic.*, in 4° I, 2e série, 187. — Cuvillier Morel d'Acy, *Histoire…. des Tyrel, sires puis princes de Poix*, pp. 35, 39, 41, 43, 45. — Daire, *Histoire civile et ecclésiastique du doyenné de Poix*, publiée et annotée par Alcius Ledieu, dans le *Cabinet historique de l'Artois et de la Picardie*, XIII, 72. — I. Darsy, *Les bénéfices de l'église d'Amiens en 1730*, dans les *Mémoires de la Soc. des Antiq. de Pic.* in 4° VII, 443.

NAMPS-AU-VAL

Nans, 1145 ; Nans in Valle, 1259 ; Nans au Val, 1301 ; Namps-au-Val, 1648.

Organisation ecclésiastique. — Paroisse du doyenné de Poix, archidiaconé et diocèse d'Amiens. Vocable : S. Firmin (1178), puis S. Martin. Présentateur : l'archidiacre d'Amiens. Décimateurs : le curé pour 8 gerbes, les quatre chapelains de N. D. de l'Aurore à la cathédrale d'Amiens, pour 4, et le seigneur, la 13e. Revenu de la cure : 580 l. en 1728, 850 en 1772. Revenu de la fabrique, 250 l.

Organisation civile. — Prévôté de Beauvaisis, à Grandvilliers, bailliage d'Amiens ; élection d'Amiens, intendance de Picardie ; grenier à sel d'Amiens. Population : en 1698, 350 habitants ; en 1724, 97 feux et 273 habitants ; en 1761, 98 feux ; en 1772, 93 feux et 286 habitants.

Seigneurie. — Sa mouvance était incertaine. On la trouve tenue en deux fiefs, l'un de la châtellenie de Picquigny, qu'on semblait ignorer en 1740, l'autre de Namps-au-Mont, arrière-fief de Famechon et de Poix. D'aucuns la disaient, en 1671, mouvante de la seigneurie de Fluy, mais peut-être ont-ils confondu avec le fief du Rondel ci-après.

Elle appartenait à Jean le Catelain, bourgeois d'Amiens, en 1398. Laurent de Fresnoy, qui avait épousé Jeanne de Fay, en était seigneur en partie, en 1455. Le 6 février 1465, ils vendirent leurs deux fiefs tenus de Picquigny et de Namps-au-Mont à Jean Mauchevalier, dit Olivier, seigneur de Wailly. Depuis lors, Namps-au-Val et Wailly n'ont cessé d'avoir les mêmes possesseurs.

Fiefs. — Les deux fiefs de Rondel ou Namps-au-Val relevaient de la seigneurie de Fluy, mouvance de Picquigny. Jean de Tilloy les légua à sa sœur Jeanne de Tilloy, femme de N. Le Pelletier. Jean Le Pelletier, dit Bonnet, son fils, les vendit, le 28 mai 1426, à Jean Mauchevalier, dit Maillart, seigneur de Wailly. C'est sans doute à la suite de cette acquisition que les deux fiefs furent réunis en un seul, tels qu'on les voit en 1507.

Le fief Willevaut, ou Willerval, était tenu de la châtellenie de Lignières-Châtelain.

Le fief Vion, de celui de Maupertuis, à Frémontiers (1604).

Archéologie. — L'église de Namps-au-Val est un joli et intéressant petit édifice de la fin du XIIe siècle, quoique un peu trop remis à neuf, de 1840 à 1874, successivement par MM. Daullé, Massenot et Duthoit, architectes, auxquels il faut ajouter le docteur Goze, d'Amiens. Elle comprend une seule nef, sans bas côtés, couverte d'une voûte en bois (moderne), et ornée intérieurement à sa partie inférieure d'une élégante arcature en plein cintre (presque entièrement refaite), dont les supports reposent sur un banc continu en pierre, et qui en fait tout le tour, plus un chœur, un peu plus bas que la nef, composé de deux travées voûtées sur croisées d'ogives, à chevet plat, (le mur pignon entièrement refait lors des dernières restaurations). Suivant M. Enlart, cette voûte sur croisées d'ogives serait une des plus anciennes de la région. Les ogives, dont plusieurs sont ornées de zigzags, retombent sur des faisceaux de colonnettes aux chapiteaux intéressants. Toutes les fenêtres sont en plein cintre, sauf celle du pignon de la façade occidentale, qui est en tiers point.

La porte principale, ouverte dans cette façade, n'a qu'une seule archivolte en plein cintre portée par deux colonnettes, avec linteau extradossé à deux rampants et tympan appareillé en épi. Une porte latérale, percée dans le mur méridional de la nef, est également en plein cintre, et son tympan est orné d'une petite arcature de même à quatre arcades. Il faut remarquer les congés en volutes qui terminent les groupes de moulures supérieures de l'archivolte de chacune de ces deux portes. Extérieurement, la nef est couronnée d'une corniche à modillons, et le chœur d'une frise d'arcs beauvoisienne. Le chœur semble un peu plus ancien que la nef.

Sur le flanc méridional de ce chœur, s'élève hors œuvre une grosse tour carrée, dont le style paraît au contraire un peu plus avancé et confiner au xiii° siècle. Les trois étages inférieurs, séparés par des larmiers, sont presque entièrement nus et garnis de puissants contreforts dans les angles. Au-dessus, l'étage du beffroi est plus richement ornementé. Chacune de ses faces est percée d'une haute ouïe géminée en cintre brisé, dont les archivoltes moulurées retombent sur des faisceaux de colonnettes ; ses angles, dépourvus de contreforts, sont ornés de faisceaux de colonnettes qui lui donnent de la légèreté. Ces colonnettes vont se raccorder à une frise d'arcs beauvoisienne qui forme le couronnement de la tour sous sa flèche en charpente.

En fait d'objets mobiliers, cette église ne possède d'intéressant qu'une sculpture de petites dimensions de la fin du xv° siècle ou du commencement du xvi°, représentant le Baiser de Judas.

G. Durand.

Lieux-dits. — Le Bois Réteux, la Maladrerie, Fay, Inglée, Oprimont, la Quignée, la Voie du

Comble, la Haute marée, la Basse marée, la Côte du moulin, la Vigne Binet.

Sources et Bibliographie. — Archives de la Somme, C 43, 2139, 2141, 2153 ; E 144, f° 169 ; E 192 ; E 196, pp. 187, 189, 190, 191 ; G 151³. — *Cartulaire de Picquigny*, Archives nationales R¹ 35, charte 246. — *Etat des fiefs de Picardie*, XVII° siècle, Bibliothèque de la Soc. des Antiq. de Pic., Mss. T. I. 9, p. 86.

A. Bouthors, *Coutumes locales du bailliage d'Amiens*, dans les *Mémoires de la Soc. des Antiq. de Pic.*, in 4°, I, 2° série, p. 187. — Daire, *Histoire civile et ecclésiastique du doyenné de Poix*, publiée et annotée par Alcius Ledieu, dans le *Cabinet historique de l'Artois et de la Picardie*, XIII, 73. — I. Darsy, *Les bénéfices de l'église d'Amiens en 1730*, dans les *Mémoires de la Soc. des Antiq. de Pic.*, in 4° VII, 443. — C. Enlart, *L'architecture romane dans la région picarde*, dans les *Mémoires de la Soc. des Antiq. de Pic.*, p. 146. — J. Garnier, *Notice sur l'église de Namps-au-Val*, dans les *Mémoires de la Soc. des Antiq. de Pic.*, in 8°, V, 239. — A. Goze, *Mélanges historiques*, Bibliothèque d'Amiens, Mss. 819, pp. 13, 29 à 38, 65, 76 à 191, 194 à 196. — R. de Guyencourt, *Notice sur Namps-au-Val*, dans *La Picardie historique et monumentale*, Tome Iᵉʳ, fasc., 5, p. 306. — Viollet-le-Duc, *Dictionnaire d'architecture*, VII, 397.

NAMPTY

Organisation ecclésiastique. — Paroisse du doyenné de Conty, archidiaconé et diocèse d'Amiens. Vocable : S. Brice. Présentateur : l'abbé de Corbie. Décimateur : l'abbaye de St-Martin-aux-Jumeaux d'Amiens (8 %). Revenu de la cure, 400 l. en 1730, puis 500 l. Secours, Coppegueule jusqu'au XVI° siècle, à cause de la faiblesse de sa population.

Organisation civile. — Prévôté de Beauvaisis à Amiens, bailliage d'Amiens, jusqu'en 1748, puis

bailliage et siège présidial d'Amiens ; élection d'Amiens, intendance de Picardie ; grenier à sel d'Amiens. Population : en 1698, 110 habitants ; en 1724, 29 feux et 101 habitants ; en 1760, 31 feux ; en 1780, 110 habitants ; en 1786, 24 feux ; en 1790, 26 feux.

Histoire. — En 1470, le duc de Bourgogne campa près de Nampty, avec le duc de Calabre, sur la montagne de Coppegueule ; il fit brûler les villages situés entre son camp, la rivière de la Selle et Amiens.

Seigneurie. — Elle se divisait primitivement en deux parties, l'une laïque, l'autre ecclésiastique, qui semblent avoir été réunies au xvie siècle.

1° Dès le 3 mars 1148, le pape Eugène III, confirmant les biens du prieuré de S. Laurent-au-Bois, nommait entre autres Nampty ; en 1164 et 1180, Henri, archevêque de Reims, et Thibault, évêque d'Amiens, en donnaient de nouvelles confirmations.

Mais déjà, à cette époque, les biens du prieuré étaient assez considérables pour permettre la fondation, à Regny, d'un nouveau monastère, auquel S. Nicolas était donné pour patron (vers 1160) ; Nampty, Oresmaux, Guisy, Longpré furent attribués à cette fondation.

Bientôt les calamités des temps et les charges, dont leurs biens étaient grevés, obligèrent les religieux des prieurés de S.-Laurent et de S.-Nicolas de Regny à chercher un refuge dans l'abbaye de Corbie (vers 1200). S.-Nicolas devint un monastère qui avait une grange à Nampty, à la fin du xiv° siècle (1384). Cette dénomination de grange comprenait peut-être les bâtiments nécessaires à l'exploitation d'une ferme.

En 1584, Corbie aliénait au profit d'Antoine de Halluin, chevalier, seigneur d'Esclebecq et de Wailly, ce que le monastère possédait à Nampty, à charge de lui payer une rente de 46 écus 8 sous. Peu après, l'acquéreur, trouvant son marché trop onéreux et pour se libérer de la rente, abandonnait trois fiefs à Bouzincourt (le Hamel), Aubigny, La Motte-en-Santerre et Warfusée (9 novembre 1584). Depuis lors, cette partie de la seigneurie paraît s'être tellement confondue avec celle qui va suivre, qu'au xviii° siècle la mouvance en était devenue incertaine.

2° Nous donnerons pour commencer les noms de quelques seigneurs laïques de Nampty, que l'époque reculée, où ils vivaient, rend très hypothétiques. Flodebert le Barbu et Belline, sa femme, laissèrent une fille, Fidémine, qui épousa, vers 685, Hildevert, fils du seigneur de Vers. Elle mourut en 720 et son mari, en 739. De leur mariage, naquit Hilgot, seigneur de Nampty en 740 et 765. De sa femme Bathilde, dame de Thoix et morte en 760, serait venue Hildegarde, dame de Nampty et de Thoix, décédée en 793, après avoir épousé Bertrand. Elle aurait laissé trois fils ; l'aîné, Hugues, possédait Nampty en 793.

Pour mémoire encore, mentionnons Enguerran,

seigneur de Conty, Nampty et Monsures, qui aurait péri en 1062, dans l'incendie du bourg et du château de Conty. Hermentrude le rendit père de trois filles, dont l'une, Iveline, porta Nampty à Archambault, seigneur de Contre. Au commencement du xive siècle, Clémentine de Nampty était la femme de Roger, seigneur de Cury (fief à Vers), capitaine des chasses et bois de l'évêque d'Amiens (1310), décédé en 1347.

C'est seulement vers cette époque que les documents authentiques donnent sur l'histoire de Nampty des renseignements sérieux. La seigneurie relevait de la châtellenie de Dargies, tenue du Roi, à cause de son bailliage d'Amiens. Le manoir seigneurial, construit près de la grande rivière, était ruiné en 1372.

Firmin Le Clerc en donna aveu au bailli de Dargies, le 24 juillet 1372. Longtemps sa famille en garda la possession et, en 1516, Antoine Le Clerc se déclara seigneur de Nampty, Coppegueule et Rigauville. Sa fille, Etiennette, fut la dernière de sa branche. Comment, après elle, Nampty passa-t-il aux du Caurel, c'est ce que nous ne saurions expliquer ; nous savons seulement qu'il existait entre les deux familles des liens de parenté et qu'au contrat de mariage d'Antoine du Caurel, écuyer, et de Jeanne de Carvoisin (10 juin 1563) comparut Adrien Le Clerc, écuyer, seigneur de Bussy-lès-Poix, oncle d'Etiennette. Pour la première fois, en 1580, Antoine du Caurel ajoutait le titre de seigneur de Nampty et Coppegueule à celui de seigneur de Taisnil, déjà ancien dans sa famille.

Nous ignorons quel est celui de ses descendants qui réunit à son domaine l'autre partie de la seigneurie. En tout cas, cette réunion était accomplie dans la seconde moitié du xvii° siècle, puisqu'Anne du Caurel, chevalier, faisait relief à l'abbaye de Corbie le 13 juillet 1676 et servait dénombrement à Jean-Augustin de Riencourt, chevalier, seigneur d'Orival et châtelain de Dargies, le 14 juin 1687.

A la fin du siècle, la situation du marquis de Taisnil était des plus obérées ; ses créanciers firent saisir ses biens. François Pringuet, écuyer, seigneur de Rouvroy, acquit la seigneurie de Taisnil, tandis que la partie de celle de Nampty, mouvante de l'abbaye de Corbie, était adjugée, aux requêtes du Palais, le 18 août 1700, au profit de Jean-Baptiste de Sachy, écuyer, seigneur de Saint-Aurin, et d'Anne Lucas, sa femme. La mouvance de Dargies avait sans doute trouvé preneur dans Jean du Val, écuyer, seigneur des Alleux, puisque, en vertu de son droit de retenue féodale, celui-ci s'était fait céder la partie adjugée à de Sachy. L'acte en fut signé à Corbie le 9 septembre 1700 et le bailliage d'Amiens en donna confirmation les 18 janvier et 2 mars 1701. La famille du Val a possédé la terre de Nampty jusqu'en ces derniers temps.

Archéologie. — L'église de Nampty, du xviii° siècle, n'offre aucun intérêt ; seules les boiseries de style Louis XV ont quelque mérite ; on dit qu'elles proviennent de la chapelle du château de Wailly. Le retable d'autel représente le baptême de Notre-Seigneur ; c'est un haut-relief sur bois.

Certaines parties de l'ancienne ferme seigneuriale sont dignes de remarque.

La chapelle de Notre-Dame-des-Vertus est un petit édifice du xviiie siècle sans caractère. Plusieurs personnages y ont leurs monuments funéraires parmi lesquels : Etienne-François-Nicolas Baillet, conseiller du Roi, élu en l'élection d'Amiens (1799) ; Marie-Madeleine Morand, sa femme (1806); Alexandre-Théodore Baillet, leur fils (1822) ; François Lescureux, prêtre, curé de Neuville sous Lœuilly (20 juillet 1754) ; Philippe Thouret, conseiller du Roi et garde-marteau des eaux et forêts de Picardie (20 mai 1747) ; Augustine-Henriette-Joséphine Poujol, femme d'Honoré-Joseph-René du Val de Nampty (4 avril 1810) ; Guillaume-Charles Genty, maître maçon (29 mars 1775).

Lieux-dits. — Le Moulin, les Quarterons, le Voirial, le Colombier, le Champ Madame, les Riots, l'Epine de Corbie, le Caillon, la Coignée, les Proies.

Sources et Bibliographie. — Archives de la Somme, C 2133, p. 140, C 2139, 2141, 2148 ; E 143 ; *Cartulaire de St-Martin-aux-Jumeaux*, f{os} 68 v°, 71, 90 v° ; *Inventaire des titres de l'abbaye de Corbie*, arm. V, ll. 111, 115 ; arm. VI, ll. 629, 631. — Bibliothèque nationale, Mss., fonds latin, 17761, *Cartulaire de Néhémias*, f{os} 176 v°, 177 v°, 183 v°, 220 v°, 265 v°.

Ch. Bréard, *Recherches historiques sur Prouzel*, dans les *Mémoires de la Soc. des Antiq. de Pic.*, in 8°, XXXIII, 105. —

Daire, *Histoire civile et ecclésiastique du doyenné de Conty*, publiée et annotée par Alcius Ledieu, dans le *Cabinet historique de l'Artois et de la Picardie*, XI, 306. — I. Darsy, *Les bénéfices de l'église d'Amiens en 1730*, dans les *Mémoires de la Soc. des Antiq. de Pic.*, in 4° VII, 179. — A. de Francqueville, *Anciennes habitations rurales en Picardie*, dans le *Bulletin de la Soc. des Antiq. de Pic.*, XXI, 682. — Jourdain, *Les sanctuaires de la Sainte Vierge dans le diocèse d'Amiens*, p. 136. — G. de Witasse, *Notice historique sur Nampty*, dans l'*Annuaire administratif et statistique du département de la Somme*, 1902.

Hameaux. — **1° Coppegueule**, Hameau jadis plus considérable.

2° Rigauville. C'est sans doute aux châtelains de Picquigny, seigneurs du cours de la Selle, qu'est dû l'établissement du moulin de Rigauville ; il n'en faudrait du reste d'autre preuve que l'obligation de le tenir du vidame en fief abrégé. En 1372, il appartenait au seigneur de Saint-Sauflieu ; il fut depuis incorporé dans la seigneurie de Nampty. Guislain et Jean-Baptiste du Val se le partagèrent au décès de leur père, d'où la division du fief en deux fiefs abrégés. Le moulin de Rigauville est devenu une dépendance de la papeterie de Prouzel.

NEUVILLE SOUS LŒUILLY

Organisation ecclésiastique. — Paroisse du doyenné de Conty, archidiaconé et diocèse d'Amiens. Vocable : Notre-Dame. Présentateur : l'un des prébendés du chapitre de la cathédrale d'Amiens. Celui-ci a abandonné les dîmes au curé. Revenu de la cure : 350 livres en 1730 ; de la fabrique : 63 livres.

ORGANISATION CIVILE. — Prévôté de Beauvaisis à Amiens, bailliage d'Amiens, jusqu'en 1748, puis bailliage et siège présidial d'Amiens; élection d'Amiens, intendance de Picardie ; grenier à sel d'Amiens. Population : en 1698, 75 habitants ; en 1724, 19 feux et 52 habitants ; en 1760, 23 feux ; en 1780, 80 habitants ; en 1786, 26 feux ; en 1790, 25 feux.

SEIGNEURIE. — Elle relevait en partie de la châtellenie de Conty, mouvant du comté de Clermont, en partie, de celle de Picquigny, à cause du vidamé.

La suite des seigneurs de Neuville, nous est presque inconnue. On signale Eustache de Neuville en 1277, et, au xvIII^e siècle, les Petyst d'Authieulle, dont la dernière, Marie-Madeleine-Thérèse, épousa Gilles-Henri de Lhommel, écuyer, seigneur du Plouy, conseiller-secrétaire du Roi, maison et couronne de France, lieutenant particulier, assesseur criminel au bailliage et siège présidial d'Amiens, en 1753.

Le chapitre d'Amiens possédait à Neuville 30 journaux de prés, dits les Parques ou du Parc, qui lui avaient été donnés par Eustache de Neuville en 1277. Ce domaine lui donnait droit de seigneurie.

ARCHÉOLOGIE. — Petite église en pierres, dont les restaurations ont fait perdre le caractère ; le chœur est plus étroit et moins élevé que la nef et à chevet plat. A l'intérieur, fonts baptismaux en pierre, cuve ovale encastrée dans un encadrement rectangulaire et flanquée à chaque angle d'une colonnette grossièrement sculptée ; il est bien difficile d'en fixer l'âge ; ils rappellent cependant les modèles des xiie et xiiie siècle, cités par M. Enlart, (*Archit. romane dans la région picarde*).

On y remarque aussi un tableau du frère Luc (xviie siècle), représentant la Vierge et l'Enfant Jésus montrant le tableau présenté par le frère Luc lui-même et reproduisant l'accident qui a déterminé sa vocation religieuse.

Lieux-dits. — Le Bois d'Elvenque, les Proyes, la Vallée aux loups, le Vide grange, la Vignette, les Gollois, le Vigneu, le Bout Butin.

Sources et Bibliographie. — Archives de la Somme, B 303, B 849 ; C 986, 2139, 2141 ; E supplément. — *Etat des fiefs de Picardie*, xviie siècle, Bibliothèque de la Soc. des Antiq. de Pic., Mss. T. I. 9, p. 87.

Daire, *Histoire civile et ecclésiastique du doyenné de Conty*, publiée et annotée par Alcius Ledieu, dans le *Cabinet historique de l'Artois et de la Picardie*, XI, 308. — I. Darsy, *Les bénéfices de l'église d'Amiens en 1730*, dans les *Mémoires de la Soc. des Antiq. de Pic.*, in 4° VII, 179.

ORESMAUX

Oresmels, 1175 ; Oresmeu, 118.. ; Oresmeaux, 1215 ; Oresmeals, 1221 ; Oresmiaux, 1269.

Organisation ecclésiastique. — Paroisse du

doyenné de Conty, archidiaconé et diocèse d'Amiens. Vocable : Notre-Dame. Présentateur : l'abbé de Corbie. Décimateurs : le chapitre de la cathédrale 2/3, et le curé 1/3. Revenu de la cure : 1.100 livres en 1730, puis 1800 livres. Revenu de la fabrique : 175 livres.

ORGANISATION CIVILE. — Prévôté de Beauvaisis, à Amiens, bailliage d'Amiens, jusqu'en 1748, puis bailliage et siège présidial d'Amiens ; élection d'Amiens, intendance de Picardie ; grenier à sel d'Amiens. Population : en 1689, 700 communiants ; en 1698, 1.100 habitants ; en 1726, 287 feux et 847 habitants ; en 1760, 296 feux ; en 1772, 279 feux et 758 habitants ; en 1781, 332 feux ; en 1789, 360 feux.

HISTOIRE. — Un incendie consuma 34 maisons, dans la nuit du 22 mai 1771. Il y avait une étude de notaire en 1727.

SEIGNEURIE. — Elle relevait de la châtellenie de Boves, tenue du comté de Corbie. Henry-Gabriel de Béry d'Essertaux, chevalier, obtint au mois de mars 1764, l'érection en marquisat de ses terres d'Essertaux et d'Oresmaux.

Que penser des premiers seigneurs attribués à Oresmaux par un ancien auteur ? Nous n'en dirons qu'une chose, c'est que nous ne nous portons pas garant de leur existence et que nous ne les notons ici que pour être complet.

Gilon d'Oresmaux, vivant en 814, s'unit à Hildevine de Vers, fille d'Hilbert, seigneur de Vers, et de Salaburge. Hildevine mourut en odeur de sainteté, en 826, et reçut la sépulture dans l'église d'Oresmaux, construite par son époux. La fille unique, née de ce mariage, Hudeline, épousa Roland, seigneur du Hamel ; Gauthier, leur fils, laissa quatre filles de son mariage avec Amélie de Blangy ; il vivait en 857.

Qu'advint-il d'Oresmaux dans les premiers siècles de la féodalité ? Nous ne saurions le dire ; ce qui est certain, c'est qu'au XVe siècle, Folleville et Dommartin avaient les mêmes seigneurs. Jeanne de Folleville porta ces seigneuries à Antoine de Poix, chevalier, seigneur d'Happeglenne ; leur fille, Jeanne de Poix, épousa, le 13 novembre 1478, Raoul de Lannoy, chevalier, seigneur de Morvillers, et Louise de Lannoy devint femme de Charles de Lameth, chevalier, vicomte de Laon et d'Anizy-Pinon, gouverneur et capitaine de Conty. L'un de ses descendants, François de Lameth, chevalier, seigneur de Pinon, vendit Oresmaux, le 14 août 1664, à Marc-Philippe de Béry, chevalier, seigneur d'Essertaux.

Fiefs. — Le fief de la Court (22 journaux), était tenu de la seigneurie. Nicolas Aux Cousteaux, ancien mayeur d'Amiens, en fit don, le 8 novembre 1596, à Marie Aux Cousteaux, femme de Nicolas Roche, avocat au bailliage d'Amiens.

Le fief de Fontenelle était une mouvance de la seigneurie de Jumel, que Jean de Sainte-Aldegonde, seigneur de Rabodenges, vendit, le 21 octobre 1492, à Raoul de Lannoy, seigneur d'Oresmaux.

Le fief de Hisnu ou de Hénu, que possédait Jean Boitel, en 1532, relevait de la châtellenie de Picquigny.

Le fief de Pierreville ou Parteville (22 ou 23 journaux de terre) rendait hommage à la châtellenie d'Ailly sur Noye.

Le fief du Petit Prousel, situé entre Oresmaux et Saint-Sauflieu, appartenait, en 1663, à Charles de Villepoix, chevalier, baron de Prousel.

ARCHÉOLOGIE. — Eglise en pierres de la fin du xvIII[e] siècle, clocher carré en ardoises sur la façade ; deux nefs, séparées par des colonnes rondes en pierres, à bases de grès, et de style très simple. Boiserie du xvIII[e] siècle de l'autel de St Roch, provenant d'une église d'Abbeville.

LIEUX-DITS. — La Sente de Fontenelle, le Tour Garet, les Vignettes, le Buquet de guerre, les Zieppes, l'Inglicipet, la Borne, la Flaque du moulin, les Larrons, le Rémouleur, la Motte, les Hautes Bornes, le Grand Guisy, les Vignes, le Camp Pillard, le Priez.

SOURCES ET BIBLIOGRAPHIE. — B 21, f° 284 ; B 24, f° 166 v° ; B 28, f° 121 v° ; B 44, f° 218 v° ; B 84, f°s 211 et 218 v° ; B 268, 303, 341, 1399, 1624 à 1657 ; C 2002[21] ; C 2133, p. 87 ; C 2139, 2141 ; *Inventaire des titres de l'abbaye de Corbie*, arm. V et VI ; *Inventaire des titres de l'évêché d'Amiens*, f° 36 v°. — Bibliothèque nationale, Mss., Picardie, Collection D. Grenier, vol. 205, f° 310, vol. 212, f° 251 v°. — *Etat des fiefs de Picardie*, xviie siècle, Bibliothèque de la Soc. des Antiq. de Pic., Mss. T. I. 9, p. 91.

V. de Beauvillé, *Recueil de documents inédits concernant la Picardie*, IV, 299. — Ch. Bréard, *Recherches historiques sur Prouzel*, dans les *Mémoires de la Soc. des Antiq. de Pic.*, in 8°, XXXIII, 47. — Daire, *Histoire civile et ecclésiastique du doyenné de Conty*, publiée et annotée par Alcius Ledieu, dans le *Cabinet historique de l'Artois et de la Picardie*, XI, 309. — I. Darsy, *Les bénéfices de l'église d'Amiens en 1730*, dans les *Mémoires de la Soc. des Antiq. de Pic.*, in 4° VII, 179.

Hameaux. — 1° **Guisy lès Oresmaux**, dépendance de Longpré. En 1175, partie des terres ont été abandonnées par le chapitre de St-Nicolas d'Amiens au prieuré de St-Nicolas de Regny, moyennant une rente de 36 muids de grains, mesure du chapitre. Mais ces terres étaient chargées de 112 muids de grains de rente, tenus en fief de l'abbaye de Corbie (1331), de sorte que, cent ans auparavant déjà, le prieuré les avait abandonnées à l'abbaye.

Le 21 janvier 1587, l'abbaye de Corbie aliéna 50 journaux de bois, dits bois de Guisy, et 25 journaux de terre au profit d'Adrien et Jean Plichon, pour les tenir en fief, moyennant la somme de 2.000 écus comptant et les devoirs ordinaires.

2° **Longpré lès Oresmaux**, La seigneurie fut donnée par l'abbaye de Corbie à Jean de Fouilloy, chevalier, seigneur d'Abbecourt, en échange de la seigneurie en partie de Sailly-Laurette et de ce qu'il possédait à Sailly-le-Sec, Chipilly et Etinehem.

Le 28 octobre 1348, Jean de Fouilloy vendit à l'abbaye ce qu'il en avait acquis moyennant une rente viagère de 700 livres. En 1727, il existait encore une maison et une grange faisant partie de l'ancien chef-lieu seigneurial.

PLACHY-BUYON

ORGANISATION ECCLÉSIASTIQUE. — Secours de la paroisse de Bacouel, au doyenné de Conty. Vocable : S⁴ Martin. Décimateurs : l'abbaye du Gard pour 5 gerbes, le curé pour 2, le prieur de Boves pour une et le collège des Jésuites d'Amiens pour une.

Chapelle de Notre-Dame, unie au collège d'Amiens.

ORGANISATION CIVILE. — Prévôté de Beauvaisis à Amiens, bailliage d'Amiens, jusqu'en 1748, puis bailliage et siège présidial d'Amiens ; élection d'Amiens, intendance de Picardie ; grenier à sel d'Amiens. Population : en 1689, 230 communiants, avec Bacouel et Buyon ; en 1698, 255 habitants, avec Buyon ; en 1724, 65 feux et 198 habitants ; en 1760, 101 feux, avec Buyon ; en 1772, 77 feux et 225 habitants ; en 1780 et 1790, 160 communiants et 101 feux.

SEIGNEURIE. — Elle appartenait au chapitre de la cathédrale d'Amiens et comprenait une maison, 100 journaux 41 verges de terre, 39 journaux de prés en 1730.

Fiefs. — Le fief de Baillon, entre Saint-Sauflieu, Nampty, Prouzel et Buyon, était tenu de Nampty en 1399 ; depuis le xvi⁰ siècle, il semble être passé dans la mouvance de Prouzel. En 1488, il appartenait à Charles de Contay, dont la descendante, Françoise de Contay, le fit passer, en 1501, dans la maison d'Humières, par son mariage avec Jean, chevalier des ordres du Roi, son chambellan (1532-1540) ; en 1560, Charles d'Humières, évêque de Bayeux, le légua à Jacques d'Humières, son frère (1572). Le fief fut vendu par décret sur Anne d'Humières, femme du comte de Chaulnes, à Charles-Maximilien d'Halluin, seigneur de Wailly, en 1604.

Fief de Belloy, à Plachy et Buyon, tenu de la seigneurie de Belloy-sur-Somme, mouvant de la forêt de Vignacourt (1750).

Fief du Cange (1663).

Fief du Marest (1663).

Archéologie. — Eglise construite récemment.

Lieux-dits. — La Rayoire, le Camp Pillard, les Proies, les Murailles, les Sottes villes, le Marotin, Derrière la Cense, le Pré des Hérettes, le Vaucher, les Fraucourt, les Gammes Gênes, le Chemin des Postes, les Terres St-Martin, le Gaugrez, la Fosse Capitre, la Vignette, le Fief, le Bosquet de Camon, le Baillon, le Ramont, le Técron, la Vallée à Sorchelles.

Sources et Bibliographie. — Archives de la Somme, B 303, 792, 794 ; C 2133, p. 272 ; C 2134, fᵒˢ 83, 119 et 134 ; C 2135, f° 135 ; E 196, p. 83. — *Etat des fiefs de Picardie*, xvii° siècle, Bibliothèque de la Soc. des Antiq. de Pic., Mss. T. I. 9, p. 94.

CH. BRÉARD, *Recherches historiques sur Prouzel,* dans les *Mémoires de la Soc. des Antiq. de Pic.*, in 8°, XXXIII, 48. — CH. BRÉARD, *Les vieux papiers de Prouzel*, dans le *Bulletin de la Soc. des Antiq. de Pic.*, XIX, 63. — DAIRE, *Histoire civile et ecclésiastique du doyenné de Conty,* publiée et annotée par Alcius Ledieu, dans le *Cabinet historique de l'Artois et de la Picardie*, XI, 310. — I. DARSY, *Les bénéfices de l'église d'Amiens en 1730,* dans les *Mémoires de la Soc. des Antiq. de Pic.*, in 4° VII, 172. — J. ROUX, *Histoire de l'abbaye de St-Acheul, ibidem,* XII, 373. — ROZE, ROUX et SOYEZ, *Le cartulaire du chapitre de la cathédrale d'Amiens, ibidem*, XIV, 238, 275.

HAMEAU. — **Buyon**. — Population : en 1724, 19 feux et 52 habitants ; en 1772, 27 feux et 89 habitants.

SEIGNEURIE. — La seigneurie, comme celle de Plachy, était une propriété du chapitre de la cathédrale d'Amiens.

SOURCES. — *Etat des fiefs de Picardie*, XVIIe siècle, Bibliothèque de la Soc. des Antiq. de Pic., Mss. T. I. 9, p. 14.

PROUZEL

Perrosel, 1176 ; Perrousel, 1223 ; Perrouzel, 1302.

ORGANISATION ECCLÉSIASTIQUE. — Paroisse du doyenné de Conty, archidiaconé et diocèse d'Amiens. Vocable : la Sainte-Vierge. Présentateur : le chapitre de Picquigny, par sa charte de fondation (1066). Décimateurs : ledit chapitre, pour un tiers, et celui d'Amiens, pour le surplus, par acquisition faite, en septembre 1263, d'Eustache de Neuville, chevalier. Revenu de la cure : 400 livres en 1730.

ORGANISATION CIVILE. — Prévôté de Beauvaisis, à Amiens, bailliage d'Amiens, jusqu'en 1748, puis, bailliage et siège présidial d'Amiens ; élection d'Amiens, intendance de Picardie ; grenier à sel d'Amiens. Population : en 1469, 66 feux ; en 1670, 150 ; en 1698, 550 habitants ; en 1709, 131 feux ; en 1724, 137 feux et 466 habitants ; en 1761, 135 feux ; en 1772, 151 feux et 492 habitants.

HISTOIRE. — Lorsqu'en 1472 Charles le Téméraire, duc de Bourgogne, parcourait la Picardie, semant dans tout le pays le pillage et l'incendie, Prouzel eut à souffrir de son passage. Venant d'Airaines et de Picquigny, il établit son camp, le 19 septembre, sur son territoire, puis, le lendemain, dimanche, passa la Selle et posa ses tentes sur la hauteur qui domine Nampty. Ayant fait ranger son armée en bataille, il donna l'ordre de brûler tous les villages « de deçà l'eau », depuis son camp jusqu'à Amiens. Le 21, il reprit sa course et gagna le Santerre.

La coutume de Prouzel a été rédigée le 2 octobre 1507 ; elle contenait six articles et se référait, pour les cas non prévus, aux coutumes de Vignacourt, Flixecourt et Picquigny.

Antérieurement au XIIIe siècle, Prouzel avait deux moulins, celui de Prouzel et celui de Donville. Le dernier, placé près du pont de Plachy, est mentionné en 1248 et 1263. Au xvII° siècle, il y avait un moulin à huile et un pour fouler les étoffes.

Seigneurie. — C'était une pairie de la châtellenie de Vignacourt, tenue de celle de Picquigny, à cause de la partie relevant du comté de Corbie. Les moulins de Prouzel et la pêche de la rivière de Selle, depuis le village et le pont de Prouzel jusqu'au moulin à blé de Nampty, formaient un fief particulier, que le seigneur relevait directement à Picquigny. Au mois de juin 1223, il en devait l'*ostage* deux mois par an avec sa femme et à ses frais ; autrement dit, il passait chaque année au château de Picquigny deux mois, armé, équipé, prêt à prendre les armes à toute réquisition de son suzerain, et gardant sa forteresse contre les attaques de ses ennemis.

Au milieu du xIII° siècle, Robert de Prouzel, chevalier, est connu par une donation au prieuré de Saint-Nicolas de Regny. Pierre de Prouzel est désigné comme seigneur, en 1268. Ses descendants sont peu connus et l'on ignore comment Jacques de Longroy, chevalier, se qualifie, en 1354, sire de Longroy, seigneur d'Hallencourt, Saint-Vast-en-Chaussée et Prouzel. Son petit-fils, également appelé Jacques, joua un rôle considérable dans les événements de son temps. En 1373 et 1407, il était conseiller et chambellan du duc de Bourgogne, lieutenant général de Picardie, sous les ordres du comte de Saint-Pol, et prenait part en cette qualité aux campagnes et aux combats qui désolèrent cette triste période ; il périt à Azincourt. Sa femme, Marie de Querrieu, dame de Querrieu et d'Hérissart, ne lui donna que deux filles : Guyotte, mariée à Jean II de Craon, seigneur de Domart, et Isabelle, qui épousa Waleran de Rivery, seigneur de Rivery et de Villers-Bretonneux. Le 4 avril 1416, une transaction assura Prouzel à la maison de Rivery.

A la fin du xve siècle, vers 1490, la famille de Rivery faisait place à la famille Le Scellier, originaire d'Abbeville, où elle occupait des offices de judicature au présidial. Trois générations se succédèrent en qualité de seigneurs de Prouzel-au-Mont et de Prouzel-au-Val ; vient ensuite Antoinette, successivement alliée à Pierre de Villepoix, écuyer, seigneur de Fromericourt (27 mai 1574), et à Adrien de Boufflers, écuyer, seigneur de Remiencourt (27 juin 1585). Des enfants naquirent de ces deux unions, mais Prouzel et Plachy échurent à l'aîné du premier lit, Jacques de Villepoix. Son fils, Charles, vit saisir la terre de Prouzel, en 1673, et fut contraint de la vendre, le 20 mars 1696, à Adrien Creton, écuyer, seigneur de Wiameville, conseiller du Roi et second président au bailliage d'Amiens, moyennant 60.000 livres.

Celui de ses enfants, Louis-Joseph Creton, écuyer, auquel revinrent Prouzel et la charge de président, ne contracta pas de mariage ; et, lorsqu'il mourut, le 1er juin 1777, il désigna pour son héritier son neveu, Louis-Joseph Gaillard, écuyer, seigneur de Boencourt, conseiller du Roi, président au présidial d'Abbeville et fils de sa sœur, Elisabeth, et d'André-Joseph Gaillard de Boencourt.

Au moment de la Révolution, Prouzel était encore dans cette même famille et ce n'est que tout récemment que la terre a changé de mains.

Archéologie. — L'église, comme beaucoup d'autres de la région, fut reconstruite aux xvie siècle. Elle garde de la construction antérieure une porte principale du xiie siècle, en tiers-point et encadrée d'un gros boudin. Cette porte n'est plus dans l'axe de l'édifice, mais un peu au nord, probablement par suite de son agrandissement sur un terrain borné par le domaine seigneurial ; elle est surmontée d'un simple œil-de-bœuf et accostée de deux puissants contreforts.

A l'intérieur, la nef est recouverte d'une voûte en bois du xvie siècle ; une sablière, à peine moulurée, l'entoure complètement et porte douze têtes grossièrement sculptées ; vers le milieu de la longueur de la nef, les armoiries des familles Le Scellier et de Calonne y sont gravées en plein bois, des deux côtés. Les fenêtres sont en cintre brisé et le chœur se termine par une abside à trois pans, percée de trois fenêtres.

La chaire, en chêne sculpté, semble appartenir au xviie siècle, avec têtes d'anges et guirlandes de fruits et de feuillages. On peut faire remonter au début du xiiie siècle les fonts baptismaux ; c'est une cuve ronde, encastrée dans un cadre carré et cantonnée de quatre colonnettes à chapiteaux sculptés ; un bandeau, formé de carrés à diagonales, court entre les chapiteaux et chaque angle est orné d'une fleur de lis.

Du côté de l'évangile, s'élève une petite chapelle, communiquant avec l'église par un arc en tiers-point et éclairée par une seule fenêtre. La clef de voûte de la croisée d'ogives est décorée d'un ange portant les armes de la famille Le Scellier, que l'on retrouve encore sous une console au-dessous de la fenêtre et à droite et à gauche d'une Notre-Dame-de-Pitié, haut-relief en pierre du xvie siècle, d'un travail intéressant, mais assez détérioré ; les donateurs y sont représentés, accompagnés de leurs patrons, saint Jean-Baptiste et saint Antoine. Une inscription, relatant un obit de Bastien Le Scellier, d'Antoinette de Calonne, sa femme, et d'Antoine Le Scellier, leur fils (1525), est scellée à la base de l'arc qui réunit la chapelle à l'église.

Le château est une construction importante en pierres, du xvie siècle, présentant, sur une façade, une rotonde en avancée et, sur l'autre, un fronton et deux ailes peu saillantes ; il a été probablement construit par Adrien Creton. Deux pavillons à toits mansardés ont été ajoutés au siècle suivant.

Lieux-dits. — Au-dessus de la Vignette, le Pré du Cigne, le Culot, les Robinettes, haut et bas Ligny, le Bois St-Avid.

Sources et Bibliographie. — *Cartulaire Néhémias de Corbie*, Bibliothèque nationale, Mss., fonds latin 17761, f° 176 v°. — *Cartulaire de Picquigny*, Archives nationales, R¹ 35, f°* 59 et 85 v°. — *Etat des fiefs de Picardie*, xvii° siècle Bibliothèque de la Soc. des Antiq. de Pic., Mss T. I 9, p. 97.

A. Bouthors, *Coutumes locales du bailliage d'Amiens*, dans les *Mémoires de la Soc. des Antiq. de Pic.*, in 4° I, 2° série, 191. — Ch. Bréard, *Recherches historiques sur Prouzel*, dans les *Mémoires de la Soc. des Antiq. de Pic.*, in 8°, XXXIII, 3. — Ch. Bréard, *Les vieux papiers du château de Prouzel*, dans le *Bulletin de la Soc. des Antiq. de Pic.*, XIX, 34. — Daire, *Histoire civile et ecclésiastique du doyenné de Conty*, publiée et annotée par Alcius Ledieu, dans le *Cabinet historique de l'Artois et de la Picardie*, XI, 318. — I. Darsy, *Les bénéfices de l'église d'Amiens en 1730*, dans les *Mémoires de la Soc. des Antiq. de Pic.*, in 4° VII, 180. — C. Enlart, *L'architecture romane dans la région picarde*, dans les *Mémoires de la Soc. des Antiq. de Pic.*, p. 36.

RUMAISNIL

Riemaisnil, 1124 ; Reneletmaisnil, 1164 ; Rehermaisnil, 1184 ; Remaisnil, 1184 ; Reinelet-Mesnil, 1190 ; Riesmaisnil, 1203 ; Rumaisnil, 1301.

Organisation ecclésiastique. — Paroisse du doyenné de Conty, archidiaconé et diocèse d'Amiens. Vocable, Notre-Dame. Présentateur : le chapitre d'Amiens. Décimateurs : le même chapitre, qui en a abandonné un tiers au curé pour sa portion congrue. Revenu de la cure : 350 livres en 1730. Revenu de la fabrique : 80 livres.

Organisation civile. — Prévôté de Beauvaisis à Amiens, bailliage d'Amiens, jusqu'en 1748, puis

bailliage et siège présidial d'Amiens ; élection d'Amiens, intendance de Picardie ; grenier à sel d'Amiens. Population : en 1698, 400 habitants ; en 1724, 59 feux et 218 habitants ; en 1760, 67 feux ; en 1772, 57 feux et 202 habitants ; en 1782, 73 feux : en 1789, 76.

Seigneurie. — Elle relevait de la châtellenie de Picquigny, lorsqu'elle fut vendue au chapitre d'Amiens par Jean, dit d'Artois, clerc, et Marie, sa femme, en 1282, et par Simon de Neuville, autre clerc, et Agnès, sa femme, en novembre 1289.

Fief. — Cette seconde acquisition comprenait le fief de la Houssoye, relevant du chapitre. Il y avait deux fermes en 1482, l'une d'elles appelée de la Houssoye ; elles n'en formaient plus qu'une seule en 1545 avec 244 journaux de terre. La superficie cultivée était de 237 journaux en 1730.

Archéologie. — Eglise de 1907, remplaçant l'ancienne incendiée, dont il ne reste rien.

Lieux-dits. — Les Chartiers, la Vallée de Corbas, les Séhures, le Longuet, la Voye des Claris, la Maladrerie, la Mare à cauve ou à canvre, le Presbytère, la Vautoise, l'Englemiot, le Chemin des Hugnots, la Voie du Christ, la Montagne du bois de l'Hôtel-Dieu, la Lézarde, le Théâtre Carabin, la Croisette, le Cimetière, les Toffets grands, les Folemprises.

Sources et Bibliographie. — Archives de la Somme, *Inventaire des titres du chapitre de la cathédrale d'Amiens*, arm. V, l. 363. — *Etat des fiefs de Picardie*, xviie siècle, Bibliothèque de la Soc. des Antiq. de Pic. Mss. T. I. 9, p. 102.

Daire, *Histoire civile et ecclésiastique du doyenné de Conty*, publiée et annotée par Alcius Ledieu, dans le *Cabinet historique de l'Artois et de la Picardie*, XI, 325. — I. Darsy, *Les bénéfices de l'église d'Amiens en 1730*, dans les *Mémoires de la Soc. des Antiq. de Pic.*, in 4° VII, 28, 181. — A. Ledru, *Histoire de la maison de Mailly*, I. 387.

SENTELIE

Sainterlies, 1189 ; Sainte Helie, 1234 ; Saintelie, 1278 ; Sainthelye, 1301 ; S. Delis, 1590-1729.

Organisation ecclésiastique. — Paroisse du doyenné de Poix, puis de celui de Grandvilliers, archidiaconé et diocèse d'Amiens. Vocable : St-Nicolas. Présentateur : l'évêque d'Amiens. Le village de Brassy fut détaché de la paroisse de Frémontiers dans le dernier quart du xviii° s., pour être uni à celle de Sentelie. Décimateurs : les abbés de Chalis et de Selincourt. Revenu de la cure, 458 l. 3 s. 6 d., en 1728. Chapelle de St-Lambert, au cimetière.

Organisation civile. — Prévôté de Beauvaisis, à Grandvilliers, bailliage d'Amiens ; élection d'Amiens, intendance de Picardie ; grenier à sel de Grandvilliers. Population : en 1698, 250 habitants ; en 1724, 66 feux et 239 habitants ; en 1772, 82 feux et 283 habitants ; en 1789, 80 feux.

Seigneurie. — On la trouve tenue de la châtellenie de Conty, mouvant du comté de Clermont, ou de celle de Breteuil, qui relevait du Roi, à cause de sa Salle de Montdidier, (1400).

La seigneurie était partagée en deux parties. Robert d'Estrées, écuyer, seigneur de Quevauvillers, et Jeanne de Coqueville, sa seconde femme, donnèrent l'une à leur fille Françoise, à son mariage du 14 juin 1586 avec Robert de Sarcus, écuyer, seigneur de Courcelles sous Moyencourt ; elle était veuve de Pierre Alexandre, écuyer, seigneur de la Mothe d'Hannaches. Robert mourut en 1621, et sa femme était décédée quelques années auparavant, en 1618. Louis de Sarcus, écuyer, capitaine au régiment de Rochefort en 1698, parait être le dernier de sa famille qui ait possédé cette portion de Sentelie.

L'autre partie eut les mêmes seigneurs que le fief de Brassy.

Archéologie. — Eglise en pierres du xvi° s., tour carrée en pierres sur la façade ; le mur du sud a été refait récemment en briques, les fenêtres du nord l'ont été en plein cintre, probablement au xviii° siècle ; au nord un larmier, à hauteur de la base des fenêtres longe la façade.

A l'intérieur, une nef plafonnée en berceau brisé et une seconde nef très étroite au nord, séparée de la première par des colonnes rondes en pierres à bases de grés, sans chapiteaux, style xvi° siècle ; à la grande nef, frise en bois sculpté, ornée de quatre têtes en blochets, poutres apparentes, chaire en chêne sculpté du xviii° siècle.

Au presbytère, une cave taillée dans la craie, voûtée en arc brisé, est terminée par trois chambres en croix latine ; l'escalier est en pierres, voûté en arc brisé sur quatre mètres de long, et présente de petites voûtes en échelons ; une inscription indique que la cave a été abandonnée en 1749.

Dans le cimetière, chapelle de St-Lambert, but de pèlerinage. C'est un joli édifice en pierres, du XVIe siècle, de style flamboyant, bien conservé et composé d'une nef et d'une abside à trois pans ; le portail, un peu nu, est en anse de panier et un campenard surmonte la façade ; un larmier règne tout autour du monument à la hauteur de la base des fenêtres et une corniche moulurée couronne les murs ; les fenêtres sont coupées par deux meneaux et les remplages sont d'un dessin élégant. A l'intérieur il n'y a qu'une nef de belles dimensions ; une sablière sculptée en fait le tour et est ornée de blochets représentant des têtes d'hommes et de femmes alternées. Des traces de litre se voient encore. On remarque enfin une statue de St-Antoine et un *Ecce homo*.

Lieux-dits. — Le Mont Olivet, le Diofosse, le Bois de Brassy, le Moulin brûlé, la Rue St-Lambert, la Matelotte, le Roty, les Senses, Hot grand Colo, la Rue Basse-Boulogne.

Sources et Bibliographie. — Archives de la Somme, C 2133, pp. 214 et 276 ; *Inventaire des titres du chapitre de la cathédrale d'Amiens*, arm. III, l. 47.

Daire, *Histoire civile et ecclésiastique du doyenné de Poix*, publiée et annotée par Alcius Ledieu, dans le *Cabinet historique de l'Artois et de la Picardie*, XIII, 9. — Daire, *Histoire civile et ecclésiastique du doyenné de Grandvilliers*, Bibliothèque d'Amiens, Histoire 3925, p. 24. — I. Darsy, *Les bénéfices de l'église d'Amiens en 1730*, dans les *Mémoires de la Soc. des Antiq. de Pic.*, in 4° VIi, 296. — R. de Guyencourt, *Notice sur Sentelie*, dans *La Picardie historique et monumentale*, Tome Ier, fasc. 5, p. 311. — Lainé, *Archives généalogiques... de la noblesse de France*, Sarcus. — Comte de Luçay, *Le comté de Clermont en Beauvaisis, le dénombrement de 1373*, p. 220.

TAISNIL

Taisny, 1150 ; Thaisny, 1236 ; Tagny, 1657.

Organisation ecclésiastique. — Paroisse du doyenné de Conty, archidiaconé et diocèse d'Amiens. Vocable : St-Martin. Présentateur : l'évêque d'Amiens. Décimateurs : la fabrique et le curé. Revenu de la cure : 400 livres en 1728. Revenu de la fabrique : 100 livres.

Organisation civile. — Prévôté de Beauvaisis, à Grandvilliers, bailliage d'Amiens ; élection d'Amiens, intendance de Picardie ; grenier à sel d'Amiens. Population : en 1689, 151 communiants ; en 1698, 243 feux ; en 1724, 61 feux et 284 habitants ; en 1760, 73 feux ; en 1772, 80 feux et 274 habitants ; en 1780, 82 feux ; en 1789, 85 feux.

Seigneurie. — C'était une pairie de la châtellenie de Picquigny, mouvant de l'évêché d'Amiens. Au xiii° siècle (1279), un quart était tenu du seigneur de Maruel, et auparavant (1223), du seigneur de Saint-Sauflieu. En 1598, la seigneurie comprenait 70 journaux à la sole, 40 journaux de bois à coupe, moulin, garenne, censives et champart.

Les premiers seigneurs ont porté le nom du village. Jean de Taisnil reconnaissait devoir au vidame un an de stage à Picquigny avec sa femme, à ses frais (1223). Guillaume, seigneur en partie, résigna aux mains de l'évêque d'Amiens les droits qu'il possédait à la collation de la cure (octobre 1253) ; Jean, écuyer, sire de Taisnil, renouvelait au vidame la charge de stage d'une année qui pesait sur les trois quarts de sa seigneurie (février 1279-80). Pierre Grimaud légua la seigneurie à Jean de Labbye, mayeur d'Amiens, en 1435 ; puis Taisnil passa à la famille du Caurel, à laquelle il demeura longtemps : Jean du Caurel, échevin d'Amiens (1510), Guillaume du Caurel, écuyer, bailli d'Amiens (1560).

Il n'en sortit qu'à la fin du xviie siècle ou au commencement du xviiie, pour devenir la propriété de François Pinguet, écuyer, seigneur de Rouvroy, époux de Marie Chevalier. Il mourut à Taisnil, âgé de 86 ans, le 19 décembre 1753, laissant Taisnil à François-Guillain Pinguet, écuyer, son fils. Il est probable que, héritière de ce dernier, Marie-Françoise Morel, fille de Marie-Françoise Pinguet et de François Morel, seigneur de Tilloy, et femme de Charles-Joseph d'Aumale, chevalier, l'aura vendu ; car, en 1788 apparaît un nom nouveau. Le 30 décembre mourait à 20 ans, Anne-Alexandrine-Adélaïde Bosquillon, dame de Rosières, femme de François-Xavier-Félix-René Boulanger de Rivery, chevalier, seigneur de Rivery, Taisnil, Domesmont, conseiller au parlement de Paris. Elle fut inhumée le 2 janvier 1789 dans l'église de Taisnil.

Fiefs. — Plusieurs fiefs étaient, comme la seigneurie, tenus de Picquigny : fief des Francs-Alleux (1575), de 28 écus d'or, hypothéqués sur la seigneurie, avec titre de pairie ; fief de 16 livres de rente (1578-1615) ; fief abrégé du bois des Jardins (100 journaux) ; fief abrégé du bois des Routieux, ou Routieux de Vaux (109 journaux 1/4 de bois) : en 1499, il appartenait à Charles du Caurel ; il était encore dans la même famille en 1578.

Le fief du Hamel (manoir et 130 journaux de terre) était une mouvance d'un fief à Wailly qui relevait de la châtellenie de Conty.

Archéologie. — L'église en pierres du XVIe siècle, à une nef, avec clocher carré en ardoises sur la façade, a perdu presque tout caractère par suite de réparations. Il ne reste qu'une fenêtre du XVIe siècle et un larmier au-dessus d'une autre ; partout ailleurs les moulures ont été nivelées et les fenêtres arrondies, sans doute lors de la restauration de 1843. La décoration du maître autel est moderne.

Château en briques et pierres, sans caractère ; un pavillon au centre et un à chaque extrémité.

Lieux-dits. — Le Bois des Jardins, le Maillot, Sous les Vignes, la Rue de la Chaussée, le Moulin, la Croix d'Amiens, les Halleux, le Fond de Péronne, la Vallée de l'église, Neuville, Lemonet, Damotte, les Carreaux, le Vallardins, la Croisette, les Hauts Routieux, le Bois de Goudaille, le Rivage, la Rue Bigaudet.

Sources et Bibliographie. — Archives de la Somme, B 23, f° 174 ; B 73, f° 5 ; C 2133, p. 95 ; E 143, f°˙ 366, 367, 368 ; E 144, f°˙ 299, 313 ; E 196, f° 21. — Bibliothèque nationale, Mss. Picardie, Collection D. Grenier, vol. 241, f° 28. — *Cartulaire de Picquigny*, Archives nationales, R¹ 35, chartes 159 et 246. — *Etat des fiefs de Picardie*, xviiᵉ siècle, Bibliothèque de la Soc. des Antiq. de Pic , Mss. T. I. 9, p. 114.

Daire, *Histoire civile et ecclésiastique du doyenné de Conty*, publiée et annotée par Alcius Ledieu, dans le *Cabinet historique de l'Artois et de la Picardie*, XII, 26. — I. Darsy, *Les bénéfices de l'église d'Amiens en 1730*, dans les *Mémoires de la Soc. des Antiq. de Pic.*, in 4° VII, 182.

THOIX

Teoletum, Teoleium, 1140 ; Tois, 1140 ; Thois, 1212 ; Thoys, 1301.

Organisation ecclésiastique. — Paroisse du doyenné de Poix, puis de celui de Grandvilliers, archidiaconé et diocèse d'Amiens. Vocable : S. Etienne. Présentateur : l'évêque d'Amiens. Revenu de la cure : 603 livres en 1730.

La chapelle de St-Louis, élevée près de l'église par Timoléon Gouffier avant 1614, avait l'évêque d'Amiens pour présentateur ; celle de St-Remi, dans le cimetière, a été détruite par ordonnance épiscopale du 29 Avril 1752. Maladrerie.

Organisation civile. — Prévôté de Beauvaisis, à

Grandvilliers, bailliage d'Amiens, élection d'Amiens, intendance de Picardie ; grenier à sel de Grandvilliers. Population : en 1698, 250 habitants ; en 1724, 76 feux et 263 habitants ; en 1772, 69 feux et 202 habitants ; en 1789, 70 feux.

Histoire. — Le château primitif de Thoix fut, dit-on, détruit par la Jacquerie. La tradition veut que le fameux capitaine Lahire l'ait relevé comme moyen de défense du pays. Les Anglais s'en emparèrent en 1440 ou 1441. Durant la Révolution, le château fut converti en maison commune.

Un marché franc le mardi de chaque semaine et deux foires par an, le jour de St-Remi et à la mi-carême, furent concédés au bourg de Thoix, par lettres patentes données à Rambouillet au mois de mars 1545, v. st., enregistrées au bailliage d'Amiens, le 30 Avril suivant (1546), à la demande de François de Gouffier, chevalier, seigneur du lieu. — Il y avait une étude de notaire, dès 1586.

Seigneurie. — Elle avait rang de châtellenie et relevait par indivis de la châtellenie de Breteuil et du vidamé de Gerberoy. Henri III l'érigea en marquisat en faveur de Timoléon de Gouffier ; mais, ces lettres n'ayant pas été enregistrées, Louis XIV en donna de nouvelles à Antoine de Gouffier, maréchal de camp, gouverneur de Blois, en 1652. Du marquisat dépendaient Thoix, Courcelles-sous-Thoix, Beaudéduit et Offoy.

En 1720, le chef-lieu seigneurial comprenait le château, la grande cour, la basse-cour, écurie, etc., avec terrasse à l'entour de la plus grande partie, le tout clos de fossés pleins d'eau ; plus un grand jardin tenant aux fossés, fermé de haies vives et d'eaux.

Primitivement, Thoix était une dépendance de la châtellenie de Crèvecœur et celle-ci était elle-même un démembrement du comté de Breteuil. La suite des seigneurs confirme cette opinion. Hugues, premier seigneur particulier de Crèvecœur (1139-1184), était le troisième fils d'Evrard III, comte de Breteuil, et de Basilie de Bulles ; il reçut en partage Crèvecœur, Thoix et leurs dépendances, à condition d'en faire hommage à son aîné.

Claude de Crèvecœur, dernière de sa lignée, mourut sans héritiers de son union avec Antoine de Craon. Son héritage revint à son oncle, François de Crèvecœur. Celui-ci n'eut qu'une fille, Louise, mariée, le 8 juin 1517, à Guillaume de Gouffier, plus connu sous le nom d'amiral Bonnivet. Nous ne ferons que mentionner ici le rôle important, joué par cet illustre personnage, sous François I*, comme ambassadeur auprès des cours d'Angleterre et d'Allemagne. En cette qualité, il prépara l'entrevue du camp du Drap d'Or. Depuis, il gouverna le Dauphiné (1519), la Guyenne (1521), et combattit en Navarre et dans le Milanais (1524-25), où il perdit la vie à la funeste journée de Pavie.

Le second fils de Bonnivet, François de Gouffier, chevalier des ordres du Roi et lieutenant général de Picardie, laissa une nombreuse postérité d'Anne de Carnazet, sa femme. Thoix fut attribué, avec d'autres seigneuries, Brazeux, Montaubert, etc., à Timoléon de Gouffier (1558-1614), chevalier de l'ordre du Roi et vice-amiral des côtes de Normandie. C'était le divorce définitif de deux terres unies durant tant de siècles. Les descendants de Timoléon gardèrent Thoix jusqu'au 4 septembre 1784, où le château et sans doute le marquisat tout entier furent vendus à Jean-Baptiste Lesage, ancien contrôleur des guerres, pour la somme de 900.000 livres, plus 9.000 livres pour le mobilier.

Fiefs. — Le marquisat de Thoix comptait quelques mouvances : les fiefs de Campreux, de Nicolas Fouquerel, de Nicolas Narine, du Mon et du Mesnil, dont relevait le fief du petit Remon.

Le père Daire cite encore, sans en indiquer la tenure, les fiefs Baleuse, Anquet, du Courtil Hennequin.

Nous connaissons quelques-uns des possesseurs du fief de Campreux : vers 1450, Jean Rohault ; vers 1500, Marie Rohault, femme de François Gougier, puis leur fils, François Gougier, maïeur d'Amiens, en 1575 et 1577, et la fille de celui-ci, Françoise Gougier, épouse de Michel Randon.

Archéologie. — Eglise en pierres du xvie siècle, avec clocher carré en ardoises sur la façade, une nef et un transept. La nef est couverte d'une voûte en bois enduite de plâtre, le transept et le chœur sont voûtés en pierres ; la voûte du chœur a été refaite récemment. L'autel de la Vierge en bois sculpté, de 1640, est très orné et chargé de personnages et de guirlandes de fleurs. Inscription à la mémoire de N. de Gouffier, mort en 1614, d'Aymar de Gouffier, vicomte d'Offoy, mort en 1710, de François-Louis Gouffier, marquis de Thoix, comte de Passavant, mort en 1753, dont les restes étaient dans la chapelle de l'église, dite de St-Louis et aujourd'hui démolie.

Dans la rue, à peu de distance de l'église, s'élève une fort belle croix en pierre sculptée du début du xvie siècle ; le bas a été mal restauré.

Le château en pierres, d'une assez grande étendue, comprend un long corps de logis avec deux petites ailes ; la toiture est garnie de fenêtres en pierres, avec frontons alternatifs demi-circulaires et triangulaires, entre lesquelles se trouvent encore des fenêtres plus petites. Il a dû être très transformé par une restauration récente et n'a plus guère de caractère.

Lieux-dits. — La Vallée Meurdressoir, le Fief, le Moulin, les Vignes, le Foyel, le Quancart, Lalirée Quenette, le Vinchoir, le Larry de Choquese, le Loup pendu, le Ploys, la Fontaine, le Montoir, le Romont, la Phisneroy, le Mont Thory, le Campreux.

Sources et Bibliographie. — Archives de la Somme, C 2133, pp. 162, 214 et 261. — Bibliothèque nationale, Mss. Picardie, Collection D. Grenier, vol 218, f° 208 v°. — *Etat des fiefs de Picardie*, xviie siècle, Bibliothèque de la Soc. des Antiq. de Pic. Mss. T. I. 9, p. 115.

Anselme, *Histoire généalogique et chronologique...*, V. 260,

— V. de Beauvillé, *Recueil de documents inédits concernant la Picardie*, II, 148. — Daire, *Histoire civile et ecclésiastique du doyenné de Grandvilliers*, Bibliothèque d'Amiens, Histoire, 3925, p. 27. — I. Darsy, *Les bénéfices de l'église d'Amiens en 1730*, dans les *Mémoires de la Soc. des Antiq. de Pic.*, in 4° VII, 297. — A. de Dion, *Les seigneurs de Breteuil en Beauvaisis*, dans les *Mémoires de la Soc. de l'Hist. de Paris et de l'Ile de France*, X, 21. — R. de Guyencourt, *Notice sur Thoix*, dans *La Picardie historique et monumentale*, Tome Ier, fasc. 5, p. 315. — G. Rembault, *Château, terre et seigneurie de Thoix*, dans *Eglises, châteaux, beffrois... de la Picardie*. — Roze, Roux et Soyez, *Le cartulaire du chapitre de la cathédrale d'Amiens*, dans les *Mémoires de la Soc. des Antiq. de Pic.*, in 4°, XIV, 183. 321. — A. Seillier, *Crèvecœur-le-Grand*, dans les *Mémoires de la Soc. académ. de l'Oise*, XV, 475 et 642.

TILLOY LÈS CONTY

Teoleium, 1140 ; Tilloy, 1147 ; Tylium, 1150 ; Tilleium, 1189 ; Teillolium, 1208 ; Tilloi, 1218.

Organisation ecclésiastique. — Paroisse du doyenné de Conty, archidiaconé et diocèse d'Amiens. Vocable : Notre-Dame. Présentateur : l'abbé de St-Martin-aux-Jumeaux d'Amiens, puis, après 1147, celui de St-Quentin de Beauvais. Décimateurs : le chapitre de la cathédrale d'Amiens, le prieur de Conty et le curé. Revenu : 500 livres, en 1730.

Organisation civile. — Prévôté de Beauvaisis à Amiens, bailliage d'Amiens, jusqu'en 1748, puis bailliage et siège présidial d'Amiens ; élection d'Amiens, intendance de Picardie ; grenier à sel d'Amiens. Population : en 1303, 42 habitants roturiers avec Luzières ; en 1698, 425 habitants ; en 1724, 83 feux et 247 habitants ; en 1760, 112 feux ; en 1772, 88 feux et 265 habitants ; en 1787, 93 feux ; en 1790, 96 feux.

SEIGNEURIE. — En partie, elle relevait de la châtellenie de Conty, mouvant du comté de Clermont ; en partie, en deux ou trois fiefs, suivant les époques, de la châtellenie de Picquigny, à cause du vidamé.

Nous ne donnerons que pour mémoire la liste des premiers seigneurs de Tilloy, telle qu'elle a été publiée d'après un ancien auteur, plus jaloux de la gloire de son pays que de la vérité : Iveline, fille d'Oger, seigneur du lieu, épousa en 722 Hamon, seigneur de Moyennel. De ce mariage, naquirent deux fils : Honoré de Moyennel, le cadet, était seigneur de Tilloy, en 769, et n'eut pas d'enfant de sa femme, Ida. Il mourut en 791, laissant la seigneurie de Tilloy à Hildevert, seigneur de Livincourt-sur-Selle. Au xe siècle, la famille d'Amiens possédait le domaine. Maran II n'eut pas d'enfant d'Hunégonde, sa femme, et le légua à sa cousine, Alix d'Amiens, femme d'Hildevert VIII, de Vers, fille aînée de Gautier, comte d'Amiens, et sœur de l'évêque Foulques. Son mari mourut en mars 1016 et fut inhumé dans le prieuré de Vers. Quatre ans après, Alix d'Amiens abandonnait ses biens de Tilloy aux religieux du prieuré à charge d'un service annuel pour le repos de son âme et de celle de son époux.

Plus d'un siècle plus tard, la seigneurie de Tilloy

passa dans la maison de Conty et devint l'apanage d'un cadet, Osmond de Conty, fils d'Osmond I, seigneur de Conty (1154) ; ses successeurs abandonnèrent leur nom primitif pour prendre celui de leur terre patrimoniale : Thibault, seigneur de Tilloy (1205), devait quinze jours de stage à Picquigny, dont quatre avec sa femme, à cause de sa maison, ville, moulins et marais de Tilloy (juillet 1224) ; Jean, chevalier (1234) ; Thibault vendit (juin 1246) au chapitre d'Amiens un muid de grain à prendre sur sa grange de Tilloy ; Jean, chevalier, sire de Tilloy (1279) ; Thibault et Colart de Tilloy comparaissaient à la montre de 1337 ; maître Oste de Tilloy, chevalier, tenait de Conty un fief à Tilloy (1733).

Durant un temps où les documents font absolument défaut, la famille de Tilloy disparaît. En 1456, Robert de Rubempré lui a succédé, remplacé lui-même dès 1459 par Charles d'Occoch, puis par Jean d'Occoch, dit Martel, chevalier, qui fit don de la seigneurie à Jean de Fransures, dit Flamen, écuyer (1477). Un de Fransures vendit le tiers de Tilloy à Antoine de Halluin, seigneur de Wailly (1580), tandis que Charles-Maximilien de Halluin acquérait le reste en 1618. Depuis lors, l'histoire des seigneurs de Tilloy se confond avec celle de ceux de Wailly.

Fiefs. — Parmi les mouvances de la seigneurie, tenue de Conty, il faut citer, à Tilloy, le fief Paul Lefèvre (1645).

Le fief de Fedry-Marconville (moitié de maison,

grange, jardin, etc.) était sis aux bailliages de Clermont et d'Amiens, c'est-à-dire tenu de Conty et de Picquigny. Fedry de Marconville, fils de Florimond, lui donna son nom (1627), Maximilien de Marconville vivait en 1634.

Le fief Warin, appelé ensuite de Varenne (maison, cour, jardin, terres, prés) était tenu en partie de la seigneurie de Tilloy. Jean Gougier, écuyer, seigneur de Seux, le vendit, le 4 Juin 1781, à Philippe Pinguet, procureur du Roi de l'hôtel de Ville d'Amiens, dont la fille épousa N. Baillet, greffier du bureau des finances d'Amiens.

Le fief Hourdel ou de Sac Epée (6 journaux de terre au lieu-dit le Camp du Poivre), mouvant de Picquigny, se distingue-t-il du fief du Hamel ou Hourdel au Hamel-lès-Conty ?

Le fief particulier de Tilloy (20 journaux de bois, 9 de terres, 1 de prés, un quartier de vignes au grand marais de Tilloy) avait la même tenure que le précédent.

Fief du Haut Ban (1574).

Fief noble de Forest (champart de Tilloy et Conty, censives), éclipsé de la châtellenie de Conty, en faveur d'Antoine de Halluin, le 24 septembre 1587, et tenu de Conty.

Fief Mahieu Cauchie, mouvant du fief Crignon, à Conty ; acquis par François Scourion, le 22 janvier 1561, d'Antoine Obré.

ARCHÉOLOGIE. — L'église en pierres du milieu du xviiie siècle, est à une seule nef, avec tour carrée en pierres sur la façade. Le maître-autel, de style Louis XVI, est en bois sculpté, d'une facture un peu grossière, ainsi que les boiseries qui l'accompagnent. Lutrin en bois sculpté de la même époque.

Près de l'église se voit le château, en briques et pierres, placé sur sa motte et entouré de fossés, le tout de petites dimensions ; à l'extrémité gauche et en façade, il y a un pignon et une porte surmontée d'un écusson aux armes de la famille de Halluin et de ses alliances, portant la date de 1578. Le même écusson se retrouve sur le colombier, qui est dans la cour.

Lieux-dits. — L'Hermitage, le Domaine St-Denis, le Champ d'Y, l'Equipée, la Metz vallée de Guisy, le Bosquel, le Camp Herry, la Coignée, la Montagne de l'Elot, les Vignes, le Clopinet, la Buissière, la Haute Borne, l'Hôtel-Dieu, la Danse fée, les Etombelles.

Sources et Bibliographie. — Archives de la Somme, E 143, f°s 50, 369 ; E 144, f° 310 ; E 189 ; E 196, pp. 87, 90, 93, 94, 95, 96, 102, 103, 106, 119, 143 ; E 338. — *Cartulaire de Picquigny*, Archives nationales, R^1 35, chartes 52, 153, 248. — *Etat des fiefs de Picardie*, xviie siècle, Bibliothèque de la Soc. des Antiq. de Pic., Mss. T. I. 9, p. 116.

Daire, *Histoire civile et ecclésiastique du doyenné de Conty*, publiée et annotée par Alcius Ledieu, dans le *Cabinet historique de l'Artois et de la Picardie*, XII, 27. — I. Darsy, *Les bénéfices de l'église d'Amiens en 1730*, dans les *Mémoires de la Soc. des Antiq. de Pic.*, in 4° VII, 182. — E. de Lépinois, *Recherches... sur l'ancien comté de Clermont en Beauvaisis...*, p. 245. — Comte de Luçay, *Le comté de Clermont en Beauvaisis, le dénombrement de 1373*, p. 221.

Hameaux. — 1° **Cainval**, siège d'un prieuré transféré au Bosquel.

2° **Lannoy**, moulin, érigé en fief par le vidame d'Amiens en faveur d'Henri de Fricamps, chevalier (Octobre 1270).

3° **Vieil-Tilloy**, ce fief relevait de Conty. En 1628 il fut adjugé par décret sur Charles de Baugis à Charles-Maximilien d'Halluin.

VELENNES

Villaines, 1146 ; Villani, 1147 ; Vileines, 1184 ; Velanne, 1373 ; Velaines, 1507.

Organisation ecclésiastique. — Secours de la paroisse de Frémontiers, du doyenné de Poix, archidiaconé et diocèse d'Amiens. Vocable : St-Christophe.

Organisation civile. — Prévôté de Beauvaisis, à Amiens, bailliage d'Amiens, jusqu'en 1748, puis bailliage et siège présidial d'Amiens ; élection d'Amiens, intendance de Picardie ; grenier à sel de Grandvilliers. Population : en 1698, 176 habitants ; en 1724, 47 feux et 151 habitants ; en 1760, 46 feux ; en 1782, 77 ; en 1789, 81.

Seigneurie. — Elle se composait de deux fiefs, l'un à Velennes, l'autre à Wailly, et relevait de la châtellenie de Conty, tenue du comté de Clermont.

Nous avons peu de renseignements sur la suite de ses seigneurs, Andrieu de Velennes, 1373 ; Jacques Le Clerc; Jacques de Mauchevalier, chevalier, maître d'hôtel du Roi, seigneur de Wailly, Namps-au-Val, etc. Depuis lors l'histoire de ses seigneurs se confond avec celle de Wailly.

Fiefs. — Guy Quiéret possédait, en 1373, un fief de la même mouvance.

Du vidamé de Picquigny relevait un autre fief noble, appelé Jacques d'Estrées ou le Franc-courtil, qui devint par la suite une seconde seigneurie. Jacques d'Estrées, écuyer, l'échangea le 16 octobre 1580 avec Antoine d'Halluin, seigneur de Wailly.

Les chapelains d'Amiens achetèrent, en mars 1273, v. st., d'Eustache dit le Diable, et d'Alix, sa femme, un fief nommé Jean Eustache, qu'ils vendirent, le 28 juin 1567, à Ernoul Carlier, demeurant à Wailly. Depuis, Antoine de Halluin, seigneur de Wailly, le réunit à son domaine (26 août 1574).

Archéologie. — Eglise en pierres, à base de silex, sans caractère, composée d'une seule nef, avec clocher carré couvert en ardoises sur la façade.

Lieux-dits. — Les Hagluy, le Bois Ricard, le Chef-lieu, le Champ de bataille.

Sources et Bibliographie. — Archives de la Somme, E 143, f° 373 v°; E 144, f° 320; E 196, pp. 23, 168, 169, 170, 171. — *Etat des fiefs de Picardie*, xvii° siècle, Bibliothèque de la Soc. des Antiq. de Pic., Mss. T. I. 9, p. 121.

Daire, *Histoire civile et ecclésiastique du doyenné de Poix*, publiée et annotée par Alcius Ledieu, dans le *Cabinet historique de l'Artois et de la Picardie*, XII, 11. — I. Darsy, *Les bénéfices de l'église d'Amiens en 1730*, dans les *Mémoires de la*

Soc. des Antiq. de Pic., in 4° VII, 440. — Comte de Luçay, *Le comté de Clermont en Beauvaisis, le dénombrement de 1373*, p. 222.

WAILLY

Walliacum, 660 ; Wali, 1131 ; Wailli, 1160 ; Wally, 1147 ; Wailly, 1161.

ORGANISATION ECCLÉSIASTIQUE. — Paroisse du doyenné de Conty, archidiaconé et diocèse d'Amiens. Vocable : St-Vaast. Présentateur : l'évêque d'Amiens. Revenu de la cure, 400 l. en 1730, de la fabrique, 50 l.

Chapelle du château dédiée à St-Martin. Présentateur : le seigneur. Décimateurs : le curé et le seigneur.

ORGANISATION CIVILE. — Prévôté de Beauvaisis, à Amiens, bailliage d'Amiens, jusqu'en 1748, puis bailliage et siège présidial d'Amiens ; élection d'Amiens, intendance de Picardie ; grenier à sel d'Amiens. Population : en 1689, 125 communiants; en 1698, 225 habitants ; en 1724, 65 feux et 229 habitants ; en 1760, 56 feux ; en 1772, 53 feux et 181 habitants ; en 1784, 57 feux ; en 1789, 64.

SEIGNEURIE. — Elle avait titre de pairie et relevait de la châtellenie de Picquigny tenue de l'évêché d'Amiens. D'abord marquisat, Louis XV l'érigea en duché, en 1773, pour Joseph-Anne-Auguste-Maximilien de Croy.

Les noms donnés des premiers seigneurs de

Wailly sont trop loin de nous pour avoir laissé des traces authentiques, aussi ne faut-il les accepter qu'avec les plus expresses réserves. Oger de Wailly aurait épousé, vers 680, Hildegarde de Vers, fille d'Hadalbert, seigneur de Bacouel, et de Marie, nièce de l'évêque Berthefride. Celle-ci mourut à Amiens, laissant trois fils. L'aîné, Pierre de Wailly, possédait la seigneurie en 710.

Mais nous voici arrivés à une époque que la lumière des documents éclaire. Simon de Wailly, sire de Lentilly, donnait, au mois de février 1279-80, l'aveu de sa seigneurie de Wailly et déclarait devoir à son suzerain une année de stage à Picquigny avec sa femme. Thibaut de Lentilly se qualifiait seigneur de Wailly, en 1373. La seigneurie, en 1422, était partagée entre Guy d'Hargenlieu, écuyer, et Jean Mauchevalier, dit Maillart ; nous ignorons par suite de quelles circonstances. La famille du second réunit enfin le domaine et y joignit les terres de Namps-au-Val et de Velennes. La fille unique de Jacques Mauchevalier épousa successivement Josse Gourlé, seigneur de Monsures, Omécourt, Sarcus, etc., et Jean de Halluin, seigneur d'Esclebecq (8 février 1506) ; elle n'eut de postérité que du second lit, mais cette postérité rendit son nom célèbre : Antoine, bailli d'Amiens et gouverneur de la Fère, Charles-Maximilien, gouverneur de Rue, Alexandre, capitaine des gardes du corps du duc d'Orléans. La dernière du nom, Marie-Josèphe-Barbe de Halluin, fille d'Alexandre, épousa, le 29 octobre 1668, Ferdinand-Joseph-François, duc de Croy et d'Havré, prince du St-Empire. comte de Fontenoy, grand d'Espagne, dans la maison duquel Wailly et ses dépendances demeurèrent jusqu'à la Révolution.

FIEFS. — Le fief de la Mairie de Wailly relevait de la seigneurie. Robert de Wailly était maire en 1279.

Un fief, tenu de Picquigny, comprenait le cours de la rivière de Selle, depuis les « estaquis » de Conty jusqu'à Lœuilly. Le tenant devait un épervier de soie ou 8 sous parisis.

De la châtellenie de Conty mouvait un fief, qui, uni à un autre à Velennes, constituait la seigneurie de Velennes.

Le fief de Moyenbus (100 journaux), qui en était tenu, appartenait en 1614, à Jean Gaudière, qui le vendit le 8 mai 1622 à Claude l'Hostelier.

ARCHÉOLOGIE. — Eglise en pierres du milieu du XVIIIe siècle ; le porche est couvert par une large arcade, surmontée d'un clocher carré ; au-dessus de la porte se trouve l'écusson de la famille de Croy. A l'intérieur, la chaire et son escalier sont encastrés dans un des piliers ; la ferronnerie de l'appui et de l'abat-voix est d'un très joli travail ; un beau lutrin de 1783 en bois sculpté. La corbeille, d'un élégant travail, qui couronnait la grille du château, est conservée dans l'église. Au retable une assez bonne peinture représente l'Annonciation. Deux pierres tombales viennent de l'ancienne église, qui était placée à peu de distance : celle d'Antoine de Halluin, seigneur d'Esclebecques, Wailly, etc., mort le 3 novembre 1608, et de Marie-Claude Gouffier, sa femme, morte le 6 août 1614 ; et celle de Charles-Maximilien de Halluin, seigneur de Wailly, etc., mort le 11 janvier 1630, et de Catherine du Guay, son épouse, morte le 28 mai 1622.

Le château en grande partie ruiné, très probablement à cause de l'abandon dans lequel il est resté longtemps, date de la seconde moitié du xviii° siècle. Du bâtiment d'habitation, en briques et pierres, il ne reste qu'une aile, à l'extrémité de laquelle on voit encore la porte de l'ancienne chapelle, ornée de jolies sculptures ; on y remarque aussi la vaste cheminée des cuisines, divisée en trois panneaux par des colonnettes de grès, portant l'une un écusson écartelé de Halluin, Hames, Mauchevalier et Ailly ; l'autre un écu parti ; au 1 comme ci-dessus, au 2 coupé de Gouffier et de Montmorency ; ces colonnettes portent la date de 1629 ; elles proviennent sans doute du château antérieur. Dans la cour s'étend un monumental hémicycle en pierres, resté inachevé lors de la Révolution, et dont la façade est seule debout ; le milieu forme un portique à colonnes doriques et fronton triangulaire, et accompagné à droite et à gauche de quatorze portes rectangulaires ; les communs bordaient ensuite l'avenue d'entrée du château. Les façades de toutes ces constructions, le long de l'avenue, sont encore en assez bon état pour permettre de juger du plan général ; mais derrière les façades tout est en ruines.

Lieux-dits. — Le Camp Madame, le Balicamp, le Drap, le Basin, le Domaine, les Terreaux Guppes, la Vigne Éloy, le Jeu de batoire, le Château, les Basses Boulognes.

Sources et Bibliographie. — Archives de la Somme, E 23 ; E 111 ; E 143, f° 390 ; E 144, f° 308 ; E 196, pp. 1, 2, 15, 17, 20, 23. — *Cartulaire de Picquigny*, Archives nationales, R¹ 35, charte 248. — *Etat des fiefs de Picardie*, xvii° siècle, Bibliothèque de la Soc. des Antiq. de Pic., Mss. T. I. 9, p. 127.

Anselme, *Histoire généalogique et chronologique...*, III, 914. — Daire, *Histoire civile et ecclésiastique du doyenné de Conty*, publiée et annotée par Alcius Ledieu, dans le *Cabinet historique de l'Artois et de la Picardie*, XII, 88. — I. Darsy, *Les bénéfices de l'église d'Amiens en 1730*, dans les *Mémoires de la Soc. des Antiq. de Pic.*, in 4° VII, 183. — R. de Guyencourt, *Notice sur Wailly*, dans *La Picardie historique et monumentale*, Tome Iᵉʳ, fasc. 5, p. 316. — Comte de Luçay, *Le comté de Clermont en Beauvaisis, le dénombrement de 1373*, p. 221.

TABLE

DES

NOMS PROPRES

———•❧••———

(*) *L'astérisque indique la page de la monographie du lieu.*

A

	Pages
Abancourt (Nord)	228
Abbaye (l'), lieu-dit	294, 320
Abbaye de Beaupré, (fief de l')	271
Abbaye (Jean de l')	96
Abdecourt*	347
Abbeville	353
— Bailli	303
— Chartreux	254
— Election	11
— Grenier à sel	12
Abbeville (fief d')	155
Abladana	102
Abladène	102
Aboval (famille d')	280
— (Louis d')	262
Accard (fief)	137
Accard (Pierre)	137
Ache (saint)	102, 103
Acheul (saint)	102, 103
Adam, châtelain d'Amiens	25
Affiquet (l')	178
Agay (François-Marie-Bruno d'), intendant de Picardie	59
Ageux (famille d')	263
— (Guillaume d')	260
Agnès Guespine (fief)	305
Agrappin (fief de l')	99, 100, 101
Ailly (famille d')	124, 165, 166, 250, 251, 257, 307, 379
Ailly (Charles d')	124
— (Gabrielle d')	111
— (Isabelle d')	145, 151
— (Jacques d')	204, 220
Ailly-sur-Noye	229, 274
— Châtellenie	346
Ailly-sur-Somme	127, 141
— Seigneurie	141, 142
Ainval (François d')	261
— (Jean d')	205
— (Marie d')	9, 88, 205
Airaines	351
— Doyenné	11

AIRAINES (famille d') . . 178
AIRE DU PRINCE (l'). . . 162
ALAYS, chanoine. . . . 118
ALBERT, Doyenné. . 11, 23
— Grenier à sel . . . 12
ALENÇON (fief d'). . . . 137
ALEXANDRE III, pape 182, 316
ALIGRE DE BOISLANDRY (Etienne d'), intendant de Picardie . . 59
ALLEIUM. 221
ALLENÇONS (fief des) . . 137
ALLENSONS (les), lieu-dit 140
ALLÉUX (fief des). . 296, 339
ALLIVILLE (fief d') . . . 166
ALLONVILLE. . . . 123*, 130
ALONGEVILLE. 123
ALUNVILLA. 123
AMBIANI 1, 20, 21, 72
AMIÉNOIS (l') 22, 24
AMIENS 1*
— Abbaye du Paraclet, 3
173, 176, 181, 188, 207
209, 210, 211, 253.
— Abbaye de Saint-Acheul, 22, 25, 27, 81
82, 99, 100, 102, 103
126, 130, 131, 132, 163
166, 193, 194, 209, 222
240, 278, 279, 286.
— Abbaye de Saint-Jean, 3, 28, 88, 89, 90
105, 106, 112, 116, 126
153, 220, 252, 260.
— Abbaye de Saint-Martin-aux-Jumeaux, 2, 5, 27, 120
121, 123, 141, 156, 202
215, 226, 286, 335, 369

AMIENS Académie des lettres, etc. 60
— Augustins. . . . 4, 14
— Banlieue 81, 83, 88, 91
99, 101, 102, 109, 114,
120, 155, 158
— Beffroi 78
— Béguinage. 7
— Bibliothèque communale. 8
— Bureau des finances 10
— Bureau des pauvres 16, 61
— Bureau des postes. 13
— Bureau des tailles. 12
— Cantons 123
— Capettes 17
— Capucins 4
— Carmélites. . . . 7, 68
— Carmes. 4, 273
— Caserne de Cérisy. 79
— Castillon . . 24, 25, 26
— Cathédrale . . . 1, 27, 28
68, 72*
— Célestins. 5, 86, 87, 88
121, 124, 145, 205, 237
— Chapelains 109, 116, 137
155, 186, 298, 302, 309
322, 328, 329, 331, 375.
— Chapelle de l'*Ecce Homo*. . . 114, 118
— Chapelle de Fauvel. 2
— Chapelle de Lameth 2
— Chapelle de Liénard-le-Sec . . . 2
— Chapelle de Saint-Didier 2
— Chapelle de Saint-Jacques-le-Majeur 2

AMIENS Chapelle de Saint-
Jean d'Authie . . 120
— Chapelle de Saint-
Laurent. 2
— Chapelle de Saint-
Montain . 2 114, 118
— Chapelle de Saint-
Nicaise . 2, 83. 85, 94
— Chapelle de Saint-
Nicolas. 17
— Chapelle de Saint-
Quentin. . . . 2, 15
— Chapelle de Saint-
Servais. . 94, 96, 109
— Chapelle de Saint-
Valery 2
— Chapelle de Saint-
Vincent. 2
— Châtelains 115
— Cimetière de la Ma-
deleine. 118
— Cimetière Saint-De-
nis. . . . 2, 118, 119
— Citadelle. . . . 51, 78
— Clarisses 7
— Club des Amis de
la Constitution 64, 65
— Collège, 17, 82, 130, 246
283, 292, 309. 348.
— Collégiale de Saint-
Martin 2
— Cointé . . . 23, 24, 26
— Confrérie du Puy
Notre-Dame . 77, 299
— Congrégation des
Curés. . 83, 109, 311
— Cordeliers, 5, 28, 62, 78
139.
— Dominicains . . . 6

AMIENS Doyenné . . . 1, 23
Ecole des Enfants
bleus. 19
— Faubourg Saint-Mi-
chel. 4, 17
— Faubourg Saint-
Pierre. . 15, 157, 161
— Faubourg Saint-Re-
my. 5, 6
— Feuillants. 5
— Frères des Écoles
chrétiennes. . 19, 68
— Frères prêcheurs. 6, 28
— Grande école Saint-
Nicolas. 17
— Halle aux grains . 79
— Hôpital des Enfants
bleus. 61
— Hôpital de Liénard-
le-Sec 14
— Hôpital général. 16, 61
— Hôpital Saint-Char-
les. 17
— Hôpital Saint-Char-
les et Sainte-Anne 16
— Hôpital Saint-Fir-
min 15
— Hôpital Saint-Jean 13, 28
— Hôpital Saint-Julien 15, 28
— Hôpital Saint-Mau-
vis. 15
— Hôpital Saint-Nico-
las en Coquerel 7, 8, 14
— Hôpital Saint-Pierre 15, 28
— Hôpital Saint-Quen-
tin. 15
— Hôtel des Cloquiers 50
-- Hôtel de Contay . . 7
— Hôtel de Crèvecœur 9

AMIENS, Hôtel des Monnaies. 13
— Hôtel d'Espagny. . . 6
— Hôtel d'Esquelbeck 5
— Hôtel de Mailly . . 5
— Hôtel de Rely. . . 4
— Hôtel de Ville. . . 79
— Hôtel-Dieu 13, 61, 78, 118, 131, 132, 135, 231, 232, 288.
— Hotoie (la) 7, 83, 86, 109
— Jacobins 6, 146
— Madeleine (la) 48, 106 114, 116, 117*.
— Magasin général des tabacs 12
— Mairie et échevinage 117
— Maison de Saint-Ladre . . . 15, 28, 115
— Maison de Saint-Lazare 15
— Maîtrise des eaux et forêts 13
— Maladrerie de la Madeleine. . . . 15
— Minimes 6
— Paroisse de Saint-Firmin-à-la-Pierre 2
— Paroisse de Saint-Firmin-à-la-Porte 2
— Paroisse de Saint-Firmin-au-Val 2, 105 167.
— Paroisse de Saint-Firmin-en-Castillon 1, 25
— Paroisse de Saint-Firmin-le-Confesseur . . . 1, 2, 13

AMIENS, Paroisse de Saint-Germain, 2, 68, 77, 86 105, 218.
— Paroisse de Saint-Jacques. 2, 68, 85, 91
— Paroisse de Saint-Leu. 2, 15, 65, 68, 78
— Paroisse de Sainte-Marie-aux-Martyrs. 22, 102
— Paroisse de Saint-Martin-au-Bourg 2, 16
— Paroisse de Saint-Martin-aux-Waides. 2
— Paroisse de Saint-Michel 2, 230
— Paroisse de Saint-Remy, 2, 68, 105, 245 278.
— Paroisse de Saint-Sulpice. . . . 2, 115
— Pères de l'Oratoire 6
— Petites écoles (les). 18
— Pont de Mioirre (le) 85, 106
— Porte de Beauvais. 16
— Porte de Montrescu 36 38, 46, 49, 78.
— Porte de Saint-Firmin-au-Val. . . 7
— Prémontrés. . . . 105
— Prévôté. 9, 50
— Prieuré de Saint-Denis. 123
— Quartier Saint-Roch 105 106.
— Religieuses de Moreaucourt . . . 8, 219

NOMS PROPRES

Amiens, Religieuses de la Providence 8, 19, 61 68.
— Religieuses du Sacré-Cœur de Jésus 7
— Religieuses de la Visitation. . . . 8
— Sections rurales. . 81
— Séminaire. 19
— Société du Bonnet rouge. 65
— Sœurs-Grises. 7, 14, 15
— Temple de la Raison. 68
— Théâtre. 79
— Ursulines. . . . 8, 68
— Voirie (la). 136
— Waute Saint-Quentin (la) 15
Amiens (famille d'). 323, 370
— (Aleaume d'), 8, 25, 148 247. .
— (François d') . . . 57
— (Jean d') 160
— (Jean-Baptiste d') . 226
— (Pierre d') 13
Amilly. . . 201*, 236, 239
Amour (fief d'). . . . 156
Ancelin (Madeleine). . 300
Ancquier (Antoine), tailleur d'images . . 77
Ancre (Concini Concino, maréchal d') 51, 52, 53
Angelus (l'). 191
Angilvin, comte d'Amiens 23
Anglay. 274
Angliette (l') 126
Anizy-le-Chateau (Aisne) 195

Anizy-Pinon (Aisne) . . 345
Annebaut. 204
Anquet (fief). 367
Antonin (Itinéraire d'). 232
Aoust (Jacques d'). . . 87
Arbalète (l'). 191
Archambault (fief) . . . 209
Archambault (Jean Picquet, dit) 182, 183, 209
Archonval (fief). . . . 209
Ardres (Pas-de-Calais). 330
— Gouvernement . . 11
Ardres (Antoine d'), mayeur d'Amiens 39, 40
Argenlieu (fief d') . . . 325
Argenlieu (Jacques d'). 325
Argobium. 126
Argœuves 126*, 166, 271, 280
— Seigneurie 124
Argova. 126
Argueve 126
Arjuzon (Jean-Marie d') 195 197, 228
Armanville 189
Arnoul, évêque d'Amiens . 13, 141, 246
Arnould, comte de Flandre. 24
Artichamps (les). . . . 89
Artois (Jean, dit d'). . 357
Asselin (Eustache-Benoit), conventionnel. . . . 65, 66
Attila, roi des Huns. . 268
Aubequin (Antoinette). 296
Aubercourt. 237
Aubigny 138, 337
Aubigny (Robert d') . . 215
Aubivets (les) 157

Auchers (les) 126
Auges (les) 125
Ault, Grenier à sel . . 12
Ault (Adrien d'). . . . 245
— (Jean d') 233
Aumale (Charles de Lorraine, duc d'). 4, 42 43, 44, 45, 46, 175, 177 189, 227.
Aumale (Seine-Inférieure), Grenier à sel 12, 295
Aumoise (fief d') 259
Aumoise (famille d') . . 259
Autel (l') 219
Authie (Pierre d') . . . 240
Authuille. 281
Autriche (Anne d') reine de France. . . . 55
— (Albert, cardinal, archiduc d'). 48, 87 95, 98, 164.
— (Maximilien d') . 35, 36
Aux Cousteaux (famille) 345
— (Nicolas) 245
Auxy (famille d') . 319, 321 322
Aveluy 280
Aveluy (Jeanne d'). . . 217
Avernier (Antoine), tailleur d'images . . 77
Azincourt (Pas-de-Calais 31, 353

B

Bac de la Somme (fief du) 138
Bachelier (Barbe). . . 180
Bachimont. 160

Bacouel. . . 278*, 348, 377
— Seigneurie 281
Bacouel (famille de) 225, 279
— (Firmin de) 263
— (Gilles de) 260
— (Robert de) 260
Baiart (Pierre de Grattepanche, dit). . . . 217
Bail (famille du). . . . 244
Bailay (Martin du). . . 133
Bailens (Jean de) . . . 150
Baillet (famille). . . . 340
— Greffier. 372
Bailli (le). 153
Baillon (fief) . . . 233, 349
Baillon (le), lieu-dit. . 349
Baillon (famille de) . . 81
Bailly (le) 252
Baimont (fief de). . . . 260
Baimont (famille de) . . 260
Baleuse (fief) 367
Balicamp (le) 380
Banastre (famille de) . 183
Baquets (les) 249
Bar (Guy de) 56
Barabant (le) 121
Barandier (François-Bruno de) . . 324, 326
Bare (Moulin de la) . . 305
Baron (Jean), conservateur de la bibliothèque communale 70
Baron de Noirsin (Marie) 143
Barré (le Père) 19
Bascoel. 278
Bascouel 278
Basin (le 380
Bas-Ligny (le). 355

NOMS PROPRES

Basse-Boulogne (la) 162, 360
Basses-Boulognes (les). 380
Basse-Marée (la). . . . 335
Bathilde (sainte), reine 212
Batte (fief de la) . 189, 198
Bauduin (famille). . 307, 308
Bauget (famille de) 208, 287
Baugis (famille de). . . 287
— (Charles de). . . . 374
Baulgis (famille de) . . 287
Baviere (Isabeau de), reine de France. 30
Bayart (fief). 145
Bazenne (la). 274
Bazincourt 262
Beauchamp 329
Beauchamp (famille de). 329 330.
Beaudéduit (Oise) . . . 365
Beaufeuil (fief de) . . . 112
Beaufeuille (le), lieu-dit. 113
Beaulieu 159
Beaupré (Oise), abbaye 283, 292
Beauregard (fief de) 124, 125
Beauté (fief). 245
Beauvais (Oise) 303
— Abbaye de Saint-Quentin. . . 267, 369
— Religieuses de Saint-Paul 286
Beauvais (Jacques de) . 82
Beauval (Jean de) . . . 299
Beauveau-Craon (Marie-Catherine de) . . 227
Beauvoir 150, 234
Beauvoir (Ferry de), évêque d'Amiens. . 34

Beauvoir-l'Abbaye (fief de). 166, 167
Becel (Jacques de). 184, 185
Beeleuse 282
Beggh (Lambert) . . . 7
Beguin (famille) 305
Belaude (la). 126
Belet (Marie-Honorée) . 185
Belleforière (famille de) 133
Belleforière (Antoine-Adolphe de). . . 145
Belleuse . . . 271, 282*
— Chapelle Saint-Pierre 283
Belleuse (Jean de). . . 283
Bellicamp (le) . . . 274, 305
Belloiers (fief des). . . 287
Belloix (les) 288
Bellouselle (la). . . . 274
Belloy 159
— (fief de). 349
Belloy (famille de). . . 150 151 251.
— Jean de) . . . 128, 154
— (Marie de). 281
Belloy-Saint-Léonard . 311
Belloy-sur-Somme, Seigneurie. 349
Benastre (famille de) . 96
Berbier du Metz (Anne-Marie-Claude). . 301
Berenger, comte d'Amiens 23
Bergicourt 271, 276
Bernard (famille) . 142, 251
— Bénigne . 175, 189, 217 232, 236.
Bernault (François-Antoine de) 325

BERNY 129
BERNY (Antoine de), mayeur d'Amiens . 44, 45
— (Jacques de). . . . 84
BERNYEULES (Jean de) . 132
BERQUERITTE (la) 285
BERQUIER 285
BERTANGLES . . 115, 138, 156
BERTANGLES (Jean de). . 115
— (Pierre de) . . 130, 166
— (Wales de) 138
BERTHE (famille). . 150, 251
BERTHEFRIDE, évêque d'Amiens . . . 279, 377
BERTIER (Joseph). . . . 283
BERTIN (François de). . 209
BERTINCHARD (fief de). . 324
BERTINCHART (les), lieudit. 327
BERTRICOURT. . . . 89*, 106
BERTRICURTIS VILLA. . . 89
BERTRINCOURT 89
BÉRULLE (Pierre de), cardinal 6
BERVILLE (Pierre-Joseph), homme politique 70
BERY (famille de) 149, 150 205, 247, 249, 259, 260 299, 300, 301, 345.
— (Adrien de). . . . 205
— (Henry-Gabriel de). 298 344.
BESTE (Pasquette) . . . 180
BÉTHENCOURT. 150
BÉTHUNE (famille de). . . 270
— (Jacqueline de) . . 250
BETTE (famille) 177
BETTENCOURT-RIVIÈRE. . 112
BEURIN (le) 126

BIACHES, abbaye 300
BIAUDOS (Stanislas-Catherine de) . . . 285
BIAUMONT (Guy de). . . 325
BIENCOURT (François de), échevin d'Amiens 39
BILLY (Geoffroy de), abbé de Saint-Jean . . 3
BIRON (Charles de Gontaut, duc de) 47, 48 114, 118, 192
BIZET (fief) 196
BIZET (Jean-Baptiste), naturaliste 70
— (Jeanne) 196
BLACOURT (fief de) . . . 170
BLAIN (Aubert) 237
BLAMOMT (fief du) . . . 177
BLANCHARD (Jean de Bacouel, dit) . . . 280
BLANCHARDIN (Jean de Bacouel, dit) . . . 280
BLANCHEFORT (Jean de) . 31
BLANCMONT (fief du) . . 177
BLANC-PIGNON (fief du) . 285
BLANGIACUM 181
BLANGIUM 181
BLANGY (famille de) . . 109
— (Alix de) 182
— (Amélie de). . . . 345
— (Marguerite de). . 84
BLANGYS. 181
BLANGY-SOUS-POIX, Seigneurie. 293
BLANGY-TRONVILLE . . . 181*
— Paroisse . . . 184
BLASSET (Nicolas), sculpteur. . 5, 70, 77, 330

NOMS PROPRES

Blasset (le Père Bonaventure) 119
Blaux (Nicolas-François), conventionnel. 68
Blin (fief). 320
Blottefière (Jean). . . 180
Boel (Jacques de) . . . 143
Boigicourt (fief de) . . 261
Boileau (famille de). . 248, 249, 257
— (Antoine de) . . . 150
— (Pierre). 198
Bois (fief des). 305
Bois Brulé (le) 113
Bois d'Acon (fief du). . 164
Bois d'Allonville (fief du). 124, 125
Bois d'Amilly (le) . . . 242
Bois de Bacouel (fief du) 281
Bois de Brassy (le). . . 360
Bois de Campreux (le) . 285
Bois de Cagny (le) . . . 134
Bois d'Elvenque (le) . . 343
Bois de Fontimont (fief du). 176
Bois Défriché (le) . . . 143
Bois de Goudaille (le) . 364
Bois de Hem (le). . . . 94
Bois de la Gorgue (le) . 126
Bois de Langle (fief du) 205
Bois de la Vierge (le) . 221
Bois de l'Eglise (le) . . 221
Bois de l'Ermitage (le) . 196
Bois l'Evêque (le) . . . 171
Bois de l'Hôtel-Dieu (le) 281
Bois de Montières (le) . 94
Bois de Pulmont (fief du) 185
Bois de Rivery (fief du). 159

Bois de Saint-Avid (le). 355
Bois de Saint-Avit (le) . 308
Bois des Célestins (le) 125, 206, 221.
Bois des curés d'Amiens (fief du). 311
Bois des Exhautiers (le) 241
Bois des Jardins (le) . . 363
Bois des Jardins (fief du) 363
Bois des Routieux (fief du). 363
Bois d'Estrées (fief du) 88, 205
Bois des Moineaux (fief du). 198
Bois des Vignes (le) . . 285
Bois d'Etouvy (le) . . . 94
Bois du Corroy (le) . . 242
Bois du Crocquet (fief du) 177
Bois du Prieur (le). . . 306
Bois du Quint (fief du) . 326
Bois du Roy (fiefs du) . 205
Bois-le-Roy (fief du) . . 220
Boismont (fief de) . . . 130
Bois Prieur (le) 191
Boisrault (fief de) . . . 325
Bois Réteux (le) 334
Bois Ricard (le) 375
Boisselle, (voir Becel) . 184
Boissy (Jean de), évêque d'Amiens. 5
Boistel d'Exauvillers (André-Vincent) 248, 249
Boistel d'Welles (Jean-Baptiste-Robert) poète. 70
Boitel (Jean) 346
Bongré. 189
Bonnaire (famille de) . 330

Bonnardi (Augustin de)	185
Bonnes terres du champ de ville (fief des)	156
Bonnet (Jean Le Pelletier, dit)	332
Bonneuil (Oise)	317
— Seigneurie	298
Bonnivet (Guillaume Gouffier de), amiral	366
Bonvillers	303
Bony (Jean)	185
Borne (la)	291, 346
Borne fendue (la)	321
Bornehaut (la)	288
Bornes (les)	297
Bos (famille du)	308
— (Antoine du)	245
— (Pierre du)	110
Bosquel (le)	208, 271, 286*, 373, 374
— Prieuré	286
— Seigneurie	311, 325
Bosquellum	286
Bosquet (le)	125
Bosquet de Camon (le)	349
Bosquillon (Anne-Alexandrine-Adelaïde)	362
Botva	173
Boubers (Louis de)	160
Boucher (Jean-Baptiste)	143
— (Riquier)	143
Bouchet	133
Boufflers (famille de)	195, 227, 229, 230
— (Adrien de)	353
Bougainville	317
Boulanger (famille)	159, 161, 162, 362
Boulanger (Claude)	136
— (Jean-Baptiste-Nicolas)	276
Boulet (Pierre)	262
Boulin (Ernoul), hucher	77
Boullanger (fief du)	158
Boullenger (famille)	217
— (Vincent)	296
Boullet (Marthe)	88
Boulogne-sur-Mer, Gouvernement	11
Bouquet (D. Martin), bénédictin	70
Bourbon (Charles de), cardinal	40, 43
Bourbon-Conti (Maison de)	270
Bourdin (famille de)	324, 325, 326
Bourdon	209
Bourgeois (Jean-Baptiste-Henri), graveur	70
Bourgogne (Marie de)	35
Bourin (famille)	176
Bournel de Thiembronne (famille de)	329, 330
Bousincourt (Jean de)	217
Bout-Butin (le)	343
Bout-du-Monde (le)	107
Bouteillerie	81
Boutillerie	81*, 102, 135
Bouves	173
Bouves (fief de)	145
Bouvines (Nord)	27
Bouzencourt	337
Bova	173
Bovelles	154

Boves 26, 173*
— Canton. 173
— Chapelle de Saint-Vincent. 173
— Hôpital de Saint-Nicolas. 173
— Paroisse de Notre-Dame-des-Champs 178
— Paroisse de Saint-Nicolas. 173, 178, 179
— Pont du Val. . . . 181
— Prieuré de Boves . 348
— Prieuré de Notre-Dame-des-Champs 173
— Prieuré de Saint-Aubert. 173, 178, 188 207, 211.
— Prieuré de Sainte-Marie. 173
Boves (famille de). 175, 189 208, 217, 225, 236, 240 258.
— (Drogon de). . . . 190
— (Enguerran de) . 3, 25 173, 192, 215, 236, 239 254, 259.
— (Isabeau de) . . . 232
— (Jean de) 253
— (Marie de). 211
Boyeldieu (Louis-Léger, général baron) . 323
Boyet (Marguerite). . . 189
Brahier (famille) . . . 237
Bralle, architecte. . . 79
Brassy . 271, 288*, 309, 358
— Chapelle de Saint-Hubert. 289
— (fiet de) . 289, 290, 291
Brazeux (Seine-et-Oise) 367

Brécelle (Anne de) . . 244
Breilly, Seigneurie . . 296
Bretagne (Anne de), reine de France. 36
Bretelles (les) 285
Breteuil (Oise) 31
— Châtellenie 289, 296, 325 326, 358, 365.
— Comté 366
— Grenier à sel . 12, 287 298, 322.
Breteuil (Adèle de) . . 269
Briet (famille). . . 180, 181
— (Claude-Martin) 196, 197 228
Brigneul (Louis de Crevant, vicomte de) 244 319.
Brimeu (Eustache de). . 128
Briscul (Jérôme) . . . 100
Broquier (Oise) 287
Brosse (la) 294
Brunel (famille). . . . 100
Brunvillers (fief de). . 133
Brusqueval (fief) . . . 236
Buire-au-bois (Pas-de-Calais) 182
Buire-sur-l'Ancre . . . 300
Buissière (la) 373
Buisson (fief du) . . . 305
Bullecourt (Marie de). 132
Bulles (Oise) 319
Bulles (Basilie de). . . 366
Bullet (Hugues). . . . 236
Bultel (Pierre) 218
Buquet de Guerre (le) . 346
Bus (le). 154
Bussu (Hives de) . . . 217
Bussy. 195, 297

BUSSY-LÈS-POIX 338
BUTICULARIA 81
BUYON, 262, 282, 348, 349, 350*

C

CACHIACUM 186
CACHY 186*
CADEL (Jean) 160
CADENET (Honoré d'Al-
    bert, duc de Chaul-
    nes, maréchal de) 54
CADOT (le) 297
CAFANDRIN (le) 288
CAGNEIUM 131
CAGNY 131*
— Fontaine Hardin . . 134
— Paroisse 81
CAGNY (famille de) . . . 132
CAIGNET (famille) . 289, 290
    291, 311, 359.
CAIGNYACUM 131
CAILLEVAUX (la) 113
CAILLON (le) 340
CAINVAL 374*
CAISNI 131
CAIX 225
CALABRE (Nicolas d'An-
    jou, duc de) . . . 336
CALAIS (Pas-de-Calais) . 38
— Gouvernement . . 11
CALAIS (Jean de) 307
CALINOT (le) 241
CALONNE (famille de) 354, 355
CALVAIRE (le) 140
CALVIN (Jean), fondateur
    du Calvinisme . . 39
CAMBOS (le) . . 174, 178, 181*
    238.

CAMBRON (Henri de) . . 12
CAMON 135*
— Borne de . . . 92, 101
— Chasse aux cygnes . 138
— Herde (la) 138
— Paroisse 157
— Seigneurie 100, 101, 161
CAMON (famille de) . . . 136
CAMP CÉSAR (le) 238
CAMP DU DIABLE (le) . . 320
CAMP DU DRAP D'OR (le) . 366
CAMP DU POIVRE (le) . . 372
CAMP HERRY (le) 373
CAMP MADAME (le) . 294, 380
CAMP PILLARD (le) 282, 346, 349
CAMPREUX (le), lieu-dit . 368
CAMPREUX (fief de) . . . 367
CAMP SAINT-CYR (le) . . 294
CAMP SAINT-MARTIN (le) . 282
CAMP TORTU (le) 249
CANDALLE (de) 133
CANGE (famille du) . . . 115
CANGE (Charles du Fres-
    ne du), historien 4, 70
— (Marie-Louise du) . 125
CANGE (fief du) . . 125, 349
CANNET (Marie-Sophie) . 96
CANNEVOIE (Joseph) . . 237
CANNI 131
CANNIACUM 131
CANTELEU (famille de) . 284
— (François de), éche-
    vin d'Amiens . 39, 40
CANTEREINE 178, 231
CANTRAINES (les) 223
CAPRON (le) 249
CARA (Louis) 237
CARBONNEL (François de) 189
CARDON (famille) 176

NOMS PROPRES 393

Cardon (Antoine) . . . 325
Cardonnette . 125, 166, 167
— (fief de). 166
Cardonnoy (fief de) 166, 167
Caribert, roi de Paris. 23
Carlier (Ernoul). . . . 375
Carnazel (Adam de). . 237
Carnazet (Anne de) . . 367
Carneville (fief). . . . 209
Carniers (les). 116
Caron (Jean) 205
Carpentier (Jean-Baptiste), sculpteur . 79
Carreaux (les). 364
Carrière (la) 131
Carrière des Fées (la) . 264
Carrières (les) . . 191, 226
Carrouaille (Jean). . . 218
Caruée (la), lieu-dit 116, 291
— (fief de la) . . 10, 115
Carvoisin (Jeanne de) . 338
Carvoisin de Viévillez
(François de) . . 128
Cary (fief de) 260
Cary (famille de) . . . 260
Castéja (Stanislas-Catherine de Biaudos, comte de). . 285
Castel (Jean du) . . . 222
Castelet (famille) . 176, 177
— (François). 44
Catel (fief du). . . 305, 321
Catelets (les) 168
Catheux (Oise), Seigneurie. 323
Caufour (le). 241
Caumesnil. 183
Caumesnil (Colard de) 95, 96

Caurel (famille du), 262, 338
339, 362, 363.
— (Adrien du). . . . 222
Causans (Jean Joseph de
Vincens de Moléon, marquis de) 215
Cauvenne (fief) 271
Cave (fief de la) 82
Cavines (fief des) . . . 215
Cayeux 208
Cempuis. 303
— (fief de). . . . 271, 305
— (Oise). 271
Cense (la). 146, 349
César, empereur romain 21
Chaalis, Abbaye. . . . 358
Chabot (François), conventionnel . . . 67
Chaire prêchoire (la). . 219
Chambly (Jeanne de). . 254
Champ a l'Argent (le) . 183
Champ de Bataille (le) . 375
Champ de cent diables (le) 196
Champ d'Enfer (le). . . 225
Champ de Saint-Médard
(le). 255
Champ du Coq (le) . . . 324
Champ du Landit (le) . . 140
Champ du Serf (le). . . 191
Champ d'Y (le). 373
Champigny, lieu-dit . . 101
Champ Madame (le) . . . 340
Champ Pillard (le), 116, 183
201, 255.
Champ qui perd semence
(le). 213
Champ sans Dîmes (le) . 196
Chapelaines (les) . . . 308

Chapelains d'Amiens (fief des) 288
Chapelle (la), lieu-dit . 130
Chapelle (fief de la) . . 271
Chapellerie (la) 320
Chapitre (le), lieu-dit . 235
Charbonnière (la) . 285, 306
Charles V, roi de France 30, 76.
Charles VI, roi de France 30
Charles VII, roi de France 31
Charles VIII, roi de France . . 35, 36, 269
Charles le Chauve, roi de France . . . 23
Charles le Mauvais, roi de Navarre . . . 29
Charles le Téméraire, duc de Bourgogne, 33, 34, 35, 103, 123, 148, 214, 246, 258, 278, 316, 336, 351.
Chartiers (les) 357
Chasse aux Cygnes (la) . 138
Chassepot de Beaumont (famille de), 324, 326
Chastenay (famille de) . 304
Chastillon (Claude), ingénieur 47
Chastillon (fief de) . . 176
Chateau (le), lieu-dit . . 380
Chauchoy (Isabeau du) . 283
Chaulnes (famille de) . 166
— (Honoré d'Albert, comte, puis duc de) 8, 349

Chaulnes (Ferdinand-d'Albert d'Ailly, duc de) 59
Chaussée (fief de la) 181, 305
Chaussée (la), lieu-dit 288, 363.
Chaussée d'Eu (François-Bruno de Barandier, comte de la) 324
Chaussée-Tirancourt (la) 12, 155
Chaussoy-Epagny . . . 204
Chauvelin (Bernard), intendant de Picardie 59
Chef-lieu (le) 375
Chemin (l'abbé du) . . . 100
Chemin de la Croix (le) . 134
Chemin de Saint-Domice (le) 210, 223
Chemin de Saint-Martin (le) 327
Chemin des Foulons (le) 201
Chemin des Hugnots (le) 357
Chemin des Malades (le) 130
Chemin des Messes (le) . 225
Chemin des Morts (le) . 113
Chemin des Postes (le) . 349
Chemin des Rentes (le) . 274
Chemin des Vignes (le) 191, 206
Chemin du Prêche (le) . . 252
Chemin du Priez (le) . . 327
Chemin du Rossignol (le) 288
Chéry (Charles de) . . . 205
Chevalier (Marie) . . . 362
Chevrier (famille) . . . 208
Chilpéric, roi de Soissons 23

NOMS PROPRES

Chipilly 347
Chirmont 133
Choquet (Louis), poète. 70
— (Nicolas) 85
Choqueuse (Jean de Paillart de) . . . 44, 303
Cimetière (le), lieu-dit). 357.
Cinq montants (les) . . . 116
Cinq Saulx (fief) . . . 142
Citadelle (la), lieu-dit . 116
Clabault (famille), 129, 164 165, 166.
— (Antoine) 35
— (Firmin) 287
Claire (famille de). . . 182
Cléri (Bernard de). . . 150
Clermont (Oise), Bailliage, 268, 276, 277, 292 372.
— Comté, 269, 277, 283, 289 293, 310, 323, 342, 358, 370, 374, 375.
— Prévôté foraine, 268, 276 277, 292.
Clermont-Tallard (Charles de) 159
Clopinet (le) 373
Clos Saint-Ladre (le) . 274
Clotaire Ier, roi des Francs 22
Clotaire III, roi de Neustrie 212
Cloutier (le) 327
Clovis, roi des Francs . 22
Cocquerel (famille de) . 263
Cognée (la) 201, 238
Coignée (la), 146, 153, 219 288, 305, 340, 373.
Coisy 133, 155, 262

Cokin (Honoré) 32
Colaye, femme de Jean de Nouvion . . . 154
Colette (sainte) 7
Coligny, (Gaspard de Chatillon de), amiral 37
Collemont (Françoise de) 284
— (Louis-François-Etienne de) . . . 263
Collencamps (famille de) 177
Collet (Marie) 304
Colmont (famille de) . . 274
Colombier (le) 340
Combles (fief des) . . . 236
Condé (famille de) . . . 270
— (Louis Ier, prince de) 39
Contay 244
Contay (famille de), 319, 349
Contenchy 188
Conthy 267
Conti (François de Bourbon, prince de). 315
Contiacum 267
Contre, 271, 284, 291*, 296 309.
— Prieuré 292
Contre (Archambault de) 338
Contri 291
Conty, 136, 195, 267*, 283 304, 323, 338, 345, 372 378.
— Canton 267
— Chapelle de Saint-Nicolas 273
— Chapitre de Saint-Antoine . . . 303

26

Conty (fief de) 305
— Paroisse de Saint-Antoine 267
— Paroisse de Saint-Martin . . . 267, 318
— Porte du Hamel. . 269
— Porte de Magny . . 268
— Porte de Saint-Ladre. 268
— Prieuré. . 267, 302, 369
Conty (famille de), 215, 269 283, 293, 318, 323, 338 371.
— (Anne de). 245
— (Elinand de) . . . 136
— (Havoise de) . . 310
— (Isabelle de) . . . 307
— (Jean de) 303
— (Manassès de), 283, 292 303.
Convention (la), 65, 66, 68, 69
Copin (famille) 262
Coppegueule, 335, 336, 338 339, 341*.
Coq Criamont 294
Coquerel. 200
Coquerel (Firmin de) . 29
Coqueville (Jeanne de). 359
Corbie, 38, 43, 44, 55, 214, 251 339.
— Abbaye, 139, 161, 180, 182, 183, 186, 187, 207 212, 213, 245, 335, 336 337, 339, 344, 347, 348
— Caritables (les) . . 133
— Comté. . 124, 132, 148 160, 164, 165, 177, 180 182, 205, 213, 214, 222 253, 344, 352.

Corbie, Grenier à sel, 12, 123 186.
— Paroisse de Saint-Léonard 212
Corcellae. 295
Cordon (Charles). . . . 188
Cormeilles en Parisis (Seine-et-Oise) . 180
Cormont (Renaud de), maître de l'œuvre 74
— (Thomas de), maître de l'œuvre. . 74
Corne du Bazèle (la). . . 308
Cornet (Michel) 146
— (Nicolas), théologien 70
Corniette (la) 285
Cornollier (fief du) . . 276
Cossart (famille de), 290, 359
— (Gilles) 177
— (Pierre). 180
Costenceium. 188
Costenceul 188
Costenciolum 188
Costencuel 188
Costency 188
Côte du Moulin (la) . . 335
Cottenchy. 188*
— Chapelle de Saint-Druon . . . 188, 191
Cottereau (Jean de) . . 180
Coucy, Châtellenie, 175, 176 189, 194, 196, 197, 207 209, 217, 227, 233, 236 - 240.
Coucy (famille de). . . 236
— (Ade de) 232
— (Enguerran de), 175, 189
— (Madeleine de). . . 133
Coudray (le). 312

NOMS PROPRES

Couloirs (les). 320
Coulonvillers (fief de). 152
Courant (fief du). . 142, 143
Courcelles-sous-Moyen-
    court. 359
Courcelles-sous-Thoix 295*
    365.
Courcheles-soubz-Thoys 295
Cour de Longueau (fief
    de la). 145
Couronnel (famille de). 324
Court (fief de la) . . . 345
Courtcol (le) 288
Courtebonne (famille
    Berthe de) . . . 150
Courtil Hennequin (fief
    du). . . . . *. . 367
Courval (le). 134
Couture (la). . 235, 241, 249
Cozette (famille). . . . 111
Craignière (la). 297
Craon (Antoine de) . . 366
— (Jean de) 353
Crécy-en-Ponthieu. . . 28
Crény (famille de). . . 263
Créquy (famille de), 132, 133
— (Antoine de), 40, 169, 310
— (Charles de). . . . 111
— (Guillaume de) . . 182
— (Philippe de) . . . 124
— (Renaud de). . . . 293
Créquy de Pontdormy
    (Louis de). . . . 36
Cressent (Charles), ébé-
    niste. 70
— (François), sculp-
    teur . . 70, 79, 273
Creton (famille). . 353, 355
— (Adrien) 87

Creton (François). . . 84
Creuse 158, 160*, 260
Creuse (la), lieu-dit . . 162
Creuse (fief de la). . . 305
Crèvecœur (Oise) . . . 296
— Châtellenie. . . . 366
Crèvecœur (famille de), 256
    366.
— (Philippe de) . . . 124
Crignon (fief) 372
Crignons (les). 82
Crigon (fief). 272
Croc (le) 201
Crocquet (famille du) . 170
    189, 262.
— (Antoine du) . . . 59
— (Firmin du) . . 204, 220
— (Marie du). 326
Croisette (la) . 274, 357, 364
Croix (fiefs de la) . . . 218
Croix blanche (la) . . . 201
Croix Brisery (la) . . . 162
Croix d'Amiens (la). . . 363
Croix de Fer (la). . . . 146
Croix de Mission (la). . 219
Croix d'Estrée (fief de la), 190
    205.
Croix du Landit (la), 139, 140
Croix du Pont-de-Metz
    (la). 107
Croix du Villé (la). . . 171
Croix la Lampe (la) . . 238
Croix rompue (la) . . . 82
Croix Vilmart (la) . . . 274
Croquets (les). 252
Croquoison (Nicolas de), 156
— (Marguerite de) . . 200
Crosse (la) 162
Crotoy (le) 31, 330

Croy (famille de), 244, 287, 319, 332, 371, 375, 376, 378.
— (Jean de) 145
— (Joseph-Anne-Auguste-Maximilien de). 62, 271
— (Robert de). . . . 322
— (Simon de) 10
Crusent (le). 288
Cuérin (fief). 130
Cuiry (Aisne) . . . 128, 129
Culot (le). 355
Cunteium 267
Curcellae 295
Curcelli . . . . . : . 295
Cury (fief de) 338

D

Daguegny (fief) 115
Daire (Louis-François), historien 70
Dallyville (fief). . . . 166
Damereaucourt (Oise) . 5
Damiens (Pierre). . . . 59
Dammartin (Antoine de Chabannes, comte de). 34
Damotte, lieu-dit . . . 363
Danse des Fées (la) . . 140
Danse Fée (la). 373
Daraynes (Jacques) . . 189
Dargies (Oise), châtellenie. 338, 339
Dargies (Guvert de) . . 217
— (Simon de) 284
Daours. 256, 257
— Seigneurie 133

Daullé (Natalis), architecte 333
Dauphiné (le) 366
Davenescourt, doyenné 23
Decamp (Nicolas). . . . 161
Décollation de Saint-Jean-Baptiste, vocable. 123
Decourt (Jean-Joseph), historien 70
Degand (Jacques-Antoine), maire d'Amiens 63
Degrez (famille). . . . 82
Deheu (Adrien), lieutenant-général . . 269
Dejean (François-Auguste, général, comte) 130
Delambre (Jean-Baptiste-Joseph), astronome. 70
Delastre (Pierre) . . . 240
Delattre (famille). 290, 291
Delescloy (Jean-Baptiste-Joseph), Conventionnel . . . 65
Delveuse (Jean) 115
Demachy (Jacques). . . 92
Dermay (Hue). 115
Demi-Dîmes (les) . . . 89
Demoiencourt (famille). 156
Démuin 100
Dequen (Honoré-François), Conventionnel. 66
Dernancourt 300
Deschamps (Magdeleine) 85
Descombles (fief). . . . 236

Descry (le)	153
Deslavier (Marie) . . .	100
Desmarquette (famille) .	200
Desnaux (Jean)	277
Despert (Jean de Glisy, dit).	111
Desplanques (Auguste) .	209
Desplanques (fief) . . .	209
Desprez (François-Alexandre), général,	70
Devérité (Louis-Alexandre), Conventionnel.	65
Deviller (famille) . . .	236
Devisme-Grenier (Jean-François), maire d'Amiens. . . .	69
Dewailly (Noël-François), grammairien	70
Dieppe (fief de)	321
Dieppe (Jean de). . . .	240
— (Mahieu de). . . .	321
Digny (Jean).	208
Dimerie (fief de la). . .	183
Dioclétien, empereur romain.	21
Diofosse (le)	360
Dippre (Jean), échevin d'Amiens. . . .	39
Divion	281
Domaine (le). . 171, 320, 380	
Domaine Saint-Denis (le)	373
Domart	353
Domesmont 234, 363	
Domice (saint)	211
Dommartin . 193*, 228, 286 345.	
Dommartin (Enguerran de).	194
— (Evrard de)	194
— (Jacques de). . 193, 194	
Domnus-Martinus . . .	193
Domont (famille). . . .	177
Dompierre (Hue de) . .	329
Dompmartin	193
Donquerre (Jean de). .	311
Donville (Moulin de). .	351
Douchers (fief des). . .	276
Douchet (Pierre). . 62, 276	
Doullens, 32, 38, 46, 48, 311	
— Doyenné	23
— Election. . 11, 123, 127 136, 154, 158, 164.	
— Grenier à sel . 12, 127	
— Prévôté.	9
Douriez.	200
Doutard de Symoncourt (Jean)	115
Dragon de Gommicourt (Jean-Baptiste) .	96
Drap (le)	380
Dreuil (fief particulier de).	143
Dreuil-lès-Amiens . . .	141*
Drey (la)	308
Drieux, comte d'Amiens	25
Droilum	141
Drucat (Jeanne de) . .	129
Drueuil.	141
Druœul.	141
Druolium	141
Dubois (Artus).	190
— (François), recteur de l'Université .	70
— (Hugues)	137

Dubois (Jacques), médecin 70, 316
Dubos (Jean) 137
Dubus (N.) 130
Dufestel (Jean-François), Conventionnel 65
Dufresne (Charles), curé de Saint-Remy . 8
Duhamel (famille) . . . 161
Duméril (André-Marie-Constant), naturaliste 70
Dumont (André), Conventionnel. . 65, 67
Dupleix de Bacquencourt (Guillaume-Joseph), intendant de Picardie. . . 59
Dupuis (Jean-Baptiste-Michel), sculpteur 70
Duras (Jeanne de) . . . 195
Duriacum 198
Dury 198*, 317
Dury (Raoul de) 199
Duthoit (Aimé-Adrien), architecte 333
— (Louis), sculpteur. 333

E

Eau des Prévôts (l') . . 140
Eau du Trouel (l') . . . 134
Edouard III, roi d'Angleterre 28
Eglise de Metz (l'), lieu-dit 252
Eguillette (l') 285
Eguillon Saint-Vast (l') 140

Elbeuf (Charles de Lorraine, duc d'), 4, 56, 99
Embreville 180
Encre (famille d') . 203, 220 229, 233, 318.
— (Othon d') 199
— (Robert d') 109
Engagements (les) . . . 282
Englées (les) 274
Englemiot (l') 357
Enguerran, évêque d'Amiens. . 90, 97, 322
Enguerran, vidame d'Amiens 84
Entre deux Villes . . . 301
Eperon (fief de l') . . . 213
Epine de Corbie (l') . . 340
Epine du Coq (l') 324
Epine de Romont (l') . . 294
Epourrières (les) . . . 297
Equennes, seigneurie . 124 128, 129, 130.
Equipée (l') 373
Erchiquant (l') 131
Ernencourt 108
Ernencourt (famille d'). 109
Ernencurt 108
Erquery (fief d') 152
Errard de Bar-le-Duc (Jean), ingénieur, 48
Escomes (Marguerite Maugard d') 215
Espiès (famille d') . . . 290
Esquelbecq (Nord). 337, 377
Esquennes (fief d') . . . 218
Esquennes (Pierre d') . 218
Essarchiaux (Regnault d') 299
Essartiaux 297

NOMS PROPRES

Essarts (famille des). . 261 304, 305.
Essertaux. . . . 297*, 344
Essertaux (famille d'). 299
Essertiaus 297
Estoc (l'). 328
Estocq (l') 328*
— Chapelle de Notre-Dame-de-Bon-Secours. 328
Estoui 94
Estourmel (Antoine d'), capitaine d'Amiens 40
— (Charles d'). . . . 5
— (Françoise d'). . . 155
Estous 94
Estovyes 94
Estrées, 202*, 219, 237, 262 276.
— Chapelle de Saint-Etienne. 202
— (fief d'). 183
Estrées (famille d'), 208, 209 210, 220.
— (Gabrielle d') . 148, 174
— (Jacques d'). . . . 375
— (Jean d') . . . 203, 311
— (Jeanne d') 287
— (Pierre d') . . 203, 292
— (Regnault d') . . . 293
— (Robert d') 202, 203, 359
Estumbli 156
Etampes (Anne de Pisseleu, duchesse d'). 240
Etinehem 347
Etoile (l'). 8
Etoiles (les). 101
Etombelles (les). . . . 373

Etot (l') 328
Etoupes (les) 134
Etournelles (les) . . . 274
Etouvy . . . 91, 92, 94*, 98
— (fief particulier d'). 95
— Seigneurie 88
Eu (Seine-Inférieure), Election 11
Eu (Geoffroy d'), évêque d'Amiens, 13, 28, 73, 77
Eudel (famille) . . 128, 129
— (Marguerite). . . . 156
Eudes, comte d'Amiens, 24
Eudin (Enguerran d') . 160
Eugène III, pape. . . . 336
Eustache d'Amiens, auteur satyrique. . 70
Evoissons (les). 314
Evrard (Antoine) . . . 100
Exauvillers (André-Vincent Boistel d') . 348

F

Falvy. 4
Famechon 271
— Seigneurie . . 329, 332
Famechon (famille de) . 95 262, 310.
— (Pierre de) . . 152, 245
Famelmont 168
Fancamp 207
Fasconel (Tristan). . . 233
Fauquel (Marie) 290
Faure (François), évêque d'Amiens, 20, 91 93.
Faustinien, sénateur romain. 102

Fauvel (fief de)	129	Firmin (saint), martyr	21
Fauvel (famille)	88, 129, 237	102, 103.	
— (Aubert)	2, 276	Flamen (Jean de Fran-	
— (Nicolas)	204	sures, dit)	284, 371
Fay, lieu-dit	334	Flaque (la)	201
Fay (Guerart de)	237	Flaque du Moulin (la)	346
— (Jeanne de)	332	Fléhaut (fief)	320
— (Philippe de)	142	Flers	230
Fay-en-Santerre	303	Flers (famille de)	323
Fedry-Marconville (fief de)	371	Flers-sur-Noye	298
		Flesselles	13, 169
Fée (Robert)	233	Fleuriacum	302
Ferlache (Jean de)	225	Fleury	271, 302*, 317
Ferme a Mouches (la)	152, 153	Fleury (famille de)	303
Ferrand (Guillaume)	237	Flixecourt	13, 351
Ferrières	152, 317	Flixecourt (Aleaume de)	90
Fescampus	207	— (Guy de)	90
Fief (le), lieu-dit,	285, 349 368.	Flocquet (Charles-François de)	301
Fief a Moreaucourt (le), lieu-dit	231	Flodebert le Barbu	337
		Floridas (Gilles Cossart, dit)	177
Fief Bourbon (le), lieu-dit	288	Flory	302
		Flucamps	207
Fief Cuchon (le), lieu-dit	285	Fluy	151
Fief d'Argenlieu (le), lieu-dit	327	— Seigneurie,	129, 307, 332
		Fluy (Jean de)	267
Fief de l'Eperon (le), lieu-dit	187	Forencans	207
		Folemprises (les)	357
Fief du Gardin (le), lieu-dit	327	Folie (la)	121, 146
		Folie Gauthier (fief de la)	124
Fief du Moulin (le), lieu-dit	327	Folleville (famille de), 197.	194
Fieffes	154		
Fiencamp	207	— (Jeanne de)	345
Fiennes (Robert, dit Moreau de), connétable	29	Fond de Creuse (le)	140
		Fond de Péronne (le)	363
		Fondel (fief du)	130
Firmin-le-Confesseur (saint)	103	Fontaine (la)	368

NOMS PROPRES

Fontaine Saint-Quentin (la). 252
Fontaine Sainte-Mansuée (la). 282
Fontaines (Antoinette de). 248, 249
— (Jeanne de). . . . 284
— (Marie de) 142
— (Pierre de) 142
Fontenay (Renaud de Trie de). 281
Fontenelle (fief de) 88, 345
Fontenelles (fief de). . 199
Fontenoy-le-Château (Vosges) 378
Fontimont (fief de). . . 192
Forest (fief de) . . 272, 372
Forestier (Raoul), échevin d'Amiens . . 39
Forêt d'Ailly (fief de la). 170
Forêt de Vignacourt (fief de la) . . . 349
Formantel (famille de). 180
Formé (Raoul). 280
Fort (le), lieu-dit . 138, 140
Fort (fief le) . . . 192, 209
Fort-Nival (le) 140
Fort de Renneville (le). 121
Fortmanoir, 174, 178, 179*, 180, 196, 228.
Fortmanoir (Jean de). . 180
Fossé (famille du). . . 284
Fosse a Diable (la). . . 255
Fosse a Ladre (la). . 249
Fosse a Prêtre (la) . . 196
Fosse au Prêtre (fief de la). 152
Fosse Capitre (la) . . . 349

Fosse du Rotoy (la) . . 330
Fossemanant 306*
Fossemanant (famille de), 307
Fossés (famille des) . . 261
Fouache (Jean). . . . 215
Foubert. 156
Foueincamps. 207
Fouencamps . 192, 207*, 225
— Chapelle de Saint-Domice. 207
— (fief de). 237
— Seigneurie 256
Fouencamps (famille de) 208
— (Enguerran de) . . 207
— (Jeanne de). . . . 237
— (Pierre de) 237
Fouilloy, Chapitre, 186, 212, 256.
— Doyenné, 11, 23, 99, 144, 173, 181, 186, 212, 214, 256.
— Prévôté, 9, 11, 99, 123, 136, 144, 158, 174, 179, 182, 184, 186, 212, 214, 253, 256.
— Seigneurie . . 184, 185
Fouilloy (Evrard de), évêque d'Amiens, 27, 73, 77, 154, 292.
— (Jean de) . . . 347, 348
Fournier (Charles), curé d'Heilly. 62
— (Jacques) 100
Foy. 208
Foyel (le). 368
Frainemonstier 309
Fraisnum Monasterium . 309
Framerville (fief de). . 305
Franc Courtil (fief du). 375

FRANCLIEU (fief de). . . 244
FRANÇOIS Ier, roi de France . . . 36, 240, 316
FRANÇOIS (Léandre-François-Adrien), Conventionnel . . . 66
FRANÇOIS (Claude), dit Frère Luc, peintre. 70
FRANÇOIS DE DOMESMONT (Jean) 234
FRANCONVILLE (Jean de Soyecourt de). . 284
FRANCQUEVILLE (Louis-Bienvenu de) . . 228
FRANCS-ALLEUX (fief des), 363
FRANCS-FIEFS (les) . . . 294
FRANSURES (famille de), 284
307, 371.
— (Françoise de). . . 308
— (Jean de). 217
— (Pierre de) 88
FRAUCOURT (les) 349
FRÉCHENCOURT 121
FRÉDÉGONDE, reine des Francs 239
FRÉMONTIERS. . 271, 288, 290
309*, 317, 333, 358, 374
— Prieuré, 282, 289, 292
309.
FRÉMONTIERS (famille de), 310
318.
— (Gérard de) 310
FRENNELET (famille) . . 262
FRÉROT (famille). . 203, 220
— (Arnoul) 155
FRESAIE (Gérard de Frémontiers, dit). . 310

FRESNE (François Louvel de). 200
FRESNE (Alexandre du), lieutenant général du bailliage d'Amiens 59
— (François du) . . . 218
— (Louis du). 237
— (Pierre du) . . 136, 240
FRESNEMONTIER. 309
FRESNEMOSTIER. 309
FRESNOY (famille de), 304, 305
— (Laurent de) . . . 332
FRESNOY (fief de) . . . 311
FRESNOY (fief de la) . . 218
FRESNOY-AU-VAL. . . . 130
FRESNOY-EN-CHAUSSÉE. . 182
FRESNUM MONASTERIUM. . 309
FRICAMPS 142
FRICAMPS (Henri de) . . 374
FRICHES-BRASSEUSE (Suzanne des) . . . 4
FRICHES-DORIA (famille des) 284, 285
FRIENCOURT (Jean de), 84, 109
110.
FROMENT (Jean) 137
FROMERICOURT (Oise) . . 353
FUENTÈS (Pedro-Henriquez d'Azevedo, comte de). . . . 46
FUNDUS NOMINE SANCTORUM. 235
FUSCIEN (saint), martyr, 22
238, 239.

G

GAILLARD DE BOENCOURT
    (famille) . . 353, 354
GALAND DE LONGUERUE
    (François), maire
    d'Amiens . . 59, 63
GALONNEUSES (les) . . . 294
GAMACHES, doyenné . . 11
GAMMES GÊNES (les) . . . 349
GANTOIS (Jean-Baptiste),
    Conventionnel. . 65
GARD (Abbaye du), 280, 303
    348.
GARD (famille du), 87, 128
    204, 233, 315.
— (Agnès du) 112
— (Antoine du) . . . 236
— (Charles du) . 129, 234
    276.
— (Pierre du), 88, 190, 205
GARDIN (fief du) 325
GARENNE (la) . 134, 238, 282
    301.
GARGAN (Jacques), pré-
    vôt royal à Amiens 10
GARIN, évêque d'Amiens, 236
GAUDECHART (Robert de), 96
GAUDIÈRE (Jean) 378
GAUGINIER (le) 314
GAUGRÈS (le). 321
GAUGREZ (le). 349
GAULLENCOURT 197
GAULTIER Ier, comte d'A-
    miens 24
GAULTIER II, comte d'A-
    miens 24
GAULTIER III, comte d'A-
    miens 25

GAUX (fief). 285
GAVOTTE (Marie de Boves,
    dite) 211
GAY-VERNON (Léonard),
    Conventionnel . 69
GAZETTE (la). 320
GENTELLA 212
GENTELLES. . . . 186, 212*
GENTELLES (Enguerran
    de). 186
GENTIEN (saint) 238
GENTILLA 212
GENTILLE 212
GENTY (Guillaume-Char-
    les). 340
GEOFFROY (saint), évê-
    que d'Amiens, 25, 97
    201, 239.
GÉRARD-CHOUQUET (fief). 305
GERBEROY (Oise), vidamé, 289
    296, 365.
GERVIN, abbé de Saint-
    Riquier. 316
GERVIN, évêque d'Amiens, 278
GILLET (Jean-Baptiste) . 325
GIRARDIN D'AMIENS, poète, 70
GISENCOURT (famille de), 259
GLIMONT 253, 256*
— Paroisse 253
GLIMONT (Adam de) . . 253
GLINCOURT (famille de) . 260
GLISIACUM 214
GLISY. 214*
— Chapelle de Notre-
    Dame de Bon-Se-
    cours. 216
GLISY (famille de) . . . 215
— (Beaudouin de) . . 155
— (Guillaume de), 184, 185

Glisy (Jean de)	111	Goullain (Jean Le Couvreur de)	111
— (Vincent de)	160	Gourlay (famille de),	324, 325
Glissy	214	Gourlé (famille de)	324
Glysys	214	— (Josse de)	377
Gobaille (famille de)	210	Gournay (Colard de)	260
Godet (le)	301	Goze (Docteur Antoine-Michel)	333
Godier (François)	326	Gramont (fief de)	249
Godière (François)	326	Grande Armoirie (la)	94
— (Nicolas)	177	Grand Camp (fief du)	82
Godin (Claude)	245	Grande Borne (la), 285, 314 327.	
Goiencourt	219		
Gollencort	197	Grand fief (le)	89
Gollencourt, 194, 195, 196 197*, 228.		Grand fief du chateau (le)	323, 326, 327
Gollencourt (Nicolas de),	197	Grand Guisy (le)	346
Gollois (les)	343	Grand Pré (fief de)	177
Gomer (François de)	124	Grandes rentes (les)	156
— (Jean de)	180	Grand Saint-Maurice (Maison du)	115
Gontaut-Biron (Louis-Antoine de), 176, 189 217, 232, 236.		Grande Salle (fief de la),	293
		Granpans	216
Gooncurtis	219	Grandville (fief de)	272
Gorguette (famille de), 128 129, 151.		Grandvilliers (Oise)	271
		— Doyenné, 11, 23, 289 295, 358, 364.	
— (Nicolas de)	81	— (Elu de)	11
Gorin (fief)	209	— Entrepôt de tabacs	13
Gorin (famille)	209	Grange (fief de la)	215, 230
— (Jean-François-Alexandre)	185	Grange des Dimes (la)	264
Gouffier (famille de) 203 204, 220, 365, 366, 367 368, 379.		Grange dimeresse (fief de la)	183
		Grapinière (la)	140
— (Louis-Guillaume-Angélique de)	283	Gratiani págus	216
		Grattechange	216
— (Timoléon de) 296, 364		Grattepanche	216*, 225
Gougier (famille)	367	— Chapelle de Saint-Cyr	217
— (Jean)	372		
Goulencourt	197		

NOMS PROPRES 407

Grattepanche (Pierre de) 217
Graval (Jean de Monsures de) 205
Graville (fief de) . . . 272
Graville (seigneurie de), à Sommereux (Oise) . . . 127
Grébert (Pierre). . . . 88
Grenier (fief du). . . . 155
Grès qui tourne (le) . . 153
Gresset (Alexandre-Vincent) 297
— (Jean-Baptiste-Louis), poète . . 71
Gressière (la) 196
Gressoliers (fief des) . 293
Grisel (fief). 237
Grisel (Pierre) . . 88, 237
Groseillers (fief des) . 263 293, 296.
Grosse Cloche (la). . . 308
Grouchon (fief de). . . 121
Grouchys (les). 156
Gué (famille du). . . . 319
— (Catherine du) . . 379
— (Jean du). 244
Guébienfay 280
Guédon (le) 320
Guérard-Buigne (fief)) . 305
Guerbots (les). 305
Guéret (fief). 326
Guermond, vidame d'Amiens 106
Guet (le) 306
Gueulluy (famille de), 233, 234
— (Philippe de) . . . 208
Guidon (le) 327
Guidonis curia. 219

Guifrid, maire de Grattepanche . . . 217
Guillaume d'Amiens, poëte, 71
Guillebon (Antoine de). 234
Guillemer (Vincent) . . 196
Guînes (Pas-de-Calais) . 330
Guise (Aisne) 257
Guise (François de Lorraine, duc de). . 38
— (Claude de Lorraine, comte de). . . 36
Guisy-lès-Oresmaux . . 336 347*.
Guizancourt. 271
Guy, comte d'Amiens . 25 114, 199.
Guy, évêque d'Amiens, 2, 114
Guyencourt. 170, 203, 204 219*, 262.
— Paroisse 202
— Seigneurie 230
Guzman (Jean de). . . . 48

H

Hagluys (les) 375
Haidicourt 163
Haidincurt 163
Hailles. . . 133, 196, 221*
Hala 221
Hallée (Nicolas). . . . 129
Hallencourt 352
Halleux (les) 363
Halles 221
Hallivillers 311
Halluin (famille de), 244, 287 319, 332, 371, 373, 375 377, 379.

Halluin (Antoine de) . 337
372, 375.
— (Charles-Maximilien
de). 349, 374
Ham 83
Hamel (Robert de). . . 182
Hamel (famille du). 270, 345
Hamel (fief du), 276, 363, 372
Hamel (seigneurie du) . 213
Hamel-Bouzencourt (le). 337
Hamel de Metz (fief du). 148
150, 260.
Hamel-lès-Conty (le) . . 275*
372.
Hamel-lès-Lœuilly (le), 305,
317, 319, 321*.
Hamellum. 275
Hames (famille de). . . 379
— (Antoine de). . . . 133
Hamon (Yves de Majen-
court, dit) . . . 164
Hamus 83
Hanencamp (Pierre de) . 160
Hangard (famille de). . 262
Hangard (fief de) . . . 142
Hanges (fief) 130
Hangest (Claude d') . . 281
— (Marie d') 281
Hannin (Marie-Thérèse). 281
Happeglenne 345
Harcelaine 290
Harcourt (Jacques d') . 31
Hargenlieu (Guy d') . . 377
Harlay (Ennemonde-
Joachine de). . . 304
Harponlieu 85
Hastings, chef normand, 127
Haton (François) . . . 320

Haucourt (Antoine de
Saint-Delys de) . 124
Haut-Ban (fief du) . . . 372
Haute-Borne (la) . 274, 327
373.
Hautes-Bornes (les), 121, 162
346.
Haute-Marée (la) . . . 335
Haut-Pré (fief du) . . . 156
Hauts-Routieux (les). . 364
Haute-Rue (fief). . . . 271
Haut-Ligny 355
Havernas. 234
Havré (Joseph-Anne-
Auguste-Maximi-
lien, duc de Croy
et d'). 62
— (famille d') . . . 244
Haye-Bertin (fief de la). 124
Hébé (Herbert ?). . . . 225
Hébécourt . . . 224*, 258
— (fief d'). 260
Hébécourt (famille d') . 225
Hébertin (fief). 124
Hechiardus, comte d'A-
miens 23
Hédicourt, 126, 130, 163, 234
Hédicourt (famille d'), 163
164, 165.
— (Thibault d') . . . 126
Hédouville (Louis de) . 6
Heilly (fief de) 145
Heilly, seigneurie. . . 222
Heilly (Thibault d') . 92, 93
232.
Heillys (les) 168
Hem (faubourg de). 83*, 92
110.
Hémery (fief) 218

NOMS PROPRES 409

Hémery (Jean). 218
Henneville (Revelles) 124, 317
Henri II, roi de France, 5
Henri III, roi de France, 41
   233, 365.
Henri IV, roi de France, 4
   10, 43, 44, 45, 46, 47
   48, 49, 50, 56, 78, 87
   91, 95, 98, 109, 114, 118
   136, 148, 174, 222, 240
   292, 293.
Henri V, roi d'Angleterre, 148
   174, 199.
Henri, archevêque de
   Reims 336
Henri, archidiacre de
   Beauvais 267
Hénu (fief de). 346
Herbault (Jean Le Fournier, dit) 151
Herbecourt 224
Herbelot (Claude de) . 159
Herbert II, comte d'Amiens 24
Herde (la). 138, 140
Hérissart. 353
Herlin (Thomas). . . . 190
Hermanfroid, comte d'Amiens 23
Hermitage (l') 373
Hernencurt 108
Herte (famille de), 133, 134, 222
   — (Gilbert-Nicolas-Lucie de) . 196, 197, 228
Hesdin (Pas-de-Calais), 8, 15
   35, 37, 38, 310.
Heubecourt 224
Heudebiers de Vaux (Enguerran) . . . 199

Heuger et Longpré (fief), 217
Heurtevent, lieu-dit . . 219
Hévis (fief) 133
Hildevert (saint), évêque de Meaux. . 224
   258, 259, 279, 318.
Hinneville 124
Hisnu (fief de). 346
Homme en terre (l') . . 213
Hommelet (l') 314
Hordelle (fief de) . . . 272
Hornicourt 308
Hornoy, doyenné . . . 11
Hôtel-Dieu (l'), lieu-dit, 201
   274, 373.
Hot Grand Colo. . . . 360
Hourdel (fief) 372
Hourier-Eloy, Conventionnel. 65
Houssoye (fief de la). . 357
Hozoy (fief) 217
Hucar de Bacquencourt
   (Jeanne-Louise-Renée) 152
Hue Le Mire (fief) . . . 305
Huet (Alexandre), hûcher 77
Humbercourt . . . 112, 128
Humbercourt (Jean de
   Brimeu, sire d'). 32
Humières (famille d') . 244
   319, 349.
   — (Jacques d'). . . . 43
   — (Jean d') . . . 316, 317
Hurt 245
Hurtrel (Jeanne) . . . 205
Hutin (famille de) . . . 196
Huy (cense d'). 100

I

IGNAUCOURT	195
INCOURT (Pierre d'). . .	59
INGLÉE	334
INGLICIPET (l')	346
INVAL.	280
IPPRE (Marguerite d'). .	290
IPRES (fiefs d').	96
ISLE DE RETZ (fief de l').	189

205.

J

JACQUERIE (la)	365
JACQUES D'AMIENS, poète,	71
JACQUES D'ESTRÉES (fief).	375
JARDIN CENSIER (le). . .	206
JARDINS (fief des). . . .	325
JATTE (la)	196
JEAN DE MOUSTIER (fief) .	305
JEAN EUSTACHE (fief) . .	375
JEAN, maire de Blangy.	183
JEAN-SANS-PEUR, duc de Bourgogne . . .	31
JENOCQ (Jeanne). . . .	196
JEU DE BATOIBE (le), lieu-dit	380
JOLY (Philippe)	159
JOURDAIN (famille) .	251, 281
JOURDAIN DE L'ELOGE (Léopold)	134
JOURDAIN DE THIEULLOY (Jean-Baptiste), maire d'Amiens.	59
JOVELET (Marie-Françoise).	85
JUDAS DU SOUICH (famille),	95
JUDAS (Laurent). . . .	252
JUDAS (Marie-Françoise)	200
— (Michel).	177
JUMEL.	180, 299
— Seigneurie . .	245, 345
JUSTICE (la), lieu-dit	116, 121
168, 235, 245, 264, 274	
301, 305, 314, 320.	
JUVÉNAL DES URSINS (Jean),	33

K

KACHI.	186
KAGNIACUM.	131
KAIGNY	131

L

LA BARRE (famille de) .	263
LA BARRIÈRE (Jean de), fondateur des Feuillants. . . .	5
LABBEYE (Jean de) . . .	262
LABBYE (Jean de) . . .	362
LA COUR (Pierre de) . .	236
LA CROIX (Guy de). . .	100
— (Jean de).	218
L'ADVOCATE (famille). .	228
LAFFEMAS (Isaac de), intendant de Picardie.	11, 54
LA FOLIE DE VORNE (Jacques de)	85
LA FOSSE (Jean de). . .	190
LA FRESNOYE (Henri de)	218
LA GARDE (Antoine de).	257
LA HAYE (Nicolas de), maire d'Amiens.	59

145.

La Hire (Etienne Vignoles, dit). 365
Laisné (famille) 236
Lalirée Quenette . . . 368
Lallemand (fief de). . . 215
Lambercourt . . . 329, 330
La Meilleraye (Charles de la Porte, duc de). 6
Lameth (famille de), 205, 210 327, 345.
— (Adrien de). . . . 2
— (Charles de). . 195, 197
La Mothe d'Hannaches (Pierre-Alexandre de). 359
La Motte (L.-F.-G. d'Orléans de), évêque d'Amiens. . . 20, 59
— (Jean de) 155
La Motte-Brebière. . . 135
La Motte-Creuse 137, 160* 161.
La Motte-en-Santerre . 337
La Motte-lès-Amiens . . 160*
La Motte-lès-Camon . . 160*
La Motte-lès-Rivery. . 160*
Lamottelette 160*
Lampe (la). 219
Lamy (famille). . . 84, 85
Lancelot (Pierre-Cossart, dit) 180
Lanchères (N. de) . . . 218
Langle (fief de) 205
Langlois (Pierre) . . . 251
Langlois de Septenville (famille) 185
Lannoy. 374*

Lannoy (famille de), 195, 197 345.
— (Nicolas de). . . . 5
— (Raoul de) 346
Laon (Aisne) . 175, 195, 345
La Rochefoucauld de Roye (Pauline-Françoise de), 176, 189 217, 232, 236.
Larrey (le) 101
Larrons (les) 346
Larry de Choquese (le). 368
La Salle (Jean-Baptiste de), fondateur des Frères des Ecoles Chrétiennes. . . 19
La Trémouille (famille de). 256
— (Marguerite de) . . 124
Lattre (famille de) . . 359
— (Alexandre de) . . 138
Laurendeau (Jean-Charles), maire d'Amiens. . . 62, 65, 69
Laurens (famille) . . . 218
Lausson (Jean de). . . 152
Laval (fief de). . . 227, 229
Lavergne (Jean Bony de), 185
La Viefville (Charlotte de). 310
Lavoir aux Dames (le) . 101
L'Avoué (famille) . 228, 230
La Warde (Jean de). . 320
L'Eaue (Marie de). . . 189
Le Barbier (Guillaume), chanoine de la cathédrale . . . 17
Lebel (Louis). 124
Le Berquier (Jean). . . 165

Leblond (Jean)	99	Le Cordier (Marie)	180
Le Blond (Marie)	284, 307	Le Couvreur (famille)	111
Lebon (Joseph), Conventionnel	67	Le Diable (Eustache, dit)	375
		Ledoux (Marguerite)	281
Le Bon (Nicolas)	150	Lefebvre (Antoine)	180
Le Boucher (famille)	314, 315.	Le Febvre de Caumartin, évêque d'Amiens,	6, 9
Le Boucher du Mesnil (famille)	313	Lefèvre (famille)	156
— (Marie-Madeleine-Françoise)	142	— (Guillaume)	218
		Le Flameng (Jean)	155
		Le Flament (Françoise)	284
Le Bourguignon (Simon)	137	Lefort (Gilles)	209
Le Brun (Guillaume de Glisy, dit)	184, 185	Le Fournier (Jean)	151
		Le Franchomme (Antoinette)	233
Le Caron (famille),	111, 128, 129, 248, 249, 263.		
		Le Gillon du Grostison (famille)	85
— (Antoine)	262	— (Jean)	92
— (Catherine)	104	— (Vincent)	112
— (Charles)	204	Le Grand Daussy (Jean-Baptiste), historien	71
— (Nicolas)	155		
Le Caron de Choqueuse (François), maire d'Amiens	59, 61		
		Legrand d'Avancourt	284
		Lejeune (Jacqueline)	305
Le Caron de l'Esperon,	156, 159.	Le Jongleur (Catherine)	159
		Le Josne (famille)	244
Le Carpentier (famille)	330	— (Robert), bailli royal à Amiens	31
Le Cat (Firmin), échevin d'Amiens	39		
		Le Maire (fief)	209
Le Catelain (Jean)	332	Le Maire (famille)	209
Le Clerc (famille)	338	Le Maitre (Guillaume),	165, 166.
— (Anne)	244, 319		
— (Catherine)	143	Le Mengnier (Adrien-Eustache)	183
— (Jacques)	312, 375		
Le Clerc de Juigné (Charles-Marie)	301	Lemoine (François)	139
		Lemonet, lieu-dit	363
Le Clercq (famille)	296	Le Monnier (Colaye)	14
Le Clercq de Grandmaison (Jean),	176, 177, 189, 217, 232, 236.	— (Nicolas)	197
		Le Monnoyer (Thomas)	100

NOMS PROPRES

Lenglès (fief) 237
Lenglès (Pierre) 237
Lenglier (Charles . . . 62
Lenoir (Joseph-Justin) . 205
Le Normand (Anne) . . 290
— (Antoinette) 291
— (Jean) 35
— (Marie-Jeanne-Urbaine) 205
Le Normant (famille) . . 184
185, 217.
Lenormant (Marie) . . . 87
Lentilly (fief de), 130, 260
261, 271, 305.
Lentilly (famille de) . . 377
Leodegarius, comte d'Amiens 23
Le Pelletier (famille) . 332
Le Prévost (famille) . . 248
249, 257.
Le Quien (Robert) . . . 161
Le Quieu (Hélène) . . . 200
Le Roux (Florimond),
maire d'Amiens, 59
62, 65, 70.
Le Roux (Hugon, dit) . . 247
— (Jean de Fluy, dit) . 267
Le Roy (famille) . . 159, 160
— (Anne) 237
— (Brongard) 237
— (Nicolas) 180
— (Regnault) 254
Le Royer (Anne) . . . 100
Lesage (Jean-Baptiste) . 367
Le Scellier (famille), 353
354, 355.
Lescouvé (Alexandre),
maire d'Amiens 66, 69
Lescureux (François) . . 340

Le Sec (Villard) 232
Le Secq (Liénard), mayeur d'Amiens . . 14
Le Sellier (famille) . . 100
— (Claude) 96
Le Sénéschal (famille), 128
129.
— (Jean) 129
— (Pierre) 280
Le Sergeant (Thomas) . 307
Lesieurre de Croissy
(Pierre-Joseph-Aimable) 152
Lesot (Nicolas) 85
Le Souich (Pas-de-Calais) 208
Lestocq (famille de), 248, 249
Lestot 328
Le Vasseur (fief) 218
Le Vasseur (Charles) . . 218
— (Noël) 218
Levasseur (Aubert) . . . 276
L'Evêque (fief) 233
Lézarde (la) 357
Lhommel (Gilles-Henri
de) 342
L'Hostelier (Claude) . . 378
Liège de Beaumont (famille du) 183
Liescornes 322
Lignières (Antoine des
Essarts de) . . . 304
Lignières-Chatelain,
Châtellenie . . . 332
Ligny (Charles de Rigauville de) 159
Ligue (la) 174, 317
Ligue (la), lieu-dit . . . 274
Lihons en Santerre . . 229
— Doyenné 11, 23

LIHONS EN SANTERRE, Prieuré, 173, 188, 207, 212.
LINART (Jean-Gilbert-Christophe)... 280
L'ISLE (famille de)... 189
LIVINCOURT (Hildevert de) 370
LŒUILLY, 199, 305, 315*, 378
— Chapelle de Saint-Martin..... 316
— Châtellenie, 200, 275, 277, 303, 311, 312.
— Prieuré de Saint-Lucien et Saint-Riquier..... 316
LŒUILLY (famille de), 233, 261, 318, 319.
— (Catherine de)... 312
— (Eva de)..... 318
LŒULLY........ 315
LOGIS (le)....... 134
LOISON (famille).... 177
LOMBARDIE (la), lieu-dit. 274
LOMBARDS (rue des)... 206
LOMBART (Jean).... 236
LOMPRÉ......... 86
LONDE (Adrien-Eustache le Mengnier de la) 183
LONDEAU....... 144
LONGA AQUA...... 144
LONG GUÉ (le)..... 113
LONGLIAU....... 144
LONGPRÉ (fief de)... 88
LONGPRÉ-LÈS-AMIENS. 49, 86*
— Paroisse..... 97
LONGPRÉ-LÈS-ORESMAUX. 347*
LONGROY (famille de).. 352
LONGUEAU....... 144*
— Fief du travers. 87, 144

LONGUEAU, Maladrerie. 144
LONGUEAU (Jean de)... 145
LONGUE BORNE (la)... 281
LONGUESSART...... 115
LONGUET (le).... 126, 357
LONGUEVAL (fief de)... 125
LONGUEVAL (famille de). 160
— (François d'Amiens de), maire d'Amiens..... 57
— (Jean de)..... 124
LONGUEVILLE (Léonor d'Orléans, duc de), 41, 43, 52, 53.
LONGUE YEAUE..... 144
LONGUM PRATUM..... 86
LORFÈVRE (Antoine).. 230
LORRAINE (maison de), 175, 189, 217, 232, 236.
LORTIE (Laurence)... 100
LOTHAIRE, roi des Francs 24
Louis VI, roi de France, 25, 26.
Louis IX, roi de France, 6, 28.
Louis XI, roi de France, 29, 32, 33, 34, 35, 124, 251
Louis XII, roi de France, 6, 36.
Louis XIII, roi de France, 3, 5, 10, 52, 53, 54, 55, 56, 77.
Louis XIV, roi de France... 117, 300, 365
Louis XV, roi de France, 58, 59, 376.
Louis XVI, roi de France.. 59, 62, 66, 269
LOUP PENDU (le).... 368

Louvel (famille). . . 189, 215
— (Antoine), curé de Saint-Remy. . . 16
— (Antoine), échevin d'Amiens. 39
— (François). . . 200, 214
Louvencourt 248
Louvencourt (famille de), 87, 176, 177, 183.
— (Antoine de) . 128, 129
— (Augustin de). 46, 116
— (Charles de). . . . 252
— (Jean-Baptiste-François de). . . 112
— (Marie de). 315
— (Marie-Françoise-Elisabeth de) . . 281
— (Martin de) 88
— (Pierre de) 177
Louvet (Pierre-Florent), Conventionnel. . 65
Loysel (Jean). 320
Lozières, lieu-dit . . . 264
Lozières (fief de) . . . 261
Lozières (famille de). . 261
Luc (Claude-François, dit le frère), 70, 146, 343.
Lucas (famille) . . . 230, 261
— (Anne) 339
— (Guillain) 19, 77
— (Jean) 100
Luilli 315
Luliacum 315
Lully 315
Lully (famille de). . . 319
— (Enguerran de) 321, 322
Lunette (la). 320

Lusières (Charles du Gard de) 204
Lusiers. 276
Luther (Martin), auteur de la Réforme. . 39
Luzières . . . 268, 276*, 370
— (fief de). . . . 271, 305
Luzierre 276
Luynes (Charles d'Albert, duc de). 53
Luysières. 276
Luzarches (Robert de), maître de l'œuvre. . . . 27, 73, 74

M

Machault (Louis-Charles de), évêque d'Amiens 62
Maclaurin, architecte . 79
Macon (Guillaume de), évêque d'Amiens 93
Madaillan de Montataire (François de) . . 284
Magdalaine (la) 117
Mahieu Cauchie (fief), 272, 372
Mahieu Lallemand (fief). 305
Mahieu Lallery (fief). . 305
Maillard (famille). . . 177
Maillart (du Hamel, dit). 270
— (Jean de Conty, dit). 283
— (Jean Mauchevalier, dit). 332, 377
— (Jean de Monsures, dit). 276
Maillefeu (Joachim de). 124

MAILLET (Jean de Mailly, dit). 182
MAILLOT (le). 363
MAILLY (le), lieu-dit . . 82
MAILLY-MAILLET, comté. 133
— Doyenné, 23, 123, 135 157.
MAILLY (famille de). 182, 270
— (Adrien de). . . . 269
— (Berthe de). . . . 254
— (Isabeau de). . . . 222
— (Madeleine de) . . 128
— (Robert de) 262
MAINNEVILLE (Pas-de-Calais) 8
MAIRIE D'ARGŒUVES (fief de la). . . . 129
MAIRIE DE BACOUEL (fief de la). 281
MAIRIE DE BLANGY (fief de la). 183
MAIRIE DE CACHY (fief de la) 186
MAIRIE DE CAGNY (fief de la) 133
MAIRIE DE CAMON (fief de la) 137
MAIRIE DE CONTRE (fief de la) 293
MAIRIE DE COTTENCHY (fief de la). 190
MAIRIE DE DURY (fief de la) 199
MAIRIE DE FLEURY (fief de la). 303
MAIRIE DE FOURDRINOY (fief de la) . . . 111
MAIRIE DE FRÉMONTIERS (fief de la). . . . 312

MAIRIE DE GENTELLES (fief de la). . . . 186, 213
MAIRIE DE HEM (fief de la) 85
MAIRIE DE LONGUEAU (fief de la). 145
MAIRIE DE MONTIÈRES (fief de la). 92
MAIRIE DU PONT-DE-METZ (fief de la). . . . 151
MAIRIE DE RIVERY (fief de la) 160
MAIRIE DE SAINT-MAURICE (fief de la) . . . 115
MAIRIE D'ETOUVY (fief de la) 96
MAIRIE DE VERS (fief de la) . . . 204, 261, 264
MAIRIE DE WAILLY (fief de la). 378
MAISON BLANCHE (la) . . 282*
MAJENCOURT (famille de) 164
MALADRERIE (la), lieu-dit, 216 226, 231, 264, 301, 314 320, 327, 334, 357.
MALHERBE (Drieu), mayeur d'Amiens . . 15
MALLADRERIE DE LA MAGDALENNE (la). . . 117
MALTERRE (fief de) . . . 240
MANESSIER, architecte . 79
MANNIER (Guillaume). . 180
MANQUEMONTS (les) . . . 320
MANTES (Vincent de) . . 137
MANY (le). 241
MARAIS (fief du) 198
MARAIS DE LA COUARDE (fief du) . . 84, 110
MARAIS DE L'ETOILE (fief des) 152

Marchand (François). . 236
Marconnelles (fief des), 3, 106.
Marconville (famille de) 372
Mare a Canvre (la). . . 357
— a Cauve (la). . . . 357
Maressal (Raoul), peintre 71
Marest (fief du) 349
Mareuil (famille de) . . 293
Marissons (fief des). 152, 262
Marle (Louis de). . . . 311
— (Thomas de), 25, 175, 189
Marmion (Simon), peintre. 71
Maroalle (Alix) 280
Marotin (le). 349
Martel (Jean d'Occoch, dit) 284, 371
Martelliers (les) . . . 320
Marteloy (le) 327
Marthonie (Geoffroy de la), évêque d'Amiens 7, 44
Martigny (Anne de) . . 285
Martimont (Oise), 150, 248, 257.
Martin (saint), évêque de Tours 22
Martineau (François). . 245
Martin-Saint-Prix (Jean-Baptiste, Conventionnel . . . 65
Maruel 361
Masclef (François), hébraïsant . . . 71
Massenot (François-Céleste), architecte. 333
Masson (famille). . . . 244

Matelotte (la). 360
Mathon (Alexis) 151
Maturel (Madeleine) . . 5
Mauchevalier (famille de), 261, 289, 332, 375, 377, 379.
Maucreux (Firmin de) . 127
Maugart (Marguerite de) 215
Maupertuis (fief de), 311, 333
Maupin (fief). 183
Maximien, empereur romain. 21
May (Jacques de) . . . 237
— (Jean de) 33
— (Marie de). 124
— (Pierre de) 124
Mayenne (Charles de Lorraine, duc de), 42, 43, 44, 45, 317.
Maynon d'Invau (Etienne), intendant de Picardie, 58, 59, 228
Mazinghem (Hue de) . . 307
Meaux (Seine-et-Marne) 318
Médicis (Catherine de), reine de France. 40
— (Marie de), reine de France 51
Méharicourt. 133
Meigneux 218, 304
Ménévillers (Moyencourt) 271
Méricourt (fief de). . . 143
Merville (Pierre-Grébert de). 88
Mes. 147
— (fief de). 152
Mesnel (Jean-Baptiste). 205
Mesnil (fief du) 367

Mesnil-lès-Franleu (le)	311	Monssures.	322
Metium	147	Monsteriae	90
Metz (Somme)	147	Monstières	90
— (fief du travers de).	151	Monstiers	90
— Vicomté	148, 149	Monsulae	322
Metz, vallée de Guisy (la)	373	Monsures,	260, 271, 322*, 377
Meurissons (fief des)	230	— Chapelle de Saint-Nicolas	322
Meurissons, lieu-dit	231	Monsures (famille de),	205 291, 323, 324, 326, 338 359.
Mézières-en-Santerre, Seigneurie	198		
Migrognes (les)	201	— (Enguerran de)	322
Miraumont (famille de)	137	— (Jean de)	276
— (Guy de)	81	— (Jeanne de)	325
— (Jean de)	165	— (Macloard de)	323
Mocquet (Charles)	84	— (Thibault de)	325
Molin (famille du)	93	Montagne de l'Eglise (la)	297
Molincourt (Jean de)	190	Montagne de l'Elot (la)	373
Molsures	322	Montagne de Saint-Domice (la)	211
Molsuri	322		
Momons (les)	157	Montagne du bois de l'Hôtel-Dieu (la)	357
Mon (fief du)	367		
Monasteria	90	Montaubert (Seine-et-Oise)	367
Monasterium	90		
Monceaux (Oise)	319	Mont-Bard (le	278, 281
Monchel (Jacques-Robert-Vulfran Sanson de)	156	Montbard (Manassès de)	259
		Montbazon (Henri de Rohan, duc de)	53
Monchy (Jean-Charles Bournel, marquis de)	330	Mont César (le)	219
		Montcornet (fief)	237
Monchy (famille de)	320	Montcornet (Henri)	237
— (Gédéon de)	3	Mont d'Heilly (le)	281
Mons-en-Vimeu, doyenné	11	Montdidier	32, 215
Mons (famille de),	165, 166 167, 234.	— Doyenné	23
		— Election,	11, 194, 207 221, 227.
— (Claude de)	71		
— (Jacques de)	218	— Entrepôt de tabacs.	13
— (Jean de)	71	— Gouvernement	51
Monseures	322		

NOMS PROPRES

Montdidier, Paroisse de Saint-Sépulcre . 274
— Prévôté, 194, 207, 221 227.
— (La Salle de) . 298, 358
Montdidier (Foulques de). 89
Montenegro (Jérôme Caraffa, marquis de), 48 49.
Mont-Evangile (le). . . . 213
Mont-Gliér 294
Monthesson (le) 297
Montières. 90*, 98
— Chapelle de Saint-Claude . . . . . ' 91
— Paroisse 83, 94, 97, 108
Montigny (famille de). . 176
Montjoye (le). 157, 240, 241
Montmorency (famille de). . . 155, 156, 379
— (Anne, duc de) . . 38
Montoir (le). 368
Mont-Olivet (le) 360
Montoye (la) 222
Montreuil sur-Mer (Pas-de-Calais 304
— Gouvernement . . 11
— Prévôté. 9
Montrieux (le). 282
Mont Saint-Denis (le) . 201
Mont Saint-Quentin (le). 252
Mont Thézy (le) 171
Mont Thory (le) 368
Montyer (Antoine). . . 218
Morand (Marie-Madeleine). 340
Morcourt, châtellenie . 145
Moreau (famille). . . . 244

Moreau (Charles) . . . 84
— (Claude) 226
— (Marie) 177
Moreaucourt, prieuré de Notre-Dame . 8
Morel (famille) 362
— (Eloi). 253, 255
— (Gilbert), maire d'Amiens. 59
Morelet (Pierre du Bos, dit). 110
Moreuil. 133, 237
— Abbaye. 256
- Doyenné, 11, 23, 81, 131 173, 188, 192, 193, 197 207, 219, 221, 226, 235 239, 242.
Moreuil (famille de) . . 182
— (Emmeline de) . . 254
Morgan de Belloy (Jean-Baptiste), maire d'Amiens 59
Morgan de Frucourt (Jean-Baptiste-Maur) 67, 93
Morgan d'Offémont (François-Gustave) 95, 96
Morgan de Warvillers (Jean-Baptiste) . 96
Morgan de Warvillers (Jean-François) 95, 96
Morgan (Françoise) . . 311
Morvillers, canton de Songeons (Oise), 195 345.
Morvillers (fief de). 129, 234
Morvillers (famille de), 129 164, 165.

MORVILLIERS (Philippe de), mayeur d'Amiens 33
MOSSULES 322
MOSSURA 322
MOSSURES 322
MOTTE (la), lieu-dit. 301, 346
MOTTE (fief de la) . . . 315
MOTTE AU CAMP (fief de la), 247, 248, 249.
MOTTELETTES (les) . . . 157
MOTTES (les). 274
MOUFFLERS 151
MOULIN (le), lieu-dit, 101, 162, 171, 330, 340, 363, 368
MOULIN A L'HUILE (le). . 320
MOULIN A WAIDE (le) . . 327
MOULIN BRULÉ (le) . . . 360
MOULIN D'ARGŒUVES (le). 130
MOULIN DE PIERRES (le) . 168
MOULIN (fief du) 325
MOULINS DE SALOUEL (fief des) 251
MOURET (fief) 245
MOURET (famille). . 262, 264
— (Guy). 226
MOUZON (Ardennes). . . 310
MOY DE RIBERPRÉ (famille de), 175, 176, 178, 217, 232, 236.
MOYENBUS (le), lieu-dit . 327
MOYENBUS (fief de) . 326, 378
MOYENCOURT (famille de), 261, 264.
MOYENNEL (famille de) . 370
MURAILLES (les), lieu-dit, 301, 349.
MUREAUX (les), lieu-dit. 285
MUSSEN (Françoise de) . 280

N

NAMPONT-SAINT-MARTIN, grenier à sel. . . 12
NAMPS (famille de). . . 329
— (Helluin de). . . . 303
— (Julienne de) . . . 176
NAMPS-AU-MONT 328*
— Seigneurie 332
NAMPS-AU-VAL 331*, 375, 377
NAMPS-AU-VAL (famille de) 318
NAMPTUEL (fief). 281
NAMPTY, 297, 335*, 349, 351, 352.
— Chapelle de Notre-Dame des Vertus 340
NAMPTY (famille de), 337, 338
— (Angelran de). . . 323
— (Clémentine de) . 338
NANS 328, 331
— in monte 328
— in valle 331
NANTUEL (fief) 281
NANTUM 328
NATIVITÉ DE LA SAINTE-VIERGE (la), vocable 169, 173, 186, 226
NEIGES (les) 301
NÉRETTES (les). 314
NESLE (Jean de . . . 4
NEUFVILLE (la) 99
NEUFVILLE (Claude de) . 189
NEUVILLE, lieu-dit . . . 363
NEUVILLE (Eustache de), 342, 351.
— (Simon de) 357
— (Witasse de). . 210, 278
NEUVILLE-LÈS-AMIENS (la), 99*, 102, 137.

NOMS PROPRES

Neuville-sous-Lœuilly (la). . . . 340, 341*
Nevers (Louis de Gonzague, duc de) . . 41
Nicolas d'Amiens, chroniqueur . . . 71
Nicolas Fouquerel (fief de). 367
Nicolas Marine (fief de). 367
Nivart (famille) 151
Nœux (Pierre de) . . . 277
Nofflant (fief). 209
Nolleval (Claude) . . . 237
Normincourt, lieu-dit . 157
Notre-Dame, vocable, 105 278, 328, 341, 344, 350 356, 369.
Notre-Dame-de-Grace, 83, 90 91, 97*, 109.
Notre-Dame-de-Grace, vocable. 97
Nouveau-Lieu (fief de), 289 290.
Nouvelieu (fief de) . . . 293
Nouvion (Jean de) . . . 154
Noyon (Oise), diocèse . 10

O

Obré (Antoine) 372
Obvillers (fief d') . . . 276
Occoches (famille d') . . 371
— (Jean d') . . . 152, 284
— (Gallehaut d') . . . 132
Odolric, abbé de Saint-Fuscien. 239
Offoy (Oise). . . . 365, 368
Oisemont, doyenné . . 11
— Prévôté. 9

Oisons (fiefs aux). . . 281
Oissonville (Villers-Bocage). 117
Olivier (Jean-Mauchevalier, dit). 332
Omécourt (Oise). . 290, 377
Ongnies (Louis d'). 244, 319
Oprimont, lieu-dit . . . 334
Oresmaux, 217, 299, 300, 336 343*.
Oresmaux (Gilon d'). . . 344
Oresmeals. 343
Oresmels 343
Oresmeu. 343
Oresmiaux. 343
Orival 315, 339
Orléans (Gaston, duc d') 55
Orville (Pas-de-Calais) 49
Outreleau. 322*
— (Fief d'). 322

P

Pacciotto (Frédéric), ingénieur. . . . 48, 49
Paillard (Jean) 138
Paillart (famille de). . 303 304, 305.
— (Balthazar de). . . 284
— (François de) . . . 44
Pagès (Jean-Baptiste), annaliste 71
Panneterie (fief de la) . 84
Paraclet (le) . . . 191, 192*
Paradis (le). 314
Parc (fief du) 342
Parc a Glennes (le) . . 274
Parques (fief des) . . . 342
Parquets (les). 294

PARTEVILLE (fief de). . . 346
PARTHENAY (famille de). 210
PARTIES (les), lieu-dit. . 308
PASCAL II, pape 239
PASCAL (Louis) 236
PASSAVANT (François-Louis Gouffier, comte de). . . 368
PASSY (fief) 326
PATTE (Jean). 305
PAUL LEFÈVRE (fief). . . 371
PAUVRETTES (les) 306
PAVÉ (le), lieu-dit. . . 116
PAVERY 178, 211*
PAYENS (Marie-Marguerite-François-Firmin des Friches, marquis de). . . 284
PELLEVÉ (famille de) . . 206
PENDÉ. 248, 257
PENILLON (famille) . . . 130
PERÇOIS (fief du). . . . 233
PÉRIGORD, lieu-dit . . . 101
PÉRONNE 38
— Election. 11
— Entrepôt de tabacs, 13
— Gouvernement . . 51
PERROSEL 350
PERROUZEL. 350
PESEL (Marie) 299
PETIT-BOIS (le). . . 153, 171
PETIT-CAGNY (le). . 200, 240 242*.
PETIT-FIEF (le), lieu-dit. 89
PETIT-FORT (le), lieu-dit. 162
PETIT-PALAIS (fief du). . 143
PETIT-PROUZEL (fief du). 346
PETIT-SAINT-JEAN (le) 89, 104*

PETIT-SERTON (Charles Moreau du) . . . 85
PETYST (Antoine), maire d'Amiens. . . . 59
PETYST D'AUTHIEULLE (famille). 342
PEULLY (Jean de). . . . 150
PEZÉ (Louis). 177
PHILIPPE-AUGUSTE, roi de France, 9, 26, 27, 28 115.
PHILIPPE-LE-HARDI, roi de France 10, 28
PHILIPPE IV, roi de France . . . 9, 115, 117
PHILIPPE VI, roi de France 28
PHILIPPE II, roi d'Espagne. . 38, 43, 45, 46
PHILIPPE LE BON, duc de Bourgogne 31, 33, 323
PHISNEROY (la) 368
PICARD (famille) 230
— (Françoise) 315
PICARD (fief). 230
PICQUET (famille) . 200, 262
— (Antoine). 245
— (Jean). . . 182, 183, 209
PICQUIGNY. . . 124, 165, 351
— Canton 141
— Chapelle de Méaulte 318
— Chapitre, 217, 231, 232 350.
— Doyenné . . 11, 23, 141
PICQUIGNY (famille de) . 318
— (Eléonore de) . . . 310
— (Enguerran de) 92, 317
— (Gérard de) 105
— (Marguerite de) . . 307

PICQUIGNY (Pierre de) . . 129
PIÈCE (famille). 138
PIÈCE AUX LUZIS (la) . . 321
PIÉDELEU (Jean) 194
— (Simon). 129
PIERRE LAIE (la) 196
PIERRE LAVÉE 157
PIERRE QUI TOURNE (la), 258 264.
PIERRE L'ERMITE 71
PIERRE, maire de Cagny 133
PIERRE, maire de Montières. 92
PIERRE, maire de Montières et Hem . . 85
PIERREVILLE (fief de) . . 346
PILAINCAMPS (le) 331
PILARS (Enguerran) . . 127
PILLON (fief). 189
PILLON (famille) 218
— (Jean) 189, 196
PILON (Catherine) . . . 165
PILORI (le). 153
PINGRÉ (famille) 170
— (François). 112
— (Guy). 196
— (Jean). 142
— (Marguerite). . . . 150
— (Marie) 208
PINGUET (famille), 339, 362 372.
PISSELEU, (Seigneurie de) à Monsures . . . 323
PISSELEU (Anne de). . . 240
— (Jean de) . . . 314, 315
PLACHY-BUYON . . . 348*, 352
— Chapelle de Notre-Dame. 348

PLAINE SAINT-JEAN (la), lieu-dit. 121
PLANQUE (Guillaume de le) 145
PLAT D'ETAIN (fief du), 129 166
PLATE-PIERRE (la). . . . 294
PLICHON (famille). . . . 347
PLOYS (le), lieu-dit. . . 368
POCHOLLE (Pierre-Pomponne-Amédée), Conventionnel. . 66
POINTE DE L'ANNEAU (la). 320
POIX . . . 110, 111, 294, 310
— Châtellenie . . 329, 332
— Doyenné, 11, 23, 288 292, 295, 309, 328, 331 358, 364, 374.
— Principauté, 109, 129 165, 166.
POIX (famille de), 195, 197 345.
— (Philippe de) . . . 303
— (Philippe-Louis-Marc-Antoine de Noailles, prince de). 62
POLANVILLA 153
POLIVILLA 153
POLLART (fief) 166
POMMEREUIL (le) 288
PONCHEAU (Jean) 166
PONNETTES (les) 116
PONT (Anne du) 284
— (Gilbert du) 149
PONT-AUDEMER (Eure). . 204
PONT-GRUIER (Florimond de). 284

Pont-de-Metz (le), 106, 128 147*, 247, 248, 251, 260 261.
Ponthieu (le). 22, 28, 32, 280
— Sénéchaussée . . . 269
Pont-l'Evêque (fief du), à Rosières. . 229, 230
Pont-l'Evêque (Pierre du) 219
Pont-Remy. . . 38, 169, 310
Porécourt (Pierre de) . 262
Porion (Noël-Joseph). . 205
Porte (la), lieu-dit. . . 297
Porto Carrero (Hernan Tello de), 46, 48, 106 118.
Potences (les) 201
Pots (fief des) 218
Poujol (Augustine-Henriette-Joséphine). 340
Poujol d'Avenkerque (famille) . . 304, 305
Poulainville 153*
Poulainville (famille de) 155
Poullain (Pierre) . . . 145
Pourchel (Renault) . . 165
Poyelles (les) 168
Prairie de Saint-Domice (la), lieu-dit. . . 211
Prairie du Paraclet (la), lieu-dit. 211
Pré a Huguenots (le). . 183
Pré de la Cour (le) . . 153
Pré de l'Eglise (le) . . 282
Pré de l'Evêque (le) . . 94
Pré des Hérettes (le). . 349
Pré du Chapitre (le) . . 153
Pré du Cigne (le). . . . 355
Pré du Gard (le). . . . 143
Pré du Gouverneur (le). 140

Pré du Prieur (le) . . . 306
Pré Madame (le) 308
Pré Notre-Dame (le) . . 282
Pré Porus (fief du). 101, 137
Prelles (les) 294
Prés Canteraine (les) . 216
Prés de Beaupuits (fief des) 215
Prés de M. le Prieur (les) 231
Prés de Rambures (fief des) 130
Prés des Corvées (les) . 143
Prés Madame (les) . . . 321
Prés Monsieur (les) . . 131
Prés Saint-Jean (les). 88, 89
Presbytère (le), lieu-dit. 357
Preux (les), lieu-dit . . 153
Prévost (François). . . 208
Prieurville, prieuré . . 316
Priez (le) 201, 346
Proies (les), 291, 294, 308 340, 349.
Prouville (Charles de). 284
— (Pierre de) . . . 50, 52
Prouzel. 341, 346, 349, 350*
— Paroisse 306
Prouzel (fiefs) 125
Prouzel (famille de) . . 352
Proyes (les). 343
Puits a l'Ardent (le). . 308
Pulmont (fief de). . . . 185

Q

Quancart (le) 368
Quarterons (les). . . . 340
Quartier du Séminaire (le). 82
Quengni. 131

QUENTIN (saint), martyr, 22, 250.
QUÉRET (fief) . . . 271, 326
QUERRIEU 125, 353
— Canton 123
— Seigneurie 125
QUERRIEU (Bernard de) . 138
— (Marie de). 353
QUESNEL (le). 110, 133, 230
— (fief du). 262
QUESNEL (famille du). . 262
QUESNOY (Jeanne du). . 160
QUESNOY DE CONTY (le) . 272
QUEVALET (fief de) . . . 150
QUEVAUVILLERS. . . 124, 359
QUEVAUVILLERS (René de) 314
QUIÉRET (Guy). 375
— (Thibault). 315
QUIGNÉE (la). 334
QUIGNON (famille) . 178, 189
— (Geneviève). . . . 185
QUINT DE CAGNY (fief du) 133
QUIRY-LE-SEC 204
QUEUE DE VACHE (la) . . 282
QUEUE DU VIEUX MOULIN (la). 285

R

RABODENGES (Allard de), 145, 151, 251.
RABODENGES (Jean de Sainte-Aldegonde de). 345
RABUISSON (Firmin) . . 154
— (Jean). 251
RAGET (Louis). 152
RAIDERIES (les). 274
RAINCHEVAL . . . 85, 110

RAINDY (le) 321
RAINEVAL (famille de) . 307
RAINNEVILLE . 166, 167, 209
RAMBURES (Jacques de) . 128
RAMIENCOURT. 226
RAMONT (le) 349
RANDON (Michel) 367
RANNY (Gilles). 81
RAOUL, abbé de Saint-Fuscien. 90
RAOUL, comte d'Amiens, 25, 269.
RAOUL, QUI NE RIT . . . 105
RAPPORT (fief du) . . . 138
RAVENEL (Jeanne de). . 304
RAVIAS (fief de) . . 245, 248
RAVIEUX (le) 301
RAVIN (famille) 150
— (Gilles) 14
RAVIN (Milon, dit) . . . 150
RAYOIRE (la). 349
RÉALS (famille de) . . . 301
REGNAUVAL (fief de). . . 13
REGNY (Aisne). 336
REHERMAISNIL 356
REINELET-MESNIL 356
RELY (Charles-Antoine de). 325
— (Louis de). 312
REMAISNIL. 356
REMERCORT 226
REMIENCOURT. 195, 226*, 353
— Chapelle de Saint-Charles. 230
REMIENCOURT (famille de), 228, 229.
REMIERCURT 226
RÉMOULEUR (le). 346
RENANCOURT. . . . 84, 108*

Renardière (la)	178	Riquet (Jean)	161
Reneletmaisnil	356	Rivage (le)	364
Rentier (fief)	190	Rivaria	277
Rentier-Gaudissart (fief)	190	Riverii	277
Rentier-Guedon (fief)	190	Rivery	120, 137, 157*, 353
Revelles	253, 261	— (fief de)	158, 271, 272, 305.
Revenu (fief du)	176		
Reynard (Antoine-Joseph), mathématicien et chimiste	71	Rivery, (famille de),	158, 159, 353.
		— (Agnès de)	130
Ribeaucourt (Jean de)	142	— (Antoine de)	34
Ribeauville	248, 257	— (Antoinette de)	288
Riberpré (Nicolas de Moy, marquis de)	175	— (Jean de)	272
		Rivery (Louis), Conventionnel	65
Richard II, roi d'Angleterre	30	Rivière-lès-Conty,	268, 276, 277*, 317.
Richelieu (Armand du Plessis, cardinal, duc de)	55	Rivière (fief de)	271
		Robert, maire de Fleury	303
Rictius Varus	238	Robinettes (les)	355
Rideau d'Enfer (le)	201	Roche (Nicolas)	345
Riemaisnil	356	Rochefort (François de Chastenay, comte de)	304
Riencourt (famille de)	315		
— (Hue de)	199	Rogeau (Antoine)	237
— (Jean-Augustin de)	339	Roger (François)	236
— (Robert de)	84, 92, 154	— (Nicolas)	236
Riencourt, seigneurie	199	Rogy	325, 326
Riesmaisnil	356	Rohault (famille)	367
Rieu d'Oissel (fief du)	215	— (Jacques), philosophe	71
Riez de l'Abbaye (le)	89		
Rigauville	338, 341*	Roland de la Platière (Jean-Marie), Conventionnel	65
Rigauville (Charles de),	124, 159, 160.		
Rigollot (Marc), maire d'Amiens	69	Romanet (famille de)	263
		Romont (le)	291, 368
Ringuet, ermite	97	Romont (fief de)	143, 289
Rioland (Jean), médecin	71	Rondel (fiefs de)	332
Riots (les)	340		

NOMS PROPRES

Roricon, évêque d'A-
   miens . . . 100, 103
Rosière (la). 113
Rosières . . . 133, 229, 362
Rosoy (le). . . . 204, 294
Rossignol (le) 301
Rost (fief de) . 271, 311, 314*
Rot 309
Roty (le) 360
Roucy (Charles de Roye,
   comte de). . . . 270
Rouge vêtue. 308
Rouhault (famille). . . 310
Rousseau (Jacques-Pier-
   re-Jean), archi-
   tecte. . 16, 60, 79, 107
   116.
Roussel (Jacques-Ga-
   briel-François de
   Paule) 311
— (Louis) 128, 129
Roussel d'Argœuves
   (Mlle) 130
Roussel de Cavillon
   (Françoise-Rose-
   Renée). . . 248, 249
Routier (fief) 190
Routieux de Vaux (fief). 363
Rouvroy 339, 362
— Doyenné 23
Rouvroy-les-Merles
   (Oise). 280
Rouvroy Saint-Simon
   (Françoise de). . 6
Roye 32
— Entrepôt des tabacs 13
— Gouvernement . . 51
Roye (famille de) . . . 270
— (Charles de). . . . 128

Royon (fief du) 99
Rozamel (Augustin de
   Gouffier, comte
   de). 204
Rozel (fief du). . . 99, 100
Rubempré (Antoine de). 237
— (Jeanne de) . . . 299, 300
— (Robert de) . . 287, 371
Rue 329
Rue (fief de la). 129
Ruinettes (les). 116
Ruissoirs (les). 274
Rumaisnil. . 231, 262, 356*
Rumigniacum. 231
Rumigny 231*, 319
— Paroisse 216
Rumigny (famille de) 175, 189
   217, 225, 232, 236.
— (Aleaume de) . . . 232
Ruminetum. 231
Ruminiacum 231
Runes de Warsy (de) . 125

S

Sac Epée (fief de) . . . 372
Sachy (famille de), 93, 145
   146, 225, 262.
— (Florent de). . . . 59
— (Jean-Baptiste de) . 339
Sacquespée (fief de) . . 213
Sacquespée (famille de), 177
   213, 254, 255.
— (François de) . . . 209
Sailly (Pierre de Ber-
   tangles, dit). . . 130
Sailly-Bray. 280
Sailly-Laurette 347

SAILLY-LE-SEC (canton de
    Bray) 347
SAIN 235
SAINCTE. 235
SAINS-EN-AMIÉNOIS, 235*, 239
    240.
— Paroisse . . . 239, 242
SAINS (Guilbert de). . . 186
— (Thierry de). . . . 279
SAINSOLU 242
SAINT-ACHEUL (fief de) . 209
SAINT-ACHEUL-LÈS-AMIENS 102*
— Paroisse 99
SAINTE-ALDEGONDE (Jean
    de). 345
SAINT-ANTOINE (fief) . . 237
SAINT-ANTOINE, vocable, 267
    273, 274.
SAINT-AUBIN 317
SAINT-AUBIN (fief) . . . 217
SAINT-AUBIN (Jean de
    Donquerre de). . 311
SAINT-BARTHÉLEMY (foire
    de). 269
SAINTE-BEUFVE (Claude). 236
SAINTE-BEUVE (Jean de). 112
SAINT-BLAISE, vocable. . 286
SAINT-BLIMONT (famille
    de). 165
SAINT-BRICE, vocable . . 335
SAINTE-CATHERINE, voca-
    ble. 105
SAINTS-CÔME ET DAMIEN,
    vocable. 224
SAINT-CHRISTOPHE, voca-
    ble. 374
SAINT-CYR (fontaine) . . 152
SAINT-CYR ET SAINTE-JU-
    LITTE, vocable, 147
    231, 292.

SAINT-DELIS 358
SAINT-DELYS (Antoine de) 124
— (Pierre de) 124
SAINT-DENIS, vocable. . 212
SAINT-DOMICE 211*
SAINT-ELIER (fief de) . . 142
SAINT-ETIENNE, vocable, 90
    364.
SAINT-FIRMIN, martyr,
    vocable. . . 85, 331
SAINT-FIRMIN-LE-CONFES-
    SEUR, vocable 202, 219
SAINT-FUSCIEN . . . 236, 239*
— Abbaye, 86, 90, 97, 112
    131, 132, 169, 173, 174
    188, 190, 194, 197, 202
    207, 209, 214, 218, 219
    236, 239, 267, 298.
SAINT-FUSCIEN (famille
    de). 262
— (Jacques de). . . . 14
— (Marie de) 81, 182, 183
— (Richard de) . . . 220
— (Robert de) 81
SAINT-FUSCIEN, vocable . 246
SAINTS-FUSCIEN, VICTORICE
    ET GENTIEN, vocable 236
SAINT-GERMAIN (famille
    de). 284
SAINT-GERMER (Oise), ab-
    baye 309
SAINT-GRATIEN (fief de), 123
    124, 130.
SAINTE HÉLIE 358
SAINT-HILDEVERT, vocable 259
SAINT-HONORÉ, vocable . 131
SAINT-JACQUES LE MAJEUR,
    vocable 248

NOMS PROPRES

Saint-Jean-Baptiste, vo-
 cable 105
Saint-Ladre. 117
Saint-Lambert (rue) . . 360
Saint-Laurent. 202*
Saint-Laurent-au-Bois
 (Heilly), prieuré. 336
Saint-Léger, vocable, 86, 214
 322.
Saint-Léger-sur-Somme. 87
Saint-Marcel, vocable . 188
Sainte-Marie-Madeleine,
 vocable. . . 108, 117
Saint-Martin (fief). . . 272
Saint-Martin, lieu-dit . 274
Saint-Martin, vocable, 126
 193, 212, 253, 267, 273
 295, 315, 331, 348, 361
Saint-Maurice. 113*
— Paroisse 117
Saint-Maurice, vocable. 114
Saint-Médard, vocable, 144
 181, 256.
Sainte-Menehould
 (Marne). 290
Saint-Michel (Ordre de) 5
Saint-Montain. 116
Saint-Muerisse 113
Saint-Nicolas, vocable, 173
 198, 336, 358.
Saint-Nicolas-de-Regny
 (Aisne), prieuré, 336
 347, 352.
Saint-Omer (Pas-de-Ca-
 lais) 251
Saint-Ouen, vocable . . 192
Saint-Pia, lieu-dit. . . 301
Saint-Pierre (faubourg) 120*
— (fief de). 121

Saint-Pierre, vocable, 90
 120, 154, 282, 302, 309
Saint-Pierre ès liens, vo-
 cable. 207
Saint-Pol Pas-de-Calais) 38
Saint-Pol (Béatrix de) . 208
— (François de Bour-
 bon, comte de) . 36
— (François d'Orléans,
 comte de), 4, 42, 47
 51.
— 'Anne de Caumont,
 marquise de Fron-
 sac, comtesse de) 7
Saint-Preuil (François
 de Jussac d'Am-
 bleville de). . 5, 55
Saint-Quentin (Aisne),
 élection. 11
— Entrepôt des tabacs 13
Saint-Quentin, vocable. 250
Saint-Remy, vocable, 257, 259
 286.
Saint-Remy-au-Bois . 90, 97
Saint-Riquier, abbaye, 315
 316.
— Prévôté. 9
Saint-Riquier, vocable. 141
Saint-Riquier (Pierre de) 143
Saint-Sauflieu, 242*, 341, 346
 349, 361.
Saint-Sauflieu (famille
 de). 243
— (Adam de) 243
Saint-Sauveur. . . 129, 163*
— Chapelle de Saint-
 Antoine . . 163, 167
Saint-Souplis (famille de) 150

SAINT-VAAST, vocable, 221, 376.
SAINT-VALERY-SUR-SOMME, Doyenné 11
— Grenier à sel . . . 12
SAINT-VAST-EN-CHAUSSÉE, 165, 352.
SAINT-VAST, vocable . . 135
SAINTELIE 358
SAINTERLIES 358
SAINTHELYE 358
SAISSEVAL (Antoinette de) 203
— (François de) . 190, 209
— (Françoise de). . . 100
— (Hugues de). . 84, 92
— (Nicolas de). . . . 156
SALADIN (Jean-Baptiste-Michel), Conventionnel . . 63, 65, 66
SALCOSI 246
SALEA 246
SALENEL 250
SALETUM 246
SALEUX, 246*, 250, 253, 260, 263, 298, 318.
— (Fief de) 249
— Paroisse 250
— Vicomté . . . 148, 149
SALEUX, (famille de) . . 323
— (Hugues de). . . . 250
— (Philippe de) . . . 252
— (Warin de) . . 247, 249
SALLE 246
SALLIER 250
SALLIER, Conventionnel . 66
SALLOIS 250
SALOCUS 246
SALOCZ 246
SALOTUM 246

SALOUEL . . . 148, 246, 250*
SALOUEL (famille de) 250, 251
— (Hugues de), 149, 247, 249, 259.
SALOY 250
SALOYEL 250
SAMA 235
SAMAROBRIVA . . . 1, 20, 21
SANCTI 235
SANCTUS ACCEOLUS . . . 102
SANCTUS ACHEOLUS . . . 102
SANCTUS FUSCIANUS . . . 239
SANCTUS JOANNES JUXTA AMBIANUM 104
SANCTUS JOANNES SUPER SELLA 104
SANCTUS MAURICIUS . . . 113
SANCTUS MAURICUS . . . 113
SANCTUS PETRUS EXTRA MUROS 120
SANCTUS PETRUS INFRA CALCEIAM 120
SANCTUS PETRUS ULTRA PONTES 120
SANCTUS REMIGIUS IN NEMORE 97
SANCTUS SALVUS LOCUS . 242
SANDRAS (Regnault d'Essarchiaux, dit) . . 299
SANDRICOURT (Oise) . . . 6
SANSON (Jacques-Robert-Vulfran) 156
SANTÉ (la) 117
SARCHIAULX (Mahieu de). 299
SARCUS (Oise) . . . 311, 377
SARCUS (famille de). . . 359
— (Claude de) 260
— (Pierre de) 311
— (Robert de) 287

NOMS PROPRES

Sart (Jeanne du) . . . 237
Sartelli 297
Sauf-lieu 242
Saulchoix-sous-Poix 271, 293
Sautereau de Belleveau (Jean), Conventionnel 68
Sauve (saint), évêque d'Amiens . . . 102
Saveuse 169* 310
Saveuse (famille de), 155, 165, 169, 262, 310.
— (Antoine de) . . . 261
— (Mathilde de) . . . 232
— (Philippe de). 7, 32, 319
Saveush 169
Savoie (Philibert-Emmanuel, duc de) . . 37
Savonnière (la) 308
Scellier, (Michel-Gérard), Conventionnel 66
Scourion (famille) . . . 200
— (François) 372
Sehu (la rue de) 245
Séhures (les) 357
Seigneurie (fief de la) . 305
Seinz 235
Selincourt 254
— Abbaye . . . 238, 358
Selle (la), rivière, 336, 341, 352, 378.
Senarmont (Coline de) . 307
Sénéchal, architecte . . 301
Senesmond (Marie de) . . 240
Senses (les) 360
Sente de Fontenelle (la) 316
Sentelie, 271, 279, 289, 291, 309, 358*.

Sentelie, Chapelle de Saint-Lambert 358, 360
Sentier (Claude) . . . 237
Sentier de Notre-Dame-des-Vertus (le) . . 301
Sépulcre (le) . . . 249, 252
Sergentel (fief) 320
Sessionis locus 242
Sessoleium 242
Sessolicium 242
Sessolieu (Drieux de) . 280
Sessoliu 242
Seux 372
Sexoldium 242
Siccus locus 242
Sillery (Alexis Brulart de Genlis, marquis de), Conventionnel 65
Simon, comte d'Amiens . 25
Sireuilh (Jean de) . . . 48
Soiier (Guillaume) . . . 288
Soirons (les) 168
Soissons (Aisne), généralité 10
Soissons (Jean de) . . . 110
Sol du Pantaléon (le) . 301
Solitude Gresset (la) . . 100
Soloez 250
Somme (seigneurie de la) 92
Sommereux (Oise) . . . 271
— (Le commandeur de) 127
— (Les Hospitaliers de) 272
— Seigneurie . . . 305
Sorchy (famille de) . . 262
Sottes villes (les) . . . 349
Sotteville (fief de) . . . 152
Soubite (Baude de) . 277

Souich (famille du). . . 210
— (Adrien du). 87
Soyecourt (famille de), 284, 285, 293.
— (Marguerite de) . . 283
Stanislas Ier, roi de Pologne. 227
Strata 202
Sully (famille de Béthune de) . . . 270, 271
Suzenneville, 236, 272, 311, 315*.
Sylvius (François Dubois, dit) 316
— (Jacques Dubois, dit). 316
Symon, chanoine de Picquigny 132

T

Taceacum 253
Tagny 331
Taisiacum. 253
Taisnil . 96, 225, 339, 361*
Taisnil (famille de) . . 362
Taisny 361
Talmas 156
Talmas (Catherine de) . 143
— (Guy de) 143
Tasse (Jean). 236
Técron (le) 349
Teillolium 369
Teoleium 364, 369
Teoletum 364
Terra de Bovis 173
Terre a Tamis (la) . . . 331
Terre au Diable (la). . 285
Terre au Prévôt ('a). . 116

Terreaux Guppes (les) . 380
Terre aux Pauvres (la). 320
Terre de l'Eglise (la). . 308
Terre des Verriers (la). 288
Terre Normande (la) . . 306
Terres d'Amilly (les). . 201
Terres d'Eclair (les). . 331
Terres des Mesureurs (les) 107
Terres l'Abbé (les). . . 107
Terres l'Enclos-le-Libéré (les). . . . 231
Terres Saint-Martin (les) 349
Terrière (la) 101
Tettard (Colart). . . . 115
Thaisi. 253
Thaisny. 361
Thalemars (Pierre de) . 177
Théatre Carabin (le). . 357
Thérouanne (Pas-de-Calais. . . . 37, 38, 156
Thérouenne (fief de) . . 177
Thézy (famille de), 253, 254, 255, 261, 303.
— (Robert de) 256
Thézy-Glimont, 209, 213, 253*, 256.
— Chapelle de Saint-Martin 253
Thibault, archevêque de Rouen 246
Thibault, évêque d'Amiens . 84, 115, 336
Thiembronne (Pas-de-Calais) 329
Thierry, évêque d'Amiens, 3, 103, 126, 131, 163, 193, 258.
Thierry (famille). . . . 263

NOMS PROPRES

Thierry (Antoine) 326
— (Marie-Adrienne-Jeanne). 196
— (Michel). 326
Thierry de Genonville (famille) 133
— (Jean). 242
Thieulloy-la-Ville. 251, 281
Thièvres 154
Thil (le). 252*
Thois. 364
Thoix. 296, 364*
— Chapelle Saint-Louis 364
— Chapelle Saint-Remy 364
— Châtellenie . . 289, 295
Thoix (famille de) . . . 337
Thorigny (Jean de). . . 150
Thosiacum. 253
Thouret (Philippe). . . 340
Thoys. 364
Thoysi 253
Thuillier (Martin) . . . 85
Tiercelin de Brosses (famille), 169, 310, 311, 324.
— (Angélique). . . . 325
— (Geoffroy). 326
Tilleium. 369
Tilleuil (Françoise du). 296
Tilloi 369
Tilloy 362
Tilloy (famille de), 332, 370, 371.
Tilloy-lès-Conty, 272, 276, 369*.
— Prieuré. 370
— Seigneurie, 276, 277, 285, 312.
Tinière (la) 171

Tirelire (la), lieu-dit. . 107
Tirelire (fief de la) . . 84
Titre (le), lieu-dit. . . 320
Tivoli (le). 113
Toffets grands (les) . . 357
Tois 364
Torcy (Jean d'E-touteville, sire de) . . 34
Torcy (Paul-François-Olim de) 125
Tour Garet (le) 346
Tournel (le). 101
Tournet (Quentin) . . . 177
Tramecourt (Colart de). 127
Traville (Françoise). . 291
Treux. 300
Trie (Renaud de) . . . 281
Trilloy (la) 288
Trinité (la), vocable 163, 286
Trois Haches (les) . . . 187
Troneaux (les). 249
Tronquoy (le) 182
Tronville. 184*
— Chapelle Saint-Honoré 184, 185
— (Fief de) 185
Tronville (famille de) . 184
— (Bernard de) . . . 83
Troonville 184
Trouée (la). 113
Trou Warnier (fief du). 200
Trucivilla 184
Trudaine (famille) . . . 142
Truncivilla. 184
Trupinette (la) 285
Tuilerie (fief de la) . . 84
Turlotte (la) 305
Turmenies (famille de), 176, 178, 189, 217, 232, 236

TYLIUM 369
TYREL (famille) . . 310, 329

U

ULPHE (sainte). . . 3, 192
UZENNEVILLE, 272, 309, 310, 315*.

V

VADINIACUM 132
VAILLANT (François) . . 81
VAL (fief du). 177
VAL DES LOUPS (fief du). 130
VAL DE NAMPTY (famille du) 296, 297, 339, 341
— (Jean du). . . 263, 293
— (Honoré-Joseph-René du) 340
VALLARDINS (le) 364
VALLÉE ACART (la) . . . 281
VALLÉE A CAT (la). . . . 274
VALLÉE A LOUPS (la) . . 320
VALLÉE A SORCHELLES (la) 349
VALLÉE AU PRÈTRE (la) . 206
VALLÉE AU REIZ (la) . . 305
VALLÉE AUX LOUPS (la), 178, 343.
VALLÉE DE CORBAS (la) . 357
VALLÉE DE LA MONTAGNE-MARQUEMONT (la). 268
VALLÉE DE L'EGLISE (la) . 363
VALLÉE DE LUZIÈRES (la. 327
VALLÉE D'ENFER (la) . . 285
VALLÉE DE SAINT-FIRMIN (la). 220
VALLÉE DE SAINT-FUSCIEN (la). 171

VALLÉE DU CANGE (la). . 126
VALLÉE DU MOUTIER (la). 140
VALLÉE DU TALON (la). . 314
VALLÉE FRANQUINT (la) . 130
VALLÉE MEURDRESSOIR (la) 368
VALLÉE MOINE (la) . . . 306
VALLÉE NORMANDE (la) . 171
VALLÉE PLAIDOIRE (la). . 294
VALLÉE SAINT-CYR (la). . 219
VALLÉE SAINT-LADRE (la), 116, 178.
VALLÉE SAINT-LÉGER (la). 314
VALLÉE TONCO (la) . . . 301
VALLERON (le) 314
VALOPUY (fief de). . . . 262
VAL SAINCTINOIS 235
VALVION (le). 89
VAQUETTE DE CARDONNOY (famille) 120, 121, 167
VAQUETTE DE FRÉCHENCOURT (Catherine) 159
— (Jean) 161
— (Marie-Henriette) . 121
VAQUETTE DE GRIBEAUVAL (Jean-Baptiste), général. 71
VARENNE (fief de) . . . 372
VABIN (Madeleine), peintre. 9, 71
— (Quentin), peintre. 9
VASCOSAN (Michel), imprimeur 71
VASSELERIE (la) 89
VASSEUR (Louis-Jacques-Alexandre), Conventionnel . . . 66
VASSEUR (fief) 230
VASSEUR (famille) . . . 230
— (Clément). 137

NOMS PROPRES 435

Vauchelles (Antoine de) 143
Vaucher (le). 349
Vaudémont (Joseph-Marie de Lorraine, prince de) . . . 155
Vaugeois (Jeanne). . . 143
Vaulx (famille de). . . 177
Vauselle (fief de) . . . 263
Vauselle (famille de) . 263
Vausselles (fief de) . . 196
— (Andrieu de) . . . 143
— (Thibault de) . . . 196
Vautoise (la) 357
Vaux-en-Amiénois . . . 13
Vaysse de Rainneville (famille) . . 124, 125
Velaines 374
Velanne 374
Velennes, 272, 309, 374*, 377 378.
Velennes (Andrieu de). 374
Vendome (Antoine de Bourbon, duc de) 37
— (Charles de Bourbon, duc de) . . 36
Venterre (le) 146
Ver 257
Verd 257
Verderel (famille). . . 180
Verignes (fief de) . . . 213
Vermandois (le) . . 24, 26
— Bailliage. 207, 221, 227
Vermandois (Elisabeth de) 26
Vermandovillers. . . . 255
Vermond, vidame d'Amiens 106
Verre. 257
Verrière (la) 272

Vers, 130, 224, 225, 226, 253 254, 257*, 338.
— Avouerie 259
— Paroisse 224
— Vicomté, 148, 149, 247 259, 260.
Vers (famille de), 247, 258 259, 318, 337, 344, 377
— (Adalbert de) . . . 278
— (Agnès de) . . 253, 303
— (Hermentrude de) . 323
— (Hilde de). 323
— (Hilbebrand de). . 225
— (Hildevert de). . . 370
Véru (famille). 262
Vestu (Catherine) . . . 190
Vetus (fief) 88
Vetus (Bénigne). . . . 208
— (Jean) 189, 195, 197, 205
Vicq (Dominique de), dit le Capitaine Sarred 50
Victorice (saint), martyr, 22 238, 239.
Vide Grange (le). . . . 343
Vieille Croix (la) . . . 285
Vieil-Tilloy (le), 272, 287 374.
— Seigneurie 311
Vieilles Vignes (les). . 221
Vierge (la), lieu-dit. 94, 196
Vierge Marie (la), lieudit. 238
Vieux Gouge (le). . . 116
Viéville (fief de la) . . 137
Vigery (fief). 88
Vigier (fief). 88
Vignacourt . 8, 10, 13, 351

29

VIGNACOURT, Châtellenie. 81, 138, 144, 148, 150, 152, 160, 165, 233, 243, 352
— Doyenné, 11, 23, 86, 126, 154, 163.
VIGNACOURT (Drieu de) . . 10
VIGNE (la). 168, 294, 308, 327
VIGNE BINET (la) 335
VIGNE DU PRIEUR (la) . . 306
VIGNÈ ELOY (la) 380
VIGNES (les), 82, 126, 134, 146, 178, 201, 216, 219, 226, 235, 238, 241, 245, 255, 264, 274, 288, 301, 314, 346, 363, 368, 373.
VIGNES AU BOIS (les) . . 223
VIGNES DE LA VILLE (les). 320
VIGNES DE SAINT-DOMICE (les) 211
VIGNETTE (la), 231, 249, 314, 343, 349, 355.
VIGNETTES (les), 140, 183, 301, 331, 346.
VIGNEU (le) 343
VIGNOBLE (le) 116
VILAIN (famille) 204
— (Adrien), échevin d'Amiens . . 39, 229
— (Aubert) . . . 128, 129
VILEINES. 374
VILLA BERTRICI CURTIS. . 89
VILLA DE SANCTIS. . . . 235
VILLA SANCTI MAURICII . 113
VILLAINES 374
VILLANI 374
VILLE (fief de). 156
VILLE-SOUS-CORBIE . . . 300
VILLEPOIX (famille de) . 353
— (Charles de). . . . 346

VILLEPOIX, (Marcel de) . 111
VILLERS (sur le Mont-Bard). 278
VILLERS-BOCAGE . . 117, 133
VILLERS-BRETONNEUX 158, 353
VILLERS-SUR-AUTHIE. . . 140
VILLERS-VERMONT (Oise). 291
VILLERS (fief de) 285
VILLERS (famille de) . . 261
— (Françoise de). . . 145
— (Gaucher de) . . . 261
— (Jean de) 240
— (Jean de Fransures, dit). 307
— (Lancelin de) . . . 150
— (Louis de). 326
— (Raoul de) 261
— (Salomon de) . . . 95
VILLERS (François Pingré de). 112
VILLERS DE ROUSSEVILLE (famille) 146
VILLULA BERTINCURIA . . 89
VIMEU (le). 22
— Prévôté. 9, 11
VINCENS DE MOLÉON (Jean-Joseph de) . . . 215
VINCHOIR (le) 368
VION (fief). 333
VIRGILLES (Louis-Henri-Joseph de) . 248, 249
VISEUR (Robert), théologien 71
VIVARET (le) 94
VIVIENNE (la) 294
VIVIERS (les) 274
VOIE AUX FOURMIES (la) . 187
VOIE DE L'HERMITAGE (la) 301
VOIE DES DAMES (la) . . 187

Voie du Christ (la). . . 357
Voie du Comble (la). . . 334
Voie du Sautoir (la) . . 196
Voirial (le) 340
Voiture (Vincent), litté-
    rateur 71
Voye des Claris (la) . . 357
Vraignes 261
Vrayet de Franclieu
    (famille) . . 248, 249
— (Jean-Philippe) . . 263
Vrély. 133
Vuignet (Pierre). . . . 115

W

Wailly, 271, 272, 287, 289
    293, 319, 332, 337, 340
    349, 363, 374, 375, 376*
— Chapelle de Saint-
    Martin 376
— Seigneurie . . 289, 310
Wailly (famille de) . . 377
— (Robert de) 378
Wali 376
Wallet (Pierre). . . . 110
Walliacum 376
Wally 376
Wamin (Pas-de-Calais). 100
Warde (fief de la) . . . 320
Wardel (Jacques) . . . 281
Wardieu (le) 314
Wardieu (fief de la) . . 245

Wardieu (rue de) . . . 245
Warenne (la) 146
Warfusée. 337
Warin (fief). 372
Warloy (Guérard de) . 15
Warnelles (les) 321
Wasnaire (Marguerite-
    Elisabeth-Barbe,
    baronne de). . . 155
Watteville (famille de), 284
    285.
Weert (Jean de). . 174, 247
Werchin (Jean de). . . 215
Wermond, vidame d'A-
    miens 106
Wiammeville 87, 353
Wignacourt (famille de) 112
Willerval (fief) 332
Willevaut (fief) 332
Wisquette (Jean de) . . 215
Witasse (Jacques-Marie-
    Joseph de) . . . 255

Y

Yves, comte d'Amiens, 25
    114, 199.

Z

Zaleux (fief de), 263, 293, 296
Zélias (les) 327
Zieppes (les). 346

www.ingramcontent.com/pod-product-compliance
Lightning Source LLC
Chambersburg PA
CBHW070603230426
43670CB00010B/1395